问题转换机

赵强 著

新星出版社 NEW STAR PRESS

新人文丛书 no.11

新人文丛书编辑委员会

主　编　　王晓纯　　吴晚云
副主编　　罗学科　　史仲文（执行）
　　　　　张加才　　郭　涛

特邀编委（以姓氏笔画为序）

于建嵘	马立诚	王向远	王清淮	王鲁湘
刘丽华	安乐哲	尤西林	吴　思	吴祚来
张　柠	汪民安	李雪涛	陈晓明	邵　建
赵　强	单　纯	金惠敏	骆　爽	夏可君
黑　马	熊培云	敬文东	谢　泳	戴隆斌

编委（以姓氏笔画为序）

王文革	王鸿博	王景中	王德岩	曲　辉
刘永祥	孙德辉	李志强	邹建成	张卫平
张　轶	张常年	周　洪	屈铁军	赵玉琦
赵晓辉	赵姝明	袁本文	铁　军	秦志勇

【总序】

新人文：在思想与行动之间

王晓纯

"人文"一词，用法不一：古人将之与"天文"对举，今人把它与"科学"并列；它还常用来概称一种无论西方还是东方都存在的崇扬人性与人道的主义或精神。

"人文"与"天文"对举，最早出现于《周易》。《周易·贲卦》象辞中，有"观乎天文，以察时变；观乎人文，以化成天下"之语。根据后人的解释，"文者，象也"，即呈露的形象、现象。于人而言，包括人世间的事态、状况，并可以引申到个人气象与社会风貌。值得注意的是，文中强调"文明以止，人文也"。文明总是与人文密不可分。人而文之，方谓之文明。在中国传统中，"人文"主要指人类社会的礼乐教化、典章制度和道德观念。而文明在其本质上，乃是人类对"人之为人"在思想上的自觉和这种自觉在实践中的表现。

"人文"与"科学"并列，与西方近代分科之学的出现与发展有关。伴随科学与技术的勃兴和迅猛发展，人类社会传统的文化格局发生了重大改变，尤其通过科学与工业革命不断推波助澜，甚至形成了科学与人文之间所谓"两种文化"的分裂。

"人文"作为一种精神或主义，泛指从古到今东西方都出现过的强调人的地位和价值、关注人的精神和道德、重视人的权利和自由、追求人的旨趣和理想的一般主张。

当代中国思想者的研究视域从来没有离开过对中国社会的人文关注。如今，中国社会进入了一个重要的转型时期。新时期呼唤新人文，也不断催生着新人文。

新人文是一种新愿景。现代社会使人在工具理性和技术统治面前常感无力，物质的丰富与精神的幸福之间往往容易失衡。新人文将目光聚焦于人本身，重塑价值理性，高扬人性尊严，唤起内心力量，促进个性自由发展，让梦想不再贫乏，让精神充满希望。

新人文是一种方法论。唯人主义和唯科学主义是现代性的基本组成部分，但两者的分隔也有渐行渐远之势。新人文试图重新发现科学与人文的内在融通，增进科学与人文的互补互用，让科学更加昌明，让人文之光更加夺目。

新人文是一种行动哲学。继往圣、开来学不是思想者的唯一目标，理想与现实之间需要架设坚实的桥梁。新人文力图夯实人文基础，作为社会的良知而发出公正的呼声，着力提高全民族的文化素养和精神境界，让思想冲破桎梏，用行动构筑未来。

鉴于以上种种，我们编辑了这套"新人文"丛书，奉献给关心当下中国现代化进程和新人文建设的广大读者。

2012.10.19

目录

前言 ··· 001

2000
中国人的新世纪？ ··· 001
- 中国人的新世纪？ ··· 003
- 功利美国 ··· 005
- 新科技时代的伦理道德 ··· 007
- 闲话日本 ··· 009
- 民族与民族，历史与历史 ··· 011
- 代理你混乱的生活 ··· 013
- 正经与不正经之间 ··· 015
- 太阳船、恐龙蛋和外星人 ··· 017
- 另类间谍 ··· 019

2001
明天醒来你会在哪只鞋子里 ··· 021
- 建筑狂想曲 ··· 023
- 明天醒来你会在哪只鞋子里 ··· 025
- 病出文化味 ··· 027
- 性感、大众文化和商业包装 ··· 029
- 音乐、黑客和商业间谍 ··· 031
- 功利之外的实用主义 ··· 033
- 精神力 ··· 035
- 当历史遭遇现实 ··· 037
- 此奖与彼奖 ··· 039
- 大众文化的病毒性繁殖 ··· 041
- 睡狮、理发店、沙扬娜拉 ··· 043
- 传媒的道德陷阱 ··· 045

2002
你用的是哪种笔 ... 047
 浪漫即怀旧 ... 049
 自然非自然 ... 051
 丑闻哲学 ... 053
 少女、孤儿、狗和洋娃娃 ... 055
 还有没有时间 ... 057
 人为什么要冒险 ... 059
 人为什么要举办世界杯 ... 061
 没有权力的权威 ... 063
 大众的枪口 ... 065
 说文道理与说男道女 ... 067
 你用的是哪种笔 ... 069
 道德之信与契约之信 ... 071
 当网络傍上了游戏 ... 073
 不经意的文化旅游 ... 075
 迈克尔的鼻子 ... 077
 奇幻、武侠与其他 ... 079
 贵族的魅力 ... 081

2003
被愚弄等于被娱乐 ... 083
 梦露与迪斯科 ... 085
 被愚弄等于被娱乐 ... 087
 货币也温柔 ... 089
 舒舒服服地堕落 ... 091
 今天天气哈哈哈 ... 093
 十八、二十、二十六 ... 095
 人与禽兽何异 ... 097
 玩具英雄和眼球神话 ... 099
 倾听与诉说 ... 101

  穿越时空的停电 ……………………………………… 103
  阿布家的钱 ………………………………………… 105
  入乡问陋习 ………………………………………… 107
  美在选之外 ………………………………………… 109
  "后发展社会"中的"成人孩子" ……………… 111
  "哈鲁拉拉"启示录 ……………………………… 113

2004
美国人和欧洲人谁活得更好 …………………………… 115
  这一侧与那一侧 …………………………………… 117
  像男人穿裙子一样滑稽 …………………………… 119
  无私可隐 …………………………………………… 121
  教育者,天下之公器 ……………………………… 123
  学术的变异 ………………………………………… 125
  择邻而居 …………………………………………… 127
  中医何不申遗 ……………………………………… 129
  种地就是报效祖国 ………………………………… 131
  土著风 ……………………………………………… 133
  美国人和欧洲人谁活得更好 ……………………… 135
  采花与踩人 ………………………………………… 137
  洁身自好下的艾滋压力 …………………………… 139
  城市需要灵感 ……………………………………… 141
  城市的回归 ………………………………………… 143
  谁在往我们的电脑里倾倒垃圾 …………………… 145

2005
大张旗鼓的小国寡民 …………………………………… 147
  无物可以永恒 ……………………………………… 149
  真人 RPG 与电子海洛因 …………………………… 151
  半人猿、男妈妈和独眼女婴 ……………………… 153
  明明白白的高雅 …………………………………… 155

逃离城市 ………………………………………………………… 157
时尚之丑 ………………………………………………………… 159
热吻似水流年 …………………………………………………… 161
禁烟的逻辑 ……………………………………………………… 163
大张旗鼓的小国寡民 …………………………………………… 166
神牛崇拜下的世俗法则 ………………………………………… 168
布什的书和普京的雪糕 ………………………………………… 170
内礼外仪 ………………………………………………………… 172
以娱乐的名义 …………………………………………………… 174
富得有创意 ……………………………………………………… 176
为音乐而猫粮 …………………………………………………… 178
调查失民意 ……………………………………………………… 180
规则情理外 ……………………………………………………… 182
"儿戏"不儿戏 …………………………………………………… 184

2006
中产之痒 ……………………………………………………… 187
巴哈拉那 ………………………………………………………… 189
视角与事件 ……………………………………………………… 191
和爱人一起沐浴 ………………………………………………… 193
普伦起诉哈佛校长 ……………………………………………… 195
老欧洲的新问题 ………………………………………………… 197
中产之痒 ………………………………………………………… 199
行为艺术直面消费文化 ………………………………………… 201
莎翁 PK 比基尼 ………………………………………………… 203
虚作实时实亦虚 ………………………………………………… 205
世界小贩与小贩世界 …………………………………………… 207
彼可取而代之 …………………………………………………… 209
故事新闻 ………………………………………………………… 211
数字新闻与点批判 ……………………………………………… 213
人,诗意地穴居 ………………………………………………… 215

维特根斯坦的痛 217
　　每天决定少一点 219
　　阿巴卡利基王子 221
　　言语魔方 223

2007
理性的豌豆 225
　　顽童之玩 227
　　谁站在桥上看风景 229
　　舒马赫开的不是奔驰车 231
　　创新与利益的博弈 233
　　图书馆、夏令时和奴隶制 235
　　辛德海德裸女与希亚斯尔 237
　　搬城如搬家 239
　　甜葡萄心理 241
　　人与机器何异 243
　　城市进行时 245
　　谎念、谎言与说谎 247
　　将学术进行到游戏 249
　　伦敦桥上菩提树下 251
　　新象形时代 253
　　反美容之冲击与进化 255
　　电动肥皂剧 257
　　语言之死 259
　　无家庭不婚姻 261
　　今年之汉字 263
　　理性的豌豆 265

2008
从柏林到纽伦堡 267
　　从柏林到纽伦堡 269

- 无聊礼赞 271
- 一个水手的历史生活 273
- 交通、女性和就业 275
- 伦敦眺望纽约 277
- 讲故事 2.0 279
- 无面人与无名氏 281
- 酷溜三国 283
- 财富避难所 285
- 真相止于智者 287
- 时间死了 289
- 行动不如心动 291
- 套中套 293
- 老鼠与高科技 295
- 镜与诗 297
- 问题转换机 299
- 同一棵圣诞树 301

2009
幻想中的常识 303
- 变可变非常变 305
- 小白鼠宝贝 307
- 青菜头的容忍度 309
- 猫眼看世界 311
- 视觉高玩 313
- 格林、安徒生和金鱼公主 315
- 幻想中的常识 317
- 大事不烦小事烦 319
- 尿遁时刻 321
- 百万词翁 323
- 最后一译 325
- 我满脑子都是垃圾 327

微博客的隐秘情绪 329
　　离退隐休 331
　　法尔科内的大玩具 333
　　愤怒的音乐 335
　　末日制导 337
　　宇宙、环境和周围 339

2010～2011
十字路口的十字准星 341
　　前妻们 343
　　炒炒更健康 345
　　万一火了呢 347
　　左手魔鬼右手天使 349
　　我在故我执 351
　　思想的多元化 353
　　十字路口的十字准星 355
　　加热冷科学 357
　　时代虎妈 359
　　后洪荒时代 361

前言

整理这份文集对我个人而言是一次大汗淋漓的洗礼。

从2000年到2011年在《中华读书报》国际文化周刊主持文化新闻述评专栏，发表了百多篇文章，本以为总起来也就20万字出头，没想到竟然有接近40万字，这样倒好，没有凑不够字数的担忧，可以随心删削，斧斫出一个可以见人的模样。有几篇当年由于各种原因未能审过的稿件舍不得删掉，于是偷偷塞了进去，依现在的环境，早已是不痛不痒的表白。

起初对内容排布颇费了番心思，文章虽然天南海北，东拉西扯，涉及到风俗、科技、环保、教育、体育、政治、思想、贫富种种泛文化范畴，似乎可以分门别类，彰显自己取类譬喻、哲思深远，且具有宽广之国际视野。但整理到一定程度的时候，突然发现时间线索更有价值，2000年到2011年，文风有多少变化，自己有多少变化，世界和中国又有多少变化，一切如雪泥鸿爪，总能留下些痕迹。如同文集中《一个水手的历史生活》，按照这样不加修饰的时间排序，这文集也就是一个写手的历史生活了。

一路顺下来，以《中国人的新世纪》始，到《后洪荒时代》止，一个幼稚的思想者的成长和摇摆过程与这个无法言说的时代不期而遇，也许这正是文集微弱的价值所在。从浪漫的乐观主义到阴郁的旁观者，文集中跟进的新闻如今早成旧闻，而这些旧闻却又时时翻新，可惜思想未能冲破层层障碍，只能在点滴文字编织中嗅到一丝灵机或沉吟。都是制式的千五百字的报刊文章，该展开的长篇大论只能点到为止，而文思枯竭时填充的白开水也清晰可见。偶尔通过搜索引擎也能看到一些文章被各处转载评论，曾被指出的硬伤此次略加修订，虽然很想批评过去的浅薄，但忍住没有改动自己的文字，也不再增加新的观点。2001年的《明天醒来你会在哪只鞋子里》、《睡狮、理发店、沙扬娜拉》看起来还有几分舒服，2009年的《青菜头的容忍度》、《格林、安徒生和金鱼公主》比后两年的文章写得都要随心所欲，可以算得自己在这个专栏里终于找到的一种写作风格。而选择2008年的《问题转换机》作为文集的标题，仅仅因为喜欢这个名字，也曾经用这个名字作为自己的网名。当然，"我是谁，从哪里来，到哪里去，这些被视为永恒的问题，确实可以成为各种转换的终点。问题转换机一旦运行到系统崩溃之际，立刻可以开启新程序，把永恒的问题重新转换为当下面对的现实"。这种只提出问题，从不尝试解决问题的思考是我让人讨厌的习惯之一，"问题存在，答案便已存在"是给我自己的忠告。所以，问题越积越多，而答案越来越少。

2011年春节后因为栏目调整取消了这个专栏，有一阵感到无比轻松，似乎所有问题都不复存在，所有答案都豁然洞明。《后洪荒时代》是因日本大地震而写，并不属于这个专栏，无论描述还是观点都很俗套，作为文集最后一篇本是压不住阵脚的，但习惯性的懒惰让自己从中发现了一些末日危机中的空洞口号："刑天舞干戚，猛志固常在。人本顶天立地，为了莫须有的安乐，囚禁了我们的心智和肉体。打破囚笼，我们便回到了洪荒时代，看似灾难更多更大，但身处其中的每个人都热血沸腾，用史诗般的华丽乐章书写出人类崭新的梦想。这也许是个梦想，但至少是个温暖的可以触摸的希望。"冻结问题，保留希望，也是一种可行的选择，其实我个人更倾向于从"语言已死，时间已死"的彻底绝望中去突破始终无法突破的智障。

以后就没再正式写报刊文章，只零星在博客和微博里无病呻吟，一直纠缠于悖论之中。彻底消失的创造物，是否存在？没有任何记录，甚至没有任何线索，连想像力都触及不到的地方，万物是否存在？尚未出现之物，经过时间轮回，在当下是否存在？总想彻底否定禁锢人类思想和创造力的语言，但人之为人，正是因为有了语言，这又是一个悖论。也许这便是所谓的镣铐中的舞蹈吧。

感谢史仲文老师的错爱，也感谢新人文丛书让我能够回头去探访自己的囚笼，让我知道自由来之不易。但是，真的自由了吗？再一次在文字的洗礼中大汗淋漓。

赵强
2012年8月3日凌晨

2000
中国人的新世纪?

中国人的新世纪？

19世纪初，拿破仑曾经说过："中国一旦觉醒，将会震荡整个世界。"这就是很著名的"睡狮论"。无论民族乐观主义者还是悲观主义者，都愿意谈到曾经的辉煌，我们不妨来回顾一下——1000年前，整个西方仍处于蒙昧时期，中国则是北宋开国不久，到过中国的一个不知名的西方人所作的游记《光明之城》中记录了刺桐（今福建泉州）的一片繁荣升平景象；到元代，另外一个知名的外国人马可·波罗留下的《东方闻见录》，更是把中国的荣华富贵之气远播欧洲，形成了一股东方热。1820年，整个西方人口占全球人口的14%，财富只有全球总量的25%，而以中国为中心的亚洲，则占了全球财富的58%。后来经历了很长一个阶段，其中的屈辱让人不愿意再提起，用另外的一些数据足以说明情况：到1950年，西方人口占全球人口的17%，财富达56%，亚洲的人口与财富比例则分别为66%及19%。财富和人口都来自于时间的积累，变化从历史和哲学的角度来看无非是相对的运动，所谓此消彼长，人类划分的层次和圈子不断给自己设置重重障碍甚至画地为牢。

我们先以一组花边新闻来看看新世纪的中国人在世界上的表现，这也许可以让我们从过去的辉煌和屈辱中走出来，以相对轻松的心态面对未来的国际竞争和融合。2000年初春，巩俐将出任柏林影展评审团主席，德国电视台和《明镜》周刊都将于1月21日赴港专访巩俐，并在柏林影展前后推出；将于4月8日至15日在威尼斯东北方的乌迪内举行的远东电影节则将为主演了《少女小渔》、《美丽在唱歌》和《征婚启事》的刘若英办了一个专题展；法国水城亚洲影展也邀请舒淇带着《玻璃之城》出席盛会。过去的欧洲影展都欣赏反映中国原始落后面貌的风情式影片，那些获奖的导演还不时地被比较敏感和激进的人骂几句迎合外国人口味。新千年伊始，中国美女登陆欧洲，西方人不再猎奇，而是老老实实来感受东方女性的魅力，能否算得上一种崭新的表现？

根据最乐观的推断，到2025年，中国有可能成为全球最大的经济实体，而整个亚洲的财富占全球总量的比例则将增至55%到60%之间，欧美则减至20%至30%。经济是文化的载体，这个论题会引发一定的争论。但经济实力决定了文化的传播方式，相信这如同足球比赛的主客场制度一样容易让人理解。政府的统计数字表明，日本学汉语的人数目前已超过100万，从1996年开始，日本正式把汉语列入大学入学考试科目；在法国，1998年开设中文课程的大学达到27所；在韩国，汉语成为仅次于英语的第二大外语；1994年，美国政府把汉语列为大学入学考试的一项自选科目。有人说，世界上使用人口最多的语言会成为信息时代Internet上的主流语言。我们当然希望自己最熟悉的母语能够成为世界上最热门的语言，但我们不需要当年传教士学习汉语的那种热情，他们是居高临下地来救赎，我们宁愿今天的外国人学习汉语的目的是来中国赚钱。因为中国人学英语以后去经济最发达的美国，的确为自己赚到了不少钱，虽然这与他们为美国创造的财富相比实在微不足道。到1999年为止，硅谷已有2775家公司由华人或印度人工程师主持，员工人数为25.8万。另一项调查说，1/5的硅谷工程师具有华人血统。有人预计，到2001年，在硅谷的总裁中，将有17%是华人。也许很多人对杨致远和"雅虎"的名字比较熟悉，而对李信麟、张忠谋、徐大麟、施晨阳、陈宏、姚勇这样一些硅谷的中国元老和新锐的名字还很陌生。对于个人来说，否成为传媒英雄并不重要，重要的只是成功地实现自己的价值，而国家和民族的责任却是给自己的人民，也给其他国家的民众创造更多更好的机会。只有这样，一个国家或者一个民族的文化才会有更多更好的机会主动传播出去。

回头看中国这头睡着了的"狮子"，经济、文化、科技，就如同狮子的鼻子、眼睛、耳朵，都在慢慢地翕动、睁圆、谛听，而狮子的心脏，即每一个中国人，是否准备好了强有力的搏动，现在，还是一个美丽的谜语。

功利美国

3月23日到24日，欧洲议会委员会召开特别听证会，专家们在会上向来自欧盟各国的代表提交的一份报告指出，长期以来，美国国家安全局一直在使用着一套覆盖全球的电子监控系统窃取各国情报，对各国的国家安全和公民的隐私权已构成可怕的潜在威胁。

笔者过去曾经信奉过一种文化版块理论，这是简单地从地质的版块学说中移植过来的东西，大陆版块冲撞的地方总是地震频繁活跃的地方，所以作为东方文明和西方文明两个文化版块冲撞的美国版块也是一个思想活跃、充满创造力的国度，自然会成为一个文明的中心。当时还野心勃勃地想绘制一幅文化地图，把未来的发展变化一一标明在这个地图上，预言哪种文化会兴盛，哪种文化会式微以及什么地域、什么国家会出现什么样的文化，就像地质学家们预言地震一样。而今天，面对日益定型而且咄咄逼人的美国文化，笔者发现，它的确是一种崭新的模式，但它所弘扬的却不是人类的美德，而是人类社会发展中最功利的那个部分，也就是人类的贪欲和自大。美国其实是功利的乐园和审美的荒漠。我们曾经说日本文化是没有腹地的骑墙文化，那么美国文化则是没有历史的实用文化。

一个朋友刚去美国半年多，最深刻的体会是美国人文科学的特点就是简单化，把所有复杂的哲学思辨化解为简单的生活逻辑，如果因为某种理论带来了某种众所周知的可以触摸的结果，那么，这个明显的有效的结果就可以成为这个玄虚的理论本身。马克斯·韦伯、哈耶克、维特根斯坦、福柯、海德格尔，这里胡乱排列的一些鼎鼎大名的哲人，美国人在课堂上根本不要求学生去分析他们扑朔迷离的理论本身，或进行思辨的训练，最重要的是知道他们的理论有什么功用，或者可能有什么功用。

美国电影评论家大卫·丹比的论著《伟大的书》中一位哥伦比亚大学

的黑人学生在当代文明课程上提出问题:"这里头我们的人在哪里呢?"史密特教授答复:"美国文明在受了其他一些伟大文明的影响后已经十分定型,以至于无法再受到它们的影响了。"美国的主要建制——它的政治与经济系统、它的语言、它的法律制度、它的人权概念、它对个人主义的强调都来源于英格兰和西欧,并经由数位国父及早期的政治、宗教和知识领袖而确定下来。作为一个移民国家,它的民间文化,那些大众俚语、幽默和音乐,对美国人来说和柏拉图一样重要,甚至比柏拉图更重要,但它们不是构成这个国家法律和市场体系的基础,所以,美国的文化总是屈服于意识形态和经济制度的要求。而意识形态和经济制度是非常物质化的概念,借助于美国的强大足以把整个西方经典融化到社会制度的各个细小的方面并且让它们消失得无影无踪。

我们承认美国使整个世界的经济发生了质的飞跃,但它伤害了人类的审美情趣,为了实现效率,为了争夺资源,美国凭借它的科技和实力监控着全球,这本身也许出于国家安全或者经济利益方面的考虑,但我更多地愿意把它理解成为一种文化的象征,一场功利威慑着审美的战斗。因为好莱坞大片的全球泛滥,人们抱怨美国式的暴力和色情;因为视窗操作系统留出的秘密后门,人们抱怨微软的霸道和不怀好意;还有美国的快餐、美国的文凭、美国的科技以及全套美国的生活方式,无一不在慢慢渗透到其他大陆。而欧洲和亚洲却根本不知道自己应该担心什么?应该对抗什么?暴力和色情早就泛滥在从《荷马史诗》到《诗经》这样的东西方经典著作当中,而汉堡和可乐也并非美国本土的配方,正如人们可以说莎士比亚是殖民主义的代言人,卢梭是"霸权叙述"的一部分,而希腊经典是民主的顽固堡垒一样。我们所担心的所对抗的应该是隐藏在一个个具体事实背后的阐释,功利文化的阐释方式是典型的美国方式,它把人类的思辨和审美变成了一个又一个现成的刺激,我们应该做的,是把隐藏在好莱坞、微软、麦当劳甚至三权分立、总统大选背后的戕害审美感觉的功利文化阐释挖掘出来,给我们的孩子们看,也让自己头脑清醒。对美国人而言,还保留一些审美色彩的美国梦已经遥远了,取而代之的是最实在也最虚无的纯粹欲望的驱动。

新科技时代的伦理道德

几千年前孟子和荀子争论过性善还是性恶,迄今我们仍然无法知晓这个问题的答案。也许古代的哲人们不该把这个问题摆在我们面前,因为有很多东西都属于终极的关怀,却过早地被睿智的先知们昭示出来,让普通人在今天的早饭还没有落实的时候,就不得不忧虑明天的晚餐会在什么地方。

升阳微系统(Sun Microsystems)公司首席科学家比尔·乔伊(Bill Joy)在《联网》杂志(Wired)4月号中就这样警示科技工作者:"我们迈入这个新世纪,却丝毫没有考虑过控制和刹车,而能够确保整个世界不至失控的最后关头已经越来越逼近。"比尔·乔伊这个人可不简单,正是他奠定了 UNIX 操作系统初版的基础,推动着 Java 语言的发展,而且此人还担任着美国总统未来信息技术联合委员会的主席。他所担忧的有三个方面——在未来 30 年内,具备思考能力的电脑将比现在强大 100 万倍,会成为能够自我复制的智能"机器族"的温床;操纵生命基本结构的基因学突破可能产生物种灭绝的人为新灾难;纳米技术将使微细的精灵机器很快面世。这三方面的发展跟人类早期发明原子弹等危险产品不同的特点,是它们自我复制的能力可能产生连锁反应,以电脑病毒蔓延的方式席卷整个物质世界。最后,比尔·乔伊危言耸听地说:"我们处于终极灾祸濒临爆发边缘的说法,绝非危言耸听。"

很多好莱坞科幻电影已经构思了人类被机器统治的灾难,在这些影片中,人依赖于某种神秘的力量最终重新获得自由和解放。火爆一时的引进大片《黑客帝国》也是此类模式,主人公陷入了机器所控制的 MUD 游戏中要奋力杀出,杂之以信念和爱情终于成功,这可以说是解读比尔·乔伊的头一个担忧;斯皮尔伯格的《侏罗纪公园》算是回答了他的第二个忧虑;而《人体历险》,讲一群医生利用缩微技术潜入人体内部治疗所看到的种种匪夷所思的事情则呼应了他的最后一个警告。自然,如果一切真的出现,电影中的皆大欢喜恐怕只是人类的美好愿望。但在一切还没有出现之前,是否就此裹足不前,让技术停留在我们可以控制的范围之内,这个问题,却不是一个人甚至一个国家能够解决得了的。

头痛医头,脚痛医脚,眼前互联网络的飞速发展已经产生了很多副作用,如何控制和处理已经让人大伤脑筋。例如美国联邦贸易委员会联合了澳大利亚、奥地利、比利时、加拿大、智利和挪威等28个国家的政府部门和消费者协会对全世界的网站进行了有史以来规模最大的一次检查活动,发现有故意欺诈消费者行为的网站至少1600家。这么重大的行动,其处理结果却只是给这些网站发了一份电子邮件予以警告。虽然该活动的组织者宣称将再次进行检查,如果发现这些网站仍没有改掉那些带有欺诈性质的内容,他们将通告网站所在国家的政府加以处理,可能会勒令关闭其中违规情节严重的网站。此次行动的目的就是要让那些为所欲为的网站们知道,尽管互联网没有国界,但这并不意味着它们可以肆意妄为,任何欺诈行径都将受到相应的惩罚。我们完全可以设想这件事情的不了了之,因为欺诈行为不是网络经济的专利,顶多不过是人类的恶念在网络世界的延伸而已。

不过新科技时代倒是真的造就了一批新人类,美国《清谈》杂志最近发明了一个新名词"Yetties", Yeti据说是喜马拉雅山上的一种动物,现在主要用来指称从事新兴互联网行业的年轻富豪们,同时也可以是电脑科技业界的技术人员,甚至是仅在互联网股坛上灵活投资致富的投资者。他们共同的特点是年龄与财富不成正比,热衷于高科技产品,酷爱滑水、帆板等刺激运动,住在宽大的公寓内却缺乏时间购置家具,吃高热量巧克力与日本寿司,闲暇时玩带上网功能的跑步机,迅速补充能量,健身不忘工作。比尔·乔伊也许算这批人的前辈,因此还有些杞人忧天,而纯粹受技术理性和经济法则支配的"Yetties",仿效嬉皮士和雅皮士可以考虑翻译为"野佣士",个性狂野而又风流倜傥,代表了未来人类的追求——年轻、富有,永远处于时代前列。所以,未来的事情,不妨就留给未来的人类来面对。也许,技术发展不到那一步;也许,他们有办法解决;也许,灾难性的后果真的出现,但,谁种下恶果谁来承担,我们的精力应该更多地放到解决我们自己已经遗留下来的问题上去。

闲话日本

2000年4月10日，日本的H-2火箭计划发生了第二起事故，发射的一枚造价1.05亿美元的天文卫星进入了错误轨道，同控制中心失去联系，使日本接连受挫的太空计划再遭惨重打击。中国BBS上一片欢呼之声，流行的说法就是恶人有恶报，因为近来关于日本的新闻就没有什么让中国人顺心的，中国一孕妇被日本执法人员殴打至流产、日本法院对东史郎案的判决、大阪右翼集会否认"南京大屠杀"的存在等等，着实给今天的中国年轻人添堵。但懂行的人从火箭发动机排出的烟气推测出日本的运载火箭技术已经超过我们很多了。这样摆事实讲道理听了扫兴，但却是一剂清心解毒的良药。过去，日本憋着劲想成为亚洲的老大；现在，日本同样憋着劲想保住自己亚洲老大的地位。所以，他们不惜付出高昂的代价。

日本是一个多少有些让人无法客观对待的国家，她的文化美得凄艳、苦得残酷，生如春花般烂漫，死似秋叶般静美，日本国花樱花便典型地体现了璀璨、短暂、消逝的过程，正是这种对美的过分追求而导致了扭曲。张万新所著《日本武士道》中谈到："构成武士道屹立不动的三个支柱就是智、忍、勇，这三个字分别代表了智慧、残忍、勇气。武士在本质上就是个行动派的人。……儒学和文学形成了武士道知识训练的主要部分。然而，就连在学习这些知识的时候，武士所追求的也并非是客观的真实。"所有的知识都只是达到目的的借口或手段而已，艺术和美也不例外。

日本人不缺乏智慧，川端康成、芥川龙之介、三岛由纪夫以及火得一塌糊涂的村上春树都能体现出这样的智慧。在新浪网上以"日本"为关键词进行搜索时出现的600多个站点90%以上都是耳熟能详的日本企业和品牌，其中自然体现了相当的科技含量。至于蔓延全球的日本动画片和日剧抓人的本领那就更不用说了，从手冢治虫的《铁臂阿童木》到现在我们的电视台天天播放着的《魔神战记》、《忍者乱太郎》、《灌篮高手》，日本动画片可以说无处不在。聪明固然是聪明，但聪明一旦搭配上残忍就非常可怕，近来在网上流行着日本留学生的一篇文章：我们日本人将会永远记住为国殉死的英灵。他们在靖国神社里享受他们应得的敬意，每当我们唱起"为国而逝的英魂啊，你要常常回到慈母的梦中"，我们就会感慨万千，永志难忘。把某种畸形的感情完全抽象化，就特别容易丧失理智，日本的工作狂、自杀率，还有切腹、神风特攻，包括日本右翼和邪教的狂热，都是一种对自身的残忍和对社会的不负责任。报载日本的青少年教育出现严重问题，其实只不过是那种智慧加残忍的风格在信息社会冲击下更多体现在他们新一代身上罢了。

作为岛国的日本和澳洲完全不同，因为她没有腹地。没有腹地的文化是一种没有主心骨的文化，与其说日本文化属于儒家文化圈，不如说儒家文化给日本固有的摇摆不定披上了一层智慧的外衣，而且最关键的"仁"、"义"在日本文化中被置换成为完全相反的"忍"和"勇"。对己的残忍导致了对人的残忍，而体现在武士道精神中的"勇"使日本敢于挑战强大的对手，在我们刻骨铭心的甲午海战之前的那场日本对俄国的海战甚至在世界海军史上都赫赫有名，日本的经济奇迹也有很多这样以弱胜强的例子。

武士道的精神贯穿在日本文化当中，很多善的美的东西因为被发挥到了被扭曲的地步就成了恶的丑的行为。有一个词无论如何也表达着一种蔑视，那就是"鬼子"。这个词不知道最早出现在什么时候，大概源自郑成功收复台湾时期的流行语"红毛鬼"，然后在八年抗战时期的作品中高频度满怀血仇地使用，后来消失过一段时间，在改革开放以后又出现了一个戏谑的派生词"洋鬼子"，把仇恨和轻蔑的词蕴抵消掉大半，然后日本就成了我们一衣带水的友邦。对我们这个一衣带水的邻居，真正理解她的人恐怕一直会保持最高度的警惕。

民族与民族，历史与历史

据美国官方称，巴勒斯坦和以色列于5月6日又恢复了中断的和平谈判，尽管巴勒斯坦方面对于以色列方面提出的和谈条件表示出了愤怒，但是在多方努力之下，和谈终于又得以恢复。这对冤家死对头从兵戎相见到水火不容到开始断断续续的谈判，已经经历了很长时间，都超过了一代人的时间，以色列的总统换了一茬又一茬，巴勒斯坦的领导人倒仍然是倔强的阿拉法特。看到这样的新闻本来没有太多的感触，但突然想起了2个月前的一个新闻，不由得重新审视了一下这桩公案。

3月6日，以色列反对党利库德集团向议会递交了对巴拉克联合政府的不信任案，理由是教育部长萨里德决定将一位巴勒斯坦诗人达尔维什的5首诗作列入公立中学文学作品选读科目。现年58岁的达尔维什是巴勒斯坦家喻户晓的著名诗人，有"巴勒斯坦国民诗人"之称。他有关爱情、亲情及思念故土的诗作语言优美、情感真挚，是流传甚广的佳作。但是，达尔维什极强的民族主义感情又使他成为颇有争议的人物。他是巴勒斯坦国歌的词作者，也是20世纪60年代巴解组织通过的《巴勒斯坦国民宪章》的起草人，该宪章中有要求消灭以色列的条款。达尔维什曾是巴以和平的强烈反对者，1993年巴以签署《奥斯陆协议》后，达尔维什退出了巴解组织。因此，在某些以色列人的心里，达尔维什不是诗人，而是"反以"政治活动家，他的诗不仅是文学作品，而且是"反以"的宣言书。

文学作品有时是匕首、投枪，有时也可以粉饰太平，甚至可以指鹿为马，但毕竟更多时候是抒发一种不同文化背景下人对自然、社会和生活的不同感受，契合的是人的审美性需求。由于民族隔阂和历史原因造成的中东问题，是一块宝贵的试金石，双方争执的层次始终在领土、主权、宗教等官方话语形态上，很少像这次一样上升到文化的层面。民族和历史牵涉范围太广，不是一两代人能够理清的问题,而由于民族和历史带来的持续的仇视却有可能在文化中扎下根来,这是最为危险的后果。大的有意识形态下东西方文化的对立,小的如巴以这场风波。孔子认为"君子和而不同",也许正如萨里德在解释自己的决定时说的,达尔维什入选的5首诗作不涉及任何民族主义情绪,而且作为选读作品,任课老师有权决定是否教授。巴勒斯坦人和以色列人应该多了解对方,无知不可能让双方成为和睦相处的邻居。

中国俗话说"远亲不如近邻"、"多个朋友多条路",但秦始皇一统六国用的却是"远交近攻"的策略,人与人、家庭与家庭之间的和睦关系无法拓展到国家与国家之间,这也许意味着人的组织趋向于庞大和复杂后的一种系统性故障。很多国际关系学者认为,"国家与国家之间只有永恒的利益关系",但实际上还应该存在着一种超利益的"文化关系"。利害冲突导致的结果表面上看是一方占便宜另一方吃亏,实际上却是一种总体的双败效应。北约对南联盟的轰炸过去一年了,美国人是最大的"赢家",但这一年多来,国际社会对美国这种世界警察的行为诸多谴责,长远来看,美国自身的利益恐怕也会受到不小的负面影响,难免会成为面向未来的"输家";南联盟被轰炸后的经济萧条、民不聊生对欧洲经济也自然不会有什么好的促进作用,这一点上,有点像海湾战争后伊拉克原油泄露对世界环境造成恶劣影响的情况。

科技是超国界的,文化却仿佛经常成为战争的借口,《文明的冲突》一书极其露骨地渲染东方伊斯兰文化和佛教文化对基督教文化的"威胁",并认为未来战争会因为文化的冲突而起;与此同时,弱势文化的民族中民族主义的抬头也与这样的渲染隐契暗合。"新殖民主义"、"话语霸权"的理论甚嚣尘上,人类不是在追溯巴别塔建立之前那种伊甸园似的其乐融融,而是刻意地制造分裂和紧张的气氛。在这样的话语过程中,人类丧失了自身的目的性,变得愚蠢而且短视。于是无论对于民族,还是对于历史,恐怕都不好交代。

代理你混乱的生活

现今信息社会中,听得最多的代理是"代理"服务器,如果一个局域网有一些功能上的限制,那么,就可以通过代理服务器得到想要的网络信息服务,比如登陆某些被限制的网站,或者获得某些被限制的信息。通常这些代理服务器是没有被屏蔽掉的,它们就如同一个安全的出口,帮人们解决一些很难解决的问题。

在当今美国,有越来越多的男青年推迟结婚。同时,近年来不断上升的离婚率,也导致不计其数的"丈夫"重新过上单身汉生活。如何为这些人排忧解难?前不久,西雅图市的一些有识之士,特创办一种全新的社会服务:"代理太太"服务。策划人是一位年轻漂亮的妇女,名叫泰瑞。光棍儿们只要提出申请,并付清所规定的费用,即可从公司雇到一位贤惠的年轻女士到家中任"代理太太"。"代理太太"的工作无所不包:买菜、烧饭、洗涤衣物、打扫卫生、与主人聊天解闷等等。到了傍晚时分,"代理太太"才能下班离去。公司给她们规定的服务标准是:永远面带真诚的微笑,不唠叨,操持家务要熟练自如。当"代理太太"的条件也相当苛刻:学历要在大学以上,身高要在1.7米以上,年龄在23岁至35岁之间,外貌端庄,身体健康,最好会点拳脚等防身术,以防止居心不良者的骚扰。

这项服务和普通的家政服务相比唯一的特色便是它的名称,"代理太太"是个很有创意的提法,在现代社会中,结婚对男方和女方都是一个沉重的负担,一方面是经济上的,另一方面主要是情感上的,面对责任和社会压力,本来轻松的夫妻生活不得不掺杂很多压抑的色彩。有人说这是新同居时代,甚至有前卫者导演着二女一男或者多个单身者互助组等男女生活的新模式,他们想表达的只是"我们为什么一定要遵守规范"的想法,但问题并不在于规范本身,而在于人们在这个时代面临的幻灭。所以很多假做真时真亦假的旨在安抚人的心灵的服务便应运而生。无独有偶，南京"一家人"家政公司也在该市推出"情感陪护"项目，遭到不少非议，当然，在中国的非议更多的是考虑到这样的服务会否涉黄。根据《江南日报》记者的观察，情感陪护服务员在培训期间，就"接受公司严格规定不允许上客人房间；不许和客人到光线黑暗的地方；不许陪客人跳舞、喝酒，只能在公众场合提供服务。否则罚款2万元"。看来作为一个公司，首先得对自身的生存考虑得面面俱到，其次再考虑推出这个服务究竟是要解决什么样的问题。

美国"代理太太"服务的目的很明确，没有太太的人或是有过太太的人有种心理上的需求，这项服务便主要是满足这个情感上的需求，至于做饭、洗衣、购物、聊天这些活动都是点缀，要紧的是让客户感觉到妻子般的温暖和贴心。而南京的情感陪护服务员定位得就不那么准确了，好像主要是陪顾客聊天解闷，但顾客解闷未必，找乐倒是有可能。细想想其实很可悲，朋友本来是个人生活和社会生活中很重要的一个环节，但维持友谊需要一定的时间成本，是一种长期投资，在有些人看来成为了投入产出不对称的投资，而宁愿选择在情感饥渴时寻找临时的代理机构画饼充饥。而可以预见的是，除非成为一个工作狂（这又是现代生活中另外一个重要的症状），那么，这样的人情感饥渴的发作率会越来越高，从而让固有的调节机制完全失灵，成为一个代理依赖症患者。

"代理太太"解决的实际上也并不是大龄男青年和离婚男人的情感归宿问题，而是鼓励一种不负责任的生存状态。众所周知，婚姻是一种责任，很多人讲婚姻是爱情的坟墓便肇因于此。而"代理太太"服务把婚姻的责任和婚姻的温馨内涵划分开，你可以只享受后一部分而避免前一部分，把家庭生活进行一步步细分，一点一点来代理掉。代理服务器的存在主要是因为要对局域网进行限制，对进来出去的数据都进行一层过滤，合格了再放行。而我们的生活呢？真的已经混乱到无法自己收拾的地步了吗？

正经与不正经之间

"Some people covet it, others flee from it. Some see it as a hallmark of civilization, others as a scuff mark. Some laugh with it, others laugh at it. Many praise it, a few condemn it, others are just mystified. And many people are madly in love with it."

"有人垂涎欲滴，有人避之唯恐不及。有人引以为文明之荣耀，有人视若社会之痛疽。有人一笑置之，有人嗤之以鼻。大多数人拍手称妙，一小撮人奋力声讨，另一些人却只是迷惑不解。但人们总是那么疯狂地喜欢着它。"如果说这是对"诺贝尔奖"的一种描述，你恐怕会大吃一惊，但这段话的确就是摘自"The Ig™ Nobel Prizes"的网站。

The Ig™ Nobel Prizes，俗称"搞笑诺贝尔奖"，可别小看这个奖项，它的来头可不小，是哈佛大学的很多著名教授一起做的联合评选。那么，这个"诺贝尔奖"究竟是什么呢？Ig Nobel Prize 奖给"其成就不可能或不应该被复制的人"，所设立的10个奖项分别授予那些"所为之事惊世骇俗者"。创立这个奖项的哈佛大学教授们认为自己的初衷是"表扬异想天开，彰显想入非非"，并引导人们关注科学和技术。但经过10年的发展，他们的评判标准内开始隐含着一个重要的观念，也就是只关注人物的行为本身，而不作价值判断，既不说获奖人的发明或行为有益，也不说它有害，这一点保证了众多的获奖人愿意来参加隆重的颁奖仪式并发表慷慨激昂的演说，一如那些人杰们在真正的诺贝尔奖颁奖仪式上发表的演说一样。

从照片上看，2000年的颁奖典礼热闹非凡，有小型的幽默音乐会，有随机抽取的哈佛、麻省两大水火不容大学"最聪明的"本科生之间的"生死对决"，论题是"谁的智商更高？"，还有前几届发明"自来香西装"的"诺贝尔环保奖"得主和制作"粉红装饰用火烈鸟"的"诺贝尔艺术奖"

得主的现身说法,讲述"我是如何从这个诺贝尔奖中获益匪浅的"。热闹归热闹,可是总有点不是滋味,正如 Ig 诺贝尔奖委员会的某个成员自己所说的那样:"您正踌躇满志地等着来自瑞典的电话,在您整个的职业生涯里甚至更早就期待着这一天的来临。而电话真的就响了,真的。但它不是来自瑞典,而是来自剑桥——马萨诸塞州的剑桥。'恭喜恭喜!'令人愉快的声音响起来,'您获奖了!'经过冗长的客气的交流,您开始泡上了一杯茶,仔仔细细地想,Ig 诺贝尔奖,这对您意味着什么?"是呀!获得此奖的大多数可不是泛泛之辈,常常也是一方学术泰斗或日进斗金的商人或风华正茂的莘莘学子,也许有点扫兴,但也未必,也许只是几分尴尬吧。

好了,大幕拉开,该让大家见识见识都是何方神圣登上了这个神圣的舞台。

文学奖:澳大利亚的漂亮女人雅斯牟辛,以其亲身经历描写人类如何不进食也能维持生命,她从 1993 年就开始"辟谷"了。

生物学奖:加拿大生物学家瓦塞尔萨格,以发表在 *American Midland Naturalist* 上的研究哥斯达黎加一种蝌蚪味觉的论文一举夺魁。

化学奖:比萨大学和加州大学的两位化学家,发现恋爱中的人与强迫性神经官能症患者体内的生化反应毫无分别。

经济学奖:韩国牧师文鲜明"保持集体婚礼工业稳定而高速增长",文氏声称,经他祝福的新人,从 20 世纪 60 年代的 36 对增至 1997 年的 3600 万对。

计算机科学奖:美国亚利桑那州的尼西旺德,发明可以察觉猫跑过键盘的软件。

和平奖:英国皇家海军,命令他们的士兵高喊"砰"代替实弹演习。

公众健康奖:苏格兰格拉斯哥科学家怀亚特、麦克诺顿和图莱专门研究居民把坐厕坐烂的问题,并在《苏格兰医学季刊》发表《格拉斯哥坐厕倒塌问题研究》。

此外还有医学、心理学、物理学等奖项,也是各有千秋。看到这些惊人的发明或者行为,我唯一想的就是:如果有人能够在某一年同时获得两个诺贝尔奖,那么,我们的世界就变得更加精彩了。您说呢?

太阳船、恐龙蛋和外星人

史前、外星和未来,历来是科学理性和神秘主义交战的最佳场所,不过现在经济至上,对此人们对它们不再有稀奇古怪的想法,取而代之的是灵活的头脑和商人的手段。《侏罗纪公园》可以说是开发史前商品最为成功的杰作,而《星球大战》无疑在外星人这一点上做得极好,对于一些神秘的文明遗物,好像还没有什么文化方面的关注,比如埃及的金字塔、中国的兵马俑,曾经有过一部电影《古今大战秦俑情》,不过显然分量不够。而美国的甲骨文公司首倡 ASP 服务,可以说把文明遗物作为了自己的商业品牌,在互联网世界掀起了新一轮滔天巨浪。

一枚在中国发现的 8000 万年前的恐龙蛋化石,于星期四在英国西北部的切斯特市进行拍卖。X 光照片显示这枚恐龙蛋中有爬行动物的胚胎,价值 380 英镑(550 欧元)。而预计的买主居然是热心的父母们,因为他们需要满足年幼子女被影视煽起的"恐龙热"。这则消息一定搞错了价格,恐龙蛋居然价值不到 4000 元人民币,当初大概是三峡那边发现了一个超大型的恐龙窝,据说那里边遍地都是恐龙蛋,农民们把这些恐龙蛋一窝一窝地卖给文物贩子或者国家机构,据说家家都大发了一笔,这只恐龙蛋估计就是从那个窝里流出去的。恐龙蛋给某些科学家带来了崇高的名声,保留了恐龙胚胎的蛋据说可以提取基因克隆恐龙,正像《侏罗纪公园》里描述的那般,没想到拿到英国的拍卖市场居然变成了玩具,而且那么便宜。联想到目前正火的人类基因库,说不定也可以用国内意想不到的低廉价格从哪里买来,再标上极高的价格展示其无与伦比的科学价值。

另一则消息则涉及没落的古代文明,由埃及和美国专家组成的考古队在开罗以南 400 公里的索哈杰附近发现了目前世界上已出土的最古老的太阳船。太阳船是古埃及的一种大型陪葬品,经初步考证,这艘太阳船的埋藏年代距今大约5000年。我们最近也有新的考古发现，那就是老山汉墓，不过据说盗墓贼早已先行一步挖掘走了最有价值的文物，剩下的只是一个空壳，而我们的学者往往需要在这样的空壳中演绎历史，这不知道是不是一种悲哀。

　　太阳船既属于古代文明也属于外星文明，为了反对达尔文的进化论有些人做了一个设想，即外星人曾经到过地球输出他们的文明，所以很多史前遗物包含了很深层次的外星崇拜和现代科技都望尘莫及的先进观念。英国外星人专家雷德芬在其新书《宇宙空难》中透露，英国政府在偏远的威尔斯谷设立了高度机密的基地，用来保存乘坐不明飞行物体失事死亡的外星人尸体。据该书说外星人不像地球上的生物但外形像人类，身形瘦削，简直就是"皮包骨头"。而美国新墨西哥州的罗斯韦尔早年也传说发现外星人尸体，情节与英国非常相似。美国国防部把罗斯韦尔事件列作机密，不作评论。历史总是似曾相识，如果是造谣，那么谣言实在太多，如果不是造谣，那么制造神秘主义气氛的其实就是那些最高层次倡导科学理性的人。

　　不过我还是相信外星人可能存在，因为连人类都早瞄准火星想登陆上去了。记得很久以前某报举办过一次人类如何居住在火星的创意大赛，获得头奖的是核子爆炸方案，居然由一个中学生提出，不知道算不算和平利用核能。今天的解决方案就温和多了，在近日于美国加利福尼亚州举行的有关火星是否具备适合人类居住的物理和生物条件的研讨会上，一些科学家表示，如果火星上的大气能够充满超温室气体，那么在未来１００年之内它将成为适合人类居住的星球。该方案先是通过名为"大地营造"的过程提高火星地表的温度，然后大量种植树木。这样在以后的数万年间，大量的树木可以为火星提供足够的氧气，以便人类自由地呼吸。这真是一个好消息，史前、外星和未来可以非常完美地结合在一起，给我们一个幻想和娱乐的空间，我们可以不负责任地说，其实外星人就是人类自己，其实史前就是廉价的恐龙蛋，其实未来就是自由呼吸的空气，而一切只因为有了万物之灵而充满诱惑和希望。

另类间谍

间谍，《现代汉语词典》的释义是：被敌方或外国派遣、收买，从事刺探军事情报、国家机密或进行颠覆活动的人。这个释义显然还局限于过去国家与国家之间单纯政治对抗的时代，而金山词霸的解释就要中性一些：被派遣或收买来从事刺探机密、情报或进行破坏活动的人员。这样就把间谍的包含范围扩大了很多，比较符合无孔不入的现代商业社会。

曾经听到过两个著名的例子：一个是讲某国的参观团参观美国一个科研机构的时候，为了获取实验溶液里的某些特殊物质，偷偷把领带"不小心"浸到溶液里，于是回去仿制出了类似的高科技产品；另一个则讲中国的宣纸制造曾经是独步天下的技术，而在一个日本的访问团来访的时候，某个宣纸厂的老板和盘捧出制造宣纸的全套工序，恨不得让参观的人能够了解到最细节的技术，结果日本的宣纸从此在质量上超过了中国，占领了过去中国宣纸的大部分市场。这些故事都还是在中国刚刚改革开放的时候发生的，今天的商业间谍可能不再那么好做。曾经有报道说，在大公司外的垃圾堆处经常有人收集废纸，拿回去后分析其财务计划、商业模式，成功率非常高，不知道这是不是碎纸机发明的动力。进入信息社会后好像多了黑客这样一条窃取商业机密的途径，有不少黑客侵入某些大银行大机构的安全交易系统，然后公开勒索金钱，他们往往能够得手，是因为弥补这些漏洞所需要花费的精力和金钱超过了黑客们的索取，而且这些大机构更不愿意让人们知道自己的安全系统居然有漏洞。

间谍存在的根源是秘密的存在，秘密存在的根源是社会资源和权力不断的分化。现代某些经济学理论认为"信息的不对称"是导致低效率和社会分配不公平的根本原因，而间谍在某种程度上是解决信息不对称的重要手段，至于间谍活动是否能够带来高效率和公平的资源配置，那可说不准，因为间谍从来不是为大众服务，而只为某一些利益集团服务。间谍文化是一种相对主义的文化，更有一些边缘性的间谍工作，比如猎头公司、咨询公司等等，则可以比较明目张胆地从事一些大家都可以容忍的间谍活动。

最近，著名的美国在线零售商亚马逊公司就成了投资者从事商业间谍活动的目标。Credit Suisse First Boston 经纪公司的两位分析家最近渗透到西雅图这家公司中，作为周期性雇员进入到亚马逊公司的货栈中，工作了一周后被发现从事秘密活动。亚马逊公司发言人比尔·库里说这两人向临时招聘机构提出申请并被接纳，随后被派到货栈工作，负责从货栈柜台上"挑选"存货清单并安排订货。

亚马逊公司是纳斯达克股票市场的排头兵，它的经营情况对普通投资者和证券业界人士来说都非常重要，出于对网络股暴涨暴跌的关注，经纪公司的分析家决心要进入一线了解第一手的情报也比较正常。如果他们是社会学家或经济学家的话，这种深入社会实践的行为表明了一种值得称赞的实证主义的态度。但他们是为自己的商业利益服务的，假如观察到这家网络公司的经营情况不如他们自己声称的那样出色，这两个分析家所在的经纪公司也许就会抛售手里持有的股票。比较有趣的是，根据他们短短一周的观察，得出的结论是："亚马逊公司在按照他们的近期和长期财政目标运作，顾客数量很多而且积极，客户服务水平很好，公司运作的效率也越来越高。"所以亚马逊公司发言人很高兴地说："很荣幸能有这样能力出众的人帮助我们满足顾客的需求。他们的工作非常出色，顾客非常满意。我们对此表示感谢。"

这次间谍活动取得了双方都很满意的效果，新闻报道后亚马逊的股票一定上涨了不少，很多大公司的公关经理也一定从中发现了什么有效的手段，我们可以相信，以后类似的"间谍"案会越来越多地见诸媒体。大众呢？爱信不信，因为间谍从事的是秘密活动，不可能有什么对证。看来，只要善于策划，过去很多灰色地带的东西都可能转入今天商业文明的阳光地带，大家再不必像看007那样对间谍的活动提心吊胆，不妨把眼睛擦亮一些，悠闲一点地隔岸观火。

2001
明天醒来你会在哪只鞋子里

建筑狂想曲

醒目的白色圆顶,搭配着四周的钢骨支柱,坐落在泰晤士河畔的"千禧巨蛋"曾被誉为英国最成功的收费观光景点,也曾是英国"庆祝 2000 年"活动最高潮的地点。在 2000 年 12 月 31 日,"千禧巨蛋"不得不黯然关闭,此后进驻此处的不再是好奇的游客,而是建筑商、拆除工人以及拍卖人员。这座充满高科技感的建筑,将会被开发商称斤论两地卖出,所在地也将会重新规划开发。

这可以算是世界建筑史上丑陋的一页,耗资 10 亿英镑,运营不到 1 年,对建筑而言,用夭折都不足以形容其生命的短暂。长城是中国古老文明的象征,金字塔是古埃及王国的瑰宝,埃菲尔铁塔是法国工业革命的纪念,比尔·盖茨价值上亿美元的"未来小屋"是网络世纪的先驱,一座成功的建筑是一首伟大的史诗,建筑是凝固的乐章,是灵魂的栖息之所,对于这一点,不但建筑家们鼓吹,普通老百姓也从来没有怀疑过。衣食住行,建筑是除了穿衣吃饭外的头等大事。如果一个人没有地方住,好听些说叫流浪,不好听地说就叫无地容身。本来这个"巨蛋"也许可以给伦敦灰蒙蒙的阴冷天气增添一抹亮色,不想却被形容为"虚荣、无味、愚蠢,更糟糕的是,还显得自以为是",在一项网络投票中,"千禧巨蛋"还被选为了去年最碍眼的景点。其实是否碍眼并不重要,重要的是观光的游客数大大小于预期,入不敷出,才招致了破产的厄运,所以现代的建筑学和经济学密不可分,除了成本控制、材料选择、场地布局等方面,还必须在发展前景上狠下功夫,才能保证一个庞大建筑的健康成长。

人类至少四分之一的聪明才智都贡献给了建筑。建筑是坚固的温暖的安全的,而建筑却又很容易就湮没在历史的尘烟之中。人们似乎渴望着把整个地球都变成钢筋水泥,"沉舟侧畔千帆过,病树前头万木春",人们不会因为"巨蛋"的遭遇而放弃宏大的构想。海南新落成的"千年塔",

以 131 米的高度和纪念千年的主题，获得上海大世界吉尼斯总部的认证，成为"最高的迎千年纪念性建筑物"，它的鱼型造型和钢铁的骨架，显示出新世纪环保与科技两大主题。这是一个经济学意义上跟刚倒闭的"巨蛋"相当的一个建筑，不知道吉尼斯是否曾把"巨蛋"也列入其纪录。

要争世界最高建筑的话，估计谁也比不过即将在珠穆朗玛峰北坡海拔 6600 米的荣布谷兴建的一座酒店。攀登珠峰已有 20 年经验的新西兰登山者布赖斯和他的尼泊尔生意伙伴谢尔帕一起，跟中国西藏登山组织代表合作，于 2000 年底获得批准兴建造价逾 2500 万港元的酒店。这间尚待命名的酒店占地面积 16500 平方米，共有 52 间客房，房租每晚 770 港元起，布氏称："旅店主要招揽短访珠峰北面营地一至两日的旅客。他们可坐在餐厅享受珠峰景色。"酒店计划惹来许多环保人士和登山者的不满，他们担心酒店的出现，将吸引大量游客涌到珠峰，破坏当地的宁静环境，并会带来更大量的垃圾弃置珠峰，破坏当地生态。伦敦的"巨蛋"因为缺乏游览者赏脸，债台高筑而关闭，人们却担心"珠峰酒店"会吸引大量游客，真是苦乐不均。不过环境是 21 世纪人类的主题，建筑是环境的一部分，"珠峰酒店"如果不能跟当地环境融为一体，的确有碍观瞻，恐怕会因为跟"巨蛋"完全相反的原因而被迫关闭。

当然，要论大手笔，还得算俄罗斯的"白令海峡隧道"计划，该计划预计花费 4400 亿港元、20 年时间，在分隔俄罗斯和美国阿拉斯加的白令海峡兴建海底隧道，连接美洲和亚欧大陆，当铁路贯通后，乘客将可从纽约坐火车到北京、莫斯科甚至伦敦等地。这条海底隧道全长 60 公里，连接俄罗斯的涅兰和阿拉斯加的诺姆。英吉利海峡的隧道好像没有什么人说三道四，只是有些不起眼的惊险片把隧道描写成为恐怖分子的乐园，而白令海峡隧道则位于遍布高灵敏度雷达网、截击导弹、战斗机及侦察卫星预警系统的"美苏最前线"，自然不会有哪个恐怖组织敢动什么脑筋。政治局面的变化也会产生建筑上的天才设想，且不论这个计划是否能够筹集到如此庞大的资金，就算光是想想也是很有趣很大胆的构思。

建筑与文化，建筑与经济，建筑与环境，建筑与政治，兴衰进废之间，永恒的其实是建筑所负载的种种意味。

明天醒来你会在哪只鞋子里

海子有一首比较怪异的诗《明天醒来我会在哪一只鞋子里》，我很喜欢其中一段："我在黄昏时坐在地球上／我这样说并不表明晚上／我就不在地球上／早上同样／地球在你屁股下／结结实实／老不死的地球你好"。当年我不很明白这首诗要表达什么样的感情，但一则新闻让我突然回想起这首诗，并浮现出一种似曾相识的空茫。空茫是我生造的一个词，空洞和迷茫，但同时又很清楚地知道自己第二天醒来躺在哪只鞋子里其实并不重要，重要的是鞋子始终会躺在地球上。

《今日美国》报道，一名男子米切尔来到弗吉尼亚州费尔菲尔德镇的一间杂货店，发现那里的公用电话不见了。米切尔经常到那间杂货店购买粮食和打电话。他问店员："哪儿去啦？"费尔菲尔德镇只有这么一台公用电话，它已有60年的历史。店员告诉米切尔，店主因公用电话不赚钱而决定将电话取走。现年78岁的米切尔说："我感到吃惊。那台电话是我跟妻子与其前夫所生的女儿通话的唯一途径。在我有记忆至今，（那台电话）就已经存在了。"

从表面上看，这是正常的经济规律支配下的一个市场行为。购买和安装一台公用电话大概需要2400美元，而随着手机使用量的几何级数增加，每台公用电话每个月的平均使用次数已从700次减少到50次，越来越多公用电话因无法赚取每天7美元上下的成本而被迫弃用。目前美国各地还有大约190万台公用电话，但相信这些公用电话会以每年减少30万台的速度逐渐成为历史。与此同时，美国的手机从1990年的400万台增加到1995年的2800万台，至今，美国的手机已增加到1.1亿台。看起来，手机取代公用电话已经成为一种趋势。但如果我们能够抛开经济规律，也许我们可以发现这件事情所蕴涵的一种象征性的深层含义——人们的联系手段越先进，人们就越孤独。

"烽火连三月，家书抵万金"，信息的传递媒介在历史上有这样一个发展途径，从"口口相传"到"手手相接"到"线线相牵"再到"无线互联"，音信、书信、电话和手机、网络分别成为这几个阶段的象征性产物。人与人之间的关系随着联系手段的多样化和便捷化反而越来越疏远，这是一个奇怪的方程式。我们很难具体地指出几种媒介的本质差异，但从一对一到一对多、从现实化到虚拟化是大致可以归纳出来的两大发展趋势。从经济角度而言，后者节省成本并提高了效率，是一种典型的进步；而从文化角度而言，后者忽略了寄托并降低了情感价值，只能定义为一种消极的变化。键盘取代钢笔，E-mail 取代书信，手机取代电话，电子贺卡取代传统贺卡，大家已经习惯了这种变化并且熟视无睹，曾经的争论也不再具备成为问题的价值。信息是一种大众消费品，最初是一种高档的奢侈品，到如今已成为廉价的垃圾货，这也许就是问题的症结所在，稀缺的资源最能体现其文化价值，而普遍性的资源便失去了文化上的意义，这有点类似中国人一直疑惑不解的"过年为什么越来越不像过年了"的感慨。

另外一个潜在的危险就是"公共空间的丧失"。经济规律中公平和效率的交互作用和科技发展所提供的便利让现实的公共空间急剧缩小。公用电话本身是一种公共空间的象征，公用电话意味着分享，而手机则意味着独占，信息公共空间如此丧失着。从生活公共空间的角度来看，熙熙攘攘的大街、人潮汹涌的旅游景点、规模庞大的居民小区跟一个鸡犬声相闻的宁静的村庄相比，后者更接近一个理想的公共空间，前者却已经异化为无数临时性的孤立空间的集合体。而当技术给家庭办公提供了现实的可能性之后，随着 SOHO 一族的兴起，工作的公共空间也在缩小。这些都是不容忽视的危险的信号，人与人之间联系的信息量在不断地扩大，而膨胀的信息却基于越来越狭小的平台，必然会造成个体对环境的盲目依赖增加，而跟其他个体的交流减少。这也许就是现代人的孤独感和虚妄感的来源。一次海难，船在一点点下沉，风浪很大，没有什么生还的希望，船上的人们通过手机跟亲人绝望地告别，这个场景最让我感到的是——恐怖，也许，在大家习惯之后，一切会以另外的游戏规则重新开始？

病出文化味

最近，世界上新发现五种病症：（1）立体盲：对立体的感觉产生偏差，如把大海视为蓝天等等，其发病率为1.2%；（2）嗜瘦症：患者大多为少女，恐惧身体的任何一点发福；（3）逃学症：中小学生厌恶上学，不自觉地选择逃离学校；（4）计算机综合症：患者大多是中年职员，对计算机"一往情深"，对离开计算机则有恐惧心理；（5）无兴趣症：初期像患了感冒，接着颈部淋巴结和腋下淋巴结肿胀，尤其明显的特征是全身无力，对任何事皆无兴趣。

这可跟传统的头疼发烧大不一样了，这些病都病得颇有文化味，根子恐怕都不在肉体上，而是在精神上。立体盲不知道是不是三维的游戏玩得太多，于是看大街上走着的人都像待在一个屏幕中，前后错位，上下倒置；而嗜瘦症显然因为"楚王爱细腰"，是过渡渴望赢取他人的关注而导致的结果；逃学症倒是有点新鲜，不知道是不是现今比过去聪明百倍的小孩子们跟父母、老师和社会玩的花招；计算机综合症进一步发展到网络幽闭症，反正都是远离人群带来的无尽后患，人暂时无法从群居动物向独居动物进化，因而跟机器的愉快而亲密的相处逐渐就成为禁锢自身的枷锁；最最有趣的就是无兴趣症了，我自己都担心是不是什么超级病毒准备大举进攻人类创造力的源泉，丧失兴趣，甚至连自杀都没有兴趣，多像《顽主》里调侃的那样"活着没劲"，这简直就是身体力行的哲学思辨。

《我们为什么生病》一书提出了一些很有趣的问题："为什么我们偏爱那些对我们的身体有害的事物——油脂、奶油和糖，却都不大喜欢蔬菜和粗粮？为什么明明知道自己已经太胖，在打算控制自己的食欲时，意志却显得那么不坚强？为什么男女之间的性反应那么不容易配合，为什么没有设计成双方一道达到性高潮，同时获得最大满足的模式？为什么我们之中有那么多人总是忧心忡忡，一生都像马克·吐温所说的那样'为从未发生过的灾难痛苦'？为什么我们的快乐总是那么短暂，那么一瞬即逝？在刚刚达到一个长期为之奋斗的目标之后所产生的不是成功的满足，而是对另一个尚未达到的目标的新欲望？对我们这个身体的设计，看来是既有超越一般水平的精确性，又有难以置信的疏忽。好像是上帝麾下的那些宇宙间最高明的设计师，在礼拜天把事情交给了一个马虎草率、专门会把饭烧糊的徒弟。"它把疾病的起源归因于自然选择，是标准的医学版达尔文进化论。

但是，疾病本身可并不是一个简单的医学、生理学问题，到今天它已经渗透进了哲学、心理学、历史学、民俗学等等一切你所能想到的学科。人的肉体和精神不断经受新时代的考验，在艾滋病把男欢女爱搞得人心惶惶之后，新近出现了很多的病症正在让人对生活的方方面面丧失信心，这的确是一件很滑稽的事情。人的灵魂和肉体总是像热恋中的情侣，虽然纠缠在一起难分难解，却不时会闹一闹这样那样的矛盾，让人左右为难，听谁的都有得罪受。从医学的角度来看，病态其实是一种积极的防御。疼痛是提醒身体职能部门警惕，如同110匪警电话；而发烧就像警车出动时闪烁的顶灯和长啸的呜哇呜哇，告诉机体抗体来了；恶心呕吐则通常是肠胃拒绝接受某些对身体有害的物质；拉稀出汗则是体内通过肾和大肠处理垃圾，如同一个城市的大型垃圾处理工厂，在避免环境污染的同时又造成一些环境污染。然而除了这些表面的特征，人真的不知道病到底是什么。在病因、症状和病的结果之间，对什么是病往往作出错误的选择。

所以当代社会的病就显得更加千奇百怪了。仿佛成了文化在肉体上的一种回应。西子捧心据说是美人的典范，黛玉呕血也是《红楼梦》中最为凄美的风景，如果这些例子是病态造就的一种文化，那么新近发现的症状却是文化造就出来的病态。什么样的文化能够引起人的生理和心理双重的反应呢？归根到底，人是一种缺乏耐性又渴求关注的奇怪动物，凡是需要长久坚持的机制和过分冷漠的环境，都是致病的文化，这样的文化病菌，杀伤力丝毫不亚于鼠疫、霍乱甚至癌细胞，也许会成为后医药时代的最致命毒素。

性感、大众文化和商业包装

玛丽莲·梦露可谓美国 20 世纪五六十年代性感的代表，也是大众文化的明星，近期 eBay 上拍卖她的五幅"红天鹅绒系列裸照"未果，却引来好一阵轰动。这些照片均是梦露在 1949 年拍摄的，那时候年仅 22 岁的梦露尚未成名，脸上还带有少见的纯真表情，因此竞标者趋之若鹜。汤姆·凯利的父亲是这些照片的拍摄者，他表示最终的中标者完全可以拥有这些照片的所有权和商业使用权。但过去 7 年中一直拥有梦露商业形象权的 CMG 公司却表示，这一拍卖活动将侵犯梦露及公司的权力，他们正在考虑是否采取司法诉讼手段以阻止这些梦露照片被用于商业用途。这一点是最致命的，如果无法使用到商业上赚取足够的利润，这些照片的价值将会大打折扣，因为梦露的裸照毕竟不是毕加索的画，其收藏价值远远小于其商业价值。

老一代的性感尤物显然不如新一代的"放荡处女"更有诱惑，梦露早已香魂一缕无处觅，麦当娜也因为生孩子、结婚而感慨"现在我是能瘦一斤是一斤了"，小甜甜布兰妮正当魅力无穷，在美国各地商店，尤其是儿童及青少年商店，布兰妮的倩影比比皆是，布兰尼的性感服装到处可见，而传统的儿童服装却寥若晨星。全国连锁店"雷夫姑娘"公开向 5~14 岁女孩兜售超短裙、筒状胸围、露腹上衣、羽毛披肩、皮裤、弹力喇叭裤等。而弗拉化妆品连锁店出售的 10 支装珠光唇膏和眼睑膏，装在 CD 盒内，每盒 12 美元，促销对象竟然包括 5 岁女孩。不过文人墨客的"各领风骚数百年"实在太久，今天的娱乐明星也就"各领风骚一两年"罢了。所以，美国的学校和父母大可不必担心他们的女儿小小年纪就"仅戴角状弹力胸围，穿紧裹臀部的短裤，涂发光的化妆品"，一切向布兰妮看齐，因为明天也许就会出来一个打扮得规规矩矩，裙子绝不高于膝盖二指的新偶像。那时候，商家也许就会开始推销蒙面的纱巾，大众文化和商业利润一直青梅竹马，社会道德往往不识时务地充当第三者，可笑的不仅仅是那些卫道士。

有人在进行性感比较时指出：梦露的性感是加盖了保密局钢印的性感，她用暧昧的眼神盯着你的时候，你能够感觉到掌握这个性感形象的强权之手。麦当娜的性感则是带有母性光辉的性感，她的性感其实更多象征一种非常强壮的生命力。那么，布兰妮的性感则是青春加上无所顾忌，据说当布兰妮的妈妈看过最新单曲《不要让我最后才知晓》的MTV后，发现女儿和法国籍帅气模特激吻不停的表现甚为不雅，立即下令导演删剪部分场面，同时以严厉口吻警告布兰妮，绝对不能再拍类似场面以影响其"纯洁"形象。而布兰妮自己却说：有什么大不了啊，不能说我穿得性感就代表我是坏女孩嘛。

商业包装的确对类型化感兴趣，树立几个性感的榜样有利于商业化的炒作。而性感却应该无所谓类型，无论梦露、麦当娜，还是布兰妮，其实都属于公众的性感、商业的性感，就如同麦当劳和肯德基虽然葫芦里卖着不太一样的药，但事实上都是一路货色一样。真正有趣的是，当选奥斯卡金像奖最佳女主角的朱丽娅·罗伯茨号称"大嘴美人"，看来，娱乐世界跟性感缘分不浅，因为朱丽娅·罗伯茨的主打影片名字就叫《漂亮女人》，虽然这次让她获奖的片子是《永不妥协》，讲述一个几个孩子的母亲代表公众利益跟势力集团作斗争的感人事迹。但漂亮女人总是比女强人更容易在这个社会立足，商业社会也得遵从世俗社会的基本规则，我们即使要包装女强人，也必须包装性感的女强人。

美国学者弗里曼有句名言："世界上只有色情文化是不存在盗版的，因为与此有关的身体器官和身体语言完全是一模一样的——这是上帝的错。"不存在盗版的意思大概是到处都一样，如果不从知识产权保护法所定义的盗版着眼，而是从广义的拷贝入手，那么，这里头实际上包含着文化大同的意味。也就是说，大众文化都是针对人的感官，观众调动自身的感官系统进行观赏，而从不调动自身的思维系统。但商业包装可是需要相当的脑细胞，所以，盗版实际上还是存在的，毕竟真正称得上性感的尤物并不是很多，其他大抵是滥竽充数罢了。

音乐、黑客和商业间谍

音乐、黑客、商业间谍，这三者风马牛不相及，但最近的"三高"紫禁城广场音乐会、中美黑客之战、美国以为大唐电信窃取朗讯商业软件而逮捕留美中国工程师成为街谈巷议的话题，这三个事件在某种程度上却有些相似之处。

"世界三大男高音紫禁城广场音乐会"，不知这是第多少次"三高"合作，但据说是最后一次，所以演唱会的最高票价达到了2000美元。圈内人都很佩服中艺公司的谈判技巧和炒作水平，使这场演出被赋予了很多神秘的色彩。第一，以中国独特的文化资源和发展中国家的身份作为诱饵，拿到了比较低的代理价格；第二，跟中国目前的头等大事——申奥紧密结合在一起，取得良好的社会效应和经济效益；第三，出卖电视转播权，号称将有33亿人会收看此次演唱会的现场直播；第四，兵马未动、粮草先行，把票价炒得高高的，先运作出一笔资金再说；第五，开辟分会场，让普通的工薪阶层也能参与顶级艺术享受；第六，严守商业机密，让"三高"的经纪人都看不懂，只好闷声发大财。

其实，通过此次活动吸引更多欧美上流社会的企业家、政要、社会名流，来加强申奥宣传实质性的力度，也许是这场演唱会得以举办的重要原因。"我们就是要让他们这些在欧美上流社会说话有分量的人来北京亲眼看一看，然后利用他们的影响来促进北京申奥成功。"如何把握机会，谁能把握机会，这里头的奥妙非常多。

中美黑客大交锋也是最近传媒关注的焦点。成百上千的网站被黑客们插旗、修改页面、DDOS攻击、蠕虫病毒，黑客手段并没有什么大的改进，但在"战斗"开始之前就大张旗鼓地进行"宣战"恐怕还是第一次。这一切都源于"中美撞机事件"，美国霸权主义日益抬头，不但无理地侵入中国领空而且还提出种种非分的要求,美国的黑客也不甘寂寞地率先挑起这场战争,然后就是中国黑客的"自卫还击",黑客行为从暗箱中走到了灯影闪烁的前台,也引起了对于如何维护网络秩序的反思。当然,这些反思不是黑客自己需要完成的。

美国联邦调查局逮捕了三个中国人,原因据说是窃取朗讯的商业软件源码,中国的大唐电信也受到了牵连。这些本该属于机密的"商业间谍"案却被媒体大肆炒作,其中的内幕自然也颇含玄机。大家在愤愤的时候可能没有注意到,最近美国司法部又以商业间谍罪名起诉了两名日本基因科研人员,指控他们盗取在美国用于研究早老性痴呆症的基因。两人把盗来的基因交给日本政府资助的脑科研究中心。日本人反应很快地评论道:美国这次态度强硬,是因为它有意霸占到2020年价值将达到数千万亿日元的生命科学市场。按照这个逻辑,逮捕中国人的事件是否也是因为美国有意霸占价值更大的无线通讯市场呢?

撇开这些事件的政治、经济色彩不谈,我们发现,在特定的时期,个人或某个群体的活动,会发生价值取向上的变化。音乐是一种娱乐,"三高演唱会"也许是一种高雅的艺术,但结合申奥的特定环境,便成为宣传的附庸;黑客行为是否犯法尚无定论,但至少是一种不道德的破坏,但结合政治,便成为"爱国"的手段;而商业间谍是一种常见的商业行为,但结合市场,便成为经济垄断的工具。如果剥离这些附加的内涵,我们也许能预见更真实的一面。比如演唱会所蕴涵的国际文化交流,两种不同文化的碰撞以及中国文化市场不健全的现状;比如黑客交锋所昭示的未来信息战的雏形和加强网络安全所必须建立的管理机制;比如商业间谍案所暴露的知识产权问题和扶持民族工业的必要性等等。

虽然这些事件正在发生或即将成为历史,但我们的思考绝对不应该限于媒体炒作本身,而是要看到,这三件事改变了很多人固有的观念,让人们发现一种跟过去截然不同的新的游戏规则,这不妨认为是对中国人传统文化观念的又一次冲击,让我们的思维变得更加开放,同时也变得更加灵活。小平公的"猫论"真是非常精彩,每当一件事发生时,我们只需要站稳自己的立场,就知道该如何去参与、评价、对待、处理这些事情。

功利之外的实用主义

"就像互联网自身那般多变和张狂"（As quirky and irreverent as the Internet itself.），这是 CNN 对威比奖的评论；"体现新媒体创造力的圣约"（A testament to the creativity of the new medium.），这是 BBC 对威比奖的褒扬；"奥斯卡奖要能学一学就好了"（If only the Oscars would take cue.），这是《时代周刊》对威比奖的吹捧。还有一些不甚入流的媒体（Vanity Fair）干脆就赤裸裸地讲："比奥斯卡奖好！"（Better than the Oscars!）

威比奖（The Webby Awards），诞生于 1996 年 6 月，母亲是独立电影制片人和设计师斯莱恩，父亲是邀请斯莱恩担任网页设计师的创刊号《互联网》杂志。1997 年 3 月，第一届年度威比奖颁奖典礼在旧金山举办。1998 年 1 月，《互联网》杂志停刊了，孤儿威比奖却成为了大家的宠儿，健康地生存下来，并很快地找到了继父——"国际数字艺术与科学学院"（成立于 1998 年 6 月）。如今，"网络奥斯卡"的威比奖颁奖晚会每年都会举行，到 2001 年 7 月 18 日，已经是第五届了。

我想，威比奖在中国的知名度恐怕连 CNNIC 的"十佳"网站评选都比不上。但 CNNIC 的网站评选只看访问量，而威比奖则更多地体现了互联网的创造性和文化精神，所以有人认为获得威比奖是"互联网领域唯一的荣耀"，而威比奖颁奖典礼的"这个夜晚是互联网的'动力'之夜"。

威比奖的奖项并不是一成不变的，从最早的 15 个类别到 2001 年的 27 个类别：艺术、生活、时尚、运动、旅游、社区、儿童、幽默、健康、教育、服务、社会活动、商业、财经、广播、电影、电视、新闻、音乐、游戏、科学、宽带、网络出版、政府和法律、政治、精神、灵异以及技术成就奖、最佳实践奖、终身成就奖和个人奖。每个类别除了专业人士评选出来的"威比奖"之外，还有网民们投票产生的"人民之声奖"。这些类别看上去虽然五花八门、杂乱无章,但它所关注的显然并非网站的商业模式和赢利前景,实际上,商业类别的奖项很晚才进入威比奖的评选范围内。

"互联网在商务之外,存在着更为庞大的空间",这也许是威比奖设立的初衷。威比奖的裁判只考虑"内容、结构与浏览、视觉设计、功能、整体体验"这五个标准。创造力和科学技术,是威比奖所承认的互联网哲学。以"儿童"类别为例:获得威比奖的是"真相怪兽"网站 www.factmonster.com,专门为中学生写作业做资料搜集;获得"人民之声奖"的是"非洲镜头"网站 www.africam.com,有大量的动物照片,帮助少年儿童认识不同的动物,培养儿童对大自然的感情。这些网站的公益色彩都非常浓厚,最重要的是,它们的艺术感觉和科技运用都非常出色。

简捷明快、方便易用、科学艺术,这是美国实用主义哲学的精华。尽管当年的票房冠军几乎没有问鼎过奥斯卡,但商人得靠这些题材成为艺术家,才能获得更大的外在成功和内在满足,这也许是美国版的"内圣外王"。获得奥斯卡奖不一定能让电影的票房翻番,同样,随着互联网从泡沫时代进入蛰伏的寒冬,获得威比奖的网站竟然有一半以上面临裁员、收购和破产的窘境,这并不是黑色幽默,而是功利外的实用主义。

有一个细节可以很清楚地看出威比奖的价值取向,2001 年微软被授予"技术成就奖",而当微软的代表领奖时却遭到一片嘘声。每一届威比奖都有不同的主题和着装要求,第一届主题是"节奏",着装要求是"炫耀";第二届主题是"未来的过去图景",着装要求是"未来感的哗众取宠";第三届主题是"超现实主义",着装要求是"妙不可言";第四届主题是"互联网——时光机器",着装要求是"时髦";本届主题是"技术乃思想之延伸",着装要求是"肆无忌惮"。不落俗套和锐意创新,这一点同时体现在威比奖有名的"5 个词获奖演说"上。正是被嘘的微软用五个词说出了互联网和威比奖的特质:"我新(升级)故我在。"(I update, therefore I be.)换言之,功利之外的实用主义就是注重创造力,最新的就是最有用的,尽管大浪淘沙,但能够脱颖而出的,靠的无非是天时、地利、人和而已。美国人可爱地将人力和天命通过时髦的方式分开来,我们却从来相信"天人合一",所以,各自奖赏各自的佼佼者。

精神力

近年来,韩国足球和围棋就像横亘在中国人面前的两座大山,让人恨得心痒痒却又无计可施。不过,从技术的角度来看,韩国足球和围棋并没有太多值得称道的地方,其风格可以概括为粗野霸道,喜欢力战、乱战,总是短兵相接,让中国人的儒雅和计谋被践踏为软弱和狡诈;而在力不能取的时候,韩国人又表现出另外一种坚韧和顽强,总而言之,就是不服输的精神。

说来也奇怪,清光绪年间,聂士成访朝后在他的笔记《东游纪程》中记叙了这样的情景:"朝鲜民居,大都四合房屋,进门即席地坐。男子性惰,女子服役极苦。""朝鲜民情太惰,种地只求敷食,不思蓄积,遇事尤泥古法,不敢变通,读书几成废物,平居好游,文理欠通,笔谈数十句,多半费解,谈时务辄更加菲薄,可憎可怜。"笔下全是大清帝国对附庸小民的不屑之词,虽然中国当时内忧外患,正是江河日下之际,但百足之虫,死而未僵,尚有那么点儿天朝帝国的优越感。

而另外一个中国当代学者彭林却记载了完全不同的东西。他先后造访了两位韩国学者,在金兑仁家,金夫人专门为中国客人用古法吟唱了苏东坡的《赤壁怀古》,"歌声时而婉转,时而激越,有一泻千里之势,一气唱完,博得满堂彩。在国内我从没有听到过这样的吟唱"。而彭林到韩国的礼仪专家河有楫府上时正值中秋,也就是绝大多数家庭祭祖的日子。祭祀前一天,河先生斋戒沐浴,次日清晨,在河先生的主持下,全家人按辈分高低跪列在祖宗神位之前,祭祀的过程与向生人敬献酒食完全相同。他的长子按顺序为祖先献酒荐饭,时间长达一个多小时,和生人吃饭所用的时间相当。令彭林想起孔子所说的"祭如在,祭神如神在"。

聂士成笔下的"遇事尤泥古法"在彭林的见闻中却变成了一得很美好

的坚持，韩国人几百年来没有太大的变化，无论是做中国的附庸，还是被日本人侵占，还是成为亚洲的四小龙之一，都能一如既往地坚持自己认为美好的道义。

的确，在对待日本教科书歪曲历史问题和参拜靖国神社问题上，最不依不饶的亚洲国家就是韩国了。在一系列的抗议游行甚至断指示威后，韩国政府还专门成立了"日本教科书歪曲历史对策小组"，并将派遣长官级官员参加月底在南非德班召开的联合国反对种族主义大会，准备强烈批评日本歪曲历史的教科书以及"慰安妇"等问题。这不仅仅是政治事件，同时也是文化事件，这使我们看到他们对历史和未来的近乎固执的坚持。再比如准备参加世界射箭锦标赛的韩国选手进行的集训内容：与蛇接触、在寺庙里静坐、在"鬼屋"内行走、在坟场瞪着死尸、清理垃圾堆、背着小船爬山、彻夜不眠等等。这些被世界射箭协会副会长特厄尤认为不适合在西方使用的训练方式正好体现出韩国人执着的特性。

人人都说，宽容是美德，但韩国文化中的不服输和坚持的精神却告诉我们，宽容并不是竞争的法则。曾经担任过中国甲A球队延边队主教练的崔殷泽认为，中国足球队什么都不缺，缺的就是一种"精神力"。他说，韩国职业球员把足球当成了自己的生命，为了赢球死在球场上都可以。而中国队缺乏的就是必胜的信念和坚持到底的决心。围棋也同样如此，韩国人下围棋经常出现几十目的巨大输赢，那是因为他们战斗到了最后一刻。

精神力并不是什么神奇的东西，中国历史上可歌可泣的事迹都昭示着这一点，比如《满江红》，比如《正气歌》，比如《红岩》。中国足球队在米卢的带领下刚取得十强赛的开门红，上升势头很是良好，相信这次会如申奥成功一样给国人以惊喜，但这只是国运盛而球运盛而已。顺境中的自信是顺理成章，逆境中的自信才真正体现精神力。老子云：上善若水。而韩国人却是石头，老子是世外高人，教人养生之道，而对于做人，养气也许比养生更为重要。闲话一番韩国文化中的精神力，感慨的，不仅仅是足球和围棋。

当历史遭遇现实

恐怕很难找到这样一座建筑，在它还只有一个名字和空屋子的时候，就已经吸引了几十万人参观，并被誉为新柏林具有世界影响力的建筑杰作。

这是一个参观过的朋友的笔记："接着去的地方在建筑界大大有名，是柏林的犹太博物馆。据说从来没有人这样盖房子，弯来绕去，但是却又有许多象征。比方有条路线叫生存之路，象征着犹太人当初在德国逃亡，最后生存下来。用七七四十九根柱子，我也不清楚这到底表示什么样的生存。博物馆的外墙支离破碎，象征犹太人在纳粹德国的那段悲惨的历史。还有一个楼梯，上头乱七八糟的柱子象征着毁灭和重生！看到这么多象征，蛮佩服那个建筑师当初怎么会想这么多？所以我也在门外拍了一张照，站在一个三岔路口上，象征着我现在正处于人生的交叉口，有很多路可以选择，但是要小心，千万别选择错了！"

9月9日，美国著名建筑师丹尼尔·里伯斯金设计的这个博物馆终于正式开馆了。开馆仪式上除了德国的政要外，并没有太多大人物参加，美国前国务卿基辛格、世界犹太人大会主席辛格和中国上海市长等850多名来宾应邀出席了开幕式。

德国著名媒体《明镜》周刊（*Spiegel*）和《明星报》（*Stern*）都以相当的篇幅做了详细报道。博物馆共有三条主通道，"毁灭之路"通向一个混凝土地牢，"流亡之路"通向霍夫曼花园，"存续之路"通向主展厅，里伯斯金在建筑界以"隐喻"风格著称，他希望用建筑表达德国犹太人两千年的历史和文化，并以大片无实际功效的空地来告诫人们，要能承受生命中的空。虽然他不认为他的建筑仅仅是二战那场灾难的纪念馆，但实际上人们看到的和想到的，很难脱离那种恐怖的氛围。

德国总统约翰内斯·劳在开幕式上说，战后50多年来，人们一直在深思纳粹迫害犹太人的原因,"我们必须对历史保持清醒的记忆,这座博物馆就是要告诉人们这一点"。这明白无误地表明,当历史遭遇现实的时候,任何手段都无法抹去巨大的阴影。劳总统把这座耗资 1.2 亿马克的博物馆定义为"教学基地"(Lehr-und Lernort),是"年轻人和老人,犹太人和非犹太人,不同出身和不同文化的人们相遇沟通之所在"。这是继勃兰特总理在波兰犹太人纪念碑前献花下跪以来德国又一次郑重地反思历史的重要事件。

从舆论上看,那次完全是一个政治事件,而这次却被大多数报道定义为一次文化事件,从政治的反思到文化的反思,也许下一步该是哲学的反思,德国人在这种反思中不断进步。虽然德国犹太人中央委员会主席保尔·斯比格尔警示人们不要高估犹太博物馆的意义,并且愤激地说:"在整个社会对右翼激进主义越来越习惯的时候,我看不出在德国还有哪块地方,少数民族的人去了以后可以说:在这里我很安全。"他认为博物馆的建设是一个"巨大的机会",因为"过去人们总将犹太人和大屠杀联系在一起,这座博物馆将向人们展示,两千年来犹太人在德国的真实图景。"只有文化上的沟通和了解,只有坚信所有德国人共同创造了德国的历史和文化,才可能真正地反思历史、善待未来。

当历史遭遇现实,下跪是远远不够的,但如果没有下跪这一步,以后所有的一切都无从说起。下跪是属于民族和政治的,属于不可讨论的原则问题,而在下跪之后,需要的却是更多的见面和沟通,沟通和理解属于文化和社会心理的范畴。我们都不是罪人,因为罪人已经成为历史,但我们也绝不是清白无辜的人,因为我们互不信任。仇恨源于拒绝沟通,拒绝沟通源于仇恨,该谁来开放自己,该谁先伸出和平的橄榄枝,这是一个很难下定论的话题。柏林的犹太人博物馆或许昭示了一些什么,当人们不愿意说话的时候,就让历史自己来说话,我们只需要安静地聆听,我们的政治只需要创造一个能够让安静聆听的环境,一切,都会逐渐变得美好起来。

此奖与彼奖

阿多诺、哈贝马斯、德里达，这些都是20世纪学术界响当当的人物，巧的是，他们之间不仅有学术上的渊源，哈贝马斯、德里达还都获得过法兰克福市一个以阿多诺命名的奖项，哈贝马斯是在1980年，而德里达则是刚刚去保罗教堂领取的。更巧的是，2001年哈贝马斯、德里达相继来到中国，哈贝马斯4月份，德里达9月份。也许是公共空间和解构已经炒作得让媒体不知所云了，所以对这两次访问的报道少得可怜，只有一些学者不厌其烦地跟他们一起探讨20世纪哲学的论证和风雨，好像大家感兴趣的也只是这些大家跟别的大家之间的争吵和分歧。

阿多诺奖的颁发领域是哲学、音乐、戏剧和电影，作为法兰克福学派的领军人物，不知道是否因为他的专业是哲学，业余爱好包括音乐、戏剧、电影，所以把这些领域也囊括了进来。可能没有哪个导演会因为获得阿多诺奖而特别兴奋，因为这不会给他带来什么实际的好处，虽然可以白拿5万马克而且后来涨到了10万马克，但在动辄一掷千万金的名导们眼中，这点钱实在太小儿科，甚至我们的第五代、第六代导演紧盯着金狮、金熊、金棕榈的时候，都不屑于知道还有这么个阿多诺奖居然也青睐电影圈人士。有趣的是法国导演戈达尔（Jean-Luc Godard）在1995年欣然领受了此奖项，不过2001年他参展第54届戛纳电影节的《爱的礼赞》却一无所获。法国电影界普遍认为，当代电影史可以划分为"前戈达尔"和"后戈达尔"阶段，这跟哲学界的"前现代"和"后现代"不谋而合，不知道戈达尔是否因此靠近了哲学，不过他在影展上所指出的"要记录事情，现在只用打字机就足够了"倒是富含玄机的一句名言。

其实哈贝马斯和德里达们得到什么样的奖励都不过分，毕竟他们都是一代宗师，不过也有看不惯的人发表这样的言论："最近从西方搬来了一些时髦的学院派专用名词，诸如后现代、后结构、解构、话语、符号、符码、编码、代码、后殖民等等。各有各的大师和主义：福柯、德里达、萨义德、杰姆逊等等等等。大师和主义不但多，而且常常变。每过几年新陈代谢，刚认识了一点皮毛，就得重新开始，生怕会落伍。"于是大力提倡中国人要有自己的话语权，千万不要用后殖民这样的词表明自己被后殖民了。不过真正去书店或者学者们的书房寻觅，这些大师们的完整著作却少得可怜，多是像蛋炒饭一样的研究和争鸣文章，大有"肉烂在锅里，我们只管喝汤"的架势。其实中国的学者何尝真的被人牵着鼻子走过，大家坚持的那套思维模式，经过了五千年文化的洗礼，早就做到了以不变应万变，拿来的再眼花缭乱，骨子里却不蔓不枝。

娱乐界却几乎做到了"全盘西化"，不仅金熊银狮的拿了不少西方的奖，而且跟风之快，颇有亦步亦趋的势头，比如"百万富翁"有奖知识竞赛节目，电视台拿来就用，对收视率的提高的确立竿见影。这档电视娱乐节目的卖点就是对金钱的渴望和对知识的量化中体现出来的张力，在万众瞩目下靠知识赢得财富。香港版"百万富翁"的主持人在大家提出"出题太简单是否代表香港市民素质低"的时候说，不是素质低，而是奖金低，如果像美国出到100万美元，来参加的大学教授还不是一抓一大把。

姑且不论德里达的学术和"百万富翁"们的知识有什么差别，我们只看，同样是奖励，感觉完全不同。一个冷清，一个热闹；一个轻松平淡无聊，一个紧张刺激有趣。不过学术确实需要严肃地板着面孔，阿多诺奖在我眼中有薪火相传的感觉，就如同哲学界只有一个康德，只有一个黑格尔，也只有一个阿多诺，只有一个德里达。颁发和领取这个奖，意味着道统的延续。金钱的流失和转移吸引大家的目光，而思想的流失和传承却很难得到应有的关注。阿多诺奖默默地发给了德里达，只有在场的几个人鼓掌，实在可叹。不过记得我们评"长江读书奖"的时候，媒体炒作的是钱，学术先放一边；而电视台的"百万富翁"节目，出题人却反复强调知识水平的高度和问题的难度，钱嘛，尽量别被拿走了。这就有点可笑了。

大众文化的病毒性繁殖

大众文化拥有多少种传播方式，一部成功的作品便会不断利用它们进行自我传播，最大可能地攫取利润。"大众文化的病毒性繁殖"已经成为当代商业社会的一条定律，被无数次地实践和证明着。随着好莱坞华纳兄弟公司日前倾力推出大家期盼已久的电影版，哈利·波特正在沿着米老鼠、超人、蝙蝠侠的道路进入大众文化名人殿堂，成为新的偶像。

"哈利·波特"作为一个关键词，点击率超过全球人口的数倍，在他身上流淌过的金钱数额直逼比尔·盖茨的财产总量。让我们闭上眼睛来幻想一下这样一个流程：一个人物→一段故事→一个文字虚拟出来的空间→作者、出版商、书店、各种版本（盗版、模仿秀、故纸堆中推陈出新的相关故事）和各种文字的图书→一大群读者→游戏、电影、魔法学校、游乐城、玩具、宠物、书评、新闻、广告、网络→《哈利·波特》文化产业的生产者和消费者→一个梦想的实现和幻灭。每个人都被圈到其中，在这个有序的生产和消费过程中暂时丧失自我的判断和固有的生存方式，像被施了魔法。

这个社会因为模仿而越来越可以预期，同时也因为期待而不断地重复古老的故事，虽然今天古老的定义也许是一年，也许只有几天。一年以前曾经有记者问《哈利·波特》的作者罗琳："如果有一天，'哈利热'降温了，孩子们不再喜欢这本小说了，你会怎么办？"罗琳的答案是："孩子们选择什么读物，这是他们的权力，如果有一天他们真的不喜欢哈利了，我也许会小哭一场，然后享受一段宁静时光。"作为单身妈妈的罗琳无疑是性情中人，不幸却成为了"病毒"的制造者。她的人生因为哈利·波特而彻底改变，不管她是否曾经追求这样的结果。

大众文化具有病毒的特性，感染和侵袭着社会的每一个成员。从生物学的角度而言，病毒的生命力极强，适应各种环境，传播速度极快，传播方式多种多样，但最基本的形式就是母体的自我分裂，这些都是大众文化的基本性质。从受众的角度来看，大众文化中毒者的轻度症状通常是"等"和"捧"，永远期盼着，等出现后或捧或骂，然后再等待下一个目标；重度症状则是"迷"和"追"，因迷而追或因追而迷，就是所谓的粉丝和追星族，把所有的意义都寄托在没有意义中。

谁也不可能保持清醒，当美国的大人小孩在午夜时分排队抢购时，当德国儿童举行游行庆祝《哈利·波特》电影版首映时，当中国准备寒假公映时，甚至当英国的"巫师"都跳出来指摘影片中飞天扫帚头尾颠倒时，谁也不能拒绝病毒的温柔。这些设计好的场景，设计好的感情，设计好的反应，大家都知道自己应该有什么样的体会，就像知道感冒后会咳嗽、打喷嚏、流鼻涕却仍然躲不开感冒一样。病毒，就这样无孔不入。

但大众文化的母体，比如迪斯尼的童话乐园，比如史努比的漫画老爹，比如罗琳，他们都是最充分地体现人类创造力的佼佼者。罗琳在经历失败的感情和穷困潦倒的10年里孕育了哈利，把欧洲中世纪的魔法精神和英国当今的教育制度刻画入微。《哈利·波特》无疑是部杰作，而《哈利·波特》文化工厂所要做的事情就是肢解这份创造力，复制其中的每一个碎片。大众文化不需要理解者，只需要追随者，因为模式化的生产和复制如果掺杂了理解会出现信息的溢出，甚至对生产线造成毁灭性的打击。

人们思维的内容可以随时改变，而人类思维的方式却顽固得像石头。"一千个观众就有一千个哈姆雷特"，这是古典的文学欣赏理论，"一千个哈利·波特需要一千个观众"，这是现代的文化生产理论。大众文化小心地不去触及人类的思维方式，要找寻大众文化的病毒疫苗，也许可以从这里入手——我听说了，我看见了，我理解了吗？

睡狮、理发店、沙扬娜拉

中国加入了世贸组织，经济全球化势不可当，这个时候翻翻老皇历，也许能从历史里找到一些可资借鉴的东西。语境、隐喻之类的名词已经成为文化家们的口头禅，说白了便是"见人说人话，见鬼说鬼话"或者"指桑骂槐"的意思，只是这样一说就书卷气全无，显得有几分市井无赖，轻些说是不合时宜，重些说则是有失身份。不过，现在文人痞化和孩童化本来就是一种时尚，前者可以睁着眼睛说瞎话，后者可以说着瞎话不眨眼，有利于在知道自己无知的时候不至于噤若寒蝉。既然如此，那就不妨来演义数则，以博一笑。

第一则关于睡狮。因为中国运气好得出奇，所谓国运鼎盛，百运亨通。于是，东方睡狮已经觉醒成为定论，在这个语境下恐怕没有人能挑什么毛病。睡狮本来是个隐喻，出自拿破仑之口，别惊醒那头沉睡的狮子，让诸多国人颇为自豪。拿破仑之后便是鸦片战争，西方列强偏不信邪，中国于是陷入了最屈辱的一百年。没有人质疑过加到中国头上的"睡狮"称号，因为人都喜欢高帽子，诸如"东亚病夫"、"华人与狗"这样的直言侮辱谁都无法忍受，而狮子是百兽之王，老虎打盹，雄风犹存，所以"东方睡狮"之说看起来是拿破仑在景仰中华文化曾经的辉煌。其实不然，狮子为什么会沉睡，马戏团的人也许会告诉大家真相，过去，为了泯灭狮子的野性，驯狮人会让狮子吸食鸦片，使其丧失所有的反抗能力，惟命是从。"东方睡狮"之说一出，鸦片战争随即而来，不能不说是一大讽刺，而一只被鸦片毒害了的狮子，即使醒来又能怎样，只能依旧神智不清。所以说，如果足够敏感的话，不妨认为"东方睡狮"与"东亚病夫"无异。即使不够敏感，也没必要认为这是对中华民族的恭维。演义之一是说，文化交流中，小心蔷薇下的刺。

第二则关于理发店。头发是中国人很看重的器官,身体发肤,受之父母,曹操可以割发代首,清兵入关也是留发不留头,民国时候剪辫子、放小脚闹得鸡犬不宁。头发成为了一种象征,在当时的语境下,也可以说是改朝换代的隐喻。而今天漫步街头,可以看到理发店门口都有一个旋转灯筒,像风车一样点缀着理发店的门面。法国大革命时期,有一家理发店是革命党人的活动据点。一次,在理发师的掩护下,一个革命党主要领导人在追捕中得以脱险。革命胜利后,为了表彰其功绩,特许他们以红、白、蓝三色国旗作为标志,这种标志逐渐演变成为后来的旋转灯筒,各国纷纷仿效,成为国际性的理发店标志。不过遗憾的是,至少北京街头的理发店,转花筒灯保持红、白、蓝三色的并不多。演义之二是说,引进国外的文化元素时,最好知道标志背后的意义。最近一位策划大师挑战洋快餐,把 M 变成 W,麦当劳变成万德福(WONDERFUL),不知道是否只是希望食客们看花眼睛。

第三则关于"沙扬娜拉"(日语:再见)。徐志摩诗句"最是那一低头的温柔/像一朵水莲花不胜凉风的娇羞/道一声珍重/道一声珍重/那一声珍重里有甜蜜的忧愁——沙扬娜拉!"脍炙人口。有韩国第一美女之称的金喜善在广州开影迷会,记者在报道中写道:一个小时的签名会很快就结束了,金喜善一直保持着迷人的微笑,并对每一句问候都报以礼貌的回应。在离开前,主持人突然对她说了句:"沙扬娜拉!"金喜善马上转身,拿过话筒说:"我想用韩语和大家说再见,请大家跟我一起说好吗?"最后,全场在金喜善的带领下用韩语一遍遍说"再见",结束了这美好的签名活动。中国主持人也许希望金喜善知道"那一声珍重里有甜蜜的忧愁",但韩国壮士因日本首相参拜靖国神社断指之恨犹在眼前,中国人冯锦华刚被日本法院以"器物损坏"罪判刑 10 个月,这种语境下,"沙扬娜拉"里非但没有"甜蜜的忧愁",反倒蕴涵着无声的愤怒,也难怪金美女那么不给面子。演义之三是说,国际交往中,切忌用热脸去贴冷屁股。尤其作为公众人物,也就是所谓名人,丢的不仅仅是自己的脸,争的也不仅仅是自己那口气。

演义不过是演义而已,活生生上演的戏剧一出又一出。总而言之,融入世界的时候,别忘了自己是谁,"作甚么改了名、换了姓,叫作汉高祖"。

传媒的道德陷阱

IT热过以后，传媒成为主角。近来，卫星电视作为电视和宽带网的一个结合点，成为新一轮资本追逐的对象。东风卫视是全球第一也是唯一采用高清晰度电视（HDTV）制播系统的华文卫星电视台，从2000年在香港创建，到2001年年底在台湾开播，逐渐覆盖整个亚洲市场，成长极快。2000年的世界三大男高音紫禁城演唱会是东风卫视打开知名度的关键一役，2001年推出的《流星花园》也成为流行的肥皂剧精品，吸引了众多少男少女追星的目光。作为一个娱乐综艺频道，东风卫视基本拷贝了台湾的电视节目制作风格，甚至很多节目就是直接从台湾购买的，虽然与大陆和香港的电视节目相比有几分新鲜感，但也万变不离其宗，强调娱乐性和明星效应，市民味很浓。

以东风卫视作为例子，源于偶然看到的一期节目。节目属于居台湾收视榜首的名牌栏目"我猜我猜我猜猜猜"中的一个组成部分"盖世情报局"，节目内容是针对台湾某电视购物频道的美白丰乳类广告。首先以搞笑的方式重现了广告本身，无非展现模特在使用该产品后不可思议的奇效，然后，主持人在一户民居里找到了拍摄广告的模特，让她讲述了拍这个广告的真实过程。其实也就是大家都想得到的——广告制作者采用了电脑特技来欺骗受众，模特本人完全没有使用过这类产品。虽然节目最后只是让特邀嘉宾猜模特拍广告的收入，但看这个节目的时候还是感到了几分恐惧。很久以来，我们已经习惯被媒体欺骗了，突然，有一个媒体跳出来告诉大家，这一切都是假的，还真让人有点难以接受。

相信这一期节目的制作人并没有把它当成是对兄弟电视台的挑衅，或者夸张一点说，是对传媒秩序的一个挑战。因为东风卫视目前节目量很小，靠大量的重播和自我宣传来支撑时段，其中一个不断重放的广告便是四个很小资的少妇摇首弄姿七嘴八舌地述说看东风卫视的好处，诸如让人心情指数提高了，笑得好像做扩胸运动了，连续收看14天，体态有明显改善了等等不着边际的溢美之辞，也是一个让人忍俊不禁的虚假广告。这说明他们无非是拿美白丰乳广告来开玩笑，何况主题并非打假，采用真人真事也许只是节目惯常的要求而已。不过这期节目却在不经意间揭开了传媒的道德幕布。

传媒如同一个广场，各色人等聚集在此，不期然相遇，寻寻觅觅的邂逅，蓦然回首的惊喜，发生一些故事，成就一段姻缘。还可以用舞台、公园、桥梁、道路等来譬喻传媒，核心动作是"聚集"与"通过"，传媒"聚集"受众，企业"通过"传媒。这样看来，在如今的商业社会中，传媒的卖点倒是很明确，就是如何吸引更多的受众和企业聚集到这个广场上来，前者属于内容策划，后者属于市场公关，传媒竞争的也就是人气和财富。

企业的产品和形象，当然需要梳妆打扮后才能面对"挑剔"的观众，这个梳妆打扮的过程一般来说是圈内人公开的秘密。传媒之于企业，犹如化妆品之于女性，如果不能使之更"美丽"，自然是伪劣产品。化妆品是无意识的"造假"工具，女性有意识地使用它吸引其他人欣赏其美丽，而传媒却并非无意识，那么只能认为传媒如果不履行美化企业的职责是不忠，作为欺骗的工具是不义。因为企业是媒体的重要经济来源，而广告的目的是帮助企业宣传自身的形象和产品，事物都有优点和缺点，放大优点、掩饰缺陷是对广告的要求。所以，广告永远是"虚假"的，或不忠或不义，这是传媒必然遭遇的道德陷阱。好在受众长期以来已经被传媒培养出不去思考和判断的习惯，乐于成为无意识的接收工具，这个陷阱便显得堂而皇之了。

想从形式上绕开道德陷阱，可能之一是让传媒直接面对受众，把受众作为利润来源，从而把广告作为内容的一部分提交给受众，不与广告发生经济上的往来。剥离媒体的广告收入，几乎是颠覆整个传媒业的商业模式，所以，当偶然地从东风卫视中看到这个悖论的存在时，它并不给人任何希望，带来的，只是一种震惊。

2002
你用的是哪种笔

浪漫即怀旧

大家都知道法兰西民族是一个浪漫的民族，浪漫意味着什么？大多数人都觉得浪漫是男女之间的感情，情人节的巧克力，流星雨夜的心愿，999朵玫瑰什么的，实在没有招数了，于是有一首情歌唱道：我想这世上最浪漫的事，就是陪你一起慢慢变老。

除了男女之情外就没有浪漫了吗？至少别忘了浪漫主义，因为2002年正好是19世纪浪漫主义文艺运动领袖、法国大文豪维克多·雨果（1802-1885）诞生200周年。法国已经把2002年定为"雨果年"，为此专门成立了"雨果全国纪念委员会"，文化部、教育部、外交部携手合作，将全年不间断地在全国各地举行纪念活动。

"浪漫主义"（romanticism）一词来源于欧洲中世纪的"浪漫传奇"（romance），包括那些英雄史诗、骑士传奇和短小的抒情诗。狂飙突进的席勒在《论素朴的与感伤的诗》中定义"浪漫主义"为"把现实提升到理想，或者说，理想的表现"。黑格尔则从哲学上定义浪漫型艺术为"真正内容是绝对的内心生活，相应形式是精神的主体性，亦即主体对自己的独立自由的认识"。"回到中世纪"和卢梭的"回到自然"成为法国大革命时期浪漫主义的口号。

人、时代、自然，是浪漫主义的三个关键词和连接纽带，今天的我们其实并不关心这些东西。因为工业文明不可阻挡的趋势已经对人进行了卡夫卡式的"变形"，对自然进行了百年孤独式的"魔幻"，我们已经没有任何时代可以回归，任何一个时代相对于今天都是贫穷、落后而且愚昧的。人类已经度过了原始和启蒙的时代，进入了极度自信和极度虚弱的分裂期，物质与精神被完全割裂，物质继续沿着工业文明的道路进入数字化的虚拟时代，而精神则沿着庸俗化和所谓的大众化的方向进入物化时代。这种时候，浪漫就只剩下怀旧了。

好在还有怀旧的浪漫，听听老歌，看看老文章，保持一种老的心情，也许是经济全球同化、文明全球冲突的21世纪中浪漫的唯一选择。所以，法国是个聪明的国家，"雨果年"让大家都来怀旧，"让尽可能多的人在持续不断地接触雨果的作品中，在阅读《悲惨世界》、《鲁·布拉斯》、《世纪神话》等巨著中，产生兴趣和快乐。因为从这么多宝藏面前走过，就是从巨人的生命中走过。"

据人民网记者报道：纪念活动将从2月7日揭开序幕。这天是法国学生圣诞节假期后开学的第一天。每一个中小学生在这一天的第一节课——不论上的是什么课——自选一段雨果的诗歌或小说在课堂上朗读。中小学校还将连续5天举行"雨果马拉松"，在本校的"艺术沙龙"里接力式地朗读雨果小说，形成一条"阅读链"。学生、教师以及附近的居民均可参加。之后法国的读书节、诗歌节、戏剧节……都将以雨果为主题，整个法国的文化生活都将奏起雨果这支主旋律。

2001年是诗仙李白诞生1300周年，文豪鲁迅诞生120周年，2002年是诗圣杜甫诞生1290周年，而中国最拿得出手的小说《红楼梦》的作者曹雪芹的生卒年至今还没个定论，距今大概也快有300年了吧。我们有那么多名人可以缅怀，有那么多历史可以纪念，却见不到一种自然的发自内心的欣赏和敬畏，而且翻手云，覆手雨，盖棺未能定论，时常倒是冒出些翻案的观点，比如臭臭孔子，骂骂鲁迅，那自然怀旧不得，只好跟着时代潮流一路狂飙。一路崇欧、崇美、哈日、哈韩，我们的文化遗产总是需要熬到出口转内销才能卖个好价钱。这种状况，积重难返。

还是听听雨果老人家自己怎么说吧。1877年，在纪念1848年2月革命30周年时，雨果写道："回忆是力量之源……，永远不要忘记周年纪念日，开展纪念日活动，如同点燃一支火炬。"所以，法国人特意为他准备了两次全国性的周年纪念日，1985年逝世100周年和2002年的诞生200周年。祭祀文明发源的中国，也许需要再一次进口"周年纪念日"这个概念，当然，一切要看这次法国搞得是否热闹。

自然非自然

提一个可能没有答案的问题:如果地球上没有人类的存在,自然会遭到破坏吗?再提一个不一定正确的命题:人类是自然唯一的破坏者。于是陷入哲学思辨中……人类是自然孕育出来的"万物之灵",连人都懂得养虎遗患的道理,自然难道还不如人类聪明,一定要培养一个自身的终结者出来?不过人类如果终结了自然,同时也就意味着终结了自身,这样的行为岂不是玩火自焚。

即使是环保主义者,也很少有人能理直气壮地放弃人类的利益来纯粹地为自然考虑。绿色和平组织属于比较极端的国际性环保组织,他们反对核试验,曾派出"彩虹勇士号"旗舰驶往南太平洋,反对法国进行核试验,以致被炸毁;他们反对捕鲸,曾派出"天狼星号"船封锁直布罗陀海峡,阻止苏联的捕鲸船队通过;他们反对有害废弃物越境转移,曾举行新闻发布会,揭露一些国家把有害废弃物越境转移的真相。这有点类似堂吉诃德与风车的战斗,就连他们自己人也很悲哀地认为:"……追求环保的崇高目标是一回事,而保持社会和谐是另一回事。"

反人类这顶大帽子不是环保主义者扛得动的,温和的派别,如世界自然基金会,就强调与各国政府合作,推行他们的"献给地球的礼物"运动,中国政府就曾将对总面积196万公顷的14块湿地的保护行动作为献给地球的第71份礼物,而第一份礼物是俄罗斯库页岛的森林资源。花了几十年的时间才收集到71份如此简单的承诺,这不知该算是功绩还是效率低下。在民以食为天的中国,保护野生动物协会正在发起运动,收集中国800万名职业厨师的签名,争取他们支持拯救濒临绝种动物,保证不烹煮它们。来自港澳台和大陆的180名厨师参加了此运动的发起仪式。800万厨师的承诺几乎相当于整个饮食界的承诺,但若按照前边的速度,恐怕得需要几百年才能完成。

非洲象牙装饰在英国海关被没收；藏羚羊绒毛制成的"戒指披肩"在欧洲黑市价格飞涨；苏州民族乐器一厂专业生产二胡，因涉嫌违法收购国家一级保护动物蟒蛇的蛇皮，被苏州市金阊区工商分局通知协助扣留价值85万元人民币的蛇皮及货款；随着动物逐渐增多，北京八达岭野生动物园的经营将面临前所未有的挑战，按照国际公约，野生动物是不可以买卖的，即将建成的莫斯科野生动物园将收养此间的大批狮子；随着扬子鳄人工养殖数量的上涨，养鳄场把扬子鳄肉送入了餐馆以换取资金。在关于需求和供给的经济学问题中加入环保参数会让古典经济学变得面目全非。

罗列事实带来的是简单的混乱，回到那个设问和粗暴的命题，人与自然，一个绝好的二元对立，圣经说，人来自尘土，将回归尘土。2001年年底澳大利亚的森林大火中，备受批评的是国家公园和动植物保护局以及其他一些立法机构，他们的"罪行"是：以环保为由，阻止居民清除房屋周围的植被以保留足够的防火隔离带。消防部门认为，诸如"砍伐高度在3米以上的树必须报批"这样一些刻板的政令，在大火危及人类生命财产安全的时候让"极端环保分子偷偷地冷笑"。其实所有的人都在寻找人与自然之间的最佳价值平衡点，为了这个平衡，甚至老鼠、蟑螂和苍蝇都开始受到重视。

自然逐渐成为人类放不下的一个包袱，在灯红酒绿的都市中，粮食、水、电、煤气、汽车、珠宝，所有一切日常消费品和奢侈品背后，不是极端环保分子在冷笑，而是自然本身在冷笑，在工业社会，人类突然失去了跟自然相处的融洽，突然跳出三界外，不在五行中，一种虚空中的狂躁与焦虑，折磨着持各种不同主张的人。环保主义者挑战的是风车，非环保主义者在接受风车的挑战，一两个回合下来，还斗志昂扬，几十个上百个回合下来，都累得喘不过气，不如停下来想一想，我们掠夺的或要保护的那个自然，它是否早已不复存在。人类无论环保与否，正在竭力创建的，其实只是一个非自然的自然，一个想像中美好的伊甸园或人造天堂。

丑闻哲学

丑闻是传媒的宠儿，也是大众的至爱。没有人希望丑闻发生在自己身上，但所有人都希望丑闻随时出现以供自己进行道德批判。阅读丑闻是建立道德优越感的最佳方式，也是进行情感发泄的良好途径。对新闻的解读有多种方式，一般的倾向是丑闻化，只要新闻中蕴涵一点丑闻的特征便可以充分地发挥出来，通过分析、比较、搅拌、放大、传播，成为茶余饭后街谈巷议的素材。

最近，闻名于世的法国波尔多葡萄酒工业出现销售者将真正的波尔多葡萄酒稀释，制造出大量伪劣酒的现象，甚至有公司把外地产的酒运到波尔多，贴上当地的牌子，再以波尔多酒的价格销售，这在欧洲掀起了不大不小的波澜。但在我们看来，跟工业酒精勾兑的酒相比，这实在算不得什么，至于把外地酒变成波尔多酒，简直可以称作一种正当的商业行为，似乎有个专门的术语叫"特许经营"指的便是品牌商授权其他小企业使用自身的商标和经营模式，诸如各种各样的连锁店和各种各样的生产基地等等。

但这无疑是一桩丑闻，因为也许以前从来没有人这么干过，或者干了没有被发现。更重要的是，波尔多葡萄酒业界认为这是一个威胁，唯利是图往往会毁灭品牌，类似的事情在世界各地都不断地发生，如果公众已经麻木甚至认为值得仿效的话，那是一个更为危险的社会信号。

再譬如被美国广播公司披露出的一个内幕，美国各大医药公司每年要花费60亿美元的巨资来进行他们所谓的"医生培训计划"，所谓的培训内容却要么是价值不菲的礼品，要么是豪华的假日旅行。哈佛大学医学院教授阿诺·雷尔曼评价道："说到底，最根本的错误在于，我们是把医疗保健系统当成了一种商业来运作，但是很显然，这不该是一种商业。病人和普通的消费者有着很大的区别。医生应该是清廉正直的，因为这是一个神圣的职业。但是，他们轻而易举地就被这种推销伎俩给腐蚀掉了。"

这让人联想起国内媒体披露"医药代表"内幕时候的热闹，只不过没有人去统计过贿赂的总额，但这种黑色的金钱应该不会低于铺天盖地的药品保健品广告的投入。我们幸灾乐祸地看到原来美国也并非净土，于是在天下乌鸦一般黑的感慨中逐渐丧失净化自身的能力。

媒体无时无刻不在制造着新的看点，丑闻也无时无刻不在发生。《中国经营报》最近发表了一篇长文，用谈话的形式重提了一下19世纪末美国的"扒粪"运动，即新闻界大规模揭黑的行为，并联系到今天中国的传媒也正在大规模地暴露社会方方面面的丑恶和腐败，并把这种现象归结为现代化进程中社会机能的自我调整。现代化是一个诱人的字眼，其实也就是一个特定的社会转型期，就像春天到了，害虫自然就多了一样，在激烈变革的社会季节中，丑闻如同害虫。

但这并非我们关注的焦点，选择法国和美国这两则在我们这里也似曾相识的新闻，旨在揭示丑闻背后的一种社会心理，相对于美国和欧洲而言，我们目前还处于弱势。面对着欧美发达国家的丑闻，自然而然地要与国内对比一番，对比之后，什么反应才算得体，很少有人去思考这个问题。震惊，似乎犯不着；漠然，似乎不可能；说三道四，似乎太无聊。也许面对丑闻什么样的反应都可以也都没有意义，唯一有意义的是借鉴别人的处理方式，但媒体往往只关心丑闻本身，而忽视丑闻的善后工作，这使得前车之鉴成为一句空话。

从某种角度来看，丑闻甚至是一种社会"特权"，克林顿和莱温斯基发生关系是丑闻，一个花花公子做同样的事情就很正常。这里涉及到社会行为预期和道德预期，相对强势的个体或群体总是面临着相对较高的社会行为预期和道德预期，必须朝乾夕惕。而公众如何剥离行为本身所附加的众多社会条件去简单地看待丑闻，找到丑闻发生的根源同时找寻最合理的解决方案，可能是最具备平常心的丑闻哲学。但这几乎是不可能的事情，作为看客而非当事人和管理者，自然只把丑闻当作热闹，而看热闹的心理从来就不平常，可惜大家并非能够永远做个看客。

少女、孤儿、狗和洋娃娃

据说在所有关于"人"的定义中，会制造和使用工具是最本质的属性。放眼如今的世界，一切都是"人"的工具，"人"自身也不例外地成为工具的一种，只是按需制造和使用而已。法律上只有自然人和法人的概念，而在文化研究中却存在大量"工具人"的类型。

因为《廊桥遗梦》而在中国一举出名的美国《国家地理》杂志其实早就声名显赫。17年前，它的封面人物阿富汗女孩沙尔巴特·古拉在前苏联入侵阿富汗的时候，成为一个对暴力征服不满和仇恨的标志。而今天当美军进入阿富汗的时候，《国家地理》杂志社经过数度搜寻终于又找到了她，他们动用美国联邦调查局先进的瞳孔和面孔辨认技术，证实了这位新的封面少妇确实就是17年前那张照片中的女孩。沙尔巴特·古拉依旧有着桀骜不驯的眼神，可这眼神已经失去了对象而空洞无物。作为《国家地理》杂志报道阿富汗难民专刊的一个重磅"工具"，从沙尔巴特·古拉身上我们似乎可以看到，这一切，还是17年前种下的恶果。

以风靡全球的抢手游戏"古墓丽影"为基础的同名电影在柬埔寨拍摄外景时，扮演女主角劳拉的好莱坞影星安吉丽娜·朱丽大发善心，收养了一位柬埔寨孤儿，却受到美国禁止其公民收养柬埔寨孤儿的禁令影响，而无法办理手续将孩子带入美国。美国此项禁令的原因是柬埔寨存在着人贩子从贫穷的母亲手中购买婴儿，再将他们卖到孤儿院以供收养的情况。跟了一位明星养母先不说是福是祸，这个孤儿也许可以平衡一下美国各种各样法令的偏颇，正如曾几何时古巴小孩埃连引发的轩然大波。安吉丽娜·朱丽荣获奥斯卡最佳女配角奖之后说："我一直很喜欢过平凡的生活，讨厌当名人，因为我非常喜欢观察人生百态，但自从出名后，我就没办法如愿了。"但这一次她的名气所起的作用也许将远远超过她的爱心。

爱心是人类的美德，而爱心却往往沦为残忍的帮凶。在法国，每年被非法贩卖的小狗达数万只。这些狗崽主要来自捷克、斯洛伐克、匈牙利等中东欧国家。由于法国人对宠物的爱，每年销售小狗的数目高达100万只，在商人和不法之徒眼中是一个巨大的狗市场。在中东欧国家买一只小狗只需花160欧元，到法国一倒手就可以卖到1000欧元的高价，百分之几百的利润使宠物的生产和销售成为一条黄金流水线，于是爱狗的人成为国际狗贩子手中的王牌，为了满足爱狗人的"愿望"，被爱的狗于是被当作货品走私，死伤自然也只是正常的损耗。狗犹如此，人何以堪，那些怀着美好憧憬的偷渡客又何尝不是工具，他们付出了财富去收购希望，却往往失去了未来。

儿童是一个民族和一种文化真正的未来。为了对抗芭比娃娃的影响，伊朗的一家政府机构推出了玩具娃娃达拉和萨拉。男孩萨拉和女孩达拉是伊朗民间传说中的一对兄妹，聪明善良、勤劳勇敢、乐于助人，在慈爱的父母和好心邻居的帮助下，他们克服了许多困难。在伊朗他们是家喻户晓的人物，甚至进入了小学的教科书，深受孩子们的喜爱。用玩具商的话来说："对于伊朗文化而言，芭比娃娃是个舶来品，这些金发碧眼的西方娃娃往往胸部丰满、衣着暴露，不利于儿童的健康成长。"两个朴实的娃娃靠着深厚的文化传统和低廉的售价与"放荡"的芭比娃娃正面交锋，战绩颇为喜人。没想到的是，麦当劳和肯德基渗透不进的世界，芭比娃娃居然悄悄入侵，美国文化的无孔不入实在让人感到一丝恐惧。不知道达拉、萨拉大战芭比娃娃的最终结果，但至少有很多双眼睛都在关注着这场没有硝烟的战争。

不管有心还是无意，每个人都有沦为或者升级为工具的时候。做一条狗是"幸福"的，因为至少它只面对饥饿和伤害的威胁，而不用去探究生命的意义。而做一个狗一样的人呢？恐怕谁也不好回答，实际上，一个"工具人"在作为工具被制造和使用的时候，他跟不知道自己命运的狗相差无几，而"爱"他的人也许正是带给他未知命运的根源。当世界还存在仇恨和贪婪的时候，爱是最苍白无力的掩饰。不过爱和恨，也许也只是人类制造和使用的工具罢了。没有木棒的人类，甚至斗不过一条野狗；而有了木棒的人类，却可以毁灭整个世界。逻辑往往很可笑，却很真实。

还有没有时间

时间是个永恒的话题。20世纪90年代初影响颇大的"第一推动丛书"第一辑9本中就有3本是直接跟时间相关的,《时间简史》、《时间简史续编》、《时间之箭》。不过21世纪的人仿佛已经不再关心这一问题了,倒不是人们不再有时间的观念,而是时间走在了人类的前头,人们有点儿跟不上时间的脚步了。20世纪,听起来很遥远,其实也就是不到10年前。这10年也并没有发生多大的变化,只是偶然地轮到了人类纪年的一个结束和开始而已,但说起来就是100年的差距。时间给人心理带来的影响不可谓不大。

美国一个物理学教授正在着手建造一台时间机器,理论基础是爱因斯坦的广义相对论;一部重新演绎的电影《时间机器》2002年3月初成为了北美地区周票房冠军,尽管威尔士这部名叫《时间机器》的经典科幻小说已经几次被搬上银幕,但每一次都大受欢迎;梦露"76岁"的肖像被美国研究"年龄模拟技术"的一个警官复制出来,什么叫美人迟暮活生生地展现在我们眼前;阿根廷3年前考古发现的3具古尸刊登了照片,看上去栩栩如生,据说已有500年的高寿,刚一看到这条新闻仿佛以为报道的是500年前的死尸重新复活……这世界给我们一种时光错乱的感觉。

西方神话中的时间老人,同时又是代表死亡的骷髅收割者,带着他的镰刀和沙漏,时间一到,谁也逃不过那把镰刀。但时光流逝,并不一定只代表恐惧、黑暗和死亡,成长、快乐、甚至天地之间的真理也是时间的宠物,所以,人们总是热衷于从各个方向去体验时间的神奇。对于时间的一切,大家都求知若渴。时间,影响着每一个人的一生。但细细想来却又不太对劲,人们真的有时间关心时间吗?如果把孔子在川上说的"逝者如斯夫"定为一个关心时间的标准,今天的中国,能够发出这种喟叹的人恐怕已经销声匿迹了。

据说支撑那个物理学教授研究时光机器的动力是回到过去，提醒他死于心脏病的父亲"吸烟危害健康"；而开发"年龄模拟技术"最初也不是为了创作"老年梦露"的肖像，而是为了帮助寻找失散多年的儿童，有人还利用这个技术帮助一对早年丧子的夫妇制作了他们3岁去世的儿子18岁时候的照片，以至那个母亲激动地说："我的眼睛简直没法离开他，就像他活过来了一样。"而沉睡500年的死尸则是被科学家和人类学家用于研究已消亡的印加帝国的科技和文化。这些跟时间相关的话题都被赋予了日常的可以触摸的烙印，从而让人可以看见。

先民时代时间的烙印是日出日落，生生死死，之后是沙漏，是江水流逝，再之后是钟表，是刻度，到今天这些刻度都还在，唯一改变的是对待时间的那种心情。这些刻度所度量出来的时间从古到今并没有太大的变化，在这些刻度之外，唯有"时间感"区分出了古代和现代，甚至区分出了一年前的人和今天的人。爱因斯坦相对论那个著名的"火炉和爱人"的例子，曾让我很是迷惑，现在才发现，那其实跟相对论本身没有关系，只是表明了"时间感"的存在，每个人对时间的感觉都不一样，每一个时代也是如此。

在这个强调即时性的时代，时装每年要换一个潮流，歌坛也不断地推出新人，技术在进步，知识在爆炸，信息在扩张，生产和消费在增长，信心和欲望在膨胀，在这种压力下，为了不付出额外的代价，人们自然而然地倾向于追随着时间的指挥棒。当回忆过去成为一种奢侈的时候，展望未来自然也会遭到嘲笑。于是，昨天变得越来越遥远，明天变得越来越急迫。不知道是时间在打乱我们生活的节奏，还是生活的节奏在打乱时间固有的旋律。于是想创造一条新的流行语，叫"还有没有时间"。可以理解为时间是否还存在，也可以理解为我们是否还拥有时间，还可以理解为时间是否还有意义。经常问问自己"还有没有时间"，不是为了上班不迟到、工作有效率，而是培养自己的"时间感"，缓解如今时间带给人们那种无形的压力。希望再也不要一觉醒来，昨天就已经消失得无影无踪。

人为什么要冒险

有一项介于竞技与表演之间的体育运动,可以叫冒险,也可以叫挑战极限。最古老的冒险可以说是原始人类的迁徙,不管高山峡谷,大江大河,还是宽广无边的海洋,为了寻找更好的容身之地,原始人类总是能够利用最简单的工具,让自己的足迹布满世界的每一个角落。现在没有人能够解释的那些奇迹,像复活岛上的石像,像古代印第安人的神殿什么的,恐怕大都是冒险的副产品。

现代人的冒险意识有过之而无不及,冒险作为一项风靡全球的运动,已经衍生出了很多的娱乐项目,比如前些年引入中国的蹦极,就是一个很典型的例子。跟古人相比,现代人的冒险是经过周密策划的,有观众,有传媒,当然更少不了赞助。纯粹为了生存而冒险,自然是无人喝彩的。

最近一个名叫里夏尔的法国男子骑车登上了埃菲尔铁塔的747级台阶,打破了他自己4年前创下的纪录。与此同时,他又选好了另一个远在美国的目标——纽约自由女神像。这项工作也许和杂技看起来同样地眼花缭乱,在旁观者的鼓噪声中,骑着自行车征服一个又一个的世界著名建筑,的确让人颇有成就感。

看到这则新闻,不由得想起很多旧闻。2001年8月份,也是一个浪漫的法国人在未经许可的情况下试图定点跳伞到自由女神像上,不幸的是那只高举的火炬缠绕住了降落伞,法国人悬在半空中将近一个小时,救下来后立遭警方逮捕。后来没有了下文,按照美国的法律,也许罚完款后遣返回国了吧。这在当时被当作了一个笑谈,冒险总是要挑战些什么,中国人张健轰轰烈烈地横渡了这个湖那条江还有英吉利海峡,挑战的便是没有人游过或者没有中国人游过。还有驾车飞跃黄河长城的各式花样翻新,一会儿轿车一会儿摩托,后来据说还有打算骑自行车飞跃的不知道有没有成功,争的都是第一个。

于是又想起2001年就开始计划在2002年夏天"飞"过英吉利海峡的那位壮士。那位澳大利亚人准备在英国多佛市上空从飞机上跳下，10分钟后降落在法国加来。他所说的一段话很有意思："1909年路易斯·布莱里奥首次驾机飞越海峡，90年以后，我想向世人证明不需飞机也可只身飞越海峡，我就是自己的飞机。我将不使用任何发动机，只是利用空气动力学和我的技巧来达成这一目标。"他一向以从各种高层建筑物跳下来而闻名，夏天快到，新的纪录又将被创造出来。

人为什么要冒险？仔细想想比较奇怪，能够真正去冒险的人，一般都衣食无忧，因此不能妄言冒险是为了逐利。2001年6月到9月，英国一名退伍军人动用了一生的积蓄，划独木舟横渡大西洋，从加拿大到爱尔兰，行程4800公里，这个行为可以佐证。如果说冒险是为了追名，恐怕也难以向很多死在登山运动中的烈士们交代。有追名逐利的"冒险家"，也有为冒险而冒险的人，这无疑跟其他行当一样。抛开名利不谈，冒险自然有它自身的乐趣，超越感、征服感和成就感，会令不少人心动，甚至为之献身。

这样可以理解层出不穷的挑战极限的运动，但随之带来另外一个疑问，周密策划后的冒险是真正的冒险吗？冒险本来的含义是面对未知的东西，去挑战去征服，我们近来看到的却都是熟练工人的表演，仿佛不是人在冒险，而是些名胜古迹在冒险。从累积数字和破纪录中得到的满足感能维持多久？回到远古真正的冒险时代，一队原始人穿行在陌生的大陆上，风餐露宿，每一处地形都是险恶的，每一声嚎叫都是充满敌意的，每一次遭遇都会倒下几个勇士，他们不知道自己在做什么，只是不断地在寻找，寻找适合整个种族生存的地方。这其中所体现的精神也许才算得上冒险的精神，不问意义，不顾后果，留给后人永远值得尊重的足迹。人类离开那个冒险时代已经很久了，今天我们连月亮上的环形山都能测算出有多高，即使最疯狂的设想，离冒险仍然差得很远，因为我们只能去想像我们知道的东西，再也无法面对未知了。人类的进步，让冒险失去意义。我们可以考虑把这项运动更正为挑战想象力的运动。人为什么要冒险，因为人还在努力地想象。

人为什么要举办世界杯

看着世界杯,突然想起前两年"鸡为什么要过马路"的流行篇,譬如"柏拉图:为了追求更高的善;亚里士多德:为了发挥潜能;维特根斯坦:'穿过'的可能性被包含在'鸡'跟'马路'这两个对象当中,而环境使得此一潜在可能性实现;爱因斯坦:究竟是鸡过马路,或是马路过鸡,取决于你的参考坐标;达尔文:鸡不再栖居在树上之后,这是合理的进化方向;庄子:那只鸡好快乐啊……"一时间洛阳纸贵,衍生出无数的版本,什么"大话西游版"、"股市版"、"文学版",不一而足,紧接着又出现了"女孩为什么要穿超短裙"的模仿秀。

参与度,成为当今世界评价流行的第一标准。参与度越高,就越流行。似乎是句废话,却是条规律。四年一届的世界杯早已超出了体育的范围,成为全球眼球的焦点。谁能捧回大力神?谁穿金靴?谁拿金球?哪场球会成为世纪经典?这些问题似乎都不重要,球场内的事情自然由比赛来解决。不过预测纷纷,版本多多,有神算子,有乌鸦嘴,一场盛会成功的标志也许就是"看的人比干的人多,说的人比做的人多得多"。人为什么要举办世界杯?最早雷米特也许是为了足球本身,而今天云集着媒体、广告商、球星、模特和形形色色人等的世界杯完全可以对足球说不。重要的是人气,网站倒闭潮中几近破产的注意力经济无时无刻不在传统中复活。

尼采说:看哪,这场世界杯!诺查丹玛斯说:恐怖大王从天而降,世界杯将开始于六之月。柏拉图说:完美的世界杯不能多于五个,因为正则的数学体系只有五种。孔子说:子不语,世界杯。……当旁征博引成为胡说八道,不知道是否就完成了所谓的解构。不过,随着一直作为看客的中国队进入了32强,媒体炒作的温度逐渐上升,周报变成日报,零散的新闻变成专版,竞技风暴也变成足球世界。有自豪的体育新闻人宣称,我们的媒体早就领先中国队进入了世界八强。这一点，倒是颇耐人寻味。

的确，跟四年前相比，信息量真不可同日而语。而"谣言与大话齐飞，新闻共旧闻一色"的时候，米卢在揣摩斯科拉里的心理，广告商在揣摩企业的心理，企业在揣摩消费者的心理，媒体在揣摩读者的心理，防暴警察在揣摩足球流氓的心理，政府在揣摩老百姓的心理——他们在揣摩我们的心理，我们在揣摩他们的心理。大家都在一通琢磨，"人为什么要举办世界杯"也就有了种种不同的版本。真实或是足球，都不再是关键，重要的是获得参与的机会。以往只知道人会有时寂寞，现在才发现饥渴的是整个世界，世界杯，是无数敲打人类神经的鼓槌中比较粗大的一根。"参与"的文化已经成为主流，而主流的参与自然成为文化的主导。种种疑惑可以抛到九霄云外，来吧，享受这场盛宴，即使一条狗，也有机会捡到丢到桌子底下的骨头。

近日听了一个笑话。一个国际学校的老师向小学生提了一个问题：关于世界上其他国家粮食短缺的情况，请大家谈谈自己的看法。结果没有人能够回答。非洲的小朋友不知道什么叫"粮食"，欧洲的小朋友不知道什么叫"短缺"，美国的小朋友不知道什么叫"其他国家"，中国的小朋友不知道什么叫"自己的看法"。粮食短缺自然不是笑话作者关心的问题，借题发挥才是文人本性。世界杯给了多少文字得以诞生的机会，为此，不论人为什么要举办世界杯，我们都应该以足球之外的理由为之欢呼。

参与度越来越高，人们离它其实就越来越远。也许人类文明已经进化到了一个包容一切的阶段，人们无论用什么方式来表达自己的观点，都可以被贴上曾经的标签，注明属于这个思潮、那个主义。我的一帮朋友正在筹建70年代论坛，提倡"自由思想、俗世情怀"，多半也会被打入到怀旧或是狂妄的瓶子里。自从孔夫子说过"亦各言其志而已矣"，这世界上就多了各种各样的瓶子，可笑的是大家被肢解得七零八落，头在这里，脚指头却在那边。如今的世界杯，离足球很远，倒是离文化很近。

没有权力的权威

英国女王伊丽莎白二世登基 50 周年纪念被命名为"金禧庆典"(Golden Jubilee),6 月初如期按照一年多来的筹划热热闹闹地拉开了帷幕。传媒时代里,这个事件无非相当于一部好莱坞大片或一场引人注目的盛会,在此之前还有调查公司用数据说明,正在举行的世界杯因此而丧失了不少的收视率,不过如今的家庭通常都会有两台以上的电视机,大英帝国倒也不会出现太多争抢电视遥控器的家庭喜剧。笔者本来对这类热闹不太感兴趣,不过几年前澳大利亚全民公决是否取消"君主立宪"时,曾经和朋友争论不休,现时的庆典却又勾起了一些感慨。

在网上见过一篇署名为"因缘"的小文《破灭的紫禁城》,映射出某些知识分子的潜意识。"一日闲游,走过昔日的皇城脚下。人流杂沓,许多人拍照、嬉笑、叫卖。这种热闹的情景,在我眼中只余下荒凉。/你们不知道,我曾经在更早的时候到过紫禁城。那个晚上我一介布衣,并没有走近皇城脚下。清冷的月色洒向红砖与琉璃瓦,洒向御沟畔执戟守卫的壮士。四面无人。我躲在暗处偷觑那高大的宫墙。后来,我便走了。我知道,不久以后,天色未明之际,这里将响起辚辚车声,许多经纶之士,衣冠之徒将云集于此,慢慢地、充满敬畏地走进去,而后殿上将扬起清朗的声音。/天下大事。/我走了。云游真正的天下,看遍历代兴衰。存亡之要,民生之根,尽皆牢记于心。我本是要在那一刻回来紫禁城的,堂皇地走进去,在殿上扬起清朗的声音。……"

"溥天之下,莫非王土;率土之滨,莫非王臣",在如今的共和时代,谈论王制,仿佛是一个笑话,但如果只是把"王"看作一种权威的象征,在任何时代,恐怕都是一个无法回避的问题。伏尔泰曾经说过:"即使没有上帝,也要造一个上帝出来。"历史上新兴的资产阶级和封建贵族妥协的产物"君主立宪",发展到今天,早已磨去了所有的棱角,"王",逐渐成为没有权力的权威,成为丰富的政治文化中不可或缺的一枚棋子。

放下思想的禁锢和话语的禁忌,放开无谓的反叛和合理的担忧,大多数人都渴望着权威的存在,这可以使生活变得更有目标,从而也更为轻松。不过权威本是由权力带来的,而权力所带来的往往还有腐败和对普通人的威胁。权力仿佛一柄双刃剑,在崇拜权威的同时,往往也面临着权威带给自己的伤害。这跟体制无关,纯粹属于人性的范畴。昆德拉和哈维尔对政治的不同理解也包含了这方面的意识。当人解构了所有神圣,成为纯粹的个体动物,必然会面对生命中不可承受之轻。不过没有生死存亡的严峻考验,在一片歌舞升平的气氛中,这些思考通常被置换成了对生活的享受。

英国女王的庆典是喜庆的,白金汉宫万人的音乐会,圣保罗大教堂隆重的感恩仪式,英联邦国家环绕地球的"火炬带",加上BBC的全程直播和"金禧庆典"王室网站的推波助澜,英国人享受了4天的长假,愉快地做自己想做的事情,享受着权威带给自己意外的惊喜。如果这场庆典只不过是上流社会的聚会,如果这个权威向人民课以重税来支付庆典的费用,如果其他英联邦国家还笼罩在殖民统治的重压下,换句话说,如果权威是凭借权力而树立起来的,老百姓无论如何也难以在阴影中跟着喜气洋洋。

没有权力的权威,是多元化时代必须的精神装饰,无论是政治权威,还是文化权威,还是宗教权威,都值得我们为之欢呼和膜拜。而拥有权力的人,最好平凡普通得让人视而不见,这也许就是古人所说的垂拱而治的道理。在权力和权威中寻求一种平衡,是政治的艺术,也是生活的艺术。"君主立宪"无非一个形式而已,澳大利亚当初较真地全民公决,公决的并非政体,而是人民对民族的信心和对国家的信心。伏尔泰还有一句颇令人非议的名言:"当庶民都思考时,那一切都完了。"其实他是杞人忧天,思考是多么难以承受的重负,谁会没事去给自己找这个麻烦呢?能把自己不愿意思考和管理的一切都交到无害于自身利益的权威手中,其实一直是一种幸福。

大众的枪口

硝烟散尽，足球终于可以远离我们的视线，被世界杯打乱的生活和心情，也终于可以平静下来。尽管自己不完全说得上是球迷，但传媒被足球所充斥，铺天盖地地争夺你的注意力，包括同事的闲聊，朋友的电话，都东拉西扯地跟足球沾边，颇有些不胜其烦的感觉。四年一度的盛会，不合时宜地安排在了亚洲，中国队也凑趣地进去跑了一趟龙套，乱哄哄的场景产生失真、失重、失控而又失落的效果。这届世界杯，如同荒诞派戏剧，演的什么无关紧要，要紧的是观众的参与和反应。

这一个月来，看的球赛并不多。中国队那三场轻描淡写的失败让中国观众和媒体积攒起来的精力无从发泄，茫然地找寻着新的兴奋点，恰好韩国撞上了大众的枪口。法国小组出局后，损失最惨重的据说是法国的电视台，1/3 的时间还没到，就猛地失去了焦点，就像费力地抡起了大铁锤，刚举到头顶，锤柄却突然断为两截。而中国队的出局则像京剧里打完了开场锣鼓，出来几个翻筋斗的小丑折腾一番，正等着角儿亮相呢，大幕却已经拉上了。其他的强队仿佛都集体遭到了诅咒，憋着火的媒体和观众失去了形而下的快乐，大众的枪口自然就瞄上了形而上的靶子。韩国的"奇迹"恰如其分地出现，如同扔给溺水者的稻草。

这是令人印象最为深刻的一段，批评和抨击，赞扬和辩护，侮辱和谩骂，在大众的枪口下，韩国闯入四强的奇迹成为一只形而上的鸭子，考验着射手们的准心。中庸者的古训本是"各扫自家门前雪，休管他人瓦上霜"，在这次的世界杯舞台上却升华成为"路见不平，拔刀相助"，更有一些主流媒体的名记认为韩国的每一次晋级都打破了公平公正的原则，这"直接会影响人们的生存环境"。因为不是专业人士，无法从技术上来认定裁判的执法尺度，对裁判偏袒韩国队造成意大利和西班牙出局的论断，笔者是宁可信其有的。而在韩国，即使足球场上公平公正的原则受到了威胁，我们的生存环境又会因此而受到多大的影响，这恐怕就有点危言耸听了。

全世界人民都团结了起来，向绿茵场上的黑暗势力发出怒吼。欧洲媒体大肆渲染"阴谋论"，中国主流媒体和大多数观众也认为这是"亚洲的耻辱"。这种奇怪的氛围被营造出来以后，相信会成为一段时间内人们津津乐道的话题，年度十大体育新闻里也跑不了韩国队历史性地打入世界杯四强的结果，只是不知道这个结果会被加上什么定语。但如果真的存在黑暗势力的话，相信他们已经得到了他们想要得到的一切，鸣金收兵，得胜回营，留下的，只是一片茫然。在一片茫然中开始，又在一片茫然中结束。天知道大众的枪口对准了谁，又击中了谁。正所谓"乱纷纷你方唱罢我登场"，到头来"落了片白茫茫大地真干净"。

一度认为这是理想主义重又燃起的星星之火，渴望看到精彩的比赛，内心充满正义的信念，眼中揉不得半点沙子，完全包容了理想主义对美和善的认知。蓦然回首，发现面具下赫然是鲁迅笔下的"看客"和加缪笔下的"局外人"，不由得吓了一跳，接着便是哑然失笑。在"青铜时代"就已经死亡的理想主义怎么可能复活在如今的"信息时代"呢？古罗马的斗兽场横跨几千年，直到披上商业化的面纱，又何曾跟理想主义扯上过丝毫的瓜葛呢？如惊弓之鸟迷失在大众枪口下的日夜里，自己的担心或憧憬无非一场幻梦而已。

形而下的快乐或痛苦基于肉体和实力的快乐或痛苦，能够积淀下来酿造为文化。形而上的口舌是非如海市蜃楼，这该死的六月，如同一场失控的大火，蔓延过荒原和森林，熄灭了所有其他的火苗。中国队轻描淡写的失败注定了这场火的燃烧，大火之后，竟有几分刺骨的寒冷。也许，"这就是……"，省略掉的部分可以填上"足球"、"战争"、"生活"、"艺术"、"政治"、"文化"等等所有大而化之的话题，只是，一旦被大众的枪口瞄上，就谁也逃脱不了"还要继续"的命运。失落的也就在此，当一个你无所谓的命题影响了你的判断力，会让你怀疑那些处于你伦理底线之下的阴影似乎也有可能是光明。

说文道理与说男道女

文科和理科的划分似乎是当今社会分工精细化的一个热身,不过各国的教育者都还很客气地没有在小学阶段就开始划分文理科,而是等大家都学会了1+1等于2并且多少能背诵几首本民族的经典诗文之后才开始让中学生们选择是放弃科学理性或是放弃人文关怀。男女的差异则不太说得清楚生物学意义与社会学意义孰大孰小,关注男女性别问题的人很多,不少新的人文思潮也建构其上,我们也没有什么别出心裁的话语可以提供。

英国广播公司近日倡导英国学校的课程改革,鼓励女生多学计算机和科学知识,避免成为未来的"功能性文盲"。据《新民晚报》转载,英国中学教育体制中普遍存在"性别偏科"的现象。就拿2002年大学考生为例,在英格兰、威尔士和北爱尔兰共有16801名男生选择了计算机专业,而选择该专业的女生只有4943名;选择数学专业的女生也只占男生的一半左右。

女生一般喜欢文学和艺术类专业,这是因为英国中小学中,女生的外语和语文成绩普遍比男生强。刚刚结束了高考,我们好像并没有做过这种性别加科目成绩的统计,所以不清楚中国的具体情况,但估计比英国还要厉害。综合大学的外语专业和中文专业女生比例远远高于男生比例,而理工科大学很多专业能出现和尚班的状况。不过担心这种不平衡的人倒是不多,也许觉得这近乎天经地义。

的确,男女之间存在着不小的生理差别,甚至思维模式都可能有所不同,比如女性偏重感性啦之类的老生常谈,不好说有什么科学依据,不过从表面上看起来大概差不多。种种朦朦胧胧的观念笼罩在男女之间,无论是大男子主义还是提倡女权的人都并不在乎这些东西,他们在乎的只是争一个结果。而殊不知,只要体制性的东西存在,结果几乎就是固定的,只要分文理科,那必然就会出现文科女生多,理科男生多的结果,外国和中国概莫能外。

也许女生多一些文学细胞和艺术气质更具吸引力，但当一种选择成为趋势的时候，畸形的分布状况就会造成恶性循环，想改变恶性循环，靠喊喊口号的作用不大。问题的关键是，英国出现的这种情况普遍地出现在多个国家里，一时也不太看得出有什么太大的危害。所谓"功能性文盲"只是吓唬人的说法，随着计算机的傻瓜化，如果连使用计算机的能力都无法具备，那该检讨的恐怕是智商而不是别的。从这个角度来讲，BBC鼓吹课程改革本没有什么问题，不过非要鼓励女生去学计算机就有点无聊了。

男女的区分自然是有人类以来就存在，而文理的划分实在不知道是从何年何月起的了，估计应该在工业革命之后。从社会上讲，符合了分工的需求；从学术上讲，也算得是术业有专攻，文理分科甚至可以说是一个进步。早就有人在反思女性和男性所扮演的社会角色的不平等，今天反思一种学习角色的不平等，也许也非常重要。人类的学习能力受多方面因素控制，知识结构这一块对学习能力的影响也不容忽视。如果在文科基础和理科基础都掌握了之后再进行专业的选择，恐怕比目前的情况要好许多。但这又涉及到什么是文科基础，什么是理科基础的问题。

目前普遍存在的问题是，由于过早地区分文科和理科，造成知识基础薄弱，可能导致学习理科的学生缺乏人文关怀，而学习文科的学生则缺乏科学精神。然而这一切跟性别无别，即使选择文科的女性远远超出男性，也并不意味着女性相对来说在理科方面不具备能力。说到底，根子是在文理分科上，文理分科是工业革命的产物，在当时也许有其合理性，而假定在这个信息社会，取消文理分科，对各个专业方向一视同仁地要求掌握大致相同的必要的基础知识和学习能力，也许大家对某个性别偏向于选择某些专业就不再会那么惊奇。说实话，学术研究领域也出现什么文科学者和理科学者，更让人觉得很奇怪，很多大师都说过，学问做到一定境界，各个学科的道理都是相通的。既然如此，又哪里来的文科，哪里来的理科呢，无非是偷懒把自己局限在一个狭小的范围内坐井观天而已。

你用的是哪种笔

《纽约时报》发表了署名斯蒂芬·弗莱（Stephen Fry）的一篇文章，承蒙朋友推荐得以拜读。文章没太读懂，标题大概可以翻译为"忘掉思想吧，作家先生，你用的是哪种笔"，读完后印象中最深刻的内容也主要跟标题有关系。不过因此而生发开去的东西，跟弗莱的文章却是一点关系都没有了。

弗莱的文章中设计了一段读者与作者的问答。"你是用手写的，还是用电脑呢？"如果回答用手写的话，读者接着会问："是用铅笔、圆珠笔，还是钢笔呢？"；如果用电脑的话，问题就变成："是用PC机还是用苹果机，你喜欢用哪种字体来写作呢？"回想起曾经看到过的一些文人逸事，比如谁谁只有泡在浴缸里才能思如泉涌，比如谁谁只有蹲在马桶上才能读书，也许读者关心的，是作者诞生之后和文字产生之前这段过程。譬如追星族类，所关切的并非星们的作品或是对作品的演绎，而是星与作品之间那段陌生的距离。

虽然大多数人都能写字，但并非每个人都能有作家的体验，正如大多数人都能卡拉OK，却并非每个人都能有明星的体验。于是，在一种日常的形式和一种非凡的内容之间，存在着很大的想像的空间，这个空间，对很多人来说，需要一些琐碎的东西来填充。而填充这个空间的绝对不能是什么深刻的思想，只能是最日常性的，最感官性的，和最容易理解和传播的。这是一种很难说清道明的感觉。考据派的红学家挖曹雪芹祖坟的架势有点趋近于此，读者和研究者都希望自己比别的人离作者近一些，以之为认同或炫耀。作为一种拉近距离的手段，还有什么比了解到作者的日常习惯更为有力的呢？

写作的方式与写作的内容之间存在着某种神秘的联系，这并非无稽之谈。从读者和研究者来讲，是一种追星的恶习来驱使他们寻根问底。而对作者本身，写作方式对写作内容的影响的确存在，不过常常被忽略。"李白斗酒诗百篇"，这和摇滚乐手大多跟毒品有染有异曲同工之妙，写作在这里是一个泛指，大致相当于某种创造。精神状态对创造性劳动的制约是大家都比较认可的，而生理状态和物理环境的影响确乎很少有人考虑。具体到电脑写作和纸笔写作的差异，从文字内容上一时还难以有明显的判断。但换个领域，比如音乐、建筑和绘画等，古典音乐之于电子音乐，木结构建筑之于钢筋水泥，以及水墨之于油彩，原料的差异几乎直接导致了风格的差异，文字想必也脱不了这个窠臼。

精神状态的区别是个体性的，并非诗人都得喝酒，也并非摇滚乐手都得吸毒，但陷入某种迷狂的状态也许更容易给某种风格的作者带来灵感，这又存在一定的普遍性。不过物理环境的影响更具有普遍性，遥想一下在甲骨和简牍时代，语言风格必然会是简约而精要的，可有可无的修饰荡然无存，存留的词句都是偏向于硬和实的，在简短的字句中又同时必须保留完备性。到纸笔时代，繁复绚丽的辞藻开始出现，信息容量被湮没在辞藻中，独创性成为一个关键词。

而到电脑时代，复制成为一种趋势，这一点很多未来学家都指出过。复制本是写作的禁忌，但随着真正信息时代的降临，这个禁忌自然会被打破。人们再也无从追寻作品的源头，也很难聚焦到作品本身的思想和逻辑上，最大限度地肢解作品会变成一种强烈的冲动，任何作品都无法再保持完备性和自足的特征。作者所运用最多的手段会是检索、阐释和拼贴，正如一个网友所转述的博尔赫斯的话，我们所写的其实都只是对旧籍逐字逐句的改写，而某个历史事件其实只是另一个更早的历史事件的重演。

这一切意味着什么？最好回到弗莱的文章。"忘掉思想"，对，就是忘掉思想，而用某种习惯和模式来进行写作，把曾经有过的思想有意无意地拼贴起来，比自己去思想反而要为深刻。当代的作者还值得选择并坚持的，最好是一直使用某个特定的字体和字号，设想如果坚持使用初号字和华文彩云体来进行写作，作品会是什么样？不过在使用电脑写作时，很少有人能养成使用奇特字体字号的习惯，所以，特出者并不多见。

道德之信与契约之信

"标题：鼎均归来。正文：a/v/a/q = 7**/7**/800，v 的机经基本上是全的，类反有三四个机经外的；填空和阅读机经基本上是全的，女市长受贿题、复活岛石像题、墨美文化题 etc。……"最近，美国教育考试服务中心（ETS）以"考题安全性遭到侵害"为由，宣布暂停在中国大陆、香港、台湾和韩国举行 GRE 普通考试机考，恢复笔考测试。看到这个消息后，去一些有名的"机经"网站转了转，顺便拷贝下上文中的一小段话，相信对于没有准备过 GRE 考试的人来说，这些话无疑是天书。（鼎均：GRE 机考考场之一）

ETS 的理由自然是冠冕堂皇的，而且事实无可辩驳。不过随着很多次"狼来了"的情况出现，这次倒没有什么大的反响。只是有人调侃地说："对中国的考试精来说，美国人的智慧是远远不够的。"有个 7 月的考生的感想很有意思："这是一场彻底失去了公平的游戏，我既是这不公平的受害者，也是这不公平的受益者。一年前，我兢兢业业、斗志昂扬地参加战斗时，遭到了迎头痛击；而今天，我浑浑噩噩、浑水摸鱼却得到了想也不敢想的好成绩。善于制造矛盾的 ETS 在我身上同样制造了 ironical 的效果。"冠之以"失败有痛苦，成功无快乐"的标题，颇有些大彻大悟的意思，

相信每一个道德感健全的人都不会明目张胆地提倡欺诈，但很特别的是，虽然每个考生都签署了一份据说包含"不泄露题目"条款的协议，但题目依然源源不断地出现在网络上，提供者完全是义务劳动，并不期望获得任何的直接收益。这个现象非常值得深思，给人的感觉是大家"同仇敌忾"，在同一个战壕里战斗，对待敌人，自然无所不用其极。在学校里考试是相互间的竞争，这样的合作精神很难见得到，而对追求出国的一族来说，不存在美国的奖学金分了三六九等的问题，大家都只在争取一份额外的"奖赏"，而考试不过是一块敲门砖而已，"与人方便，自己方便"的古训自

然会大行其道。

更重要的是，对待类似 GRE 这种变态的考试，耗尽人精力的接近半年的准备，足以触发人的仇恨心理。ETS 在这个意义上并非一个公平的法官，而是一个折磨人的恶魔。所以，给它捣捣乱，替后来人指指路，既可以获得道德上的优越感，又可以泄愤。这种价值判断远远大于那一纸没有任何实际意义的承诺。亚洲地区每年五六万的考生，只要不是信息闭塞到一定程度，能够获取的考试资料基本都是相同的，其实水涨船高，成绩的真实性和可靠性并没有受到太大的影响，实力还是第一位的。考生自己都没有抱怨遭遇不公平的待遇，ETS 真是"皇上不急，急死太监"。

可以设想，美国人又能采取什么手段呢？除非停了亚洲地区的考试，而招收不到高素质的亚洲留学生，这与美国自身的利益恐怕又格格不入，否则，很难制止这种他们所认为的"欺诈"行为。无论 ETS 如何更换考试方法和考试题库，照样大量出现值得他们怀疑的高分，因为亚洲人，尤其是中国人，对考试实在是太熟悉不过了。这种考试的能力，不是西方文化圈里的人能够理解的。所有的冲突都是文化的冲突，信哉！儒家的"信"与西方的"信用"，是完全不同的两种东西，"信用"是基于契约的，而"信"是基于道德的。这样的冲突，以后还少不了。这次事件中，唯一可能受到损失的，就是 ETS 试图捍卫的个体利益，对整个国际教育交流的局势却几乎无关痛痒。

以前一直不理解为什么"道高一尺，魔高一丈"，心想这不是让人觉得对正义和公理绝望了么。现在才逐渐体会到，魔和道其实只是对两种文化的描述，正如这次 GRE 机考风波中体现出来的，ETS 的考试之道和东方考生的考试之魔，道本是为魔而设置，如果道高一尺，魔也一尺的话，那魔也就没有生存空间了。不妨认为道拥有话语霸权，而魔只能以规则之外的所谓越轨之举来维护自身的利益，两者并没有高下对错之分，而这场斗争也没有胜利和失败之别。

当网络傍上了游戏

"2002年东京电子游戏展"9月21日在日本千叶市正式开幕,这是日本规模最大的游戏软件专业展览,两天的展览大约吸引了10多万参观者,"网络游戏"成为这届展览会上最引人注目的产品。这只是一个序幕而已,随着网络的普及和改善,据说网络游戏的市场规模在以每年百分之一百多的速度膨胀。《华尔街日报》也从职业流向和股市涨跌的角度把网络游戏业捧为横跨IT和娱乐业界一枝独秀的行当。"当网络傍上了游戏",生财之道源源不断,这可以算是互联网泡沫破灭之后信息产业最诱人的蛋糕了。尽管电子游戏过去被视为低三下四的东西,但资金和人才的流动最说明问题,网络游戏成为互联网的新宠已成为不争的事实。

是游戏傍上了网络还是网络傍上了游戏,在起文章标题的时候颇有些犹豫。不少媒体都在炒作作为"第九文化"的电脑游戏。"第九文化"这个新名词显然是专家们最新的研究成果,不过遗憾的是找了很久都没有发现始作俑者,也搞不清楚排在游戏之前的八种文化究竟是什么。留给人们想像的空间是巨大的,把电视、电影、音乐、图书、报纸什么的添加进去,也许能够凑出九种跟文化沾边的东西,可这个座次如何来排列,实在是博大的学问。所以媒体记者们一般都用"甚至有学者称"这样的话来搪塞过去,不肯为这个聪明绝顶的学者宣传宣传他的理论。我们尊重游戏在现实生活中的地位,同时也认清了网络本身的工具性处境,所以只能把目前网络游戏的火暴现象称作"当网络傍上了游戏"。

游戏确实是人类精神领域中一个奇特的空间,在不可逆的时间之箭面前,游戏可以无数次地重新修正自身发展的道路,通过角色扮演进入一个与日常生活迥异而又互动的虚拟时空。现代人拥有过多的欲望却占有过少的资源,这种结构性的矛盾可以在游戏中得到完美的解决。尽管想做一个好的玩家也需要足够的财力、智慧和执着，但即使无法成为一个优秀的玩家也同样可以享受游戏带给人的满足感和征服感，因为游戏中所设置的怪物一般总是低于玩家自身的等级，不像生活中的难题总是高于人类自身的智慧。尽管谁也无法具体地说出自己为什么会痴迷于游戏，但每个人心中早就播下了游戏的种子，在遇到合适的土壤时自然而然地生根发芽。游戏制造欲望的同时又适当地满足欲望，这与生活的本质非常一致。不过生活给人带来的痛苦多于快乐，而游戏给人带来的快乐多于痛苦。生活从不给人以自由选择的权利，上帝设置了场景和规则却并不希望人们知道，而游戏的规则是透明的，并且尽可能地通过各种渠道提供给大众。

我们可以从网络游戏中看到更多跟生存有关的命题。各款受到青睐的大型游戏几乎都搭建了一个全新的时空架构，生活在这个虚拟时空中的成员始终处于发展、竞争、交流和团队活动当中。一个网友的文章说世界上最早成功商业化的网络游戏"创世纪"里，几乎所有北美站点都拒绝东方玩家的登陆，因为这款游戏强调欧美的个人主义和道德观，即使扮演邪恶的角色也应该保持相应的"骑士风度"，而东方文化圈的玩家常常在北美的站点结伴杀人越货，或者在单挑的时候事先藏好帮手，这样造成了游戏世界的道德倾斜，从而打破了基于文化理念的平衡。这个例子非常有意思，我们可以看到游戏的确蕴涵着参与者的文化传统，当然，这些传统也逐渐地在被游戏改变着。在游戏中人们更加讨厌不遵守规则的人，也更为严重地依赖网管专制的力量来清除破坏游戏规则的家伙。人们往往以为网络游戏能够让人们打破一些常规，但实际上恰恰相反，游戏对常规的依赖性远远超出人们的想象。

当网络傍上了游戏，欲望和规则之间的斗争一下拓宽了舞台。人类文化里最精粹的理论需要在这个新的载体上重新检验，经济上的收益是眼见的，而文化上的反思甚至尚未开始。那些游戏世界里的约定是否注定成为现实生活的影子，改变的仅仅是人面对生存压力的心态？

不经意的文化旅游

人们最想去的地方，其实是埋藏在心中的影子城。文化旅游作为旅游业界的新宠，正在飞速发展，要营造的也许就是这样一些若有若无的影子城。而对旅游者本身来说，"我来了，我看到了"，"我被征服了"，也许便是一次成功的文化之旅的历程。去听、去看、去想、去怅惘，"南朝四百八十寺，多少楼台烟雨中"，然而"昔人已乘黄鹤去，此地空余黄鹤楼"。

一个朋友刚刚从巴黎回来，没有带回什么新闻。他在那边留学两年，该玩的地方都玩过了，而感受最深的一件事情是：初到花都之时，慕名朝拜蒙马特山，在山路上遇到一个落魄的画家，一定要为他画一幅肖像，画好后，尽管他要200法郎，他觉得很不像自己，那个画家说，这是我心目中的你。于是他不但给了钱，而且把这幅不知道是好是坏的画挂在宿舍很久，直到磨损破旧。大家的第一反应都是他被宰了，不过，也许这就是文化旅游的真谛，当你碰巧有这些钱，当你碰巧又被感动了，当你身处的环境正好是梵高、莫奈他们落魄时候徜徉的地方，当你看着山下的红磨坊人们正在纸醉金迷，山顶的圣心大教堂笼罩在薄薄的雾气之中，你于是做出了非常符合当下环境的一个选择，于是你就成为了此时此地风景的一个有机的组成部分。

新加坡新建了一个名为"飞天"的造价高达2000多万人民币的酒廊，别出心裁地设计了高12米、宽5米、上下共有4层、分成20个冷藏格的酒塔，呈三面开放型面向酒廊大厅，可以存放大约1万瓶红酒、白酒和香槟酒。酒放得越高，就越名贵，最好的藏酒都放在酒塔的最高一层。客人点酒后，"酒仙子"由安装在酒塔顶端的升降机拉至半空，伴着曼妙的舞姿取酒送酒。飞天源自敦煌壁画，在酒廊里被文化重构，文化进入成本核算以后，价值和价格便因人而异。消费者有用钱包投票的权利，而拥有投票权的消费者往往不会去关注金钱本身。作为客人，无论你带着批判的眼光还是欣赏的态度，只要你支付了昂贵的酒单，你便不经意地投出了宝贵的一票。

　　文化逐渐成为当今世界疲软经济的一剂强心针，文化旅游则是文化经济药方的重要材料。韩国政府提出 2002 年是韩国文化旅游年，推出大大小小的民俗文化节。日本部分激进人士则筹划着推动《刑法》的修改，准备在东京大开赌场。记者描述道：位于新宿中心的东京都政府大楼 17 日晚灯火通明、人声鼎沸，模拟赌场活动正在此举行。当天参加的不仅有东京都知事石原慎太郎，还有不少国会议员和各地的知事或市长，加上旅游业界人士约有四五百人出席。此前，东京都政府还发表了一份"关于东京都城市型旅游资源的调查研究报告"，把赌场作为"新型旅游资源"隆重推出。在埃及复古了亚历山大图书馆之后，中国在埃及推出了中埃建交 46 年来第一个大型的"中国文化周"活动。文化的魅力正在大张旗鼓地席卷全球化的经济领域。

　　而文化旅游也许并非刻意而为，在不经意之间，英国的"东方快车"已经运营了 120 年，大侦探波洛探案的场所如今被一家旅游公司作为豪华专列旅游项目经营着。被誉为"轮上宫殿"的东方快车专列有着高得惊人的票价，每年一次的横跨欧洲旅行，从伦敦去威尼斯乘坐"东方快车"的价格是大约 2 万多元人民币。"坦率地讲，'东方快车'的定位就是为社会名流提供列车旅游服务。我们的服务对象是那些对生活方式有较高品位和追求的人士。虽然我们没有明确要求客人在列车上如何着装，但我们也提醒客人，在'东方快车'上穿着如何正式、隆重也不过分。"业务经理的话语提示出文化旅游的品位和取向。文化从来不是廉价的面包，即使"老大嫁作商人妇"，仍要"犹抱琵琶半遮面"。

　　文化，作为经济学意义上高附加值的商品，不经意之间走上了前台。所谓的物质需求和精神需求，从消费的角度来看无甚区别。作为个体，或是身在拉斯维加斯的赌场，或是穿着燕尾服坐上东方快车，或是游行在载歌载舞的节日街头，最好用不经意的心情去为自己的文化之旅买单，别嫌贵，更别觉得占了便宜。而刻意的征服和猎奇，无非一种另类的愚弄而已。

迈克尔的鼻子

继猫王之后最伟大的歌手迈克尔·杰克逊是能够引起全世界歌迷疯狂的人物。在新世纪来临前传闻他要自杀之后，迈克尔从大众和传媒的视线中销声匿迹了很久。而最近一两年，偶然露面的迈克尔被媒体描述成了一个乖僻的落魄男人，在高筑的债台和大小的丑闻中奋力挣扎，希图东山再起。

日前，迈克尔的鼻子又成为娱乐界的焦点，电视、网络、平面媒体都在向公众展示他那无数次整形过后惨不忍睹的鼻子。迈克尔整容是有传统的，据说这一切源于童年的阴影以及美国的种族歧视，他甚至把自己黑人血统的肤色都漂白了，脸部的形状也经过上百次整形手术，这使他从一个憨厚淳朴的阳光男孩一变而为冷峻妖艳的摇滚歌王。带有迈克尔标签的疯狂舞蹈风靡全球，至今仍然影响着大大小小的演艺明星。8月底来到中国的拉丁歌后玛丽安娜在谈到迈克尔的时候说："在我不长的演艺生涯中，迈克尔·杰克逊曾亲自教导我怎样才能做一个好歌手，并给予我巨大的鼓励，可以说迈克尔·杰克逊做过的许多公益活动给我很多启示，我觉得作为歌手应该为社会多做奉献，这样才会让人既喜欢你的歌又喜欢你这个人。"种种的矛盾交织在这个天才的歌手身上，深究起来自然是一本厚厚的书，不过不会像他的前经纪人写的书那样全部涉及歌手的隐私，譬如恋童癖，譬如虐兽，譬如吸毒，譬如性骚扰，等等。迈克尔可以说是一部浓缩了流行音乐发展史的巨著，从乡村音乐到摇滚，从爵士乐到音乐电视，从排行榜到白金碟再到全球巡演，直到今天人们还是不得不承认，在音乐和舞蹈的造诣上，迈克尔对现在的流行歌手辈来说简直是一座无法超越的高峰。

不必为他树碑立传，也还未到盖棺定论时，还是回到迈克尔的鼻子，总觉得这是个什么象征。年轻的追星族大叫着好似见到了活鬼，因为他们看惯了F4，看惯了《情深深雨濛濛》，猛然出现在他们眼前据说是昔日的天皇巨星的人居然长着一个像狒狒一样的鼻子，简直是一出恐怖片。恰好迈克尔打算到好莱坞出演《爱伦·坡的梦魇》，爱伦·坡是美国著名的恐怖小说家，记者不知出于何种心理描述道：好莱坞业界预期这部电影可能会真的很恐怖，因为迈克尔·杰克逊将亲自担任片中的男主角。更为荒诞的是，迈克尔几个月前在赌城拉斯维加斯替自己买了一口价值几十万人民币的镀金棺材。不断整容把天然的美丽变成人工的丑陋，然后用金棺材埋葬那个流逝的时代，这简直是一出经典的戏剧。

迈克尔的鼻子，宣告了一个迟迟不肯结束的时代的终结。那是一个什么样的时代呢？所有流行的肇始，所有热情的源头，所有大众文化前夜的萌芽，催生着如今所谓后现代、后工业化的文明。英雄沦落为偶像，文化转化为商品，创造力泯灭在模仿和拷贝之中，可以说今天的文化界，只是在消化、转化以及淡化残存的历史和记忆。迈克尔的鼻子，一个有趣的符号，一个本该在记忆中熠熠闪光的鼻子残败地暴露在阳光下，给人们审视的机会。他是在被传法庭作证的时候展示他的新鼻子的，一个12岁的小女孩有幸进入到法庭里聆听了庭审，她对记者说："我一直都是杰克逊的歌迷，我和我的朋友们都收藏了很多杰克逊的音乐带。今天能够亲眼看到他我真是幸运极了。"不是吗？简直幸运极了，她目睹了前大众文化时代的终结。再也不敢有奥黛丽·赫本以及迈克尔这样不珍惜自己美丽的明星，因为失去了美丽和商业化的外衣，今天的明星一无所有。

最后，迈克尔于2002年6月与合作了20年的索尼唱片公司彻底决裂也可以算作一个征兆。杰克逊穷5年之力推出的新唱片《万夫莫敌》只卖出了区区500万套，双方为此相互怪罪，杰克逊指责索尼唱片促销不力，索尼则反批杰克逊过气。索尼公司为这张唱片付出了数百万美元的制作费和几千万美元的促销费，因此似乎索尼的理由更为充分。但时代才真正万夫莫敌，迈克尔的鼻子，不过是一个仁慈的恶作剧而已。金色的舞台，从此只属于庸众文化的提线木偶，金棺材则可以埋葬英雄、梦想、创造以及其他。

奇幻、武侠与其他

关于人类的创造力，有人说源于懒惰，有人说源于自私，有人说源于好奇，每种说法都有其背后的哲学基础和事实依据。牛顿因为苹果砸在头上发现了万有引力，瓦特因为炊壶冒汽发明了蒸汽机，凯库勒因为梦见蛇咬尾巴发现了苯环，门捷列夫的元素周期表也曾经清晰地出现在他的梦中，幸好还没有谁说爱因斯坦因为陪着女朋友烤火创造了相对论。平庸的人喜欢梦想，因为梦想可以让他不再平凡，伟大的人也喜欢梦想，因为梦想可以让他更加伟大。所以，创造力源于梦想，也可以算是一种观点吧。

奇幻文学，几乎可以称之为梦想的集大成者，逐渐地成为市场上持续不断的热点。《哈利·波特》电影按部就班地推出了第二集，很快又攀上了票房的排行榜，也许春节期间就会进入中国的市场。而《魔戒》系列也在紧锣密鼓地制作，希望给人以再次震撼。在好奇心膨胀而想像力贫乏的工业社会，奇幻热折射出人类的一种回归。在学过的文学史上，并没有对于奇幻文学的定义。如果按照传统的文学史来划分，也许《哈利·波特》会归入童话，而《魔戒》会归入神话，《龙枪》系列则更接近科幻。在被作为大众文化炒作的同时，当代奇幻文学其实处于一个很自由的发展阶段，也许远远没有到总结的时候。

很多人认为奇幻完全是西方文化背景下的产物，骑士、魔法、北欧神话体系，这些要素决定着奇幻的框架和故事。在这个基础上，奇幻和武侠就有了很强的可比性。5月份的《南方都市报》上发表了一篇美国畅销小说评论家阿尔蒂尔对英文版《金庸选集》评论的节选译文，内中除对内力进行了一番学术化的一本正经的探讨外，还为每本书列出了一个鲜明的主题——《神雕侠侣》：从一个侧面反映了蒙古兴起之初的畜牧业状况；《笑傲江湖》：反映了中国古代同性恋者的悲惨遭遇；《天龙八部》：探讨了对男女之情的几种看法。《射雕英雄传》：对人类的智力的作用提出了质疑。在爆笑的同时，我们不禁担心面对奇幻文学、游戏、电影的冲击时，我们的理解是否也带有几分幽默。

纯粹中国文化背景的武侠和纯粹西方文化背景的奇幻，都建构在充分的想像力的基础之上。人类的想像力是共同的，而产生想像力的土壤却是不同的，这方面造成的文化误读往往颇为有趣。按照最严格的定义，奇幻文学是在一个预先设定好的世界中的英雄传奇，世界的设定比人物和故事更为重要。这也是为什么身为语言学家的托肯恩能够成为当代奇幻文学的开山鼻祖的原因，他的贡献在于根据神话、传说和历史独自创造了一个"架空世界"，这个世界有自己的版图、编年史和形形色色的种族，甚至有不同种族所使用的不同语言。而《龙枪》所代表的奇幻文学则建立了一套完整的魔法体系，每一种魔法都对应着一个独特的古老的属性，甚至每一种魔法都有着严格而细致的施放条件。西方奇幻文学的体系严密而完整，这个特性从希腊罗马文明时代的神谱就可看出端倪来。虽然不好与哲学、宗教和法律相比较，但这种体系化的精神追求是完全一致的。

武侠中对应奇幻"架空世界"的有"江湖"，对应魔法体系的有"武功"，不过江湖尽管有各种门派，武功也有不同的招数，但江湖和武功只能称作形象化而非体系化，这也许正是中国文化与西方文化的差异。少林派、武当派、太极拳、罗汉拳都只是对现实生活中存在的事物的一种夸大而已，同样，江湖的规则也放大了现实社会的规则。奇幻却尝试着重构一个全新的世界，可以算是现实社会的一个映像，规则的尺度与现实社会是等同的，英雄和凡人的距离也近似于伟人与老百姓的距离。建构这个世界和记录描写我们的现实世界的工作并没有太大的不同。

梦想与体系化表面上是一对矛盾，其实无非是一种态度而已。面对规则，梦想的尺度决定了西方和东方的重大差别。武侠的乐趣在于破坏秩序和规则，打破既有的平衡，而奇幻的乐趣却在于享受创造出的新体系，重建被打破的平衡。梦想是创造力的源泉，而究竟什么是梦想以及应该如何来梦想，则决定着我们创造的方向。

贵族的魅力

法国的社交圈子从中世纪以来就出了名的,据说闻名遐迩的巴黎时装便是来源于路易王朝的宫廷舞会,当时的贵族妇女们争奇斗艳,谁的服饰能够出类拔萃,便能招引来一大帮模仿者,这几乎可以作为时装的定义——世界上被模仿得最多的服装。本以为随着民主政权的崛起和王公贵族们的消失,这样的圈子从此不复其风采,没想到却原来是自己孤陋寡闻。每年12月,巴黎都会举办一个名为"初入社交界"的盛大舞会,虽然不再专属贵族,但能获得邀请的不是权贵政要的晚辈,便是豪富名流的后人,更重要的一点,都是窈窕淑女,芳华年纪。

贵族在今天应该如何定义,不仅对中国是个难题,西方社会拿它恐怕也是颇为头痛。按照舞会组织者柏恩的话来说:"时下真正的贵族无处不在,是不是贵族视心智与脑袋而定。"不过倔强的法国人如果觉得自己不是贵族,就不敢参加这场舞会,自然也不是迂腐得可笑。真正的贵族已经消亡在了百年以前,柏恩的话只会遭到批评者攻击:不过让服装设计师与珠宝商有机会针对富豪大肆宣传而已。

2月22日《人民日报》海外版翻译美联社的消息称:二十几位来自世界各地的漂亮美人儿,齐聚豪华的葛里翁旅馆,意大利总理女儿芭芭拉颈戴珍珠,还戴着舌环。法国《时尚》杂志总编辑之女朱丽亚,穿着一袭高衩豹纹雪纺纱晚礼服,令人窒息。这讲的应该是2001年的事情,那一年的花魁是美国总统布什的侄女——劳伦·布什。而据新华社12月9日的特稿,2002年所有目光都聚焦在克塞尼娅·维尔加恩斯卡娅·戈尔巴乔娃身上,她是前苏联总统戈尔巴乔夫的外孙女,刚刚年满20,初次踏入西方上流社会社交圈。记者报道舞会举行的地点是克里永饭店,估计和葛里翁旅馆是同一个地方,也许就像我们的北京饭店。据说北京饭店从7月开始引入了全套巴黎红磨坊式的盛装晚宴，为先富起来的人提供高档社交场所，不过人均消费从将近2000降价到了800，着装要求从燕尾晚礼降格到了T恤，参与者还是寥寥。相比而言，我们完全可以说没有社交文化。

美女、金钱和权势把这场舞会装点得琳琅满目，不过，大众是难以融入这样一个圈子的。哈贝玛斯论述公共空间时说"咖啡馆形成的舆论可以影响到社会"，而克里永舞会所带来的冲击却很难深入到民间。近几年来，"小资"唱罢"布波"登场，西方中产阶级的生活方式随着工业文明的前进而不断变化，中国引进的速度非常快，质量却如同这译名一样令人无法恭维。虽然媒体上有铺天盖地的文字引诱大众去追求"小资"和"布尔乔亚＋波西米亚"式的生活，但追到根子上，Bourgeois无非市民而已，而Bohemia呢，则是流浪汉。虽然法国浪漫的诗人和画家赋予了Bohemia以些许艺术气质，但他们可是声称唯有塞纳河畔才能有这样的波西米亚人——在寒冷、饥饿中充满爱与希望。所以不管"小资"还是"布波"，市民身份才是其最重要的本质，这决定了愿意选择"小资"或"布波"生活方式的人只能拥有生活，不可能拥有思想。

贵族与市民正好处于两个极端，如同精英与大众这两极。市民梦寐以求的在贵族则是天生的，精英所思所想的在大众却是匪夷所思的。我们可以大胆指责"肉食者鄙"，可以尽情嘲笑"皇帝的新衣"，不过财富和权势并非贵族的唯一标志，西谚曰"三代出一贵族"，讲的便是超越物质的内涵。且不管那些女娇娃是否花瓶摆设，"初入社交界"舞会可以让我们设想，如果没有财富和权势的压迫，我们能做到什么？在世俗化的浪潮中，有钱有势的人多如过江之鲫，而真正的贵族却少如凤毛麟角。面对财富和权势，要么完全习惯，要么压根忽视，这样的人才可能具备真正属于贵族的精神魅力，换句话说，我们心目中的贵族并不是一种生活方式，而是一种思想方式，一种自然而然抗拒世俗化的思维习惯。能够这样思想的人便是我们所定义的精神贵族——最后的拥有秘密思想空间的人群。可惜的是，贵族的时代已经消逝了上百年了，这种舞会其实并没有太多的象征意义，不过，英雄的时代都已经消逝了上千年，不还是有人大拍《英雄》的电影吗？能够偶尔想上一想，就足以浮一大白了。

2003
被愚弄等于被娱乐

梦露与迪斯科

据说，好莱坞声称2003年的流行趋势将是圆润丰满，米兰发布的最新流行报道圆润型也位列其中。从美国到欧洲，时尚的中心都在传递这样一个讯息——排骨美女正在走向没落，圆润丰满的完美体形正在受到推崇。流行或者时尚都有一个轮回的圈子，裙子短了又长，衣服薄了又厚，色彩绿了又黄，自然，女人瘦了又胖也逃不脱这条规律。不知是否因为2002年是玛丽莲·梦露40周年忌辰，预示着大众文化社会兴起之初最受人欢迎的性感女神又将复活，在一片朦胧或说云里雾里的气氛下，新的一年会带给我们如何的新意呢？

比吉斯乐队贝司和键盘手莫里斯·基比1月12日因肠闭塞手术时心脏病突发去世，喜欢迪斯科的七零后应该都很熟悉他们的鼓点和假声。美国70年代末正是迪斯科的鼎盛时期，比吉斯乐队创造了无数的辉煌。而"蹦迪"好像到90年代才成为国内的流行语，不过衰败起来却比美国要快得多了，几年的时间里，那些大大小小的迪厅就纷纷改行了。可能模仿的速度越来越快，国内流行文化的时差已经从改革开放初期倒了过来，变得越发地没有主流了。这也许就是新的一年，偶然看到这条消息的年轻人一定会问，比吉斯？什么东西？而年纪稍长一些，在黯然之余，也会问，比吉斯？天，现在还有他们的消息。年纪再长一些，则除了摇头，恐怕连问都问不出来了。

梦露没有跳过迪斯科，但梦露会常常回到流行的记忆里。迪斯科则如消逝的流星，一去不返，再过若干年，也许这个词会像霹雳舞一般，失去词义的内涵。80年代末，霹雳舞突然间风靡了中学的校园，那部很一般的电影不知道怎么被引进的，用今天的眼光来看，既算不上大片，又不是艺术片，偏偏获得了如此巨大的生存空间。也许从那以后，舞蹈才成为民间可以接受的一种娱乐方式，可能因为霹雳舞的练习难度过大，迅速升温的同时又迅速降温，交际舞和迪斯科则是在缓慢的商业化过程中，逐渐地被商业化淘汰。已经很难去追寻这个历史轨迹，反正，新的世纪到来后，所有的大规模流行恐怕都将被扔到历史的垃圾堆中。

　　时尚有很多种，梦露的回潮（返回潮流之意）并非怀旧，而是对骨感和瘦身的反叛；而迪斯科的一去不返也并非喜新，而是一种断弦，猛然间失却了继承人，这个家族自然就要消亡；不过套用《英雄》套用的古龙的话语，我们应该说：时尚的最高境界就是——不时尚。有反叛才有时尚，有继承才有时尚，有不时尚才有时尚，而追问今天的时代，我们有反叛吗？没有。我们有继承吗？没有。我们有不时尚吗？也没有。所以，我们其实没有时尚。而大街小巷，处处流行；传媒商场，人人时尚。每一轮活动，每一次宣传，每一类心态，每一种方式，都挥舞着时尚的大旗，引领着一拨散兵游勇，在经典的沙漠里逃亡。

　　经典的沙漠，是中国文化之与西方文化的差距所在。时尚本就变幻莫测，没有经典作为坐标，时尚则如无本之木、无源之水。鲁迅"城头变换大王旗"的感慨，如果用来形容我们的文化和流行，再恰当不过。不仅旁观者迷糊，身在局中的追随者同样迷糊，削足适履、因噎废食，隐隐然成为最为流行的趋势。回过头来看，西方文化的发展自有其脉络可寻，流行时尚与传统经典并行不悖，所以不管梦露还是迪斯科，其兴盛和衰落都折射出整个文化的运行轨迹，统一在好莱坞商业片发展和摇滚乐发展的大背景下。我们呢？兴盛什么？衰落什么？却更像是一场春梦，醒过来就了无痕迹。

　　梦终归是要醒的，等到每个人都厌倦了对时尚的追逐，也许，文化的断层就会修复。因为，每个现代人都想活得更轻松，生活在自己的传统里，生活在一种大半熟悉小半陌生的氛围中，才是既惬意又时尚的活法。而经典，营造着这大半熟悉的环境，时尚，则创建着小半陌生的空间。我们的选择可以变得更加的自由，而不是身不由己地被卷入永不停息的时针摆动之中。

被愚弄等于被娱乐

据语言学家们研究,各种语言被动句的原始形态通常表达一种消极的语义倾向,譬如"小偷被抓住了"、"杯子被打碎了",一般不说"我被表扬了"、"我被老板加了薪水"。虽然汉语实际上早已突破了这个桎梏,语法书上常举的一个例子就是"他被选为了人大代表",但这条规则还是有着比较强的限制作用。所以,文章标题里"被愚弄"是合乎语法的,而"被娱乐"则是一个有问题的表达方式。

世界之大,无奇不有,美国福克斯(Fox)电视台近期收视率最高的节目"嫁给百万富翁乔伊",便演绎了一段荒唐的故事。故事的背景设置在一个法国的城堡,男主人公是美国的花花公子乔伊,继承了5000万美元的遗产,侨居海外,寂寞难耐,于是通过电视台在美国征婚,但是,这位乔伊"未来的伴侣"必须通过淘汰赛的方法竞选产生。一时间,报名者如过江之鲫,电视台筛选了20位佳丽,前往浪漫的法国,展开了这场求爱逐利之旅。这本是个现代版灰姑娘的传奇,可怜的是,节目组遭到同行的"妒忌",还没开播就被英国狗仔队抓个现行,原来乔伊只是电视台雇佣的一个建筑小工,整个节目根本就是一个圈套。

该节目的网上负责人迈克·达诺尔不情愿地接受了英国记者的采访。他称该节目的真名其实是"撕下你的面具",目的是为了探索在这世界上,是不是还有女孩真的愿意为了爱情而嫁人。达诺尔道:"我们只是想知道,她们中是不是真有人愿意仅仅为了爱情而嫁给一位穷光蛋。"对电视台而言,创意的灵感应该来自前两年风行欧美而今风光不再的"百万富翁"智力竞赛节目,进一步追根溯源的话,《百万英镑》电影可以算作鼻祖。在信用第一的商业社会,"假"字一出,后果不堪设想,应征的佳丽们大可将电视台告上法庭赢得巨额的赔偿而不用辛苦地去角逐一个并不存在的富翁老婆的位置。原以为节目组会因此而焦头烂额，没想到，节目仍然如期开播。其精彩的大结局甚至得到了"全美四成18岁到49岁的男性观众和五成18岁到34岁的女性观众"的瞩目。

所谓精彩的大结局无非是个俗套，《北京晨报》的记者绘声绘色地描写道："当乔伊走近卓拉·安德里奇并对她说：'我爱的是你'时，卓拉感到一种不可抑止的激动和喜悦，卓拉道：'你是认真的吗？'然而乔伊接着说：'还有一件事情我必须告诉你，这件事多少天来一直折磨着我的神经。那就是我并没有继承5000万美元，事实上我连5万美元的钱都没有。我的真名叫伊万·马利奥特，我很抱歉我向你撒了谎，我只是想找一个因为我这个人而爱上我、而不是因为金钱而爱上我的人。'"当然，卓拉经过激烈的思想斗争，终于又回到城堡的大厅，勇敢地说："我愿意继续做你的爱人，让我们的爱顺其自然吧。"随着电视台奉送的100万美元支票的出场，故事得到了"一个梦幻般的结尾"。

整场表演破绽无数，却大受欢迎，原来"被愚弄"等于"被娱乐"，大众传媒娱乐大众的目的可以用愚弄大众的手段来轻松达到。福克斯的忠实观众应该还记得几年前"谁想嫁给百万富翁"节目的丑闻，也是从几千人中脱颖而出的新娘康格与浪荡且有暴力倾向的百万富翁罗克韦尔刚度完蜜月就宣告离婚，被社会舆论批评为替嫖客拉皮条的电视台信誓旦旦地表示"今后不再举办电视结婚活动"。几年的时间让传媒忘却了尴尬，却牢记着滚滚的商业利益，于是，"百万富翁"卷土重来，一切都在重演，连大众的快感都同样真实地达到了高潮。

这个世界上，真实是多么残酷，寻找生存的意义足以让尼采这样的天才发疯。但正如每天都要吃饭一样，人们需要打发闲暇的时间，而娱乐则是最好的精神面包。传媒的答案有别于哲学和宗教：因为表演是人们对抗现实最有力的工具，所以所有的娱乐都是表演，而所有的表演不可能为真，则只能是某种愚弄。于是，"难得糊涂"这几个大字从板桥体的中堂上走下来，告诉我们，当愚弄从被动走向自觉、从消极走向积极、从围观走向参与时，这才是现代文明的真谛。

货币也温柔

莎士比亚《雅典的泰门》第四幕有一段经典的台词:"金子!黄黄的、发光的、宝贵的金子!……这东西,只这一点点儿,就可以使黑的变成白的,丑的变成美的,错的变成对的,卑贱变成尊贵,老人变成少年,懦夫变成勇士。"中国也一度流行过一句俗话叫:"钱不是万能的,而没有钱是万万不能的。"在如今经济全球化的趋势下,货币的能量更是被放大到过去的千百倍,成为主宰个人甚至国家浮沉的魔鬼。

货币是一种等价交换物,流通性和计价性是其基本的特点。在经济学家们的理论中,定义很是复杂,但货币从来以一付冷冰冰的面孔出现,即使做不了阎罗王,至少也是城隍庙的判官,何曾想到,货币也有柔情万种的一面。美国财政部所辖印钞局马年推出"发财钞票"小赚了华人社区一笔后,羊年又大推"吉利钱",无非是把编号是8888或者168打头的1元新钞装在一张贺年卡中,因为限量发行88888套,卖得也不贵,要的只是个祝福和吉祥,这自然也让在美国的华人很是受用,纷纷抢购用来给小孩子做压岁钱。

近年来,美国和日本开始流行起"社区货币",这名字听起来颇有些陌生,其实往小了说,跟一个商场发的购物券或一个餐馆送的代金券是同样性质,只不过范围扩大了些,在一个村、一个小区、一个镇甚至一个市流通罢了。偏偏他们给这种货币起了好听的名字。美国伊萨卡社区的社区货币名字叫"小时",1"小时"兑换10美元,有大约500多家店铺接受"小时"作为流通货币,总流通量将近1000"小时"。一万美元对一个过得去的家庭来说算不得什么,在社区中自然也是九牛一毛,对经济丝毫产生不了什么影响,只不过用"小时"来买包香烟或是买支口红显得有点时髦而已,还可以提醒市民珍惜光阴。而日本则更为五花八门,有的地方叫"爱",有的地方叫"谢谢您",在千叶则因为当地盛产花生便叫"花生",这一点跟日本人取山口、井上为姓倒是一脉相承;在中部的琵琶湖地区,还有用黏土作为中介物进行商品交换的。

"爱"在日本神奈川县的大和市流通,当地政府甚至希望能取代日元成为该地区主要币种。不过这其实是一套"社区货币系统",使用IC卡进行交易。估计跟大学校园里的饭卡类似,用真正的货币充值后,只限定在该地区使用。美国人使用社区货币只是一种象征意义,为了强调自己的独立性,同时也不掩饰"保持资源在当地流通"的"地方保护主义"色彩。而日本则宣称社区货币的兴起反映了社会的变化,某宣传社区货币的组织认为:"随着代币的使用,人与人之间的关系开始变得亲切起来。"前些年还出现过号召使用社区货币的畅销书,一时之间,大有换币救亡之势,仿佛人们每天用"爱"、用"谢谢您"来买卖商品,便可换来诚信、和睦、团结和友爱似的。

流通货币最主要的功能是交易媒介,它被认为是人类历史上最重要的发明之一,使人们从以物易物逐渐走向全面的商品化和市场化。毋庸置疑,由于其全民性,自然是最好的宣传媒介,如果能够选择货币作为广告载体,恐怕商家们会趋之若鹜的。每个国家的货币通常都选择历史名人或是自然风光作为图案的基础,应该也是考虑到货币的这种特性。社区货币的出现丰富了货币的功能,把宣传效应放到首位,作为一种手段无可厚非,而作为一个目的则有点滑稽了。正如大和市地方店主质疑的那样:"并不是所有的人都听说过'爱'这种代币,知道的人未必就相信这种货币形式。"这给商业贸易本身带来了不少的麻烦,也额外地加大了交易的成本,从经济学的角度来看是不可取的。

仔细想想,事实是很残酷的,如果完全抛开经济学,那些"爱",那些"花生",的确就一文不值。不管我们情愿还是不情愿,货币就是货币,既不是"爱",也不是"小时",它换不来真的爱,更换不到真的时间。社区货币,只是鼓动家们的道具,让人依稀感到一些美好和光明,其实只是一场哄小孩子的游戏而已,难为大家还玩得那么认真。

舒舒服服地堕落

《环球时报》4月9日刊发驻美国特约记者杜海的一篇文章，讲到美国人用房屋净值做抵押贷款，过度消费之风愈演愈烈。类似的东西一直有所耳闻，甚至自己的免费电子信箱都总是大批收到美国网站发来的提供优惠贷款的垃圾信件，内容大抵是有没有抵押、有没有信用都无所谓，反正贷款给你就是了，让人感觉在美国完全可以依靠贷款来维持一个非常高的生活标准。当然，信用危机有可能会导致破产，但破产好像也没有太大关系，最多也就是失去那些原本就不属于自己的东西而已，还可以享受一下完善的社会保障制度。据说在北欧国家有不少人自愿失业，光靠救济金就能过上体面的生活，在社会保障方面，美国想来也不会太差。

突然想起一句很贴切的话可以描述这种情况，"舒舒服服地堕落"，这个短语我是从朋友张沛博士翻译的新人文主义学者克莱斯·瑞恩《民主制度能存在下去吗？》的第八章"民主的衰落"里看到的。文中在论及西方民主制度的一些弊端时引用了德·托克维尔之言："它会令世人舒舒服服地堕落下去。"

为了论述"堕落"这个词，不妨再从中断章一节："吸毒猖獗难止，性乱甚嚣尘上（甚至被认为是正常现象），而性病、艾滋病广为流行。堕胎成为控制人口的一种办法，而家庭的凝聚力则逐渐消散，已然很难像从前那样传递文明社会的价值标准。个人操行亦无一定之规，旧有的诚实品性让位于阴暗心理与投机思想。粗疏草率取代了勤奋认真，而拜金思想却大行其道。……各类娱乐形式在西方各文化样式中大出风头而将不绝如缕的传统审美情趣与禁忌一扫而空。艺术作品的粗糙、丑陋与恣肆无忌显示了鉴赏能力的崩溃。……原先对于道德善恶美丑的区分现今受到严重的挑战，而一度为人所不齿的行为今人却广为接受乃至争相宣扬。"不过有趣的是，所谓的"舒服"其实就是换一种叙事角度把上边的话再说一遍而已。

据说新人文主义理论在美国已是苟延残喘，这也很正常。从白璧德开始强调节制以来，这套理论更多地是在批判和揭露文明社会的丑恶上下功夫，而再也提不出更有效的解决方案来。而谁又愿意在享受舒舒服服的生活的同时，还要背负强烈的道德自责呢？在自由的旗号下，让道德缺席是最完美的个人生活和政府决策模式。舒服即堕落，这是个可怕的命题，沿着这条道路探索下去，会颠覆整个西方文明的基础，最终只能等待上帝的末日审判而无力自救。所以现在比较流行的是对人的肉身性的再阐释，这才是一块诱人的理论蛋糕，在强调人的肉身性的同时，"舒舒服服地堕落"便具备了合理性和合法性。每个人都不是圣人，人性本恶，人生存的目的便在于对物质资源和权力资源最大限度地占有。西方人，尤其是美国人，在舒舒服服堕落的时候，要求节制和自律的新人文主义难免显得格格不入。

回到我们开头的话题，"舒舒服服地堕落"意味着没有节制地挥霍资源。人们创造了财富，自然便拥有权利去享用这些财富。谁创造的财富越多，谁的权利就越大，这似乎是天经地义的。如果谁要求比尔·盖茨节约一些，恐怕这话都不知该从何说起，而且现代的经济理论似乎还支持消费的同时也在促进生产，那消费越多，自然为社会所做的贡献也就越大。这个逻辑看起来无懈可击，可惜人的欲念是填不满的，一国人的挥霍可能给他国人带来贫困，一代人的挥霍也会给下一代人带来灾难。作为个体，可以用"我死后，哪管洪水滔天"来搪塞潜在的危险，而作为国家，则必须有制度来保障其节制和自律。

对政治学我是个门外汉，不过，"舒舒服服地堕落"的怪异搭配，居然成为西方民主制度的一种可能性，这倒是颇为触目惊心。作为19世纪前叶的法国青年，托克维尔与新人文主义没有关系，他的《论美国的民主》与这篇文章所发的感慨也没有太大的关系。但托克维尔有一句名言："当各政党只为明天而忙碌时，我已驰想于未来。"这种学者的良知是令人敬佩的。到今天，他所推崇的一切已经开花结果，而他所担忧的一切也逐渐露出苗头。这证明了他的预见性，但这并不是一个好消息，因为，在资源争夺已经白热化的所谓全球化时代，一个国家如果出现了巨额的透支，是没有任何一家银行能够提供担保的。

今天天气哈哈哈

本以为"天气预报"是电视台的一个公益事业,没想到却成为法国收视率最高的节目。据新华网引《巴黎竞赛画报》的一篇文章介绍道:总的来说,天气预报的播出时间只占整个电视节目时间的1%,广告收入却占到了20%。吃惊之余,去查看中央电视台的收视率调查,因为"天气预报"夹在"新闻联播"和"焦点访谈"中间,按照法国的经验来说,它的广告收入可能也是最高的,而这个捆绑起来的节目段的广告收入恐怕也是央视最重要的利润来源之一。

继续查找下,发现了一个权威的证据,在2003年初揭晓的由国家统计局、中科院等单位领头的"2002年全国电视观众抽样调查"中,"天气预报"的收视率果然列在首位。很多评论家和大众传媒专家认为这是中国电视节目的尴尬,不知道他们看到法国的调查结果后会不会觉得也很尴尬。多数人在诧异之余,认为是其他新闻、综艺、电视剧等节目不争气才造成"天气预报"的不战而胜,并自信地认为这是观众对电视节目不满的一个表达方式。这些所谓的分析无非想当然而已,但究竟"天气预报"有何魔力,却很难找到一个令人满意的答案。

新浪网针对"抽样调查"结果做了个专题,网友的评论显示,因为人们想知道天气,所以"天气预报"的收视率就高居榜首,也许事实就是如此简单。我们还可以给"天气预报"节目附加上很多的意义,比如最朴素、最真实、最自然、毫不掩饰什么的,但找寻到这些理由多半才真的是某种不满的表达。因为中国人都要吃饭,所以米面就在食品销售中排名第一;因为人们需要查询电话号码,所以114就在声讯台中排名第一;因为中小学生都要读书,所以教材就在图书销售中排名第一……如此自然合理的解释,偏偏却最容易被我们大家所忽略,非得要加上很多的道德评判或者学术理论，以显示高人一等。

　　法国电视台很聪明地没有去追问为什么观众会最喜欢看"天气预报"，而是尽可能地开发"天气预报"的所有赚钱功能，电视广告业界人士甚至放言：天气预报是吸引电视观众的最佳手段。在这个理论的指导下，各大电视台周末预报天气竟然多达 15 次，越来越多的企业也开始赞助"天气预报"节目，加入到切分这块不知如何形成的大蛋糕的行列之中。面对此热，法国国家气象台除了收取一家电视台每年几十万欧元版权费用外，其开通的天气热线电话和天气网站也获得了 2000 万欧元的年收入。

　　"凡事问个为什么"，本是文化人的好习惯，而非得说出个理来，恐怕就成为一种思维中的毒素。"天气预报"令人想起"今天天气哈哈哈"的寒暄来，周作人《哑巴礼赞》说道："正如哲人见客寒暄，但云'今天天气……哈哈哈！'不再加说明，良有以也，盖天气虽无知，唯说其好坏终不甚妥，故以一笑了之。"把这句寒暄话与旧时茶馆里"莫谈国事"联系起来，颇表达了几分文人的愤慨。也有人分析"吃了吗"这句老北京习见的问候语反映了"民以食为天"的哲学思想，如今不再说"吃了吗"则是因为物质不再匮乏。大师们生发这样的联想颇令人茅塞顿开，这也许恰好继承了孔子著《春秋》阐发"微言大义"的儒家传统。不过，《春秋》中的"微言大义"即使没几个帝王买账，后辈读书人还是可以拿来以史为鉴的，而"今天天气哈哈哈"之类的哲思，却只能得其皮毛了。

　　西方人比较实在，语言学家很少去管 hello、Guten Tag 和 bonjour 如何影响普通人生活，体现了什么精深的希罗文明，顶多谈谈语音的发展和大概什么场景下可以说这些问候的话。不过，虽然文化不一，但这地球上商人的做法都是一样，有利可图的事情，没有人会因此而批判老百姓没有审美眼光，也没有人会敦促电视台赶紧搞出一个收视率超过"天气预报"的节目来，我只需要播发广告，一边赚钱，一边为大众服务，何乐而不为？

十八、二十、二十六

现代社会在成年标准上可谓非常之混乱，字典上对"成年"的解释是：指人发育到已经成熟的年龄，这似乎是个生理的概念，以水果来对比的话，瓜熟蒂落，更多意味着性的成熟，开始具备繁殖力，这个年龄不好推定，一些国家的法定婚龄只需要十来岁，而最年轻的妈妈据说只有八九岁。大多数国家法律规定18岁以上才拥有选举权和被选举权，应该服兵役，可以考驾照、购买酒精饮料以及享有其他一些权利，同时履行相应的义务，承担相应的法律责任，这也许算得法律上的成年标准。不过，18岁的孩子，通常还在念高中或刚刚考上大学，这个法律上的成年往往只是象征意义的，在父母、师长眼中，他们确乎还是没长大的孩子，甚至男女间过于亲密的交往都会被冠以"早恋"的罪名而横遭阻拦。

前些年流行过一个词叫"早熟"，也就是说现在的孩子懂事越来越早，懂的事越来越多，也许今天一个十二三岁的孩子反而更像一个成人，靠肉体所做出的事和凭心智所说出的话足以让保守派瞠目结舌。他们大可以自豪地宣称自己早就比成年人还成年，确实，又有什么标准能够约束人的提前成熟呢？这算一个极端。另一个极端则是新近的现象，很多而立之年的家伙赖在父母家中享福，不愿意出去工作，不愿意面对艰难的生存考验，宁可当一个永远不长大的宝宝。由此看来，成年与否至少可以有生理、心理和法律三个大概的标准。但这几个标准有的过于刚性，有的过于模糊，"成年与否"始终是现代社会难以概念化的一个问题，不问则已，一问必难两全。

成熟或幼稚是人的性格，无论"小大人"，还是"老顽童"，都与成年与否无关。抛开我们总结出来的三大标准不谈，还有办法进行"成年与否"的判断与自我判断吗？美国芝加哥大学最近开展了一项调查，结果是：大多数美国人认为，成年必须包括完成学业，有全职工作和开始养家糊口等几个基本条件。一个人步入成年要经历七大转变，这些标志性事件按重要性排列先后是——完成学业；获得一份全职工作；开始养家糊口；经济独立；与父母分居；结婚；生孩子。根据这个调查推算出的成年年龄平均在26岁左右。这倒并不奇怪，现代人读书的时间远远超过了古人的十年寒窗，如果完成本科学业是成年的必要条件，那往往就得在22岁以后了，都市里的年轻人结婚很晚，生孩子就更晚，26岁能完成这一套已经很值得夸耀了。

这个调查显示出成年是个渐进的过程。在别人的眼中，怎样才算一个成年人，确实并不完全由生理年龄决定，而是由这些一件一件的事情堆积而成。每完成一件事，在成年的楼梯上就多走了一级，这套判断标准还算是比较实用。另外还有一个重要的成年标准便是"成年礼"，中国古代的成年礼是冠礼，贵族青年在20岁行冠礼，标志着成年，《礼记·冠义》中甚至认为："冠者，礼之始也"，可见其重要的象征意义。日本有个"成人节"，是在一月份的第二个星期一，通常是1月15日左右，年满20岁的男女青年举行成年仪式，据说便是从唐朝传过去的冠礼的延续。其他如伊斯兰教和犹太教古老的"割礼"、某些少数民族的"成熟礼"等等，也可算作由仪式来确定成年的标准。南太平洋瓦努阿图岛的一些部落用藤索缚腿从几十米的高塔上往下跳来标志成年，这个仪式后来演变成为一个风靡全球的极限运动蹦极，这意味着在部落人的眼中，成年人必须具备足够的勇气。

"成年与否"也许可以由这五大标准来综合判断，生理的、心理的、法律的、实用的和仪式的，我们很难说哪个更重要。但有点让人啼笑皆非的是，从18岁到26岁，还有其间一个重要的20岁，成年的年龄范围居然可以如此宽阔。转过头来想一想，所谓成年，其实无非自我感觉和他者的眼光两个标准而已，如果一个人能做到自我感觉已经成年，同时在他人眼中也像个成年人的样子，他究竟是几岁其实根本无关紧要。但真正能做到这样的人，却是少之又少。

人与禽兽何异

近几年来，随着基因技术和克隆技术的高速发展，科学家又有了不少神奇的发现。2001年初《北京青年报》有篇署名张田勘的报道《科学研究发现：人与猩猩"差别"不大》，说道："最新基因研究的结果表明，人与猩猩的差距比较小，只有大约2%的差异。"文章里边还有些有趣的科学实验，其中一个是："给婴儿和成年猴子讲日语和荷兰语，两者都不懂词的意义，但两者都能区分它们是日语还是荷兰语。"其观点是："人与猩猩和猴子的差距并不是有好几个数量级的差异，而可能是人类的婴儿与成年的差别。"环保主义者和动物保护者会觉得很亲切，而有些人也许会感到受到了侮辱。其实，进化论和"从量变到质变"的规律足以支撑"人之为人"的信心。不过，老祖宗早有过"衣冠禽兽"的断语，倒不妨戏谑地送给那些对此斤斤计较、耿耿于怀的人。

最近，新华网又有报道称：美国韦恩州立大学科学家古德曼等人选取人、黑猩猩、大猩猩、猩猩、旧大陆猴和鼠为研究对象，比较了这6个物种在97个功能基因上的差异程度。分析结果发现，在编码功能基因的DNA序列方面，黑猩猩与人的相同之处可达99.4%。研究报告发表于美《全国科学院学报》，古德曼及其同事据此建议将黑猩猩归入人属。中学生物课上我们就学过"门、纲、目、科、属、种"的分类体系，人属于"脊椎动物门、哺乳纲、灵长目、人科、人属、智人种"，而黑猩猩呢，在"灵长目"下本属"猩猩科"，这一下连升两级，简直就是"鲤鱼跳龙门"。此建议一出，立刻在科学界引起激烈的争论。支持者认为这样是"用客观的而非以人类为中心的主观标准来研究生物进化"，而反对者的理由则五花八门，比较有说服力的一个是"即使利用DNA分析，不同思路得出的黑猩猩与人类之间的差异也不相同"。

从"万物之灵"到"能制造工具并使用工具进行劳动的高等动物"，人仿佛是越来越科学、越来越理性地对待自己。而自然界跟"万物之灵"的人类相处融洽，反而被"高等动物"搞得一塌糊涂，却也是不争的事实。作为生物学的门外汉，加之曾被人称为科盲，笔者本不应该多说些什么，但这个问题实在有趣，忍不住想说上几句。过去从来没有搞明白为什么狮子、老虎都是猫科动物，简单地看是按照基本特征的相似程度来划分类别的，而外形特征、生活习性等等基于观察的可以算作"以人类为中心的主观标准"，用基因序列的相似度来进行分类的确减少了很多人为因素。亲属语言的分类可以与此类比，语言学研究证实，英语和德语间的相似度要高于广东话和北京话之间的相似度，而在分类上却不会有人试图把广东话和北京话认为两种不同的语言，而把英语认为是德语的一个方言。也就是说，传统和习惯强势地影响着对事物的分类，这一点并非不科学。"横看成岭侧成峰"，绝对的客观标准也许并不存在于任何分类体系当中。

无论我们把黑猩猩归入猩猩科还是人科人属，对黑猩猩都毫无影响，影响到的只是人自身而已。人的自我意识一直是哲学界热门的话题，在宇宙中人在物质上是渺小的，这一点用不着科学来证明，而无论进化论还是神创论，都把人放在一个独一无二的最高环节，这与其说是科学和宗教，还不如说是人的自我意识的体现。且不说黑猩猩是否乐意与人为伍，单就每一个人而言，都只能从自身出发来思考和解决问题，这才是问题的关键。据说古德曼的建议涉及人类进化的一些核心观念，从科学的角度看也许如此；而从人文的角度来看，不知道是否因为人太孤独了，高处不胜寒，终于发现，原来人类也就多了那么几个百分点，便统治了整个地球。既然已经统治了地球，还试图征服宇宙，人类最好就承担起这个责任，做一个优秀的统治者和征服者，这一点上，人的自我意识不是太强，而是远远不够。可惜，人与禽兽也许没什么两样，而人与人却差别太大，基因的力量比不过意识的力量，因而这个世界还有那么多的不尽如人意。

玩具英雄和眼球神话

1992年，美国一家公司制造了2.9万只玩具鸭，并在太平洋的一艘货船上将它们"放生"，任其随波逐流。今天，这些鸭子大部分漂回美国东海岸，一部分正漂向英国海岸，零星的漂向了世界各地。它们"在世界的许多地方已变成了偶像级的玩具。"听起来像是荷马史诗《奥德赛》的传奇，曾经的木马英雄奥德修斯，在如今的世界变成了一群黄色的玩具鸭子，经过制造商的巧妙设计和策划师的大胆运作，再加上媒体的推波助澜，玩具英雄就此诞生。虽然我们不知道它们在海上遭遇了什么，是否也有独眼巨人和迷死人的女妖的歌声，摆一只这样的小鸭子在书橱上，那种十年磨一剑的神秘确实令人心驰神往。

这则新闻看上去像一个不那么真实的故事，也许我们应该听从5月份世界新闻界的绝对明星——《纽约时报》假新闻丑闻主角杰森·布莱尔的忠告："不要相信你们在报纸上读到的任何一件事情"。这位编造假新闻同时进行大量抄袭的《纽约时报》"名"记，被迫辞职，并认为将"永远告别新闻界"。很多评论家当时大力感慨美国新闻界的公正和诚信，并对《纽约时报》自爆家丑的事情赞不绝口。不曾想到，时隔不到3个月，杰森·布莱尔便重新找到了饭碗。著名的《君子》杂志（*Esquire*）7月25日发表声明称，他们已雇用布莱尔撰写由汤姆·克鲁斯主演的《没落阶层》的影评。这部片子讲述了一个著名记者编造假新闻而身败名裂的故事，《君子》杂志总编甚至颇为得意地讲道："我们觉得为这部影片写影评是聪明的一招，让一个声名狼藉的造假者去评论另一个声名狼藉的造假者相当有创意。"

假作真时真亦假。网络泡沫时代发明的"吸引眼球"这个词组实在很有创意。美国拉斯维加斯一家"真男人户外作品公司"宣称，他们将为男性提供机会，在内华达州沙漠地区用漆弹枪追踪并射击裸奔女人。拉斯维加斯市长的评论有几分幽默:"当我一得知这件事情,我立即呼吁就此事展开调查。虽然我们允许在拉斯维加斯进行许多活动,但是这种做法实在是有点过分。"妇女团体和反性暴力联盟也群起而攻之,甚至世界最大的漆弹枪生产厂商也对此强烈抗议。而在传媒炒作这件事之前,这家公司已经组织了18次类似的娱乐活动。可笑也好,可叹也好,可耻也好,所有的感觉在只为"吸引眼球"的时代都只是亦真亦假。

伊拉克前新闻部长萨哈夫一度声名显赫,而今销声匿迹的萨哈夫成为了一份周刊的刊名,《萨哈夫》周刊27日在巴格达面世。好事之徒在战争期间所创办的 www.WeLoveTheIraqiInformationMinister.com(我们热爱伊拉克新闻部长)网站曾因每秒数千的访问量而瘫痪,这份周刊的创刊辞说得也很直白:之所以取名为《萨哈夫》,是为了更多地吸引读者,因为这个名字在新闻媒体中有着广泛的影响。不过却又牵强附会地解释了一通:在阿拉伯文中,"萨哈夫"与"报界"和"记者"两个词的发音及意义相近。确切地说,"萨哈夫"有两层意思——第一是"将报纸错读的人";第二是"卖报纸的人"。这个解释有点狗尾续貂,既然一个域名那么稀奇古怪的网站都能人流滚滚,"萨哈夫"赤膊上阵,谁与争锋。

突然感觉这年头的评论家确实难做,稍有不慎便会打自己的耳光。坚持什么?反对什么?颂扬什么?抨击什么?要做出一个不被几天后的将来证明是笑谈的选择很不容易。玩具鸭子、假新闻、狩猎裸女、萨哈夫,这些关键词放在一起很荒唐,这一类的事情其实还有很多,譬如新近成立的"活得自在,骑得飞快,让我们抛开一切"的"北美裸体摩托车俱乐部",譬如大众汽车公司赞助的86岁老人驾驶大众小客车的环球旅行,譬如把自己的舌头割开如蛇舌分叉的时髦青年,加拿大评论家将之比拟为对"古代仪式"的回归,这个人类学意味很浓的评论颇有水平,将一件需要做出道德评判的事转化为学术评价,甚为高明地避免了说不定会面对的未来的流行趋势。随着英雄和神话的缺席,取而代之的便是玩具英雄和眼球神话,让这个世界不因为缺乏信仰而寂寞。

倾听与诉说

《环球时报》报道："现在，如果你路过纽约时报广场的地铁站，也许会在地铁口的路旁看到一块两英尺高的大牌子，上面写着：'请跟我说'，而大牌子的旁边一定正有一个人对着另两个人喋喋不休呢。"倾听路人诉说的这两个人叫利兹·巴利和比尔·韦泽尔，从美国北卡罗来纳州的杜尔哈姆市来到纽约，无处容身，经常露宿街头。由于他们常常在街头无事可做，于是就立了这么一块牌子，倾听街头人的诉说。很快，他们那里就"门庭若市"了。这是一个有趣的故事，排除掉对动机的推测以及对结果的预测，只保留"倾听"和"诉说"这两个关键词的话，我们也许能够触摸到人类交流模式中一些隐秘的东西。

倾听本身就是心理学上的一个重要概念，同时也是一种必不可少的手段。倾听者可以分为很多类。一类是职业化的倾听者，譬如心理医生；一类是值得信任的朋友，譬如高山流水所觅取的知音；还有一类则是完全陌生的存在，与诉说者的世界不存在可以预见的利害关系，譬如在火车上的邻座和纽约的这两个流浪汉。与辩论相比，理想状态下辩论双方的听和说是互动的，共同推动着话题的发展，而倾听与诉说不是一个完全交流过程，而是一个非对称的交流状态。简单地来说，倾听是一种内敛的心理状态，而诉说是一种释放的心理状态。从理论上讲，释放能使人变得轻松，而内敛会让人偏于沉重。诉说可以舒缓内心的紧张焦虑和不安，而倾听则会加重心理的负担。保守秘密成为一个可贵的品质也在于此，因为人不会有倾听的冲动，只会有诉说的冲动。实际生活中，倾听更多意味着责任和风险。

而对一个人来说，到底听重要还是说重要呢？根据不同的生活体验，每个人会有不同的判断。但如果直接地让人选择是保留听觉还是说话能力，在私下里随意的调查中，绝大多数人选择保留听觉。这个选择似乎与前边的判断相反，却昭示了一个重要的问题，人的诉说必须有倾听者的存在才可能存在，人往往充当着自我的倾听者，这是人类自我意识形成的关键之处。大多数人选择保留听觉的底层原因是对失去倾听者的恐慌。人是一种社会性的动物，人与人之间，人与自然之间，人与团体之间，都存在着倾听与诉说的矛盾。在基督教社会里，有神甫和忏悔室充当着倾听者的神圣功能；在中国古代对"天人合一"的追求，也是一种将内心自我诉说—倾听模式的泛自然化，以期实现更大范围内的平衡。而在越来越功利化的今天，倾听和诉说间的平衡被彻底打破，倾听在某种程度上成为个体或团体掌握秘密以便控制他人的手段，人类天生的诉说欲望因为更强烈的趋利避害原则而被压抑，出现纽约街头这种风景便很正常。

换个角度来看安徒生著名的童话《海的女儿》：小人鱼用美妙的歌声换来双腿，却失去了诉说的能力，但她的倾听并没有帮助她获得王子的心，那是因为她还有太多述说的欲望。在诉说冲动支配下的倾听便不再具备倾听的实质，纯粹的倾听是一种过滤了诉说冲动的包容和理解，那样才构成足以感染人的精神力量。也就是说，真正打动人的倾听在沉默中包容一切，不去评判好坏、真假和善恶，只关心诉说者的表达和感受。现代社会中，陌生人成为最好的诉说对象，但并非严格意义上的倾听者。人们失去了或者从来就没有拥有过能够承担责任的倾听者，诉说的意义便悄悄变成说教或者发泄。这个论断让人泄气，却无处不在。

无孔不入的广告，生硬灌输的教育，尔虞我诈的交往，不讲道理的命令，人们在受制于他者的同时，从来不反思这一切都缘于我们早就丧失了倾听的美德。无论个人还是团体，都是迫不及待的诉说者，都希望在不停释放的过程中实现某种价值和理念。当每一个人都不得不把职业的心理医生或陌生人当作自己的倾听者的时候，这个世界对人们来说就会变得越来越陌生，人们亲手将自己的思想和命运交给不可知物，在拒绝倾听的同时，甚至都逐渐听不见自己内心所诉说的痛苦和渴望。实际上，倾听即思想，一个倾听者的表情和一个思想者的表情甚至可以完全一模一样，陌生化的倾听和技术化的倾听，不过聊胜于无而已。

穿越时空的停电

上月中旬，纽约大停电，自14日始，至16日止，影响范围之大，持续时间之长，可算得史无前例。美媒体报道时用了blackout，有人翻译为"熄光"，乍一看还以为是为此事件新造的一个词，让人一头雾水，翻翻词典才知道，blackout最常见的意思是战争期间的灯火管制，同时也有因电力不足而影响照明之意。可能power cut之类的停电不足以形容其规模，用blackout自然更胜一筹，在报道用语上，媒体记者还是颇费心机的，只是译文佶屈聱牙，难以达意，不免糟蹋了人家的匠心。

有趣的是，blackout还有一个引申义，特指舞台上突然熄灯以示一幕的终结，从这个意思再转引回去的话，意义指向何处，大可以浮想联翩。1987年12月《南风窗》发表过署名斯仁的文章《纽约大停电》，"若干年前全世界最大的一次停电事故，让成千上万的纽约人扮演了一种平日无法想象的角色……"，文章追忆的是1965年11月6日的停电事故，翻开一看，跟今天媒体铺天盖地的报道依稀相似。"漫长的黑暗中，整个纽约只有一处依然在夜空里散发出灼灼的光华，这就是高举火炬的自由女神像，它的电源来自新泽西州。"纽约市政府超强的危机处理能力和美国人民良好的公民素质，过去和今天一样，笼罩在自由女神火炬的光辉之中，被讴歌和颂扬。穿越时空的停电，有如两场紧挨在一起的话剧，50年前的演员和50年后一样，演绎着秩序被打破刹那人类的命运。

短期停电对工业社会而言，对经济的影响远大于对个体的影响，狂欢的氛围足以抵消给个人带来的不便，那些自发的烛光夜餐会，高楼上的载歌载舞，大街上露宿的人群，都在一种难得的轻松中描绘出祥和的气氛。经受考验的是民众对政府的信心，依照普通的逻辑推论，每个人都应该有足够的信心认为混乱是短暂的，而正常的生活秩序很快就会恢复，因为倘使一直停电下去，社会遭到的破坏远远大于个人遭受的损失。这个简单的心理过程保障着绝大多数人的乐观，从而能够以异于平常却优于平常的心态来对待这类事故。在社会心理承受能力几乎没有遭受打击之前，做出简单的对人性美好的判断其实并没有太多的依据。

真正值得思考的是别的东西。人类文明历经几千年的发展，如今已完全进入纯粹物质化的时代，所有秩序都建立在那些早已融入了我们日常生活的能源、交通、通讯等等之上，这一点却常常被我们所忽略。在我们的观念中，一直是法律、政治、文化在维系着人际关系，人仿佛还是完全的规则制订者，自己做着自己的主人，却早就不知不觉地成为了物质的奴隶。"民以食为天"毕竟还是人不得已的需求，而当每个国家都在朝着"驮在车轮上的国度"和"浸在油海里的民族"发展之时，人类实际上已经迷失了方向，拱手将自身的命运不可逆转地交了出去。停电只不过是物质社会给人类开的小小的玩笑而已，我们却自鸣得意地认为：上帝造就黑暗，是为了让人们看清前进的道路，是为了让人们更珍惜光明。

在追求自由的过程中丧失自由，在追求进步的过程中逐渐退化，这个荒谬的结论在人类发展史上不断开着人的玩笑。社会组织越缜密，系统崩溃的可能性就越大，修补这个系统逐渐成为人类工作的主旨，所耗费的精力和时间远远超过人类用来满足自身需求的劳动。难怪微软的操作系统越做越大，最近"冲击波病毒"来袭击，我们才发现，里边大半都是补丁。老子倡导"小国寡民"，人类惯常生活在秩序当中，这个秩序越简单，人也许就活得越轻松。但文明只会从简单走向复杂，这个单向度的箭头，没有人能够抗拒。人类背着越来越沉重的包袱，艰难地跋涉，历史便是如此，开弓没有回头箭。

纽约大停电究竟是一场悲剧、喜剧，还是一场闹剧，没有人能说得清楚。也许，这只不过是一场连续剧而已，时代在变化，情节却始终冗长而拖沓。所幸的是，社会虽然脆弱，人却无比坚强，可惜，这短暂的 blackout，只够让人"第一次看到纽约的天幕上，除了飞机，还有星星。"

阿布家的钱

近几个月来，体育界最热的名字非俄罗斯富豪罗曼·阿布拉莫维奇莫属。足球本是个万人瞩目的竞技运动，英格兰超级联赛又据说是世界上经营得最好的足球联赛，从 2003 年 6 月份收购切尔西足球俱乐部以来，阿布的名字便随着切尔西在转会市场上以千万英镑为单位的大手笔投入而如雷贯耳。达夫、穆图、克雷斯波、马克莱莱……这些足坛上赫赫有名的中场、前锋、后卫尽入切尔西彀中，连喜欢玩足球经理人游戏的人都既羡且憎：如果不作弊修改金钱数额的话，这简直是不可能的任务。

2002 年福布斯排行榜上对阿布的介绍是——年龄：35 岁；2002 年排名：第 363 位；财富来源：石油业，自主创业；净财产：30 亿美元；婚姻状况：已婚；简介：童年丧父母，从大学退学，20 世纪 90 年代开始通过俄罗斯联邦石油业的一系列内部交易积累财富。由于俄罗斯任人唯亲的资本主义逐步走向消失，阿布拉莫维奇开始将自己的资产（包括西伯利亚石油公司、俄罗斯铝业公司和 ORT 电视网的股份）转入一家在英国注册的叫"磨坊厂资金"的控股公司，并且转而专注于楚科奇（有 76000 名爱斯基摩人居住）地方长官的工作，可见其政治上的机智不亚于商业上的敏感。

切尔西能否成为足球史上的传奇还不好说，但阿布这个常常拒绝电视采访的传奇人物猛然浮出海面，影响之大绝不仅仅限于足球界。近期新闻界大炒特炒的曼联俱乐部总裁肯扬转投切尔西的事件更进一步证实了阿布并不是在票戏，他的野心和数亿英镑的投资结合在一起，切尔西已然成为一艘航空母舰，不仅装备精良，而且来势汹汹，用足坛中的地震和火山爆发来形容之毫不过分。更有意思的是，这可以算是苏联解体后，俄罗斯新贵在世界上的第一次公开表演。鲸吞国有资产，权钱交易，黑白通吃，阿布家的钱脱不开这些路道，据新华网报道，由于阿布与俄罗斯的国家首脑普京的密切关系，他甚至被称为是"克里姆林宫看不见的手"。BBC也认为：阿布拉莫维奇是俄罗斯前总统叶利钦的亲密顾问。对他有知遇之恩的、20世纪90年代俄国最有权势的大亨别列佐夫斯基因欺诈罪被起诉流亡之后，阿布不仅毫发无损，反而更为春风得意，这其中的关窍，局外人恐怕难知一二。

阿布自然当得起富可敌国的考评，这个成语同样可以用来形容跟司马相如私奔了的卓文君的老爹。秦始皇一统天下，尽迁天下富户，卓王孙家财散尽，流亡四川邛崃，靠着商人的精明，迅速重新发家，这段历史记载于《史记·货殖列传》。在艳羡财富的同时，很少有人去思考敛聚财富的人应该具备何种素质和机缘。政治权力之于商人，犹如宝剑的双锋，在保全和发展之间，把握时机尤为关键。在这方面，阿布也许是值得学习的榜样。在商言商，近几年，足球产业出现经济危机，正是低价购入之时，而用天价为足球产业注入新的活力，可以适当地促进其复苏，进而使这笔原始投资获得大幅度的增长。因此单就这笔交易来看，阿布的大局观都是值得称道的，更何况在这笔交易背后，也许还隐藏着其他不为人知的目的，譬如很多人猜测的洗黑钱，譬如通过足球进行关联交易什么的。即使在这个辉煌的场面下存在着肮脏的黑幕，我们也应该为其高人一等的选择而喝彩，因为很多掩盖黑幕的手段不仅肮脏而且愚蠢，而这笔投资至少是聪明而且光明的。

阿布家的钱来自何处，并不是问题的关键，但花向何方，却是一块试金石。醉生梦死者唯有等死，《世说新语》里石崇辈可资教训，而干练如卓王孙、阿布辈，则可以想见其抵抗政治风暴的能力。获取财富是很多人的梦想，马上可打天下，而马上不能治天下，攫取财富更多靠的是运气，而如何花钱则更能看出一个人是否配拥有这些财富。天下守财奴夥耶，败家子亦夥耶，阿布家的钱，更有钱的味道。阿布家有五千金，不知谁有福气做他女婿。

入乡问陋习

上月,厄瓜多尔总统卢西奥·古铁雷斯·博武阿通过他的政府发言人发表声明说,要在全国范围内掀起一场"惜时准时运动"。这位名叫马可罗·塞瓦罗斯的发言人在接受当地电视台采访时姗姗来迟,他郑重地说道,总统将把"行动准时"作为政府的一项严格规定,如果公务员迟到或者是有类似行为发生,将受到严厉的惩罚。不过,他补充道,关于这场运动的确切开始时间目前尚未确定。听起来像是一则经典的笑话,不过,据说在厄瓜多尔,从工人上班到运动会开幕和媒体播报,甚至包括政府活动都很少能够准时进行,这几乎已成为一种值得骄傲的传统。总统此项倡议是在被政敌和媒体批评其屡屡行动拖沓之后发出的,其理由是国家缺乏时间观念已造成巨大社会损失,现在,这种习惯必须要改正。

厄瓜多尔位于南美洲热带地区,境内加拉帕哥斯群岛属于联合国世界遗产,曾被美国《国家地理》杂志列入最值得旅游的50个地方之一,当年达尔文便是在那里采集动植物标本,对其进化论的提出大有裨益。诸多物种,尤其是丰富的蜥蜴类,成为当地旅游的一大特色。当地舆论认为,这项运动前景并不光明,地方当局和许多民众更愿意保持他们的"厄瓜多尔时间",他们已经习惯了这种生活节奏和生活方式。要求行动准时,简直就是要给他们戴上一副镣铐。热带、蜥蜴和慵懒闲散的生活之间,是否存在着什么神秘的联系不好说,文化环境决定论稍嫌武断了些,但文化受制于环境,却是不争的事实。

太平洋上的汤加王国,俗称"胖人国",一向以肥为美。2003年初,国王杜包四世,在不知从何处而来的专家建议之下下达一道旨令,要求全国百姓从新年开始进行一项大规模的集体减肥计划。圣旨曰:"不按令减肥者,视为对国王不敬,将予惩罚。"不知时下状况如何,岛上守旧派是否已在酝酿"清君侧"。两个世纪以来方圆 5 公里的皮特克恩岛一直是幸福的伊甸园。2002 年，在英国警方的干预下，几乎所有岛上的成年男子都被控犯有强奸幼女罪，因为在那里女孩只要年满 12 岁，就会被强奸。英国舆论分成截然相反的两种意见：支持者认为岛民在与世隔绝的情况下，对性关系有他们独特的理解方式；反对者则认为这些岛民仗着天高皇帝远，无法无天，纵容自己的兽行。而直接当事人，那些遭遇"暴行"的妇女，却纷纷撤诉，因为她们发现诉讼可能导致小岛变成荒芜之地。接受了现代人权、法制、男女平等的教育，自然会打破某种微妙的平衡，那些已经移民海外的岛国妇女，是否应该穿越历史和文化来审判当年凌辱自己的父兄，这已经不是正义与非正义的争论了。

  人有两种层面的生活，物质和科技上，我们一直都在进步和发展，粮食越来越多，飞机越来越快，楼房越来越高，但也仅此而已；而精神和文化上，进步其实只是观念的转变。怀旧的人们一边痛惜过去那些美好的消逝，一边大张旗鼓地革除当代的陈规陋习，殊不知，善恶美丑其实如影随形，绝没有那么一种尽善尽美的文化来供给大家追求。俗话说："一方水土养一方人"，譬如"少不入川"，在嘲笑四川人胸无大志的同时，也隐含着对天府之国富足生活的赞誉。革除了陈规陋习，与之相生相伴的美好必然随之烟消云散，这无疑是人类可笑而可悲的宿命。进化和进步是美好的字眼，但并不意味着这些词可以滥用，人类历史的发展早已提醒了我们这一点。

  波特莱尔写《恶之花》时，从罪恶中寻求到了某种上天赋予的美感，也许，那就是平衡。丑恶的和美好的都寄生于人类社会这个肌体之上，是社会健康的有力保障，社会的原则总是奖善而罚恶，好的社会表里如一、光明正大，坏的社会阳奉阴违、鬼鬼祟祟。内在的平衡是一种文化得以繁衍发展的基础，善恶美丑的标准随着社会的发展齐头并进，倘若遭遇外来的强力，文化必然会发生暂时的失衡，如果这个文化没有足够的生命力，那么，永远消逝也并非危言耸听。

美在选之外

有媒体称 2003 年是中国选美"元年",因为"世界三大选美比赛——环球小姐、国际小姐和世界小姐均在中国举行分赛事;中华小姐、中国小姐、上海小姐纷纷粉墨登场;中国世界模特大赛、国际广告模特大赛此起彼伏。"据说,世界小姐和国际小姐总决赛也会安排在中国举行。如火如荼的选美自然不能以"色即是空"来一概抹杀,但千篇一律的美女令人目不暇接的同时,不免也会模糊了审美的视线。恰好,有两个别开生面的选美活动让人眼前一亮。意大利一家网站正在举办"数字世界小姐"的选美活动,而南非一个小镇卡利南也举行了"肥女选美"大会。

虚拟美女一开始是在游戏中大放异彩,《古墓丽影》中的女主角劳娜(Lara Croft)可谓虚拟世界的头号偶像;后来逐渐出现虚拟新闻主播,比如安娜诺娃(Ananova),一位在互联网上报道全球新闻的绿头发明星;还有虚拟歌手,像韩国颇有人气的露西娅(Lucia)和日本的寺井有纪;后来,甚至某些电视台一度也采用了数字形象作为自己的节目主持人。用三维技术创造出来的虚拟美女,再配合上精心挑选的个性、语言、爱好和习惯性的小动作,虽然没有生命,却也避免了生命所带来的"恐美人之迟暮"。不知道当选的"数字世界小姐"会有何许芳容,但一个新的虚拟偶像的诞生是可以预期的,因为商家会不遗余力地去包装和宣传,去揣摩人类的心理,以使得她既有花容月貌,又能善解人意。

不管是世界三大选美还是新冒出来的"地球小姐"之类,当选的无论种族和肤色,总给人"年年岁岁花相似"之感,高挑的个子,黄金分割的三围,精细的化妆,职业性的微笑,不知道是这个时代的审美观造就了她们,还是她们定义了时代的美。其实遥想美人当年,海伦站在特洛伊城头,士兵们觉得再为她打 10 年仗也是值得的;褒姒的烽火戏诸侯,杨玉环的此恨绵绵绝无期,陈圆圆的冲冠一怒为红颜。无论历史真相如何,美具有摧毁一切的力量,而且永远虚无缥缈,居于藐姑射之山,美的悲剧性和虚无性隐约其中。现代意义的选美,与历史对美的选择相比,无非是一场闹剧而已。美是沉重的,选美则轻松而且热闹,大众文化无法制造风华绝代的美女,却可以批量生产工具性的美女招牌。

《吴越春秋》以小说笔法记载道:"乃使相者国中得苎萝山鬻薪之女,曰西施、郑旦。饰以罗縠,教以容步,习于土城,临于都巷。三年学服而献于吴。"在工具性上,这也许算得具有现代意义选美的滥觞。西施在吴越争霸之前的古籍中便曾与毛嫱并举,乃"天下之美人也",勾践灭吴也许使用了美人计,但此西施已非彼西施,只不过借用了美人之名而已。美女固然天生丽质,也需要三年的时间来精心培养,而观众要的只是选美舞台上的莺歌燕舞,传媒也聚焦在捧起后冠的刹那。至于那些"环球"、"国际"、"世界"、"地球"小姐,面对成功后排满的交际应酬甚至绯闻,恐怕本身就不够丰富的美的元素很快就会被榨干,成为大众文化下无辜的牺牲品。

南非的"肥女选美"却算得是种真正的娱乐。环肥燕瘦,美本来没有定规。170厘米以上、60公斤以内、小于25周岁仿佛是正式选美所默认的规矩,如果说只有属于这一范围的女性才是美女,对美的多元性本身就是一个亵渎。然而幸好如此,才不至于让所有人都笼罩在大众文化的阴影之中。"肥女选美",记者使用的笔调有几分嘲弄的色彩,而参选妇人健康爽朗的笑容和雍容华贵的服饰却让人仿佛在欣赏欧洲中世纪浓墨重彩的壁画或中国古代精雕细琢的仕女图。虚拟小姐选美希望展现人类的创造力和想像力,"肥女选美"真正展现了女性自身最光彩的一面,而商业化的选美中展现的却是人类的庸俗和悲哀。美在选之外,作为颇有吸引力的商业活动,选美本无可厚非,只是看客们不必花了眼,真以为美在其中呢。试想,如果满大街走着商业化的美女,顾盼间全是"宇宙小姐"的神采,恐怕也会出现通货膨胀般的效果,令人恍惚如在梦中,只不过是个噩梦而已。

"后发展社会"中的"成人孩子"

英国《每日电讯报》在网站上公布了一项社会调查,在英国有100多万年近40岁却依然赖在父母家中的"成人孩子",在过去一年内父母总共支出近200亿英镑来帮助他们应付结婚、进修、购房、旅行、买车等事项。主持这项调查的金融服务机构培基公司的研究部主任麦克埃维尔表示,"该调查数字可能会使期望子女在18岁时离家独立生活的父母感到震惊。免费搭乘父母的生活列车不但降低了这代人的生存能力,还对下一代人产生了不良影响。"处于"后发展社会"的欧洲发达国家,出现这种社会现象是很有趣的,也许不能以传统眼光来简单看待,而是需要换个角度重新认识。

"后发展社会"的一个典型特征是"通过高速发展的工业化时代积累了丰富的物质财富,社会高度稳定,福利事业发达,社会已经越过巅峰发展时期,主体经济发展指数下降,经济活力受到一定限制"。总而言之,整个社会不再呈现"蓬勃向上"的趋势,主流社会心态也趋近保守,没有强烈的忧患意识和奋斗意识,从而缺乏强烈的使命感和目标感。"生于忧患,死于安乐","无敌国外患者国恒亡",孟子身处动荡的列国不无先见地如是说;"忧劳可以兴国,逸豫可以亡身",欧阳修记载纷乱的五代历史时也发出这样的警告。然而,这些哲思都源于一个你死我活的时代,似乎并不足以当作对"后发展社会"的一个悲剧性的隐喻。我们顶多可以这样设想,一般情况下,很多人愿意生活在一个安定的并且拥有良好物质条件的社会中,这种社会可以提供给人们高水平的物质享受和文化享受,但文化享受并不是精神享受的代名词,所以,一定也会有不少人感到隐隐约约的矛盾和焦虑。

在这个大背景下,"成人孩子"的大量涌现便可以理解了。有人认为他们没有能力或是在逃避责任,比如《环球时报》的记者就这个现象评论道,

"在 18 岁或 21 岁生日时，他们曾雄赳赳、气昂昂地冲出家门，信誓旦旦地宣布开始自立，要靠自己的双手养活自己，并且一定要比父母活得精彩。但自立门户不久，他们就败回家中。人们初时称他们为'旋转飞回的一代'，意指他们老是不断离家又不断回来。久而久之，他们的绰号就变成了'出不了门的家伙'，因为父母已经看透了这帮志大才疏的孩子：虽然他们内心渴望独立生活，但却没有这种能力。"其实未必，在心态上，这种现象有可能是对可预期未来的厌倦，而社会不能给这些"孩子"提供超越和冒险的机会则是他们赖在父母家中的客观原因。"时势造英雄"，个人能力必须跟时代相结合才可能得到最大限度的发挥，这些"成人孩子"的确有着远大的志向，但造成他们退缩的原因往往不是才能的匮乏，而是缺少发展中社会随处可见的机遇。

中国是目前最大的发展中国家，美国是当今处于发展巅峰期的国家，这两个国家给予人更多的想像空间，未来的变数非常大，对渴望奋斗的人有着极强的吸引力，不管成功还是失败，年轻人都倾向积极进取而不是选择逃避，"成人孩子"的出现率会小得多。真正意义上的"成人孩子"往往才华横溢，如果在非"后发展社会"，面对着不得不为的压力，他们会是成功者，甚至成为万人景仰的英雄，而在失重的状态下，由于缺乏堂吉诃德挑战风车的勇气，他们便成为了被社会嘲笑的对象。与"成人孩子"相比，那些循规蹈矩，满足于按部就班的升迁和安逸舒适环境的人，成为了"后发展社会"的主流。社会无法迁就个人的心态，是积极适应社会还是保持独立的人格，往往会让人陷入难以自拔的困境。

孩子们可以在想像中冒险，成人则丧失了这个权利，规则要求他们必须在社会上完成自己的事业，而社会如果不鼓励具有冒险者天性的成人实现他们的梦想，留给他们的要么是反抗，要么是逃避。反抗可能会打破安稳的环境和富裕的物质生活方式，必然会遭到绝大多数人的抵制甚至惩罚，而逃避则会被耻笑。"成人孩子"的内心空虚而且痛苦，不过，他们同样冷眼相看那些主流意识形态下的成功者。这种"冷眼对看"的情形会持续很久，随着"成人孩子"的数量达到一定规模，当他们不再满足于逃避的时候，谁将争取到这股力量，世界将走上不同的路途。

"哈鲁拉拉"启示录

据《环球时报》报道：日本高知市赛马协会的一匹纯种雌性赛马"哈鲁拉拉"自1998年参加比赛以来，已经连输98场，最好成绩也没有超过第四名。"哈鲁拉拉"却因为屡战屡败成为不少人的偶像，被称为"令人尊敬的失败者"，印有"哈鲁拉拉"头像的T恤和纪念品十分走俏，许多马迷明知她会输，也照样下她的注。日本的主流媒体几乎都到"哈鲁拉拉"的马厩采访过她，日本的一家电视台甚至正在拍一部以她为主角的纪录片。"哈鲁拉拉"给负债累累的高知赛马场带来转机，她已经成为那里的摇钱树。

"失败"同时拥有"成功"和"胜利"两个反义词，"哈鲁拉拉"的"失败"看上去却如同一种"成功"，因此她的训练者甚至表示："现在她要做的就是不停地输下去。""哈鲁拉拉"过去几十场比赛的失利也许是实力使然，也许是运气不佳，但当她的失败被大众所关注之后，继续的失败就不知道是否已经成为了一种表演。分析家认为，这个现象的出现源于日本社会的残酷竞争，很多人从"哈鲁拉拉"身上找到了认同感，这仿佛有"同病相怜"与"同是天涯沦落人"之叹。也有人认为，从"哈鲁拉拉"身上体现出了"屡败屡战"的不屈不挠的气度，曾国藩在奏章中把"屡战屡败"改为"屡败屡战"的传说显然不仅仅是个文字游戏，但"哈鲁拉拉"崇拜者心中也许并不希望她真正赢得一场比赛。

失败与成功并非鱼与熊掌般的选择，俗话说"失败是成功之母"，追求成功必然会遭受失败，这个代价大多数人还是能够承受的。如果追求失败呢？看上去是个可笑的说法，其实却包含着逻辑上的困境。与胜利相对立的失败，是客观的事实，不容回避，在一定规则的制约下，通过与他者的比较，胜败泾渭分明，非胜即败；而与成功相对立的失败，却纯粹是个人心理感受与社会价值评判相结合的产物，受制于心态与价值观，这样的失败因人而异，其实并没有理性的标准。"哈鲁拉拉"在竞技场上的不断失败，对她而言毫无意义，对人而言，能够获取利益、能够赢得尊重，本身就意味着成功，这并不违背人们崇拜成功者的天性。不仅失意者往往会混淆两种失败之间的差异，成功者也同样会忽视两种失败之间的区别，怪只怪语言中只区分了"胜利"和"成功"，而没有明确地分出两种失败。

规则与价值属于不同的社会范畴，就规则而言，人的天性是去争取胜利；而就价值而言，胜利未必意味着成功，失败也未必就意味着失败。"哈鲁拉拉"的启示在于：社会需要公平的一元化的规则，鼓励有实力的人不断取得胜利；但社会更需要多元化的价值观，让人类充满希望和乐观的生活态度。事实却非如此，我们看到的，往往是多元化的规则和一元化的价值观，这是对人类智慧的一种嘲笑。多元化的规则钳制了个人发展的潜力，人们疯狂地寻找各种规则中有利于自身胜利的条款，却忘却了为人的天性，公平和正义成为粉饰，弱肉强食的丛林原则成为发展的主流，天才被扼杀在摇篮之中，而平庸之辈则大行其道；而一元化的价值观则戕害着人们的心灵，每个人都不得不去认同不知如何形成的主流意识，物欲横流，金钱和权势成为膜拜的对象，贪婪等同于上进，而淡泊几近于下贱。"哈鲁拉拉"的出现，并不是什么值得欣喜的事情，只不过把规则和价值观之间的矛盾淋漓尽致地表现出来而已。

当然，作为一个个体，怨天尤人并不足取，每个人都不会寄希望于在完善的规则下生活。社会也并非总是让人失望，偶尔也会有规则与价值观和谐相处的时候。如果自身处于"哈鲁拉拉"的境遇，恐怕不能设想能有她的幸运，毕竟她是一匹马，她的使命既不是要比别的马跑得快，也不是一定要输掉比赛，她的价值观并不受赛马规则的制约。人则不同，价值观往往会被规则影响，同一个规则下，一定会有失败的人，也一定会有胜利的人，但不一定会有成功的人。养成并坚持自身的价值观，去选择符合自我价值观的规则参与竞争，也许才能做到胜固欣然败亦喜。

2004
美国人和欧洲人谁活得更好

这一侧与那一侧

英国人向来为自己的绅士风度而自豪，不过在这个倡导"公开化"、"透明化"的社会里，尤其是大众媒体过度发达以后，某些原本属于传闻的秘密很容易地把礼帽和燕尾服这些外包装烧穿了。几乎没有人会相信，英国警察平均每一分钟便要赶赴现场处理一起家庭暴力事件，其中绝大多数为殴妻。英国已经成为西方国家家庭暴力问题最严重的国家之一。与之相仿佛的另一件公开的秘密则是，伦敦夜间随地便溺的人数之巨，已使英国公厕的谈论率上升到了前所未有的高度。

据网上一篇文章描述，伦敦的闹市上摆着完全敞开的临时小便池，虽然极少有人在光天化日众目睽睽之下利用。不过伦敦出现"升降厕所"却是报纸上正式刊登的新闻：厕所晚上从地面升起，冲水系统启动，白天则降回地下，以各种颜色的水泥盖子遮掩。不过，这些"公开厕所"与"昼伏夜出"的厕所都显然不如古老的流动厕所更具人情味，更能对晚归的醉客体贴入微。中世纪时，法国、英国、西班牙、奥地利等多个欧洲国家都有手持大桶、披着大斗篷的人巡行于街头，有顾客光临时便张开大斗篷将顾客身体围住，创造足够隐蔽的空间。这种流动厕所收费低廉，随叫随到，有的服务者甚至还准备了肠胃药和痔疮药膏。

最近，伦敦的泰晤士河边又诞生了一座新型公厕，却每每把入内方便的人吓得落荒而逃。这座厕所与众不同的地方在于，它的四面都是用特殊玻璃制成的，从外面看去是镜子，从里面看则是透明的。相信这种材料对于我们都并不陌生。有人形容，这种"镜子厕所"同时满足了偷窥狂和暴露癖的欲望。设计这座厕所的是艺术家莫尼卡·邦维奇妮，她很想知道"人们在如厕时依然对外面发生的一切了如指掌的情况下会发生什么"。

"镜子厕所"的设计者希望能让如厕的人产生一种"身在这个世界中，

却又远离这个世界"的感觉。这是一种对隐身的渴望，实际上也只有隐身人能够体会那种感受。意大利的罗大里曾经在一篇小童话中讲道，一个淘气的小孩子希望所有人都看不见他，他的愿望实现了，然而在肆意妄为一段时间后，他感到前所未有的孤独；他喊着爸爸妈妈，没有人听得见他；他哭了起来，却没有人看见他的眼泪。物理与心理上的隐身都同样能够达到这种效果，"镜子厕所"却不能，因为观者的目光无法穿透镜面，如厕的人非但没有远离世界，反而成为了目光注视的中心。因此便产生了怀疑，一位抵制"镜子厕所"的人说，他总担心某天镜子突然翻转过来，里面的人看不到外面，外面却能把里面看得一清二楚。

1791年，边沁发表了《圆形监狱》一书，在很长一段时期里遭到世人的忽视。边沁的设想是牢房沿圆的外沿建造，圆的中心点为中央监视塔台，牢房向着塔台的一面安装玻璃，玻璃的安装与特殊的光照设计使得犯人无法看清中央塔台上的看守。直到20世纪，福柯才把这枚"政治秩序中的哥伦布之蛋"从尘灰中挽救了出来。"通过透明达成权力"，在一种集体的、匿名的凝视中，权力简单地得到实施。同样是"看"与"被看"的主题，不知道"镜子厕所"的设计者是否也受过"圆形监狱"的启发。

镜子并不会突然翻转过来，但里面与外面的人都同样设想着目光穿透镜子的那一刹那。这是一种双向的透明。其中最大的问题在于：当我身处其中时，永远都不可能知道外面是否有人看得见自己；当我站在外面，看见也好，看不见也好，对象都不是自己。总之，无论在内或是在外，无论关于庄严的权力或是不登大雅之堂的如厕，做塔台内的看守总比做被监视的犯人要好，然而在"镜子厕所"里，却发生了位置倒错。电影《TRUEMAN SHOW》中，生在巨大摄影棚中的主角楚门一直不知道，他30年生命的分分秒秒都是面向所有人的直播，当楚门慢慢发现了生活的不真实时，他对朋友说："或许我疯了，但我总觉得自己是全世界的中心。"

像男人穿裙子一样滑稽

料峭春寒的日子里,美国纽约曼哈顿大街上举行了一场游行示威。大约100名身穿各式裙装的男人发出呼吁:男性只能穿裤装的时代该结束了,男人也要穿裙子,在服装上也要拥有色彩与款式的诸多变化,这是男性应该享有的正当权益。接受《纽约时报》采访的游行者说:"我们不是异装癖者或同性恋者。我们是堂堂正正的男人,是为自己争取穿裙子权利的男人。"

男人穿裙子,这件事有谁反对过吗?苏格兰男性的传统服饰便是短呢裙,游行示威者举出这个众所周知的例子为男性穿裙正名,而有趣的是这个例子也恰恰说明了男人本来就有穿裙子的权利。2003年有过两则与之类似的新闻。因酷暑难耐,公司又规定不许穿短裤,瑞典一名公车司机朗格林便穿上了裙子,让双腿凉快一下,"感觉真是棒极了!"对朗格林的这身另类打扮,公司方面也只能徒呼奈何,因为翻遍公司法规,也没有禁止男人穿裙子的规定。另外,美国科罗拉多州已有一些男性建筑工人换下了厚重、闷热的牛仔裤,穿着裙子上工,在脚手架间爬上爬下更加舒适方便。相信世界各地,都有着会招来讶异眼光的服装"变通",而曼哈顿大街上的这次游行则试图把角落里的"权宜之计"推演为"理直气壮"。

一篇难寻出处的文章《男人穿裙子的六大理由》中,从历史、生理、安全、经济、法律因素等六个方面亦庄亦谐地阐明:男人穿裙子是正当而且必要的,其中"经济因素"中讲道:虽然女性在购物频率上高于男性,但男性的消费总额却大大高于女性,特别是在服装消费方面,因此一旦男子进入裙装消费市场,将使该市场的需求大大提高,从而有利于刺激全球消费。时尚杂志则发表着更容易令人接受的文章:谁说女人一定要穿裙子?裤子比裙子更能展示腿部的优美曲线。男人要穿裙子,女人要穿裤子,似乎已经是不容忽视的潮流。

同样穿着裙子的这百名游行男士,他们心中的想法却可能各个不一。"女人可以穿裤子,男人为什么不可以穿裙子?"有人站在两性的角度上呼唤停止这种"不平等"。"不能以文化的模式为理由对人进行干涉和伤害",有的人甚至借此表达了自己对理想的"自由社会"的渴望。也许有人只是凑个热闹,也许有人只是被某种说法鼓动、被某个氛围感染。这场游行也可以被多方面解读,性别研究者大概会把它视为对女权运动的反省,流行主义者或许会美其名曰"时尚先锋",心理学家说不定会探讨这些人的童年经历、同性恋倾向指数,从普通市民的眼中看去,这更像是一场走上街头的化装舞会,甚至是哗众取宠的卖弄。从服饰美学的角度来看,这些人反而更证实了一点:男人穿裙子很丑。直接套上女人的连衣裙和吊带装远不足以吸引更多人投靠到新的阵营。多元文化背景下的种种理论阐释更大程度上只是精神上的操练,对世俗生活的指导意义已经愈来愈淡薄。这种小规模的集会,既不构成政党,又不能组成教派,更称不上一队训练有素的武装分子;参与这种活动可以不赞同其初衷,也可以无视其宗旨,需要的只是形式上的认可。到今天,越来越多参与类似活动的人都只是"形式赞同者",越炫目的形式、越与众不同的噱头,越能吸引大众的眼球和参与的热情。

苏格兰男人也并不是穿着短裙过他们每一天的日子,他们只在重大节庆里穿上民族传统服饰载歌载舞。苏格兰短裙不仅代表了争取独立的历史,代表着热爱自由的民族精神,更重要的是,这种裙装还要有相应的上装、袜子、匕首、腰包与之搭配。经常听到有人说某某事就像"男人穿裙子一样滑稽","男性+裙子=滑稽"之所以成立,是因为公式中的"裙子"特指女裙。而专门为男士量身定做的衣服则远离了可笑,罗素在电影《角斗士》中的罗马战士裙装打扮、布莱德·皮特在史诗大片《特洛伊》中的短裙新造型,都体现了男人独特的性感。从来就没有人规定男性不可以穿裙子,而是百货公司里没有彰显雄性美的裙装存在。"男性+男裙=?"更多穿裙子的男人能不能昂首阔步地走上街头,这似乎应该留给服装设计者去伤脑筋。

无私可隐

《聊斋志异》中有个不太引人注目的故事《霍生》："霍有邻妪,曾与严妻导产,偶与霍妇语,言其私处有两赘疣。妇以告霍。霍与同党者谋,窥严将至,故窃语云:'某妻与我最昵。'众不信。霍因捏造端末,且云:'如不信,其阴侧有双疣。'严止窗外,听之既悉,不入径去。至家苦掠其妻,妻不服,搒益残,妻不堪虐,自经死。"其后发生的事,自然是冤死者化为厉鬼复仇,第一个找严生算账,第二个便让霍家的长舌妇毙命,因开玩笑而酿成大祸的霍生嘴上也长了"双疣",被蒲松龄评为"神而近乎戏也。"种种的报复行径却丝毫没有波及秘密的最初发布者:那名接生婆,这就颇为耐人寻味了。隐私其实并非一个人的秘密,只是不该被不该知道的人知道。在这个故事为我们昭示的罪恶之环中,我们仿佛能嗅到一些隐私之所以成为隐私的气息。

隐私很难甄别,每个人都不清楚人群中谁是不该知道自己隐私的人,这种不安全感便成为人们保护隐私的理由。但这种不安全感毕竟是潜在的、未知的,有的时候甚至是杞人忧天的,现实社会中频繁发生的罪案以及它在大众传播中血淋淋的效果带给人们的不安全感远甚于此。英国政府历时十余年、花费2.5亿英镑投资建设闭路电视监视系统,如今已使英国人在世界上享有最高的被监视率,平均每个摄像机监视14个人;而调查问卷却显示,采访英国人"针对犯罪活动政府应该做些什么"时,第一个回答是加强街道上的警力,第二个回答便是安装更多的闭路电视监视系统。自然也有人基于保护隐私的角度对监视摄像头提出了抗议,但专家的说法是:"牺牲一点自由,换取更多的安全感。"

隐私和安全密切相关,我们为了安全保护着隐私,也同时为了安全而出卖隐私。这两种安全感并不属于同一层面。出卖隐私所换取的安全感是基于肉身和财产的；保护隐私所获得的则更多属于心灵层面，它可能使人避免尴尬和羞愧，避免误会甚至屈辱。霍生嘴上的"双疣"是在警告他不要利用别人的隐私，而虚拟中无数双眼睛般的摄像头则如同一个爱开玩笑的上帝。平头百姓其实并不十分在乎自己的隐私，在市民的眼光中，甚至隐私这个词都很难被确切地定义，只要能够保证自己生命财产安全和名誉的完好，保护隐私或是出卖隐私都是一种无奈的选择。公众人物的隐私则似乎特指私生活，自从戴安娜王妃被狗仔队追踪身亡之后，关于记者的职业道德和职业本能便一直成为争论不休的话题：职业道德上应当去保护名人的隐私权，职业本能却驱使他们曝光其更多的私生活。《西雅图时报》近日报道：比尔·盖茨10年来悄悄地买下了自家豪宅周围的大片房产，几乎覆盖了整个街区，从而对外界营造了一个隐形的隔离区。有钱也许能让自己避免麻烦，但盖茨的名气却使他永远困扰在揭隐与反揭隐之中。他一千多万美元的付出只是将自己的隐私点转成了隐私面，现在他的发言人不得不为他购买如此多地产的行为作出解释；而且在记者的疲劳轰炸下，原本签署了"保密协议"的老住户们也透露出有一座房子改建成了微软的托儿所，有一些房子分配给了微软的员工，更有地产专家调侃盖茨此举是"效法古代爵士分封土地"。

隐私权逐渐成为现代法律的一个重要概念，它在人权保护上的进步性是毋庸置疑的。但古话说"君子坦荡荡，小人长戚戚"，一个总是担心着自己隐私权被侵犯的人必然是一个极度缺乏安全感的人。这种不安全感既可能是个人气质所为，也可以归罪于整个社会大环境。一个无私可隐的社会一定是乌托邦，我们不妨设想，在这样的社会里不存在名人，所有人的怪癖和缺陷都不再成为被取笑的对象，而一切的恶行都会立刻暴露在阳光之下。只有这样，人们才不会在保护隐私与出卖隐私的悖论中迷失。但是，我们真的渴望这种社会的来临吗？

教育者，天下之公器

梁启超说："法者，天下之公器也。"虽然不是原创，但最为著名。这里稍做修改，我们也说：教育者，天下之公器也。"公器"还有一个重要的引申意义，即社会上有才能的人。以天下之公器，作育天下之人才，能不慎之？教育上所做出的每一个微小的调整都可能影响到国家的人才储备、日后的发展方向。

争执不休的德国大学收费问题终于浮出水面，汉堡、柏林等多处的教育部门都宣布，将于 2004 年或 2005 年开始，对在校时间超过规定 1.5 倍的学生，每学期收费数百欧元。也就是说，在正常的大学五年里，学生是不需要为读书而花钱的，即使再拖上两年半，这段时间也是政府所默许的。对于"砸锅卖铁"也要供孩子念书的中国家长们，这个决定听起来似乎已够宽容，但德国各城市的学生示威浪潮仍然此起彼伏。一位学生领袖说，如此收费，将来就只有富家子弟上得起学。——有这么严重吗？或许《世界报》的评论才真正切中了要害：德国教育体制的这种变革将毁掉诗人和哲学家的国度。

德国是属于相对严格地把职业教育和大学教育区分开来的国家之一。小学四年，毕业时学生就要对人生做出初步的规划，选择进入普通中学、实科中学或文理中学，也基本上选定了未来技术工人、职员或大学深造的不同方向。而大学中，读书超过 13 学期的学生约有 1/3，这种在外人看来匪夷所思的现象，源于德国久已有之的"游学"传统。这在如今鼓吹高效率的社会里，似乎太过时了点，有专家认为，德国大学不收费体制养活了一大批"懒虫"，长期占用免费的教育资源，仅科隆大学一家，估计收费后会退学的人数便可达万人。收费可以鞭策学生更快、目的更明确地学习，这符合当今多快好省的潮流，可是过去"懒散"的空气里，也造就了黑格尔、康德等伟大的哲学家。大学收费，短期看来是经济问题，从长远来看，则是教育的一次大"换土"，田地中土壤的整体更换。哲学家需要游学，诗人需要行吟，思想家需要革命。黑土地与黄土地都能生长庄稼；收费或者不收费，德国的教育仍然还是教育。

无独有偶，近来印度也引发了一场由学费而起的风波，抗议声甚至比德国更大。印度人力资源开发部长突然宣布，将把全国6所重点工商学院的学费降低80%，以减轻学生的家庭负担，使更多的人接受高等教育。这几所学校每年的学费都在2000美元左右，降低80%，岂不是大大的美事？可印度的学生、家长们却并不领情，罢课示威自不必说，甚至上告到印度最高法院，要求取消降学费的决定。大部分学生认为，学费是很高，但换来的是一流的教学设施和无可挑剔的教学质量。一位家庭收入菲薄的学生说："我不关心学费的高低，我只看重教学质量。我的家庭不富裕，但我今年已从银行贷款了2000美元。目前已有公司答应，只要我能在这里真正学到有用的东西，他们会以4%-5%的低利率为我提供继续读书的贷款。"

同为学费问题，一升一降，同样引起了众多的不满。单从经济角度看待这个问题也许还不够，印度学生已经明确表示了他们的担忧：降了学费，我所受到的教育还是原来面目吗？任何一种教育模式都可以培养出某种人才，但各种模式潜在的指向是不同的。关于精英教育和大众教育的争论由来已久，我们无意为它做出一个定论。每个国家都有自己的文化根基，真正好的教育是扎根在自己的文化根基上的。有了精英才可能启蒙出睿智的民众，同时要有能被启蒙的民众基础才能在其中孕育出精英，两者不可割裂。

十年树木，百年树人，教育者所做的事情也许和农夫有相通之处。但农夫的耕种比较起来就直观得多了，春种秋收，每一步行动都指向明确的结果。教育却不是这样，可能要到几十年、几百年后回顾，才知道当年一点微小的变动，究竟产生了什么影响。哪些决策会导致"换土"？哪些决定只是正常的"修枝剪叶"？有，而且必须有足够的智慧，方能拨开表层迷雾，理清前行的方向。

学术的变异

产业化是当前炙手可热的名词,像教育产业化、体育产业化、文化产业化等等,将科研成果转化为生产力,也成为了一句很响亮的口号。而产业化究竟是个什么样的概念,还很难有个简洁明了的定义。从历史上看,它与工业文明的出现密切相关,规模化是它的一个最显著的特征。工业文明以来,人类把过多的智慧运用到了创造可见的经济效益之上,事实也似乎非常吻合我们的努力方向。马克思曾经这样表述道:"资产阶级在它不到一百年的阶级统治中所创造的生产力,比过去一切时代创造的全部生产力还要多。"现在又过了一百多年,文明的进步一直呈现着几何级数增长的势头。浪潮、膨胀、爆炸……这些耳熟能详的词恰如其分地描述着当代社会。人们似乎是按照自己的心愿在控制着这个社会,使它走向自己所希望到达的目标。

心理学在不引人注目的情况下也开始了产业化的过程。据报道,近年来心理测试在英国大为盛行。互联网上各种"自我发现"式问卷有数千种,这类测试的点击率仅次于有关色情和健康的内容。某著名心理测试网站自1996年建立以来,已有7000万人进行了3亿次测试,另一个类似的大网站则有1800万人注册使用。目前超过50%的英国公司在招收新员工时要先进行心理测试。迈尔斯—布里格斯模式(Myers-Briggs Model)是采用较多的一种理论,这种测试对团队的建立、帮助受测人理解自己的动机和他人的动机都非常有效。贝齐·肯德尔负责为人做迈尔斯—布里格斯测试,他说,他的公司一年为300万人做过这种服务。"而这种需求还在不断地增加,"英国人相信心理测试能给自己的个性做出科学准确的分析,帮助自己找到一份好工作、一位完美的配偶,甚至真正喜欢的宠物,而自己要做的只是敞开心扉,由心理测试机构将自己的信息资料化。"

迈尔斯—布里格斯个性类型目录（MBTI），根据四个方面的特征，将人的个性分成16种组合：外向型与内向型、直觉型与感觉型、感情型与思考型、理解型与判断型。这个模型源自荣格的人格理论，荣格又是弗洛伊德之后极具影响力的心理学家，而心理学传统甚至可以一直上推到亚里士多德。心理学的发展，在西方的学术渊源中有根有枝有叶，经历了一段漫长的时期。不过，心理医生成为热门职业，心理分析成为时尚，应该是在弗洛伊德前后，离现在并不遥远。心理学理论本来只在实验室、教室、科学家之间讨论传授，心理医生将理论变成了一种职业，而心理测试、心理游戏则索性把理论变成了一种产业。心理学以映射的方式渗透到现实生活中去。这种映射，正常情况下是理论与实践的互动，因为可以把产业化看作规模化的实验，这与传统的科学精神颇有几分神似；但如果达到了迷信的程度，就会成为比较可笑的拉大旗做虎皮，这种例子是举不胜举的了。

也许产业化的程度恰好介于学术与迷信之间，还不至于令人恐慌。然而，在产业化的背后，个体变得越来越无足重轻，每个人都如同被榨干了的橘子，智慧的汁水酿造成产业化的"养脑液"，回过头来滋润我们的灵魂。卡夫卡那一代人还能感受到工业文明如芒刺在背，那可以解释为被压榨的痛苦，当文明悄悄地转化成完全按照人们的需求来生产和推销时，所有能想到的，都可以尽情地去享受，作为群体的人类社会再没有任何理由来诅咒满足自身欲望的机器。"异化"成为过时的概念，自我意识的缺失算得上是一个新的病征，却也削弱了异化的痛苦，使人们变得更容易生存。人之为人，是因为自我意识的存在，在这个潜在的要求下，给自己贴上一个标签便逐渐成为时尚。从英国的情况看来，有心理学作为理论基础，有产业化作为助推剂，心理测试无疑是最好的标签——心理学便在这个意义上完成了它的变异，在自我欲求的旗帜下，每个人既是实验品，又是实验者，随心所欲地为自我的空白填补着模式化的内容。

择邻而居

英国广播公司旗下的《园丁世界》杂志对全英 2000 人进行了一次邻里关系调查，发现"狗太吵，风铃声刺耳，孩子吵闹，夫妻吵架，音乐太响，晚会直到深夜， 大早就剪草坪，工程半途而废，花园中有过分亲昵行为，裸露上身进行日光浴"等 10 件事严重影响了邻居间的关系，对簿公堂已成为家常便饭，甚至有 5% 的受访者为此与邻居老拳相向。《园丁世界》为这些纠纷起了一个有趣的名字——"玫瑰之怒"。2004 年 4 月份德国普尔调查公司公布了一项与此类似的调查结果——有 60% 的受访者不喜欢自己的邻居；超过 50% 的受访者说，他们不愿意和自己的邻居打交道；18% 的人甚至表示，他们痛恨邻近的住户，并将他们描述成"来自地狱的使者"。当被问及遇到紧急情况是否会向邻居求助时，70% 的人坚决地说"不"。德国法院每年要处理数十万起邻里纠纷案件，可以为此做个注脚。在中国，对上海、北京、广州、杭州、南京、武汉 6 城市的 1821 户普通家庭的抽样调查结果是，44% 的人不知道邻居的名字，63% 的人和邻居不相往来。

这一切表面上看似非人性化，实际上却是人们自觉的选择。现代人的生存空间越来越窄小，邻居作为一个空间概念的存在，成为了一种潜在的威胁。家，作为一个完全的私有财产，是看上去可以让人为所欲为的唯一区域。在公共场所中被百般禁锢的现代人，在家中的活动仍然受制于邻居，这也难怪邻里间更像是敌人而非朋友。引发"玫瑰之怒"的十宗罪有七项来自"噪音"，有两项来自"儿童不宜"，工程的半途而废则影响了人们的审美心理。不得不说制造"噪音"和"污浊形象"的人有失公德，但人总得在某个地方展现自己放纵而非犯罪的一面，这种时候，邻居成为一把悬于头顶的道德评判之剑，随时提醒人们属于自己的空间非常有限。

越来越冷漠的邻里关系究竟让人们失去了什么？针对这个问题，要找个冠冕堂皇的答案容易，要找个体贴入微的答案却很难。也许每个人都处于矛盾之中。在现实世界里，邻居能带来的"远亲不如近邻"式的帮助在社会分工日益细化的今天，已淡化到可有可无的程度，但在精神世界中，"比邻而居"作为一个古老的意象，曾经带给人们许多美好的感觉，睦邻关系确实能缓解"过分敏感，生活痛苦"的心境。不过，在人际关系成为现代社会重要资源的时候，维持良好的邻里关系性价比很低，甚至必须要冒着让邻居过分介入自己私生活的风险。在放弃空间与放弃温情的博弈过程中，"鸡犬之声相闻，民至老死，不相往来"，反而成为最简单省力的方案。

城市化进程中的"玫瑰之怒"并不是什么新鲜现象，媒体或是某些公司的调查虽然不能说是以偏概全，但各有其目的，并不能解决任何问题。《园丁世界》的调查结语是："由于花园在生活中越来越重要，英国人应常怀宽容之心，而不是动辄就发'玫瑰之怒'，否则，他们就会失去这片精神家园。"德国出现了一本指导邻里相处的畅销书，名字叫《没事吧，亲爱的邻居》。很多德国人把"美好的邻里关系"作为购房的首要考虑因素，有一种大家庭式的住宅也开始流行起来。汉诺威一座大家庭式公寓的"公寓长"说："越来越冷漠的世界让我们认识到团队精神的重要性，我们应当反思自己的生活方式，重新认识人与人之间是多么需要温暖的邻里之情。"看起来有种物极必反的趋势。其实，邻居就是居住在自己身边的那群人，当它不再具备原始的象征意义的时候，就成为了一个物质化了的硬邦邦的对象。"比邻而居"这个动作转化为一个名词，变得干巴了不少，但也仿佛挤去了水分似的更为实在。当宽容和团队精神进入到邻居这个名词以后，也许"择邻而居"更符合现代人的观念，积极、主动而且具有建设性，这并不是效法"孟母三迁"，而是自然而然的"物以群聚，人以类分"。"玫瑰之怒"未必不能演变为"玫瑰之欢"，只要给人们更多的选择机会。

中医何不申遗

有消息报道说，英国卫生部公布的《草药与针灸立法管理议案》于6月结束了为期3个月的公众咨询，并将对各方意见进行综合考虑，于3个月后提出立法的初步方案。该议案提出建立"辅助与替代医学委员会"，一方面管理使用西方草药、中草药、印度草药等的草药师，另一方面管理从事西方针灸、中医针灸、日本针灸和韩国针灸等的针灸师。

这个给中医合法名分的举措，据说在欧美地区还是第一次。目前国外医学界一般认为医学分主流医学和替补医学两种，之所以给中医留了这么一条独木桥，大概是因为西医还不能包治百病，而人的生命只有一次，好歹可以让别的方式来个"死马当作活马医"。《南风窗》杂志近来精心制作了一个中医药与现代化的系列报道，不知道跟英国政府的举动是否有些关联。里边谈了李嘉诚打造香港"中医药港"的梦想，谈了中药国际市场的庞大诱人，谈了治疟疾的"青蒿素"的启示，谈了补肾的虫草的噩梦，谈了现代化的隐忧，谈了中医西医的标准之争，谈了很多老中医的无奈与无助。看完后令人有几分激动，但更多的是丧气。

争论起来了，倒不是什么坏事。中医的问题并不是什么单独的问题，跟新文化运动以来知识界一直争辩不休的中学西学、体啊用的密不可分，只是没几个悬壶济世的医生出来公开表过态而已。毕竟那是一个行业，拜的是同一个祖师爷，只要中国的家族思想还没有彻底被刨根，不会有谁敢于站出来换个爹娘的。与医生、戏子、工匠什么的比较起来，还是纯正的儒家一脉的文化人够狠，连孔子都可以挖了祖坟。不过中国的事情还真不怕断根，秦始皇焚书，汉朝就能找出古文经来；今天风行一体化，愣是可以从《礼记》里翻到对世界"大同"的描述。著名老中医李今庸写了一首发牢骚的诗："吾人生性太愚钝，发展中医愧无能。卅年教学工作苦，培养自己掘墓人。"看起来就有点杞人忧天的意思了。

如果出了问题，一切从根子上去找，这是中国人的习惯。清末民初的老怪物辜鸿铭有个观点总结得倒是不错，他认为西方文明是机械文明，跟东方的压根就是两码事，而机械文明注定了要崇拜金钱，要制定标准，要掠夺资源。他并没有做什么预言，但在两种文明交锋的初期，跟着西方走是不得已的选择，因为落后就会挨打。而跟着西方走，又要避免被机械文明的痼疾所束缚，却是难之又难的事情。中医也不由自主地落入了机械文明的陷阱，所谓的现代化只是个伪命题。其实中医的使命非常简单——治病救人，不是去抢占国际市场赚大钱，也不是去圈地掠夺资源，所以本来就可以无视从机械文明根子上生长出来的那套标准。换句话说，只要没太多的虚假和无能，只要中国人自己相信，中医是断不了根的。

应对西方的标准，说难也难，说不难也不难，关键是思想和习惯。削足适履的目的如果是为了钱，是不可能把中医从替补变成主力的；如果是为了争口气，还不如好好整治整治国内市场。变通的办法就是去"申遗"，前一阵韩国要抢端午节，搞得"媒心惶惶"；这几天围棋看到古琴上了名录眼红也要去申报，其乐无穷；中医不妨搭乘这辆现成规则下的公共汽车，也凑个热闹去。说实话，"申遗"虽然也是"戴着镣铐跳舞"，但确乎能起到整理国粹的作用，再加上中华泱泱大国的地位，持之以恒地申下去，成功是指日可待的。在申的过程中，按照中医自成体系的理论慢慢制定标准出来，听起来是件不错的利国利民的事。得技术者得天下，得标准者得天下，得思想者得天下，得人心者更得天下，因为技术、标准甚至思想而失去或是彻底改造了人心，得到的就不是今天这个天下了。鲁迅用"原配的蟋蟀"嘲讽中医快一个世纪了，其实阴阳调和本是养生之道，忠孝节义本是修齐之途，原配的蟋蟀也许真是个不错的象征呢？

种地就是报效祖国

2004年,阿根廷举办了第118届农牧业博览会。这个博览会始于1866年。除了战争等特殊原因外,基本上每年举行一届,而且规模逐步扩大,展览项目也从早年单纯的农牧产品扩大到农牧机械、生物基因科技、农业金融等方面。刚刚从金融危机中缓解过来,阿根廷这次博览会搞得非常风光。近10天的展览总共接待了95万参观者,正副总统和大部分内阁部长先后到场。隐隐然有"重农主义"抬头的态势。

18世纪中期路易十五及其情妇的御医弗朗索瓦·奎奈,可算是政治经济学中"重农主义"的鼻祖。他甚至把手工业和正在上升中的现代工业视为无物,认为这些不过是将材料改变了形式而已,只有土地带来的产出才是国家财富的源泉。"农富,则国富",当时,法国的财政大臣两次想将奎奈的理论付诸实践,却导致了骚乱和暴动。很快,接踵而至的亚当·斯密把"重农主义"打了个稀烂。"市场是一只看不见的手","我们不是因为屠夫、农民或者面包师的善心而得到我们的晚餐,而是因为他们对利益的追求。我们不是得益于他们的人性而是得益于他们的自私",这些名言可以用太史公的"天下熙熙,皆为利来;天下攘攘,皆为利往"来概括。古典经济学的圣经《国富论》把财富的源泉定义为"劳动和资本",这点直到今天依旧有效。

那么,"重农主义"是否可以东山再起呢?近年来,由于金融危机,城市治安恶化,创业和就业前景不佳,阿根廷一些受过高等教育、有些资本积累的家庭,纷纷出售在大城市的资产,到内地购买农场,投资种植业或畜牧业。看起来,这仿佛是又一次的回归农业,但这不过是现有经济秩序下资本的正常逐利行为罢了,恰好再次证明了亚当·斯密的理论。如果说西汉时期贾谊的重农思想巩固了两千年来中国的社会基础,西方的重农主义则在与工业革命和市场经济的短暂交手中昙花一现。中国的重农主义长期抑制了自然资本主义的萌芽，而在西方列强打开中国大门之后，一瞬间烟消云散。达尔文式的社会竞争中，重农主义的失败不可逆转。虽然现代社会再也不可能重新以农业为基础，但这并不排除农业成为资本新一轮逐利对象的可能性。生物技术、基因技术取得的成果必然会应用到农业中去，即使在技术并没有大的突破之时，只要农业利润高、竞争小，仍然会吸引大量的资本投入，直到饱和。重农不再，但农业不会衰亡，因为它在生产着真正的生活必需品。

谁都知道，民以食为天。这个世界上，可以没有汽车飞机摩天楼，却不能没有大米面粉猪羊肉。奎奈一直试图证明，即使粮价过高会导致城市居民陷入饥饿，但非农业人口终究会从良好的农业经济中受益。而亚当·斯密则把资本抬到了崇高的地位，因为金钱在地主和教士们手里只会被挥霍掉，只有转化为资本才能创造更大的财富，从而提高所有国民的生活水平。遗憾的是，从自然重农的古老社会，到抑商重农的传统社会，到工业革命，再到资本社会，农民的劳作和生活都是最苦的，对于农民而言，重农与否都没能给他们什么实际的好处。既是生产符号又文化符号的农民，就在这样矛盾的过程中受着历史和现实的煎熬，甚至在哲人们的理想国中，都找不到农民这一阶层的幸福。

问题究竟出在什么地方呢？奎奈曾经希望把刨去所有成本的收成作为农业税收的依据，这样可以保证农民有一定的积蓄以购买牲畜、改良生产。但有一个成本是无法核算的，那就是劳动力成本。劳动力成本可以低到有吃的饿不死，也可以高到拥有别墅私人飞机。劳动力成本其实就是人的生存底线和人的贪欲之间的折中，这是经济学无法核算的。农民要求得最少，所以劳动力成本就最低，这个荒谬的结论，千百年来却通行无阻。这次阿根廷农牧展中心展厅外悬挂着印有一个古老口号的横幅，"种地就是报效祖国"。在西方国家基本完成工业化，发展中国家也在向着这个目标奋斗的今天，在甚至连工业文明都开始受到信息化浪潮冲击的时代，这个口号确实弥足珍贵。在劳动力得不到尊重也无法估量的前提下，所有的历史和现实中的农民都在躬行着这个口号，无私、无奈而又无休无止地进行着奉献。

土著风

前些日子,《人民日报》驻澳大利亚记者李景卫发回了一篇采访澳大利亚土著和托雷斯海峡岛民研究所新闻通信部经理柯斯蒂·帕克女士的报道,题为《土著人生活在改善》。文中提到,该研究所由40年前一名叫威尔森的政府部长所创建,他说:"让我们来建一个土著研究所,因为10年、20年之后,土著人就不复存在了。我们需要研究他们。这样在土著人灭绝之后,我们还有关于他们的图书和研究资料。"帕克女士是英国人和土著的混血后代,生活在城市里,在白人的教育体制下接受教育,在高楼大厦里工作,吃麦当劳。但她认为:"虽然我的血管里有英国白人的血,但我的文化背景都是土著人的。我愿意界定自己为土著人。"有人对她说,既然她是土著人,就不应该开汽车,不应该到超级市场购物,不应该住在房子里,不应该使用厕所和洗澡间,不应该看电视……因为这一切都不是土著人的生活方式。而帕克女士的观点是,所有民族的生活方式都不应固定不变,所有的民族都在向前发展。土著民族也是一样,应该不断向前发展,努力改善自身的生活环境和条件,与其他民族一样享受现代化生活。

1999年,《生活时报》上许博渊发表的《灵魂安驻何方——澳大利亚土著人世纪悲情》引用了一首澳洲现代土著诗人杰克·戴维斯的诗作"所有的部落都已消失,/所有的长矛都已折断。/在这里,/我们曾经饮露餐花,/而你们,/却撒下一片砾石。"许博渊讲述了许多澳洲土著温婉凄清的故事。文末,他祝福道:"200多年来,土著中已经产生了不少杰出的画家、歌唱家、诗人、政治家以及优秀的运动员,等等。可以相信,假以时日,澳洲土著必定会追回自己数万年中所失去的。"2000年,悉尼奥运会上,由土著短跑明星弗里曼从水中冉冉升起点燃的圣火让世人见识了土著的风采。近年来,梦一般的澳洲土著艺术在世界巡回展览,带给人们梦一般的沉迷。

在新西兰拍摄的《魔戒》风靡全球,新西兰风光和土著毛利人的风情随之名扬四海。殖民的历史已如过眼云烟,在澳大利亚,土著成为仅占总人口1.5%的少数民族,虽然在教育、就业和医疗卫生等各方面条件的改善都十分缓慢,但情况越来越让人满意。

现代汉语里与"著"同音的住、驻、伫等字也有居住、驻扎、停留的意思,似乎更适合出现在"土著"这个词中。但"著"属于草部,扎根成长、生生不息的象征意味非常浓厚,照应着"一方水土养一方人"的俗语,贴切而又亲切,其他动作感强烈的字带着些侵略和占据的色彩,显然不如"著"字与"土"字的和谐。英语里 autochthon 来源于希腊语,是自我与土地的组合,不含贬义;而 aborigines 只有"最初"之意,一般指土生土长的动植物与人类,有时候甚至可以翻译为"生番",就有那么几分不客气的意思在内了。因为有迁徙,因为有种族,因为有殖民,土著在大多数时候就成为了与外来者对立的一个概念,如果没有外来者,土著这个词的现代意义也许并不会存在。在原始意义上,人类之于地球可以说都是土著,那是一种建立在对土地的依赖之上的自我意识,而不是占有、掠夺、歧视和仇杀。

不用再提美国印第安人的保留地,也不用再提澳大利亚"被偷走的一代"。这种大航海时代的血腥屠杀和企图进行文化同化的白人至上主义,相信有良知的人都会认为是人类的耻辱。虽然不必回首,悲剧早已铸就,人类对同类的残忍也许是天性。土著文化被纳入现代社会的饕餮之口,成为表演和经济的符号,远离了土地,自然也就丧失了生生不息的可能。"土著风"刮起来的时候,土著之花只会逐渐枯萎。英国王位继承人名单上身居第20位的达维娜公主嫁给了一位新西兰剪羊毛的土著,他们盛大的婚礼7月底于伦敦肯辛顿王宫花园的皇家教堂举行完毕。新郎说:"我们的结合是命运的安排。"的确,谁知道这个被媒体称为"青蛙王子"的毛利人,他是哪个部落酋长的后代呢?也许,让人脱下身上的历史、种族、财富、地位等等褴褛的衣衫,追随自己的心灵,重新回归土著的真谛,才是人之为人的根本。

美国人和欧洲人谁活得更好

欧洲和美国都是发达国家，他们的生活方式却有很大不同。美国西北大学教授罗伯特·戈登长期研究衡量生活水平的标准问题，近来，《挑战》杂志记者采访了他，就人均 GDP 是否是衡量生活水平的标准进行了探讨。戈登教授认为，虽然欧洲人均 GDP 落后于美国，但由于对生活方式的选择不同，实际生活水平差距极小。换句话说，假定在工作效率差不多的情况下，欧洲人把钱花到了悠长的假期、较高的社会福利和一些低投入的精神消费之上，一个人什么都不做，既没有消费也没有创造财富的时候比较多，而美国人创造财富和高消费的同时双倍增长了人均 GDP。

戈登教授进行比较的着眼点主要在三个方面。一是人均工作时间，二是城市化的发展方向，三是家庭住房基本模式。相对欧洲而言，美国人较长的人均工作时间，高能耗的城市化发展方向以及大住宅需求直接渲染出一种高节奏、高收入、高消费的生活方式，而传统欧洲人的生活则更为悠闲和自在，二者并没有高下之分，美国高出来的那部分 GDP 并没有直接用于提高人们的福利之上，而是消耗到了解决能源、交通、社会治安等方面越来越多的麻烦之中，而这些麻烦正是维持较高的人均 GDP 所带来的副产品。此外，戈登还谈到超出经济学的"美国特例"，其中最重要的就是移民。他认为移民劳工将减轻未来的基金压力，因为会有更多的年轻人来承担责任。这是个不错的思路，高水平的生活吸引到各国的优秀人力资源，从而保持 GDP 的持续增长，这种政策的差异甚至会使美国和欧洲在人均 GDP 水平上越拉越大。

GDP 从某个角度而言本是数字游戏，正如那个著名的经济学家笑话所说的那样。两个经济学家甲和乙在路上散步。突然他们发现前面有一堆狗屎。甲突发奇想，指着那堆狗屎对乙说：你要是能把这堆狗屎吃掉，我口袋里的500万就归你。乙犹豫了一下，但还是鼓起勇气把狗屎吃掉了，得到了甲的500万。他们走了不一会儿，又发现了另一堆狗屎。这时乙对甲说：你把它吃了，这500万还你。甲毫不犹豫地把那堆狗屎吃了，得到了本属于自己的500万。在回家的路上乙若有所思地对甲说：刚才我们一共吃了两堆狗屎，可是我们谁也没得到什么。甲想了一下说：错了，我们创造了1000万的GDP。不论这个笑话涉及的经济学理论是对是错，GDP本身确实存在着不同的估算方式。因此，在评估人们的生活水平这一点上，人均GDP也许并非一个好的标准。

可以说，生活水平是种相对的平衡，每个人以及人们在生活中的每个阶段都有自己的平衡点。拥有2000平方米带花园的房子固然是享受，可是，打扫卫生、整理花园就得付出比拥有200平方米公寓的人多得多的额外劳动。占有的财富越多，管理的代价就越高。破坏了平衡，眼下再好的生活方式也难以为继。一旦出现动荡和恐慌，平衡点越高的人危机感就会越强。站在局外人的立场上，戈登教授所比较的生活水平都已经达到了让人艳羡的程度。这意味着，人均GDP必须高于某个点，才可能建立起平衡，为一日三餐发愁的人是不可能有太好的生活水平的，无论他自我调节能力有多强。基本生活水平存在下限，这一点毋庸置疑，但是否存在上限，却很少有人论及。

回到我们提出的问题本身，可以断言，美国人和欧洲人的生活水平没什么区别。如果戈登教授关于生活水平与人均GDP无关的思考有效的话，则意味着，无论美国，还是欧洲，在人均GDP水平上，其实都已经达到或超过了可以影响生活水平的上限了。就发展趋势来说，欧洲的缓慢增长也许并不是什么坏事。因为超过上限之后的增长，已经不可能再提高人们的生活水平，提高的只是一种不切实际的虚妄和贪婪。人力成本和管理成本都将越来越高，为每一点新的增长所付出的各方面的代价也将越来越高。现阶段，这些代价也许分摊到了整个世界，但到头来还是会掉落到自己头上。

采花与踩人

《环球时报》发表了一篇游记《德国，路边鲜花随便采》，写到作者在慕尼黑访问时的一则见闻。郊外公路上有不少鲜花种植地，游人可以自助采花，明码标价，主动付钱，无人看管，价格比市内花店便宜一半多。在作者笔下，齐腰深的扁竹莲，有的含苞，有的怒放，花田很美；一个德国男子，兴致勃勃地走进花田，熟练地割起扁竹莲，人也很美；当地的花农介绍，种花收入不菲，还能点缀大自然，事情也很美。本来是很美的一件事，但在结尾处作者却习惯性地联想道："在德国，鲜花自助采摘地就像遍布市区的无人售报亭，付款全凭自觉，没有任何人监督。我不禁想起北京郊区种类繁多的自助采摘，如果有一天，那些地方也能变成自助付款，那该有多好。"

突然想起一年多以前的另外一则域外采风，标题与上文相映成趣，叫《美国野花真不能采》。"德克萨斯州是美国第一个在路边大规模种花的州。20世纪30年代开始，每年秋冬，州政府在道路两旁和公用空地上洒下大量花种，来年春季，数千公里的高速公路两边都是艳丽的花海。"德州政府1901年就评选出州花"蓝帽花"，还年年举办"野花节"，吸引游客，使每天春天的德州游人如织，"为方便赏花，每年3月至5月德州开通免费热线，人们可以通过电话咨询赏花的最佳地点、时间、路线等，安排自己在野花节里的日程。"总之，围绕着野花资源，德州政府是做足了文章，也让这个牛仔的故乡在狂野中增添了几分秀美。在结尾，作者却小小地醒目了一句："需要注意的是，赏花的时候，千万别被鲜花美景迷住而忘行，野花不能随便采摘，否则会被认为是侵犯州立财产，惹官司上身。"

把花作为一种时尚乃至一个产业，体现了德国人和美国人的浪漫和精明之处。花文化能够增进人与自然的亲近，俗一点说可以陶冶情操，升华美感。读到这样的文章，本该感谢作者带给我们丰富的资讯和美的享受，但却不由得生出一种莫名的不快。仔细考究一番，发现正是那两条小尾巴的效果。原来读了这文章，自己就被当作了道德评判的对象，而且被放到一有自助采摘一定不交钱，看到遍地野花一定随便采的那类小人之中。虽然古话"有则改之，无则加勉"告诫我们应该对这样的话免疫，但注意力仍不免被这两条小尾巴牵引到离赏花十万八千里外的地方。

于是四处浏览，寻找真正关于花的信息，却找到了德克萨斯州另外一条有趣的法律规定：德州的州花除了野生和政府部门的属地可以栽种外，私人庭院里禁止人工种植。这是在一篇名叫《开满野花的小镇》的游记中透露的，内容与《美国野花真不能采》大同小异，不过却是在由衷地赞美德州的野花风情。文中写道，虽然不断有人抗议，要求去掉这一条款，但的确没看到过任何一个私人的庭院里栽种蓝帽花。不知道是美国人守法，还是有瓜田不纳履，李下不整冠的顾虑。美国是个执法很严的国家，既然采摘野花被定义为侵犯州立财产，而私人财产又神圣不可侵犯，所以"私人庭院禁止种植"这一条令，没准正是为了避免上一法律条文落空的补充规定。因为一旦私人也可种植，那对于在帽子上簪着一朵蓝帽花的人，警察抓还是不抓，就成了一个两难问题。总不能只抓外地人，本地人一概放行吧。看似荒唐的规定中也体现出人性、公平和正义。

小中可以见大，采不采花以及以什么方式来采花要入乡随俗，当善意太含沙射影的时候，采花也就变成了踩人。踩人并不是不可以，不过也应该向西方人学习，那就是法治。人性善恶的争论不分东西，德国的无人售报亭怎么管理不清楚，但无人售票并非真的无人监控，不信的话，没被抓住算走运，被抓住了可以后悔一年，因为被罚的钱足够买一年的车票了。一直有人认为西方主张人性本恶，而东方倾向于人性本善，所以西方强调法治，东方强调道德教化。现在发现未必如此，因为我们有太多的莫须有，一篇好端端的见闻或游记中，采花本是主题，踩人却成了焦点。走笔至此，突然警觉到自己也在踩人，老天，赶紧打住。

洁身自好下的艾滋压力

从 1988 年以来,世界艾滋病日提出了一系列的宣传主题。2002 年的宣传主题是"相互关爱,共享生命",2003 年是"羞辱与歧视",2004 年则是"关注妇女,抗击艾滋"。类似艾滋病这样的重大传染性疾病,需要全世界的人们都共同行动起来,积极面对,争取早日征服,这一点毫无疑问。世界卫生组织和联合国艾滋病规划署认识到这一点,并在世界各国组织宣传防治艾滋病的活动,善莫大焉。不过,据新华社报道,最近,联合国官员警告说,目前艾滋病在中国的流行不局限于高危人群,病毒已经开始向普通人群蔓延。然而目前中国公众防范意识令人堪忧。因为卫生部公布的《2004年中国居民艾滋病常识及态度和行为状况研究报告》指出:81.6%的城乡居民认为自己完全没有感染艾滋病的可能;96.5%的城乡居民表示自己没有进行艾滋病病毒测试,最主要原因是认为自己不可能得艾滋病,因而没有必要。这个比例确实惊人,而且,自从 1985 年在中国发现第一例艾滋病以来,到今天已经有大约 84 万人受感染,而且数目还在不断攀升,怪不得联合国官员表示:病毒是可怕的,然而,中国公众目前的认知状况更令人担忧。

看到艾滋病感染者年递增 40% 的可怕速度,在让人不寒而栗的同时,也欣慰信息的公开透明。相信认为自己不可能得艾滋病的人,并非出于对艾滋病的无知,而是出于对自身行为的认可,这与其说是令人担忧的认知状况,倒不如积极地理解为良好的行为基础。然而,联合国官员却指出:"认为艾滋病离自己很远,认为艾滋病患者与自己是截然两种人的群体反而更容易感染艾滋病。因为他们在血液交换、有性行为或者生孩子时,根本不会想到要采取任何预防措施。"这话也对也不对,因为对艾滋病存在的偏见和认识误区确实容易导致可怕的后果,但把"认为自己完全没有感染艾滋病的可能"归入认识误区,却有些夸张的成分。血液交换和生孩子的时候,一个健康的人感染上艾滋病，这不在他可控的范围之内；伴侣间的正常性行为，也绝非艾滋病的主要传染途径。一个普通人在面临这些极端情况的时候，又能采取什么预防措施呢？如果单单强调这一点，很可能制造出过犹不及的效果。

"世界艾滋病日"的宣传目的主要有四条：让人们了解和认识艾滋病，知道艾滋病是可以控制和预防的；让人们知道预防艾滋病很重要的一条就是每一个人都要对自己的行为负责；通过艾滋病日的宣传，唤起人们对艾滋病病毒感染者和病人的理解和关爱；希望大家支持各自国家制定的防治艾滋病的规划，唤起民众，行动起来。用顺口溜来说就是：艾滋非末日，洁身自好之；关爱不幸者，有法齐参与。这里边，政府必须起到一个主心骨的作用，制订出切实有效的规划，然后才谈得上民众的行动。对疫情的有效监控和对信息的公开透明，是我们要做的第一步；消除羞愧和歧视，直面可怕的疾病，是我们要做的第二步；而更重要的一步，则是让洁身自好的人没有艾滋压力，这需要包括医院在内的各相关机构实现完全规范的管理，杜绝正常情况下感染艾滋的可能。

防治传染病，是整个社会的系统工程。这几年艾滋病日的宣传重心主要集中在普及常识和关注弱势群体身上，联合国官员的提醒和疾病的蔓延状况表明，提高全社会的防范意识已经迫在眉睫。提高防范意识不等于恐慌，也不等于发放安全套，而是需要提高政府对艾滋病传染渠道的有效监控和对公共医疗机构的规范管理，也就是说，让洁身自好者真正"完全没有感染艾滋病的可能"，这才是踏踏实实的工作。作为百姓，能做到的只有洁身自好和奉献爱心，让洁身自好者完全没有艾滋压力，让献血、拔牙、生孩子得艾滋这种传闻永远不要成为现实，是政府应该做出的承诺。否则，如果81.6%的城乡居民都认为自己有可能感染艾滋病，如果96.5%的城乡居民表示自己应该去进行艾滋病病毒测试，这样的状况恐怕更令人恐慌。幸好我们并没有面对这样的情况，因此，我们需要更多实质性的工作，而不是简单地归咎或是求助于民众的认知。

城市需要灵感

城市除了钢筋水泥、车水马龙、玻璃幕墙之外，还需要什么？换句话说，城市除了满足人们无限膨胀的衣食住行需求之外，还需要什么？今天的市长也许会脱口而出：打造城市品牌。城市品牌已经成为流行语，这不是什么坏事。关于城市品牌，最近有个"城市品牌营造"圆桌论坛，专家们说了很多，有的说："城市品牌应该是指有经济价值、商业价值的品牌。"有的说："形成城市品牌的四大要素是：要有个性、有特色；要有适合的城市环境，包括生态环境、景观环境、区位环境和自然地理环境；要反映民族文化；要有完整、前瞻性的定位。"有的说："特色、市民、历史、自然这样四位一体，才构成了城市品牌的本质。"大家都在讲怎么搞，为什么要搞，可能是不言而喻的，要实现商业利益的最大化。

于是，《福布斯》凑趣地搞了个2004中国最佳商业城市排行，在这个榜里，杭州第一，上海第四，北京第六，广州第十四。评判标准主要是：私营创业活力、市场规模及潜力、人才素质、经营成本、交通便利程度等。标准中有不少互相冲突，市场规模及潜力大，自然房价就高；人才素质高，自然经营成本就高。看来没有一个城市能够十全十美，投资者肯定也想"东食西宿"，于是城市就成为了钱流动的客栈。在这些思想指导下，围绕在城市品牌周围的矛盾实在太多。一般人说"桃李不言，下自成蹊"，"天生丽质难自弃"，"酒香不怕巷子深"；但搞广告的人会嗤之以鼻，认为"空谷幽兰无人识"，需要"筑得梧桐在，引来金凤凰"，需要"王婆卖瓜，自卖自夸"，品牌理论基础就是，你投入得越多，你的品牌就越值钱，流水不腐，户枢不蠹。这两套说法都有道理，关键还在于背后的东西。如果将一个城市人格化，前一种发展模式是专注于自我价值的提升，后一种发展模式是致力于社会影响的扩大，但如果目的都是商业利益最大化，那么只不过是两种手段的区别而已,本没有什么高下之分。

举个例子,柏林街头经常看到一个个憨态可掬、色彩艳丽的雕塑熊,这就是著名的柏林"爱心熊"。德国艺术家克劳斯·赫利兹在创作玻璃艺术品时,偶然间吹出了一个造型可爱的玻璃熊。柏林市长慧眼识"熊",在他的推荐下,赞助商们买下赫利兹创作的熊胚,再由柏林艺术学院的学生设计出五花八门的熊身图案,作为城市雕塑放在街头。后来,赫利兹的一位朋友建议请世界各国艺术家们重绘熊身,赋予"相互包容,世界和平"的理念。来自世界100多个国家的艺术家,绘制出100多种具有异国风情的图案,安放到柏林纪念公园,肩并肩站立着。2003年,"爱心熊"开始世界之旅,传递爱心,并为联合国儿童基金会募捐。迄今,"爱心熊"已为孩子们筹得了50多万欧元的捐款。无独有偶,纽约市旅游局与一家广告公司合作举办大苹果节,也采用了相似的操作。请艺术家造出形态各异的大苹果,让赞助商认购下来,再放置到街头,既美化了市容,又强调了纽约的大苹果形象,既好吃,又热闹。

柏林"爱心熊"的诞生、成长以及纽约的大苹果节,显然也是城市品牌营造中打出的一张牌。如果认定商业利益最大化是城市品牌建设的核心,那就应该把商业利益先考虑进去,遮遮掩掩反而不够高明。但品牌本是一种历史积累,应该是永恒的魅力;而在商业利益驱动下的城市,什么文化、历史、自然都可以靠边站,成为一种粉饰和点缀,仿佛是涂脂抹粉的应召女郎,总让人觉得有些别扭。实际上,营造城市品牌的目的应该是多元化的,不单单为实现商业利益最大化服务。在城市品牌的塑造和活动的举办中,绝不能靠牺牲什么来换取什么,而是利用什么来实现什么。牺牲城市品牌来换取经济效益的城市等而下之,利用城市品牌来实现经济效益的城市也非上乘,像柏林和纽约这两个小活动,充分利用逐利动机来实现城市品牌的提升才非常值得借鉴。说到根子上,一个城市之所以能存在,它的品牌是天生的,需要做的工作是发现,而不是无中生有地去臆造。从这个角度上来讲,城市品牌的关键在于,是什么思想在主宰着城市的决策者。

城市的回归

最近，在英国伯明翰举行的国际大都市研讨会上，伦敦被公认为最适合居住的大城市。获此殊荣，与20世纪80年代源自英伦风行于欧洲如今仍方兴未艾的"城市复兴"理念密不可分。"城市复兴"已成为欧洲城市规划理论中最时髦的一个名词，虽然离我们还很遥远，但也许会成为一种趋势。

伦敦是个历史悠久的城市，经历过至少两次毁灭性的打击。1666年的伦敦大火，烧毁了4/5个城区；二战时的轰炸，也几乎把它夷为平地。一次意外，一次战争，很贴切地注释了浴火重生的含义。然而，今天的伦敦在所有人心目中仍然保持着旧都风貌，说它是最保守的国际性大都市毫不为过。这种保守出自英国人的文化天性，为避让马车而形成的左侧行驶交通规则，绅士风度主宰下的绝不张扬的店面招牌，诸多细节延续到今天已经找不到源头，但人们仍愿意刻板地追求着一丝不苟。既然意外和战争都无法改变城市的向心力，城市复兴又所为何来？

沿着几十年来的发展轨迹，伦敦经历了20世纪50年代的城市重建，60年代的城市复苏，70年代的城市更新，80年代的城市再建和90年代的城市复兴。重建是迫不得已，复苏是自然而然，更新是经济驱使，再建是政治需要，而复兴则是一种文化倡导。城市作为人类的聚居地，从工业革命以来，为工业、经济、政治逐渐地牺牲着人们的居住环境，迫使人们蜂拥而入之后开始狼狈逃窜。这种现象达到高峰的象征便是都市人成为"在路上"一族，一天1/4时间都在奔波，每个人仿佛如追逐水草的原始人，日夜不停地迁徙，从此再也没有家的感觉，城市成为一个艺人，人们如同被它耍弄的提线木偶。

于是，英国副首相普雷斯科特指出，伦敦复兴的重大意义在于要用持续的社区文化和城市规划的前瞻性来恢复城市的可居住性，把人们再吸引回城，使城市不仅是人们工作、拼搏、赚钱的场所，也是适合居住和休闲的家园。著名建筑师彼得·霍尔《迈向城市的文明复兴》报告则详尽地阐述了如何去创造人们所企盼的高质量的而且具有持久活力的城市的生活。城市复兴的核心在于人的回归，营造城市的人气，让生活在城市中的人不再有怨言。但难度可想而知，因为怨言可能出现在任何细节问题上，忙碌的生活，拥堵的交通，冷漠的人际，糟糕的治安，压迫性的建筑，无望的底层，创造着国家财富的人群却享受不到财富带来的幸福。每个人都有足够的理由在骂骂咧咧中忍耐，现在，不同的利益共同体集聚在城市复兴的大旗下，享有同等的机会，提出自己的合理要求。伦敦属于每一个伦敦人，伦敦的经济、政治、公共财富，都致力于回报为这个城市建设做出过贡献的人。

　　城市的管理者只需要提供一个机会和一种信心，很多问题就迎刃而解了。伦敦城市复兴计划最关键处就是改造贫民区，政府使用税收杠杆撬动商业投资，为贫民区之一道克尔地区的改造赢得了数百亿英镑的投入。使众多私营企业主入驻贫民区的原因不仅仅是低税收，还有一条是在此投资的企业在建筑设计上不受限制。对于刻板的伦敦来说，下这样的决心可谓史无前例，最终的结果是，道克尔地区成为伦敦拥有现代化建筑样式最多的繁华商业区。公共空间的营建则需要政府出资，1993年国家彩票的发行成为了意义深远的融资行为，抽彩所得收益资助建成的项目包括皇家歌剧院、泰特现代艺术馆、大英博物馆中心庭院等，这些项目几乎没有改动原有建筑基础，只增添了过去所缺乏的公共空间。

　　多样化的形成和公共空间的扩展成为伦敦复兴计划的两大外在表现，它是否改变了普通都市人的生活，这个问题不得而知。我们看到的结果是，人们从逃离这个城市开始回到这个城市，一切的一切都那么自然和谐。伦敦还是那个古旧的伦敦，却已然悄悄变成一个崭新的都市。只有失去过的才懂得珍惜，最适合居住的荣誉带来了价值的回归，人与城市的关系从扭曲到自然，城市并非一个用来炫耀和敛聚财富的工具，而是人的居住地，最适合人们居住的城市就是最好的城市。

谁在往我们的电脑里倾倒垃圾

英国索福斯公司最近提交的研究报告指出，2004年全球的垃圾邮件中有42.11％来自美国，韩国和中国名列第二第三。这个消息的旁证是，11月份全球有近400个IP地址段被国际反垃圾邮件组织列进黑名单，其中有180个IP地址段来自中国，是美国之外的第二大垃圾邮件来源地。9月，中国互联网协会与美国eBay、AOL时代华纳、微软和雅虎等四家跨国互联网服务商在北京签署谅解备忘录，以解决日益泛滥的商业垃圾和欺诈性邮件问题。2004年，网络经济的头号关键词成为"垃圾邮件"，因为它即将成为一个瓶颈，不但造成运营商数百亿美元的损失，而且严重影响到正常的网络发展。

"垃圾邮件"的提法其实并不科学，也许称之为"邮件垃圾"更为合适，因为跟垃圾食品相对应的有健康食品、营养食品、绿色食品什么的，不过说不定在不久的将来也会出现"有效邮件"这样的词组。定义垃圾邮件是件很困难的事情。从接收方来讲，所有未经允许发送过来的邮件都可以称为垃圾邮件，也就是说，如果把主动提供电子邮件地址作为一种授权形式的话，凡是未获得授权而向你发送的邮件都可以归属到垃圾邮件的范围，但在这种严格的定义下，电子邮件系统将成为一个封闭的系统，严重影响到网络的开放性。而从发送方的角度来讲，大规模发送相同内容的信件，应该就是垃圾邮件行为，但这样又把正当的电子杂志和邮件列表服务等错打了板子。很多专家认为，当垃圾邮件达到了邮件总量的90％以上时，人们将会放弃电子邮件服务，目前的比例是75％。

正在实施的反垃圾邮件策略有两个思路。或是"宁可错杀三千，不可使一人漏网"的株连政策，发现某个IP地址段有垃圾邮件出现，便封杀掉这个IP段与外界的邮件联络功能；或是"把孩子和洗澡水一起泼掉"的玉石俱焚政策，锁定联系人，把所有非联系人的信息全部过滤掉。总的来说都是采用治标不治本的过滤方式，因为垃圾邮件一经发出，就已经占据了网络资源，即使过滤成功，无非是减少损失而已。在两难之中，微软提出了付费方案，并在瑞士举行的世界经济论坛上进行了公布：用户无须真正为每封电子邮件"购买邮资"，而是贡献出一定的计算时间，如10秒等，用于解决数学难题。对于垃圾邮件发布者来说，时间就是金钱，因为他们为了发送电子邮件，就不得不添置更多的设备。另外还有最后一根稻草，就是身份认证技术，通过身份认证和法律手段来正本清源，但在实现这个目标之前，很有可能人们已经失去了耐心。

这是一个有趣的问题，电脑在可以预见的将来还达不到人类的智识，但在看得到的今天却已经在挑战着人类的能力。网络是一个全新的系统，在这个系统中，人们不再像过去那样游刃有余了。开放性和自由性本是互联网的原则，而当人们的现实生活越来越依靠网络来运行的时候，我们却不得不试图改变这个原则，对网络的控制将越来越严格，匿名制将引退，每个人必须在虚拟空间中担负起自己本来应该担负的责任。监控部门为了掌握"坏"人的行踪，而必须掌握所有人的一举一动。虚拟空间逐渐演变成为现实空间的一个有机组成部分，渗透到我们的经济、文化、娱乐和一切的一切当中，虚拟也就不再存在，存在的只是现实社会的一个投影而已。

不是别人，而是我们自己在往电脑里倾倒垃圾！因为不设防的电脑正是天然的信息垃圾箱。然而，如果要把制造垃圾邮件、电脑病毒、非法信息的人都揪出来并绳之以法，意味着网络上的所有内容都将一一对应到具体的个体，这将是翻天覆地的变化，而且这个变化是我们始料未及的。网络在完全融入了我们生活的那一刻，生活的原则也就会成为网络的原则，否则，我们能选择的只是，要么放弃网络，要么放弃自己。

2005
大张旗鼓的小国寡民

无物可以永恒

考古与古董是一门大学问与一个大行当，近来以色列警方破获了一起假造古董的大案，埃及科学家用CT扫描金字塔中的法老木乃伊，两桩事本风马牛不相及，却足以令门外汉浮想联翩。没人能够长生，也无物可以永恒，"古"与"今"相对，"今"与"古"纠缠，据说语言在源起之初没有未来的概念，当人类开始畅想未来之时，古今也就浑然一体，无非是距离未来的远近而已。

以色列造假四人组精心制作的"耶稣兄弟詹姆斯骨罐"和"犹太神庙牧师权杖顶端的象牙石榴"一度陈列于国家博物馆，并"差点改变人类历史"。警方在控告书中列举了124名证人，其中包括古董收藏者、考古学家、索思比拍卖行、大英博物馆和布鲁克林博物馆的代表。四人组主要的目的是牟利，诸多赝品中单单一个"约阿施王石碑"就卖了450万美元，买主是以色列国家博物馆，而警方认为这不过是冰山一角。像这样的里手骗行家并不多见，只有2001年披露的日本东北旧石器文化研究所原副理事长藤村新一造假丑闻可堪与此比拟。藤村事发后被贬为业余考古学家，而他在当年可是声名显赫，他伪造了多达42处旧石器时期遗址，把日本的史前文明提前了几十万年，他的最"新"发现甚至立刻写进了日本的历史教科书，并命名了一个子虚乌有的"耶马台国"。独行侠藤村主要的目的是求名，在日本考古学界呼风唤雨达二十余年，绰号"神の手"。

用赝品骗骗外行在古董界很是平常，但骗博物馆、骗学术界无疑需要更为高超的胆识和技巧。一般人买古董无非为收藏或倒卖，是丢脸还是发财，考较的是眼光和福分，越稀有越珍贵越好，而跟考古密切相关的古董附带着学术和文化价值，自然是越有历史价值越好，骗子迎合的便是这个需求。正如很多学者针对此案的评价那样："犹太教徒和基督教徒深切希望找到他们信仰来源的物质证据。古董伪造者正是利用了他们的这种心理，频繁作案。"而宣称"要在日本挖出100万年前的旧石器，挖出原始人遗骨"的藤村，得到的是舆论界的欢呼和期待。当众望所归的东西浮出海面，置疑的声音自然就会弱于赞同的声音。所以说，历史不是被古董篡改的，而是被人心篡改的。套用鲁迅的话来说便是：这世上本没有古董，挖的人多了，假东西也就成了古董。

2002年，考古学家用机器人对胡夫金字塔秘密通道进行了高科技探索，遗憾的是，现场直播最终以"石门后边还是一道石门"这样的黑色幽默收场。2005年初，图特卡蒙法老的木乃伊遭遇了第四次"体检"，不过，这次运用了最先进的CT扫描技术，据称希望能够最终确定这位驾崩时年仅18岁的法老的死因。金字塔是人类历史上的奇迹，面对似乎非人力所能为的现象，有着各色各样的猜测和传说，其中"法老的诅咒"无疑是其中最恐怖的一个。据说，法老诅咒进入金字塔的所有生物，20世纪20年代以来，确实也有不少研究金字塔的考古学家和科学家莫名丧命，本次"体检"，计算机罢工两个小时，车队遭遇奇怪车祸，似乎也在印证诅咒的存在。埃及最高文物委员会主席哈瓦斯称："我想我们应该对'法老的诅咒'抱以某种敬畏。"

科学是迷信的死对头，却是考古的好朋友。考古界运用现代化的高科技手段解决了一个又一个的历史谜题，满足了人类的求知欲望。科学只有一点不好，它试图最大限度地减少人类的神秘感和敬畏感。因此，面对历史，人们可以克服前人设置的重重障碍，直达自我设定的中心；同样，面对未来，法国人马克·菲利浦提出的"未来考古鸟"设想也即将实施。这颗人造卫星要装载土壤、空气、海水、一滴血液以及人类的尽可能多的留言飞向太空，计划于5万年后像流星一般闪亮回归，把今天的我们展现给后代。这个高科技计划听起来像一首抒情诗，但我们相信，5万年以后人类关心的，绝对不会是我们刻意要展现给他们的东西，他们会像今天的我们一样，用更新的技术手段，来挖掘我们不愿意展现的一面，这才是历史，这才是真相，这才是考古。

真人 RPG 与电子海洛因

《环球时报》以《模拟成年社会，美国理想城帮孩子长大》为题介绍了世界上第一家室内角色扮演主题公园"Wannado"，文章中写道："理想城位于美国佛罗里达州南部的福特劳德代尔城，占地面积1.3万平方米。城市的建设完全模仿现实：警察局、医院、银行、报社、电视台等应有尽有。在理想城里，孩子们可以扮演消防队员、记者、法官、医生等角色，体会成年人的乐趣和辛苦。"Wannado 有"想做就做"的意思，翻译成"理想城"有些理想化了，不如音译为"万纳都"，一个什么都有的好玩的地方。

第一眼看上去，那里仿佛是个"过家家"的地方，创意很新颖，不过也不算匪夷所思。某个美洲小镇就有每年一次的"童话日"，那天，小鬼当家，担任临时市长什么的，据说也管理得有声有色。2004年六一，生于1915年的著名经济学家于光远在与小孩子座谈的时候还兴之所至地规划了一个可爱的"蛤蟆城"："希望孩子们建一个'少年建设者之城'，城内适龄公民都是7岁到13岁的准公民，由小市民们自己给城市取名字，可以叫做'南瓜城'，也可以叫做'蛤蟆城'，由孩子担任市长、部长等，孩子们自己在城里生活并自己管理城市。" 说实话，看到这则新闻，可能颇有些人想投资打造一个中国的理想城，毕竟这个想法没有什么专利，实现起来好像也并不困难，何况那么多烂了摊子的主题公园摆在全国各地，说不定靠这就起死回生了。

从记者的报道中，我们得到的信息是有限的，并不足以支撑一个上亿元投资的计划书。而且，记者把 Wannado 定义为"儿童虚拟城市"，也许是一个误导，如果按照这个思路仿造一个游乐园出来，恐怕孩子们只是在其中扮演一些角色，却完全不知道自己在做什么。从文化产业经营的角度来看，万纳都的独到之处除了角色扮演这个概念外还有更重要的两点。在精神层面上，建立起孩子至上的游戏规则。按照其官方网站的说明，这是一个孩子们决定一切的地方，"他们在这里学会独立、忍耐和评估自己的选择"，而家长应始终以孩子们为明星，把自己当作跑龙套的角色，愉快地"接受孩子记者的采访，孩子法官的传唤，甚至接受被打扮成一个马戏团的小丑"。当然，家长们也可以呆在休息室里，只是，不要"指手画脚"。而在技术层面上，则有着逼真的环境设计。我们不妨看看万纳都的商业合作伙伴——CNN、可口可乐、美国 SPIRIT 航空公司、卡通工场等十数家媒体和实业公司，在行业上的跨度很大。主题公园里有飞行员角色、演员角色、记者角色、厨师角色等等，由专业的行业精英来协助设计专业的场景并提供技术指导，这就摆脱了单纯的模拟，而进入了逼真的实战状态。孩子们得到的，是进入专业的"CNN 直播现场"担任主持，是在职业飞行员指导下的模拟试飞，是配备全套装备进行的古生物考察。专业的娱乐环境，才可能使所花费的每一分钱都物有所值，如果仅仅是换件衣服拍照留念，就没什么新鲜和高明之处了。想想把央视、国航等重头单位拉到这个项目里来的难度，我们就会发现，这个商业模式并不是那么好模仿的。

然而，娱乐业是服务业中最大的一块蛋糕，单从商业的角度而言，有游戏产业的市场铺垫，真人 RPG 在中国肯定很有前途，尽管难，相信很快就会有人完成这个任务。橘生淮北则为枳，虽然中国式的理想城八字还没一撇，却隐隐令人感到不安。寓教于乐是古训，有了网络游戏在中国堕落成"电子海洛因"的前车之鉴，邯郸学步，浪费土地和资源都是小事，因为不专业只是个坑，而不道德却是陷阱。理想城的设计师说："我想让孩子通过这座城市看到自己的将来，培养孩子的独立性，同时炼锻他们在突发事件中的判断能力。但最重要的是让孩子们玩得开心，因为这是教育儿童的最佳方式。"有道德的专业运营是文化产业的最优模式，只是不知道在今天的商人眼中，道德两个字还剩下几笔几画，至于是否专业，反倒成为细枝末节了。

半人猿、男妈妈和独眼女婴

"有46个染色体的人和有48个染色体的类人猿杂交,就有可能生出有47个染色体的杂种。"当新闻中引述不知是否存在的比利时科学家、穴居动物学的奠基人贝尔纳·埃威尔曼斯的理论,来揭秘一桩耸人听闻的黑幕——1927年,曾经有科学家在俄罗斯进行过人猿杂交试验,一连串的推测和猜想便接踵而至,雪人之谜似乎也顺理成章地昭然若揭。这是俄罗斯《真理报》近期的报道。报道征用了1927年的白俄报纸《俄国时代》、一本名叫《是冰冻了,还是尼安德特人还活着?》的书、俄罗斯联邦国家档案馆保存的1929年生物学家和畜牧业专家伊万诺夫教授起草的一份文件以及意大利报纸《里维埃拉》中的说法,相互参照,俨然自成体系。

无独有偶,国内都市报或网络上出现的《外星人成功阻止乌克兰核爆炸》、《美国在月球上发现城市废墟》(2002)、《7岁的俄罗斯神秘男孩自称来自火星》、《127次与死神擦肩 波兰老妇次次幸运生还》、《UFO专家猜测外星生命操纵怪异云彩诱拐人类》(2004)、《男性怀孕将成为现实》、《俄罗斯出生一独眼女婴》(2005年),这些耸人听闻的新闻标题都标注来自《真理报》。短短一篇文章中出现"俄罗斯国际友好大学心理学系教授瓦莱里·马瑞洛维指出"、"加拿大科学家研究显示"、"美国RYT德怀尼医疗中心的网站上讲述了一个故事"、"试管受精专家罗伯特·温斯顿正式宣称"、"瑞典教授马特斯·布朗斯特姆也认为",而这些话语都共同指向这样一个新闻:"美籍台湾男子李明威成为人类历史上第一位怀孕的男子"。2002年"怀孕"的男人,他的孩子是否已经顺利分娩呢?我们不得而知。

是真,是假,也许并不重要,但这类新闻熟练运用了"黄色新闻"(Yellow Journalism)的操作手法,却是显而易见的。黄色在汉语中常常与色情、淫秽挂钩，但在新闻史上则特指19世纪末期美国报业兴起的一种编辑手法或新闻思潮。《人民日报》2004年年末发表了《别学"黄色新闻大王"赫斯特》一文，把黄色新闻定义为："热衷于暴露凶杀、抢劫、强奸、淫乱等社会阴暗面，热衷于炒作明星绯闻、隐私，展现抢劫、凶杀等血淋淋的暴力场面和犯罪细节。"不过"黄色新闻"与"黄色报纸"是分不开的。可能由于"为尊者讳"的原因，《人民日报》没有提到黄色新闻的真正创始人普利策。

其实正是约瑟夫·普利策在《世界报》首创的"霍根小巷"漫画专栏给予了黄色新闻的名称。"霍根小巷"的主人公是一名身穿黄色睡袍的孩子，走街串巷，向读者讲述他的所见所闻。1895年，赫斯特买下了纽约的《新闻晨报》，将其改名为《纽约新闻报》。《纽约新闻报》挖走了"黄孩子"的全班原创，激烈竞争的两家大报同时刊登同名同主人公的漫画，出现了一对"黄色双胞胎"。两家报纸竞相刊登各类耸人听闻的凶杀暴力事件，低级趣味的社会新闻，在二者的"榜样"下，19世纪末期，美国约有1/3的报纸都向"黄色"看齐。美国新闻史学者莫特为"黄色新闻"的煽情手法作了总结：煽情性的通栏大字标题，甚至题文不符，对不甚重要的新闻加以渲染、夸张，滥用图片，甚至伪造图片。"黄色风潮"大约持续了20多年，逐渐走向衰落，以《纽约时报》为代表的严肃报刊占领了市场。

人们总是说历史是面镜子，照出来的却只是无奈。有趣的是，黄色新闻之后便是"扒粪运动"，扒粪者（Muchrakers）专揭政界和工商界黑幕，从内容上看，都是关注"社会阴暗面"，其效果却有天壤之别。"一种没有灵魂的新闻思潮"是对黄色新闻的考评，当形式变得比内容更重要，当手段变得比目的更重要，新闻就迷失了它的方向。黄色报纸的目的是扩大发行量，赚取更多的利润，而哪一家报纸又不应该关注经济利益呢？通向罗马的道路不止一条，其实路多了，也许更难选择。

明明白白的高雅

"德国之声"(Deutsche Welle)电台最近以"德国交响乐团生存困难"为题报道了德国政府进行的一系列文化改革,减少对乐团的财政补贴,将他们推向市场化的道路。与此相反,《明镜》(Stern)周刊却以一个乐观的调查结果支持了政府的这项举措,调查题目是"我心目中的音乐",面向全德国的青少年,令人意想不到的是,超过 80% 的人认同古典音乐,而只有 16% 的青少年对流行歌星有好感。据此,文化界人士认为,随着"古典音乐走向市场"的政策推行,市场将包容并拯救古典音乐,使之再一次走向复兴。

作为诞生了贝多芬、巴赫的古典音乐之乡,德国拥有 130 多家大大小小的职业交响乐团。由于近年来德国经济状况不佳,政府紧缩财政开支使得国家对交响乐团丰厚的补贴日益减少,许多乐团面临生存危机。适应市场的乐团纷纷开始以各种方式筹集资金,许多公立乐团和剧院转制为有限公司,利用政府提供的诸如减免税收等优惠政策,吸引私人赞助和企业投资,并积极开发低端市场,力争使阳春白雪的古典音乐大众化与普及化。政府为了保护著名的乐团,譬如柏林爱乐乐团,还专门一次性投入大额预算,成立基金会,由专业人士进行管理和运营,以保障乐团正常的排练和演出。《环球时报》《德国靠市场振兴古典音乐》一文引用德国文化部对外部负责人维尔恩博士的话说:"根本之道就是进行体制改革,让古典音乐走向市场,在市场中吸引和培养观众。只有这样,才能保持古典音乐的生命力。"

然而,在这样的大背景下,仍然是几家欢乐几家愁。柏林交响乐团经理莫里茨就抱怨说:"如果我们在今后几周内不能依照美国的模式,找到一个所谓的'主要赞助者'的话,我们的乐团将会永远消失。"音乐界的专业人士看起来总有那么一点耿耿于怀,德国音乐委员会主席克鲁格说:

"过去人们根本就没有意识到进行革新的必要性。人们以为国家作为公民的代表就是为了保障文化生活的，不用你自己操心。"而莫里茨则带有几分嘲讽地说，"现在，我们绝对需要褪去古典音乐的阳春白雪性质，把他们变成大众的东西。这是唯一的可以让政府没有理由裁减补贴的机会。"德国音乐界过去曾经以国家对交响乐团80%以上的财政补贴而自豪，因为在美国，国家经费最多占乐团运营成本的几个点，现在一切显得那么糟糕。失去了政府的支持，莫里茨四处寻求赞助，他表示甚至可以取缔传统的黑色，让乐团的音乐家身着赞助公司颜色的彩色燕尾服，听起来颇有几分凄凉味道。

那么，德国古典音乐到底是在市场中繁荣成长还是风雨飘摇呢？我们恐怕不能简单地套用"适者生存"的进化论来判断，毕竟音乐家不是经理人，要求他们无所依靠地创业，实在有些强人所难。现在德国常有东欧的一流音乐家卖艺为生，如果市场迫使古典音乐也走上街头，未必是什么好事。但这次的市场化浪潮让德国音乐界人士把德国古典音乐的前途与激发年轻一代对其音乐遗产的兴趣紧密地联系起来，却仿佛是"柳暗花明又一村"。柏林爱乐乐团制定了命名为"未来"的教育计划，以实践"音乐不是一种奢侈的享受，而是人生的基本需求"的宗旨。而奥斯纳布吕克交响乐团则为孩子们提供"音乐体验"，比如带孩子们到一个废弃煤矿录一台老蒸汽机运行的音响，然后指导他们在录音的基础上，尝试着自己作曲。没有生存压力，也许高雅的音乐殿堂很难向普通民众开放，而成为云里雾里故弄玄虚的高雅。通过教育普及，高雅并非庸俗化了，而是变成了明明白白的高雅。这就可以解释为什么在《明镜》的调查中青少年选择了回归古典，因为明明白白的高雅有其特殊的市场地位，它让人们可以理智地对多种艺术形式进行比较和选择。

但我们也应该看到，如果缺少教育这一环节，简单粗暴地通过媚俗的手段走向市场，其实与过去的高不可攀并没有本质的区别。倘使从皇帝的女儿一下跌落到扮演取悦观众的小丑角色，短期也许能赢得观众和利润，长久则会失去艺术本身，这种衰亡与缺少资金支持的衰亡相比，更显得悲哀。

逃离城市

老鹰乐队的《加州旅店》可能是很多人学英文歌的首选，那种温柔的粗犷，堕落的迷惘，神秘而复杂的情感，让我们记住了加利福尼亚。

Welcome to the hotel California

Such a lovely place

Such a lovely face

Plenty of room at the hotel California

Any time of year, you can find it here

而爸爸妈妈乐队的菲力普斯一句"假如我在洛杉矶，该是多么温暖安宁"演绎出冬夜里的"加利福尼亚之梦"，也一直令人浮想联翩。

I'd be safe and warm if I was in L.A.

California dreaming

On such a winter's day

当然这都是美国20世纪六七十年代的事了，回味这两首老歌，是因为看到《新民晚报》这样一则短消息："加利福尼亚州曾经被认为是美国最适宜人们居住的地方之一，但是加州一个研究机构3月16日公布的一份报告显示，有三分之一的被采访者对该州洛杉矶市的居住条件非常不满，并且计划在未来5年内离开那里，比两年前想这样做的人数几乎翻了一番。据报道，在接受调查的2003名成年人当中，有74%的人对洛杉矶的高速公路拥堵状况表示不满；64%的人表示现在的房价涨得过头了。而这两个数字分别比2003年时提高了7%和10%。此外，有近37%的被调查者相信在未来的20年内，洛杉矶将会变成一个不再适合人们居住的地方。"

不知道从何时起，加利福尼亚的 plenty of room 变得如此拥挤，而洛杉矶也成为了一个噩梦。针对报告本身，我们不妨重新阐释一下上文所引用的歌词,"充足的空间"和"温暖安宁"恰好是一个宜居城市的物质和心理双重标准。城市一直在无限制地膨胀着,"You can checkout any time you like, but you can never leave.",正如《加州旅店》结尾的苍凉一样,来到了大都市,你就再也无法逃离。《加州旅店》是一支很意识流的歌曲,有人认为是描写吸毒的感觉,有人认为是抒发一种非主流的宗教情怀,有人则认为其中心思想是以加州作为美国或整个世界的缩影,唤醒国民(尤其是年轻的一代)不要沉醉于眼前舒适写意、自我放纵的文化,而应关心身处的自然环境和国家的领导,要为自己当家作主,国家才有希望。而将之放到城市化的背景下,那种深陷其中无力解脱的痛苦,恰好昭示了都市生存的困境。

城市是物质生活和文化生活都最为丰富的地方,人们为了某种希望在其中拼搏奋斗,能够得到的却难以消受。城市敛聚了大量的财富,展示着人类最精粹的文明成果,尽管伴随着焦虑、担忧和苦闷,人们却矢志不渝地相信,我在,故我占有。城市的吸引力并不在于个体的感受,而在于群体的感受。一座城市敛聚的财富越多,越能给它的居民带来城市生活的优越感,这体现了精神上的分享原则。城市是公共财富,即使在城市中一无所有,居民也会认为自己所拥有的哪怕千万分之一的公共财富,就足够傲视没能参与分享城市的其他人。城市如同一个富丽堂皇的囚笼,关进来就再也逃不出去。"城外的人想进来,城里的人出不去",围城就变成了单向的黑洞。

1/3 的人想逃离洛杉矶,这个数字可能是准确的,但未来 5 年内,不但这 1/3 的人走不了,恐怕还会新增加无数想逃离的居民。"你随时可以买单走人",程序上如此,问题在于能够付得起账单的人寥寥无几。房租、水电、交通、税费,这些都可以支付,而无力支付的是对未来的承诺和对成功的渴望。而每个都市人,都把未来和成功与城市捆绑在一起,离开都市意味着懦弱和逃避,意味着对自我的否定,这才是生命中不可承受之轻。而且,逃离了城市,又能去向何方呢?换到另一个陌生的城市,成为匆匆的过客;还是回归自然,做一头自在逍遥的野兽?这已经不是一道选择题,而是一道判断题,城市从来没有试图适合人们居住,洛杉矶如此,别的城市同样如此,而在城市的挤压之下,真正的自然早已不复存在。逃离城市,如同逃离自己的影子一样困难。

时尚之丑

2004年,英国新闻界热衷于嘲弄一些被称为"chav"的人,为此还创造出了种种蔑称,诸如"没有受过教育的罪犯"、"快速成长的农民下层阶级",据说这些人以缺乏教育、玩世不恭、喜欢暴力和品味低劣而著称。据《泰晤士报》报道,他们是愁眉不展、脸色苍白的青年人,头戴头巾,脚穿软底运动鞋,无精打采地在街头拐角处徘徊;她们是发呆的女孩,戴着耳环,头发上抹了厚厚的发胶,在公共汽车上互相诉苦。总之,他们是不受人尊重的底层人士:领失业救济金的人,小偷小摸的违法分子,足球流氓和毒品贩子,很多人出身于普通工人阶级甚至更差。同样一种社会现象,牛津出版社评选2004年风云用词时选中了chav,解释说:"这个词适用于喜爱廉价珠宝、白色波鞋、显眼名牌商标衣服和巴宝莉棒球帽的英国不良青年。"而chav们的代表,却是贝克汉姆和辣妹、歌星克里斯蒂娜等时尚界赫赫有名的人物。

很快地,2005年在美国流行起了一个更为直白的新词——fugly, fucking ugly 的缩写,进一步把小甜甜布兰妮等前卫的明星拉入了不合时宜的圈子。《国际先驱导报》把fugly翻译为"丑毙了",并引用纽约时尚界专家西蒙·杜南的话评论道:"当代的时尚正是'丑毙了'在横行。青少年们的邋遢和奇装异服变成了酷。从这种意义上说,我们已经进入了一个审丑的黄金时代。"在"审美疲劳"铺天盖地之后,"审丑刺激"便接踵而至。暴力美学、痛苦美学,跟fugly一脉相承。所谓"暴力美学",是指在影片中渲染枪战、武打等场面,将暴力诗意化,并努力挖掘其中的形式美感,以迎合观众的口味。最近,《罪恶之城》公映获得巨大的成功,美国影院的广告语便是"持续的、强烈的、形式化的暴力"。而所谓"痛苦美学",则来源于一些另类的时尚,譬如刺青、穿舌,最新最酷的则是"天佑悬挂"，用钢钩穿过皮肤把自己吊起来荡秋千。

　　fugly 并非天生的，而是精心修饰后的丑，正如一封发布在博客上的邮件描述的那样："丑陋意味着不漂亮，并不会让人感到震惊。丑陋是直截了当的，但如果你是'丑毙了'，那么你就是精心设计的惊心动魄的丑陋，这种猛烈的程度就是一种震惊，就像在公共盥洗室猛然见到一个穿着超短裙、身材极为臃肿的女人，那种感觉是'哦，不！'"这种风潮令人想起 2004 年的黄威廉，一个在《美国偶像》节目中进行了蹩脚表演的龅牙明星，在那次勇敢的表演之后，美国主流媒体《洛杉矶时报》、《人物》杂志及电视娱乐节目《今夜娱乐》纷纷找威廉做专访，还有电视台希望他上节目。当时有人说这是"反偶像"精神，有人说他的勇气感动了人们。而从时尚的变迁来看，fugly，却成为每个普通人的娱乐。没有必要寻找太多的文化背景，人们需要的仅仅是简单的刺激。当美成为一种唾手可得的东西，当舒适和安逸成为生活的常态，那么，时尚便会反抗这样的流行。时尚追求与众不同来获得刺激与满足，这种与众不同却表现出盲目的群体性。当人们众说纷纭的时候，谁也不清楚，下一步会流行什么。刺激，是时尚的第一元素，而为了刺激，所找到的目标，可能永远让我们意想不到。

　　Chav 在吉普赛语言中是孩子的意思，孩子是天真任性的，成人是矫饰虚伪的，而毫不遮掩地表现出自己丑陋的一面，可以让生活变得轻松一些。这使某些主流媒体在嘲弄的同时也不得不承认："越来越多的人对莎士比亚的作品感到陌生，而对 chav 文化却津津乐道。"人性中总有丑陋的一面，掩饰或是展示，成为人生选择的分水岭。所以 chav 很真实，而 fugly 却与人造的美丽一样有着几分表演的成分，一个是放弃了追求，一个则仍然很积极。从某个角度上来看，chav 算得上一种时尚，而 fugly 的追求则应当属于前卫。时尚是一种生活方式，并不完全由自己做主，而前卫则是一种生活态度，多多少少有与主流相对抗的意图。时尚永远不能回头看，当然也不能在外边看。即使我们能够分析得头头是道，但如果不去参与其中，是很难体会到真实的一面的。

热吻似水流年

摄影艺术中最经典的两个热吻当数《纽约时报广场胜利之吻》和《巴黎市政大厅前的浪漫之吻》。《胜利之吻》是被誉为"世界新闻摄影之父"的德国摄影家阿尔夫里德·伊森斯塔特（Alfred Eisenstaedt）的杰作，最初发表于《时代》杂志社的《生活》画报上；而《巴黎之吻》则是法国平民摄影家罗伯特·杜瓦诺（Robert Doisneau）的作品，也是《生活》画报曾经发表过的传世之作。两个摄影家都擅长抓拍，在按动快门的瞬间，定格生活中最美好最激动人心的一幕。

回味这两张照片：《胜利之吻》的画面中心，一位海军士兵一把搂过正在身旁的陌生护士，右手揽腰，左手紧紧箍住后背，送出一个不容挣扎的强吻，背景中的人带着微笑看着他们，原来此时正当日本投降的消息传到纽约时报广场之际，人们用这样的方式表达胜利的喜悦；《巴黎之吻》中，男主角右手环抱着女主角，左手悬在空中，旁若无人地深情一吻，背景中其他人的表情则很漠然，因为浪漫的巴黎天天都有人情不自禁。能有什么比这更好的方式来营造胜利和浪漫的气氛吗？

这两张照片分别摄于1945年和1950年，两位摄影家也分别于1995年和1994年去世。时间对他们来说已经凝固了，无可挑剔的艺术对世人来说也已凝固。在他们生前，两张照片都发生了有趣的小插曲。1985年，伊森斯塔特在报上刊登寻人启事，找到了《胜利之吻》中的男女主角，这两位偶遇的年轻人幸福地结合了，现在已是子孙满堂的爷爷和奶奶，这在当时传为美谈。而1992年，一对年老的法国夫妇——德尼和让-拉韦涅·路易夫妇，则将杜瓦诺告上了法庭，声称他们是照片中的年轻情侣，并要求赔偿。杜瓦诺为了否认他们的指控，不得不承认当时其实是雇佣了一对演员来表现发自内心的、年轻人的爱情。这时候，真正的女主角伯尔内出现了，她和男友雅克·卡尔托就是照片中的男女模特,不过她同样向杜瓦诺索要1.85万美元,并要求获得照片销售额的分成。当时闹得沸沸扬扬,最终法院驳回了伯尔内的赔偿要求,此事最后不了了之。

画报、报纸、法院,故事的场景在不断变化,2005年4月,故事发生到了拍卖行。伯尔内宣称,杜瓦诺曾将一张盖了自己印章的原版照片送给她作为纪念,她打算交由巴黎一家拍卖行拍卖,底价在1.5万欧元至2万欧元之间。11日,美联社记者对她进行了电话采访,伯尔内说:"照片里的人是我。照片虽然是导演出来的,但吻是真的。"当时,她和男友在咖啡馆里拥抱,两人的旁若无人,大胆激情引起了杜瓦诺的注意。"他可能打算偷拍恋人的照片。但事实上,他在咖啡馆看到我们的时候,却走了过来,问我们是否愿意再吻一次。"伯尔内与男友答应了,于是,他们在市政大厅前炮制了那个吻,但在此之后不到一年的时间里两人便分道扬镳了。

4月25日,照片拍出了15.5万欧元的高价,在拍卖行的幻灯里展示了一张助兴的照片,已是满头银发的老妇在市政厅前热吻的位置捧着那张照片,顿时令人唏嘘不已。《联合早报》上的评论文章感慨道:"但巴黎之吻的魔术还是破灭了。罪魁祸首不是别人,就是照片中的女主角。她把摄影师送她的原作拿出来拍卖,从中捞了一大笔,成为新闻人物。原本无价的浪漫和爱情,现在却有了一个标价:155000欧元。"而中新社驻巴黎记者则挖掘出这样一个信息:"艺术照片市场近年来在法国呈明显的上升趋势,越来越多的艺术品爱好者把收藏艺术品的目光转移到照片原作领域。此次照片拍出高价的新闻将再一次给艺术照片原作市场注入兴奋剂。"

"她的出现已不知粉碎了天下多少女子的巴黎梦",同样,她的出现又不知点燃了天下多少收藏家的淘金梦。其实,两个热吻,在它们诞生的那一天,本身既是艺术品,又是传播消费品。用审美感觉还是用欧元来估价,无非是两种不同的关注方式而已。《胜利之吻》有着一个从头到尾的圆满结局,《巴黎之吻》看上去则并不那么和谐。然而,伯尔内得到了远远高于1992年她所希望的回报,她是幸福的;最后举牌的买主,无论是一个商人还是一个鉴赏者,如愿以偿的他也是幸福的。作为观众的我们,还需要苛求什么呢?就让艺术归于艺术,金钱归于金钱,而梦,本就是梦而已。

禁烟的逻辑

2003年5月,《烟草控制框架公约》在日内瓦召开的第56届世界卫生大会上获得一致通过后,迄今已有167个国家在公约上签字。公约条款主要是:提高烟草的价格和税收,禁止烟草广告,禁止或限制烟草商进行赞助活动,打击烟草走私,禁止向未成年人出售香烟,要求在香烟盒上标明"吸烟危害健康"的警示,并采取措施减少公共场所被动吸烟等。该公约于2005年2月27日正式生效。在这个背景下,6月20日,英国政府公布了一项严格的禁烟计划,其禁烟范围比目前规定的大得多。禁烟令将分阶段实施,预计到2008年底,几乎所有公共场所都将禁烟,违者可能被课以最高200英镑的罚款。

轰轰烈烈的禁烟运动在整个欧洲大陆如火如荼地开展着,自16世纪航海家们把烟草种子带回欧洲并传播到全世界以来,禁烟问题也许第一次如此全球化。不过,纵览历史,更为严厉的禁烟浪潮在各个国家并不鲜见。1602年伦敦大主教病逝,人们认为是吸烟所致,英王詹姆士一世因此诅咒"吸烟是一种不良嗜好,它伤目刺鼻,害脑戕肺,如同阴曹地府入口处的黑烟坑。"随后,英国政府制定了禁烟法,对吸烟、售烟者处以刑罚,把烟草关税增加40倍。一群群"吸烟犯"被押赴刑场处死,伦敦最大的几家烟草机构被砸烂,乡村的烟田被骑兵纵马摧毁。1634年,俄国规定吸烟者要遭受鞭打,嗅烟者割鼻,屡教不改者流放西伯利亚或者处死。但具有讽刺意义的是,1696年,沙皇彼得一世出游英国,学会了吞云吐雾,回国后不仅取消了禁烟令,而且鼓励自己的臣民吸烟。从16世纪初到18世纪初,香烟以一种异端入侵者的姿态侵蚀着欧洲社会,慢慢也就成为司空见惯的东西,不再具有任何宗教或是文化的象征意义了。最早的禁烟逻辑是对异端习惯性的封杀,很残酷,也很前现代。

20世纪以来，随着现代医学的发展，人们对流行病的追踪研究有了不少具有统计学意义的材料积累，人们发现很多流行病，尤其是肺癌等绝症，跟抽烟的习惯密不可分。大众媒体与专业媒体都展开了对烟草的抨击，1924年美国《读者文摘》上的《烟草对人体有害吗？》一文引人注目，权威医学杂志《柳叶刀》也于1927年正式提出吸烟可能是肺癌最主要的诱因。而这几十年间，人们对吸烟还是毁誉参半，也有医学杂志宣称吸烟可以缓解精神压力，无须过于敏感。不过20世纪50年代以后，对吸烟的态度开始一边倒，几乎所有的媒体和机构都积极地反对吸烟，吸烟有害健康的观念深入人心，抽烟者丧失了所有的舆论支持，只能在私底下自我解嘲。禁烟的现代性逻辑是科学，吸烟有害健康，已成为不争的科学论断。

而全面禁烟政策的跟进却是极为缓慢的，烟草作为全球唯一一种"合法的害人产品"，看起来仍将长期存在。作为国家税收的大头，烟草产业长期以来"默默无闻"地为国库贡献着真金白银，烟草企业雄厚的财力足以影响政府决策，美国此次未加入《烟草控制框架公约》，据传便是烟草集团院外游说的效果。禁烟的另一大顾虑便是走私市场对现有经济秩序的冲击，在实行烟草特别税造成烟价高企的西欧，私烟已逐渐占据20%以上的市场份额并在不断增长。需求是客观的存在，法律很难完全战胜暴利的诱惑，未来的烟草市场沦为如今的毒品市场，也许并不是人们理智的胜利。合法秩序与非法秩序间的对抗，导致禁烟的经济逻辑更为混乱。

于是，只有消除需求才是完全之策。吸烟有害健康，但这种危害并不是立竿见影的，而吸烟的诱惑却是实实在在的，所以烟民对吸烟带来的健康威胁熟视无睹，或者抱着侥幸心理，无论科学家们如何煞费苦心论证这一事实，仍然无法改变时间的魔力。未来总是不确定的，而眼前的快乐才最值得追求。禁烟的个人逻辑因人而异，睿智的人选择禁烟，而短视的人则信奉"在我死后，哪管洪水滔天"。实际上，烟草问题折射出人们的一种价值观，在人的一生中，最宝贵的是什么？金钱、健康、寿命，还是别的？禁烟的最后一个逻辑，道德逻辑自然而然地浮现出来，并凌驾于科学和经济之上。如果个体的需求影响到公共利益，作为个体的理性选择有两种，一种是法律选择，一种是道德选择。震慑于法律的威力，痛苦地压抑自身的需求，和遵循道德的安排，愉悦地抛弃不当的需求，结果一致，在个人心理上却有着天壤之别。无论如何，世界上吸烟的人总是少于不吸烟的人，在提不出反驳现代科学"吸烟有害健康"论断的前提下，尊重大多数人不吸烟的自由，是吸烟者放弃自己欲求的高尚的道德选择。而一味强调保护个人健康，反倒显得自私而小气。虽然这个世界自私的人很多，偏偏在吸烟问题上，自私遇到自控的挑战，不得不败下阵来。所以，给禁烟一个高尚的理由，会有更多的烟民能从戒烟中得到道德享受，而不是肉体痛苦。我们不妨把"吸烟有害健康"的口号更改为"戒烟有益公众"，让禁烟的道德逻辑彰显出来，给不怕死的瘾君子们一个崇高的选择。

大张旗鼓的小国寡民

2005年6月,受纽约新学院大学韦拉·利斯特艺术及政治中心之邀,一些寻求无国之土者在纽约举行了一个聚会。什么叫"无国之土"?正在谋求印度洋两个小岛主权的格林的理论是:"必须满足三个条件:一是无人居住;二是没有任何证据表明现有的哪个土著的祖先曾经定居于此;三是没有哪个国家宣称拥有过它,也没有卷入过任何国家的领土纷争中。"格林曾经在地图上成功地找到位于太平洋中央的一小块珊瑚礁,并于1994年建立了加罗林新自由国。

无独有偶,与格林的地图之国类似,"海国王子"罗伊占据了英国海岸11公里外一个废弃的二战炮台,并于1967年创办海国,并向经过的英国海军浮标补给舰开枪以宣示其主权。格林创建加罗林新自由国之后,不仅给联合国和其他一些国际组织发出了正式公告,而且招募了2000名国民,设计了国旗,在世界各主要城市设立了大使馆,总而言之,格林试图通过合法途径得到承认。然而,1979年才获得独立的基里巴斯共和国将格林告上了法庭,1999年,格林输掉官司,失去了对珊瑚礁的法定管护权。

领土问题本是最严肃的政治问题,这些梦想家却将之变得幽默起来。2001年,一名澳大利亚农夫和他的两个儿子将他们的家庭农场"圈"了起来,宣布成立"彭德罗萨公国"并自封"亲王"和"王子",发布"独立宣言",拒绝向政府纳税。澳大利亚警方随即攻陷了该"公国",将父子三人带到了警局。2005年7月初,墨尔本地方法庭认定其"欺诈罪"成立,目前尚未做出最后裁决。一个国家可不比一个公司,一块国土也不能与一块地产相提并论,倘若真让他们获得这些权益,恐怕国家的定义就要改写了,所以国际社会绝无可能让他们梦想成真。但作为一个创意,这种努力和追求显然会赢得很多同好的首肯。

不由得想起20世纪80年代美国失业人士丹尼斯·霍普的传奇故事。"一天，正当我无聊地望着窗外的时候，忽然注意到了天上的月亮。"霍普说道，"当时我就对自己说，那就是我的不动产了。"旧金山所有权登记处一个管理员收取了他10美元的手续费，签署了相关的文件。霍普给联合国、美国政府以及前苏联政府正式发信通告，信中说"如无异议即表示认可"，当然，他并未收到任何回复。然后，他成立"月球大使馆"开始贩卖月球，几十美元就可以获得3000多平方米的月球土地所有权以及相关的证明材料。断断续续地，"月球大使馆"拥有了数千个客户，甚至还有了德国和澳大利亚的两个代理商，总营业收入达到上千万美元。

国家是什么？自然而然的民族政治聚合体，似乎是传统国家形成的基础；血与火的战争换来的独立和主权，似乎是殖民时代结束后的惯例；而在这些梦想家、商人和疯子眼中，国家更像是一种法律游戏。实际上，政府拥有主权，个人或团体有的只是财产所有权，当个人或团体宣称自己是政府的时候，主权和财产所有权的法律纠纷必然会出现。当然，现今的国际秩序中没有这样一些"国家"的地位，他们的存在似乎也带不来什么纷扰。地球看来已经被瓜分完毕，而霍普的胃口实在太大，他甚至宣称整个太阳系都是他的不动产。不过，胃口、梦想或者野心再大，也不能使霍普脱离地心引力，看一看那些已经将个人资助的宇航飞船送上太空的亿万富豪们，就可以明白还是金钱的声音更响亮。

地球的殖民时代已经过去，在地球上寻求"无国之土"的人们抱着脚踏实地的空想，却只能用放大镜仔细搜索每一片人迹罕至的珊瑚礁。而霍普等人抬抬头，发一封号称无人理睬即被默认的信，彻头彻尾的空想便成了真金白银的进账。已经有远见者为太空殖民时代的来临作准备，全球成立了数十家有关太空法律的协会，起草"外太空公约"、"月球公约"等，力图维护的核心内容是：外太空是属于所有人的公共资源。这种乌托邦式的法律意识固然值得称赞，但属于所有人的公共资源也不属于任何人，整个外太空，仍然是一片广大的"无国之土"。

神牛崇拜下的世俗法则

印度德里高等法院于 8 月 4 日通过了一项法令,为使该城市彻底摆脱交通隐患,要求有关当局向捉牛者支付每头牛 2000 卢比的现金奖励,这笔钱相当于普通印度人一个月的薪水。重赏之下,必有勇夫。一时之间,新德里街头巷尾涌现无数"牛仔",骑着摩托,开着汽车,拿着各式各样的简陋武器,纷纷将牛逮送至政府的"收容所"。政府此举实为不得已,印度首都的"牛患"由来已久,充斥在大街小巷中的牛不仅堵塞交通、污染环境、传播疾病,甚至伤人致命,看起来颇为无法无天。由于多方面的原因,本该由市政管理部门解决的问题被下放到民间,一方面也许是为了转移矛盾,避免发生官方捉牛队与民众暴力冲突的场景;另一方面,也表达了新一届政府要彻底根除痼疾的决心。

在印度,牛是主神湿婆的坐骑,超过 80% 的印度人都是印度教徒,敬牛如敬神,他们相信每头牛背上都载着湿婆神巡视印度大地,那种神圣的宗教感情确实很难用世俗的眼光来理解。印度虽然早已是政教分离的现代国家,但宗教在政治生活中仍然有着莫大的影响力,不少暴力冲突与宗教纷争都不无关系。圣雄甘地曾说过:"牛是印度千百万人的母亲。古代的圣贤,不论是谁,都来自牛。"而当神牛与世俗生活发生冲突的时候,在根深蒂固的宗教感情和文化氛围下,很难用一种简单粗暴的方式来解决。据官方统计,新德里流荡的神牛大约有 4 万头。因为宪法禁止屠杀神牛,而由于经济原因,牛主人往往并不愿意赡养年迈的耕牛以尽其天年,而是放之于野,任其自生自灭,这就成了流浪牛最大的源头。从这个角度来看,神牛崇拜并没有超越世俗的价值取向,由于流浪牛能够得到市民很好的照顾,这种做法也就成了农民转嫁经济负担的一种传统方式。当然,也有一些家养奶牛被放到街头,只是在挤奶的时候才领回家创造经济价值,可见利用神牛崇拜占便宜的小人也为数不少。这两大因素造成了印度大都市这种独特的景观。印度约有2亿头牛，占世界总量的1/4，哪怕只有极少数人采取前述两种方式，流浪牛的数量便会不断增长。所以，德里高等法院的这个措施只能是权宜之计。实际上，正如一位市政官员指出的那样，从2003年9月到2005年3月，他们共捕获3万头流浪牛，但最终这些牛又重新走上了街头。

"保护牛是印度教送给全世界的礼物，只要印度教徒保护牛，印度教就将永远流传下去。"但究竟谁应该承担起保护神牛的责任，如果把这个责任全民化，那么，就会有极少数人钻空子。据说，政府将对此次活动中捕获的流浪牛进行拍卖，以拍卖所得资金来支付赏金。这些牛将被烙上特别的印记，如果被发现再一次流落街头，牛主将被课以高额罚款。这也许是一种解决方式，用法律来保障宗教的神性，将经济责任和法律责任落实到个人。无论如何，让神牛流落街头的人不仅对宗教不恭，而且对法律不敬，应该得到应有的惩罚。不过，为一头牛颐养天年所耗费的人力和财力，对于城市化进程中的贫苦农民来说，无疑是巨大的负担，国家给予合理的经济补偿，也许是更好的治本之策。神牛崇拜是一种美好的宗教感情，也是传统农耕社会的优良文化传统，"一个民族的伟大与道义进步，可以从对待动物的态度上体现出来。保护牛，意味着保护那些无助的脆弱生命。"2004年印度大选中执政党"意外"失利，很多分析家认为执政党是经济改革中既得利益者的代表，而大选中获胜的国大党则组织了世俗联盟，强调平衡与和睦，代表更广大阶层的利益。"印度经济改革之父"曼莫汉·辛格担任总理，推行"人性化"的改革方针，面对着要么改变宗教信仰，要么改变世俗生活的两难处境，尊重传统和文化，用法律和经济杠杆来规范世俗生活，也许便是人性化的一种体现。

布什的书和普京的雪糕

"读书足以怡情,足以傅彩,足以长才。"最近各大媒体纷纷报道,布什总统在五个星期的休假期间,选择了三部书为伴,分别是马克·柯兰斯凯的《盐史》(*Salt: A World History*)、约翰·巴里的《大流感——致命瘟疫的史诗》(*The Great Influenza: The Epic Story of the Deadliest Plague*)以及爱德华·拉津斯基的《亚历山大二世:最后一位伟大沙皇》(*Alexander II: the Last Great Tsar*)。前两本书是带有学术性质的专门史,类似季羡林先生所撰写的《糖史》,后一本则是俄国当红作家的最新畅销书,此君擅长传记,风头胜过当年的茨威格。1997年,新华出版社翻译出版了他的斯大林传记《斯大林秘闻——原苏联秘密档案最新披露》;2000年,中共中央党校出版社在"世界名人名家名传"系列中再次出版了他的著作《斯大林传 赫鲁晓夫传》。

这三本书尚无中文版,媒体报道此事时,对书名的翻译略有差异,这无可厚非,不过大多媒体把拉津斯基的书翻译成了《亚历山大二世:最后的沙皇》,却是不应该出现的一个疏忽。拉津斯基当年的成名作正是《末代沙皇》,末代沙皇尼古拉二世,是亚历山大二世的孙子,一不小心,恐怕还真的会混淆视听。布什先生爱看什么书,本是他的个人隐私,不过白宫发言人郑重向媒体推出这三本书的阅读计划,当然引来了特别的关注。恰好这三本书的作者都健在,当然免不了要发表一些言论。柯兰斯凯的第一反应:"哦,他读书的?"作为坚定的"反布什派",虽然受到"敌人"的青睐,仍然要讽刺一番:"白宫可能在挑选书之前忘了调查作者的记录了。"约翰·巴里是个热心公共事务的人,曾经积极建议白宫采取措施防备"即将到来"的大流感,但都石沉大海了,现在他应该放心了。而拉津斯基的话比较耸人听闻:"我们才是恐怖主义的鼻祖。"不过他真正的意思是,"我希望这本书能给布什上一课,让他明白究竟谁才应该对恐怖主义负责。"

布什一向被塑造成不学无术的"英语糟蹋者",不过他活学活用的能力似乎很强,看过夏朗斯基的《民主论》后,立刻就能将之运用到国情咨文中。这倒是应了培根那篇文章里的另一段话:"而人之才智但有滞碍,均可读适当之书使之顺畅。"布什为什么要读这三本书呢?总统自己未必愿意解释,但报道者总得找个理由。《纽约时报》报道布什读书计划的引子很有意思:美国油价飙升,车主怒气冲天,伊战阵亡士兵母亲找上门讨说法。在这样的背景下,石油和恐怖主义是美国政府工作的重中之重。盐是历史上唯一堪与石油媲美的战略性资源;而1918年那场流感大流行造成了千万人死亡的惨剧,似乎也预示什么;亚历山大二世被当时的民意党人炸死在圣彼得堡街头,拉津斯基在试图表达,政治领袖的错误政策可能是导致恐怖活动的根源。亚历山大二世因废除农奴制进行资本主义改良而被誉为"解放者沙皇",这个称号不知是否也对布什总统有所触动。也许,布什想从这几本书中寻找一些以史为鉴的东西,但媒体和出版商关注的其实只是名人效应,我们很难揣测这几本书能给美国政策带来什么样的变化,我们却很容易知道,在畅销书排行榜上这几本书的名次一定会大大上升。

布什读书期间,俄罗斯正在举办国际航展,普京总统在航展上花500卢布购买了两个价值15卢布的雀巢冰激凌。俄罗斯雀巢食品公司的公关发言人玛丽娜·齐巴列娃得意地宣告:"我们非常高兴,总统做出了自己的选择,与许多俄罗斯人一样,选择了雀巢雪糕。"普京选择雀巢并不意味着俄罗斯的商业贸易政策会向外国品牌倾斜,不过巧合的是,布什选择了俄罗斯作家的书,普京则选择了美国公司的冰激凌。这倒是印证了一句老话,俄罗斯是个思想的国度,美国则是个物质的国度。作为大国领袖,一举一动都受到世人关注,媒体、商人和老百姓各取所需,但如果想要更进一步的分析,新闻报道提供的细节就远远不够了。不过,普京再一次加强了亲民的形象,而布什则又被人嘲讽为"可能是全美国唯一带着这三本书去度假的人"。

内礼外仪

据《纽约时报》报道,在经历了一段时间的"无礼"后,美国人开始重拾对礼仪的重视,"礼仪产业"也似乎迎来了复兴。美国人在调查中抱怨"在公众场合用手机大声地讲电话,电子邮件中总是出现显而易见的语法问题,商店里的店员很烦人"等等,认为"现代社会匆忙的生活脚步使父母疏于教导孩子们应有的礼节规范",也有人把这些归罪于网络技术的发展。《南方周末》记者则追溯到20世纪60年代美国的"礼崩乐坏",认为是那时候的放纵自我和挑战权威带来了今天日常生活的尴尬。近年来典型事件有两个:一个是女高中生在电视节目中询问前总统克林顿"你穿什么样的内裤,是平脚裤还是三角裤?"克林顿"幽默"地回答道,"我偏爱紧身一些的。"另一个则是现总统布什和一群女大学生合影时,前排几个同学穿着拖鞋就随随便便上了大雅之堂。

前些日子,香港迪斯尼乐园正式开园。有记者报道:有广州小男孩在浪漫的睡公主城堡前,光着屁股撒了一泡尿,还露出"小鸟"四处跑;有大叔在非吸烟区吞云吐雾;有人脱鞋横躺在长椅上,或累极蹲在地上……而迪斯尼的员工则甚少上前阻止这些行为,只是采取清洁地面等补救措施,并且评论道:在迎客首日,内地游客带过去的种种"文化冲击",似乎给标榜整洁、秩序、完美的香港迪士尼乐园留下了一些不太和谐的音符。尽管非常委婉,但还是如同《芝加哥论坛报》"你就穿着拖鞋去白宫?!"的头版标题一样,看得出那种"不舒服"的感觉。当然,也有人辩解说,是乐园基本设施不够完善,才造成了这一情景,而且这些只不过是种习惯,其实也没什么大不了,诸如此类。

如果不是拿出"失礼"这个词,还真的很难给这些引起诸多争议的事情定位,可能会在隐私、权威、平等、自由、开放、时髦、流行等词中寻找到一些粉饰。反对者也未必清楚自己在反对什么，只是觉得这样的事情发生了，心里觉得不舒服而已。20世纪60年代年轻人的反叛出自内心的不服，凭什么我们就得接受那么多的束缚，为什么不能靠着本能和欲望来处理所有的事情；而今天的回归，"坐下时如何保持两膝并拢，吃饭时如何正确地使用刀叉，谈话时如何避免出现冷场……"，则昭示了优雅的外在仪表更有利于沟通。人是群居性的动物，但往往又如同刺猬般不能靠得太近，我行我素太强调自身的独立性，而一旦独立过头便成为孤立，进而影响到社会交往和职业升迁。《纽约时报》从功利的角度给了人们去参加礼仪培训的理由，礼仪学校和礼仪书籍的火热，似乎给人们一种暗示，即有了礼仪就有了利益。

如果每个人都把"无仪"的行为看作是一种自由和享受，简单地去禁止这个禁止那个，重新流行起来的礼仪书上所要求的烦琐的细节，很有可能会成为一种新的束缚。如果讲究仪表的人只是看不惯那些放荡不羁的家伙，而不知道自己为什么看不惯，那他内心也未必就有"礼"的存在。所以，礼仪应该分开来看，内礼而外仪，当前所谓礼仪的中兴其实只是仪的中兴，在内心中，大家其实并不一定找到了解决问题的根源。无礼之仪，并不比彻底的粗鲁好上多少，所谓衣冠禽兽和伪君子便是写照；而无仪之礼，反而弥足珍贵，譬如周公吐哺和蔡邕倒屣；当然，既有礼又有仪，更是上上之选，子曰：七十而从心所欲，不逾矩，可见其难。

礼放在现代社会应该是一种伦理需求，并非简单的道德判断，伦理是处理人与人之间关系的原则。对长辈、对孩子、对朋友、对陌生人，在最基本的尊重和理解之外，又会附加种种不同的表现。每个人面对的社会关系都极为复杂，其间既掺杂了感情，又掺杂了利害，试图以不变应万变，往往会举措失仪。所以，现在流行的礼仪培训，把问题简单化、模式化，让我们知道在什么场合如何去做，的确不失为一种有效的手段。但手段仅仅是手段而已，没有强烈的伦理需求作为支撑，所养成的这些习惯，实现的不过是一种机械的仪。人如同机器一样举手投足，倒像是大工业社会流水线上生产的"机械君子"，粗鲁固然是没有了，灵性想必也随之而去。

以娱乐的名义

57岁的BBC（英国广播公司）电视台资深新闻主播菲利普·赫顿愤然辞职，起因是看不惯他的同事——35岁的凯特·希尔文顿的娱乐化主持风格。赫顿在BBC干了37年，深受器重，属于新闻频道台柱子级别的元老，本以为向上司打个报告，把3个月前刚调到新闻频道跟他一起主持节目的希尔文顿清除出这个严肃的节目组，是件轻而易举的事情，没想到，最后离开的却是他自己。希尔文顿出色地主持过BBC的一档娱乐节目，后来被调到新闻频道担任主播，在赫顿看来，她"根本就是来美容院上班的"。一个花枝招展的成熟女性，毫无记者背景，用一些"奇技淫巧"的手段来主持新闻节目，赫顿说："我们俩就是不合拍，每天要在一起工作4个小时，互相不喜欢的话怎么能干下去。"

可以想像，一个用着20世纪的严肃新闻主持风格的"老古董"，与一个轻松调侃随时弄出一些噱头的年轻女性合作，对电视台而言，是很有卖点的，对观众来说也颇有看点。可惜赫顿不能忍受这样的被出卖，电视台也只好忍痛割爱。表面上看是"新闻娱乐化"这个理论问题在人事上的反映，娱乐取得了最终胜利，细想却未必如此。"娱乐经济"已然是一个响亮的口号，在欧美发达国家，有1/3的时间、2/3的社会财富以及1/2的土地资源都投入到了娱乐项目当中，娱乐作为朝阳产业，仍在持续不断地蓬勃发展。娱乐元素渗透入社会生活的方方面面，俨然是不可阻挡的时代大潮。20世纪50年代人类学家约翰·赫伊津哈（Johan Huizinga）"人乃玩家"（Homo Ludens: Man the Player）的严肃话题得到了充分的印证。"游戏……是一项意义重大的活动，它超越了本能需求，它赋予行动以生存之外的意义。所有的游戏都有它的意义。"人类生存正是一个不断寻求意义的过程，而娱乐，则是这个终极意义的归宿。

作为传播领域的资深人士，赫顿没有理由拒绝"娱乐大众"的天然责任，问题在于，大家对娱乐的理解出现了分歧。把节目做到让民众喜闻乐见，享有极高的收视率，相信是每个电视人的追求。赫顿认为希尔文顿并不能带来这种变化，但电视台显然与赫顿的意见相左。在这件事上，双方的努力和坚持都有其存在的合理性。"美女主播"不是什么新鲜事，某些激进的电视台甚至早就制造出"裸体播报"的新闻，这种极端手法也只能是昙花一现，失去了神秘感和诱惑力之后，剩下的只是苍白的躯体和空洞的内容，与普通的新闻相比，并没有增加更多的吸引力。所以，"娱乐性"体现着人的创造性和想像力，随时的求新求变才能保持活力。生活是一条长河，而快乐是短暂的浪花，娱乐要素便是不断投入河流的巨石，从这个角度来说，娱乐没有传统，娱乐是一个求新求变的动态过程，是与守旧针锋相对的新势力。以娱乐的名义，改变陈腐守旧的同时，还得尊重传统的力量。传统的新闻播报和增强了娱乐因素的新闻播报面向着不同的观众群体，充分体现了娱乐要素鲜明的个体性差异。BBC发生的这起事件，无疑是个双败的试验。新闻本身就是娱乐形式之一，认识不到这点，所谓保持新闻的严肃性或是增加新闻的娱乐性，无非是削足适履或画蛇添足罢了。

恰好，已经延续了84年之久的"美国小姐"选美大赛由于被ABC（美国广播公司）电视台取消了直播计划，不得不推迟到明年举办，但直到目前为止，赛事组委会始终没有公布比赛的具体时间和地点。"美国小姐"遭遇的滑铁卢，是否就是娱乐的失败呢？为了扭转颓势，甚至有策划人员提出让选美冠军"挑战恐惧"的构想，"最次也要吃掉一盘蟑螂"。人们总是不甘心于经典的衰败，无论出于什么原因，却从来不去考虑"理想化的美国女性代表"这样一个保守主义的理念如果被彻底颠覆，那传统还能算是传统吗？去苦心维持一个形式上的空壳，同样不是"娱乐主义"的精神。娱乐所带来的冲击，还将继续下去，解决方案既不是一相情愿地迎合潮流，也不是一成不变地墨守成规，而是，找到真正乐在其中的受众。要求变，不要保守；要创造，不要模仿；要发现，不要提供。这将是一个改变传统观念的漫长过程。

富得有创意

在各类富豪排行榜漫天乱飞的时候，美国《财富》杂志日前推出了"妒忌25人"排行榜，除了企业总裁、科技新贵之外，厨师、牧师、作家、服装设计师、经济学家、电视制作人等都榜上有名。在技术领域中，没有比尔·盖茨，倒是保罗·艾伦榜上有名，此外，谷歌创始人谢尔盖·布林和拉里·佩奇排在了榜单的第一位。

艾伦上榜并非因为他对微软的贡献，虽然盖茨曾说过："没有他就没有微软。"他上榜最主要的原因是他退出微软后的"娱乐"和"投资"生涯——1亿多美元建造自己的超级游轮"章鱼号"；2亿美元买下美国橄榄球联盟的西雅图海鹰队；7000万美元收购NBA的波特兰开拓者队；2.4亿美元修建"体验音乐博物馆"；2000万美元建造全球首架私人航天器"太空一号"；2000多万美元修建"外星人博物馆"；还有好莱坞的梦工厂工作室，外星生物研究所，人脑科学院，等等。有人形容他"投资和兼并公司就像19世纪的大亨购买农庄、家畜、铁路和肉类加工厂一样。"遗憾的是，他所投资的事业要么过于超前，要么管理不善，都处于惨淡经营的状况。

这可能是他令人哭笑不得的地方，很多人都设想如果自己能像他一样有钱，会做得比他好上太多，劳拉·里奇为他所写的传记的标题定为《一不留神的亿万富翁》，似乎反映了大众的这种认识。其实，仔细想来，跟他一样有钱的人，并没有几个做得比他更好。三十多年前，年轻的艾伦说服盖茨退学跟他一起创办微软，看到的是个人计算机软件领域的巨大商机。三十多年后，盖茨仍苦心经营着庞大的微软帝国，艾伦说了一句意味深长的话："个人电脑行业的崛起带来一次财富机遇，如今信息高速公路是另一次浪潮。但一个人很难同时赶上两次浪潮。"老天不会垂青同一个人，让他在两次浪潮中都独领风骚，这也是布林和佩奇这两个新搭档崛起的原因,"我所做的一切似乎都是错的,但我的心气仍然高昂",艾伦为自己谱写的《时间炸弹》一曲,不知是否希望激励自己继续保持梦想。

财富总是一不留神就降临到某些人的头上,最令人妒忌的是,他们恰好做着自己喜爱的工作。但财富总伴随着权力、责任、贪婪和欲望,把喜爱变成厌倦,把工作变成苦役,能够清醒地认识到自己不过是上天垂青的幸运儿的富翁并不多,继续保持着创造动力的富翁更是凤毛麟角。只有想像力和创造力才能打破财富的枷锁,让工作始终充满乐趣。布林和佩奇作为弄潮儿,谷歌的魅力与20年前的微软一样,年轻的技术,年轻的追求,对技术的痴迷和敏锐的商业嗅觉所带来的成功的光环,刚刚笼罩到他们头上,财富还没来得及发挥它的破坏力,所以,他们还拥有着信心、魄力和最前沿的创造力。那么,展望下一个浪潮,虽然我们不知道究竟是什么,但一定会迅速地来临,他们也许还能像盖茨一般敬业,但能出现艾伦一样的洒脱吗?看着《财富》别有用心的排行榜,感到的不是妒忌,而是英雄日后的苍凉。

财富和事业既是一种自由,又是一种枷锁。细细想来,能够始终为梦想和创造而生活,实在是太难得的心态。虽然被评为"最蹩脚的经理人",但艾伦毫不在乎,因为他相信"美好的生活就是创造,无论是做音乐,编写程序,还是组合投资。"从这个意义上,《福布斯》杂志把艾伦排入"富翁挥霍榜",也许并没有完全体会到财富的个中三昧,相比而言,《财富》的做法更显得意味深长。有多少钱并不重要,重要的是钱在做什么,富得有创意,富得有影响力,富得让人妒忌,却无话可说。财富是成功与幸运的标志,但享受财富却更需要近似平庸与失败的心理。面对时代的一浪又一浪,站在财富风口浪尖的人不得不与财富进行你死我活的抗争时,财富很容易地剥夺他们生活与梦想,很容易地让人失去所有的可能性和创造力,这个逻辑很滑稽,却很真实。当然,有钱的感觉总是好的,因为,毕竟有艾伦这样的富翁在,给予我们一种类似google这个单词所表达的10的100次方那样的可能性。

为音乐而猫粮

英国广播公司最近报道了一则"旧闻":"美国加利福尼亚一位喜爱宠物的人创办了一家网络电台,陪伴世界各地感觉孤独的猫猫狗狗。""所有宠物都喜欢的电台"是"猫狗电台"(Dog Cat Radio)的定位,每天从凌晨4点到晚上9点直播17个小时,其间还有一个小时的西班牙语节目。包括创始人34岁的洛杉矶独立唱片公司主席马丁内斯先生在内,电台共有6名工作人员,领着微薄的工资,温柔地问候他们的听众:"所有长毛的朋友,你们好吗?我希望你们全都好极了,除了玩具,可不要咬其他东西啊。"

之所以说是旧闻,是因为专门为猫咪开设的电视频道早在2002年就已经出现,由一家猫粮厂商制作并赞助播出所有的节目,因为他们的市场调查人员发现:"美国共有8500万只猫咪,22%的猫主人观看电视时都选择他们猫咪爱看的频道。"几年前,还有一个日本的博士发明了"狗语通",据说能翻译狗狗的话语,市场反馈相当不错。如果纯粹从经济角度来看,大可不必当作奇闻异事。宠物市场早就产业化,养宠物的人本来就应该既照料好猫狗们的肚皮,也顾及到它们的内心世界,这个网络电台的出现,只是新技术与传统需求的一种有机结合,得到很多宠物主人的喜欢,是意料之中的事情,在不久的将来取得商业上的成功,也似乎可以预期。

值得关注的是,几家著名的媒体都采访了这个电台。在接受《纽约时报》采访时,马丁内斯谈到了他创办的初衷:"是我的宠物猫斯尼克斯要我这样做。有一天,斯尼克斯不安地走来走去,不停地喵喵叫。我问:'你想要什么?'这时,我放起了音乐,它马上变得安静起来。"于是,他和他的伙伴们,很真诚地开始了严肃的工作。这家电台的主持人都是喜爱宠物的人,又都是专业人士,从音乐的选择到主持风格到与听众的及时互动,他们都做得非常出色。也许正是这种纯粹让人们感到了简单的快乐,电台的支持者越来越多，某一天的听众竟达13万，造成了服务器的瘫痪。马丁内斯很坦率地说："我创办这家电台不是为了赚钱。不过，我相信，广告最终会来的。"

罗琳的第六本《哈利·波特》姗姗来迟，但还是最终摆上了我们的书桌，模仿马丁内斯的话，不妨为罗琳设计出这样的台词："我写这本书不是为了赚钱。不过，没想到，钱最终赚了很多。"从梦想到娱乐到商业化，人们尊敬并喜爱的，是有着和自己同样梦想的人，他们给人们带来快乐的同时，也给商业化带来了机会。当人们为自己喜欢的东西买单的同时，也为自己也许并不那么喜欢的市场法则投上了一票。"猫狗电台"的听众到底是宠物还是宠物的主人并不重要，正如我们已经完全不明白如今大众文化的受众是人的感官还是人的灵魂。"猫咪电视台"没能受到媒体的追捧，因为虽然有创意，却是企业最正常不过的市场行为；"猫狗电台"赢得眼球，因为人们似乎不相信真的会有人那么关心宠物的内心世界。然而，当马丁内斯从200多亿美元的宠物市场上开始赚钱的时候，那些最有价值的最初的感动恐怕不会剩下太多。

市场选择着有创意的梦想与感动人们的那一份真诚，最终交给消费者一个老掉牙的故事。商业法则大于娱乐法则大于梦想法则，一切开始于梦想，成就于娱乐，终止于商业。轮回下来，人们越来越难以满足。也许猫猫狗狗们不会想得太多，有得听有得看，就足够了。其实，在商业法则面前，我们何尝不是无知无识的猫狗，那么，究竟是谁，为我们点播了那些可爱的歌曲呢？陶醉于梦想所催生的幻象之中，我们所期待的娱乐化的商业时代，似乎还很遥远。唯一与过去不同的是，为猫粮而音乐，还是为音乐而猫粮，这，成为了一个严肃的问题。当然，加菲猫那句名言"只有猪肉卷是永恒的"，也许更为醍醐灌顶。

调查失民意

调查似乎是体现民意的最佳方式，譬如美国总统大选前的民意调查往往与结果一致，受到候选人和社会各阶层的密切关注，但这也许只是一种表象。民意调查更多的是一种舆论手段，尤其是那些颇具"创意"的调查内容。在俄罗斯"罗米尔监察"社会咨询公司的一次网络调查中，出现了一个令人吃惊的结果，问题是"俄罗斯人心目中的致富方法"，回收有效问卷共1696份，有8%的人提供的答案是"盗窃"。要知道，这些接受调查的人大部分是年轻人，教育水平和收入水平都居社会中上。我们能从中得出当今俄罗斯"世风日下"、"道德败坏"的结论吗？其他的回答也令人不敢恭维，53%以上的人依次选择了"当官"、"嫁给有钱人"、"继承遗产"等一夜暴富的"可靠"途径，而正常些的"在大公司工作"、"自己经商"所占比例分别为17%和14%。

也许，这是一个不该提出来的问题，因为有92%的被调查者认为，人们有可能在极短的时间内成为富翁。这是展现信心，还是发泄不满，恐怕很难说清楚。不知道该公司做这个调查有何意图，俄罗斯"列瓦达中心"舆论调查公司副经理格拉日丹金评论道："上述调查结果并不能完全反映俄罗斯人致富态度的真实情况，因为只有很少一部分人才能上网。"他所依据的材料也是一份调查报告，两年前，该公司进行过"生活成功需要什么"的专题调查，大部分受访者认为需要辛勤工作、有关系、有个好职业，只有6%的人选择"成功的婚姻"。"如何才能致富"，"成功需要什么"，在这些调查题目下无论列出多少个选项都是不够的，已经获得富裕和成功的人只有一个答案，而渴望富裕和成功的人没有答案。让人回答没有答案的选择题，唯一的目的就是诱导人们成为百分比中的一个分子。而舆论已经达到了目的，当人们犹犹豫豫地将自己的观念归入某个类型，也就落入了舆论的圈套之中。只要你看了，你去比较了，无论是赞同还是反对还是从中归纳出一些道理，甚至简单地骂娘也好，你就成为了舆论的一分子，而不再是独立的自我。

为了比较出牛顿和爱因斯坦在人们心中的地位究竟"谁高谁低"，英国皇家学会在网上开展了一项民意调查，分别针对1300多名普通民众和345名皇家学会科学家进行。调查问题有两个：在当时所处时代环境下，是牛顿还是爱因斯坦对科学做出了更大贡献？他们二人中的哪一位对人类的积极影响更大？第一个问题，牛顿以61.8%的民众选票和81.2%的专家选票大胜；第二个问题，牛顿以50.1%的民众选票和60.9%的专家选票小赢。英国皇家学会会长罗伯特·梅就"谁更伟大"之争作了这样的点评："相信很多人都同意，比较牛顿和爱因斯坦，就像比较苹果和橘子哪一个更好一样难有定论。"当然，毕竟是自己的机构在做这件无聊的事情，场面话也得说："这场争论的意义在于，人们有机会细数两位物理学家的精妙之处以及他们对世界产生的广泛而深远的影响，影响范围远远超越了实验室和科学演算。"也许，我们更感兴趣的是，在345名皇家学会科学家中，"苹果"和"橘子"谁能得到更多的选票。

2005年是爱因斯坦逝世50周年，联合国教科文组织所设立的"世界物理年"，民众和专家们让牛顿"超越"爱因斯坦，不知是否是对将"爱因斯坦年"定为"世界物理年"的善意的抗议。虽说盖棺定论，但这样关公战秦琼式的调查，同样展现出舆论无处不在的威力。面对调查，民意何在？调查是将独立个体舆论化的一种手段，也是吸引眼球的一种方式，细细想来，无论是A或B的简单选择，还是甲乙丙丁的长篇大论，填写调查表格的个体，当发送出这份表格的同时，也就不再代表自己了，即使那可能是自己的真实想法，但有血有肉的想法一旦成为统计数据，就变成了舆论的骨架。有必要去回答某些问题吗？有资格去回答某些问题吗？经典力学改变了世界，相对论也改变了世界，世界却不会因为一个调查而改变，甚至从来没有因为一份调查而真实地呈现在我们眼前。

规则情理外

最近,姚明所在的休斯敦火箭队出了一件有趣的事。教练范甘迪为了提升士气,在客场比赛的间歇带队去著名的赌城拉斯维加斯放松,结果球队在比赛中取得了难得的二连胜。这看起来是个不错的决定,可惜,几天后,NBA联盟宣布,要对火箭队的这一行为课以罚款,发言人蒂姆·弗兰克向媒体宣布,"他们在客场旅行途中将球员带去了拉斯维加斯,而这种行为是违反NBA工资的相关规定的。"所违反的规定是:"所有的NBA球队禁止向球员提供任何不在合同条款之内的福利或奖赏。"很多人不理解这条规定,甚至包括火箭队的总经理道森。他在得知被罚的消息后向休斯敦当地电视台表示他明白火箭队的行为触犯了联盟的规定,但他还得去把这些规定的有关细节了解清楚。

NBA是个职业篮球联盟,可以说代表了世界最高的职业篮球水准。为了让球队间的水平接近,竞争更加激烈,NBA联盟制订了非常烦琐的规章制度,包括选秀制度、球员合同保障、工资帽制度,等等。这个"球队禁止向球员提供任何不在合同内的福利和奖赏"的规定目的是为了避免球队钻工资帽制度的漏洞,因为球队工资总额有上限,一个再有钱的老板也不能够利用高工资把所有优秀球员集中到一个队里,但如果没有这个补充的规定,可能就会存在很多私下的交易,给予球员合同外的福利或奖赏的承诺,来规避超过工资帽所需要缴纳的高额奢侈税。这恐怕是NBA数十页规章制度中很不起眼的一条,放在那里不知道待了多长时间,也难怪道森需要去翻翻书。

带球员去赌城放松,是一种福利或奖赏,还是一种非常的激励手段,感情倾向不同的人会有不同的解释,不过采用判例法体系的美国,既然已经做出了这样的"判决",以后此类"励志"活动恐怕都会被禁止。在接到处罚通知后，范甘迪改变了策略，组织全队观看了一部讲述西德克萨斯大学队夺得 1966 年 NCAA 冠军故事的电影《荣誉之路》，据说这次的放松和励志手段不会被处罚。媒体没有报道火箭队去赌城的细节，想来不会只是免费乘坐球队大巴到那里参观，估计当天的所有消费都由球队买单，而金额对这些可称富翁的球员来说想必是微不足道的，完全构不成对工资帽制度的挑战，于情于理都不值得如此计较。那么，是什么原因让联盟做出了如此决定呢？提醒球队重视规则是最好的解释，因为一直没有合适的案例来阐释这条规则，所以这次抓了个典型。

并非 NBA 的规则制订得有多么合理和细致，正如美国的法律精神一样，没有案例，规则只是情理之外的原则和精神，而有了案例，规则就变成一种指挥棒和导向牌。至少从这次判例中我们可以看出，NBA 不欢迎球队组织去可能会带来负面影响的娱乐场所，尽管赌博在拉斯维加斯是完全合法的，更重要的是，NBA 不希望球队擅自决定自己的行程，改变惯常的比赛准备工作的风气不应该被鼓励。一个联盟的组织和管理是复杂的系统工程，表面上其中某些部件的自作主张看不会造成什么影响，但可能会带来不好的仿效者。防微杜渐的道理看来美国人也很清楚。情理之中，规则之外，会被反对；情理之外，规则之内，会被保护；合情合理也合乎规则，会被提倡。也许美国人不擅长中庸之道，也不擅长网开一面，睁只眼，闭只眼，但这个判例无形中起到了加强规则的作用。

制度化是现代社会的普遍目标，规则自身应该尽量追求合情合理，但并非合情合理的就一定符合规定。情与理在某种程度上都有个体化的倾向，当情理与规则出现冲突时，将规则独立于情理之外，是一种明智的选择。但如何将具体的事件与规则联系起来，却是众所周知的难题。规则没有说不的，就可以去做，但 NBA 联盟的这次处罚规定告诉我们，规则可以对任何事情说不，只要这件事情没有被规则所允许。这几乎是一个接近悖论的法治和人治的循环，在情与理之外，谁能做出对规则的解释？

"儿戏"不儿戏

圣诞节前夕，为了迎接圣诞老人的光临，芬兰外交部长埃尔基·图奥米奥亚向北欧各国和俄罗斯发出邀请，欢迎各国外长来芬兰北部看看，邀请函特别注明，"可以离圣诞老人更近"。美运输部长诺曼·峰田在华盛顿联邦航空局与圣诞老人签署"开放领空"协议。"协议"允许圣诞老人的雪橇于圣诞前夜在美国领空安全通行，向人们发放圣诞礼物。北美防空司令部在互联网上用英语、法语、德语、意大利语、日语、西班牙语等多国语言向世界上好奇的小孩子们即时报道圣诞老人的位置。负责此项业务的工作人员通报："圣诞老人从北极出发，现在出现在了北美上空，他正乘着雪橇驶往加拿大的东海岸，下面他会陆续经过新西兰、澳大利亚、日本、中国、尼泊尔和印度。"俄罗斯在大乌斯秋克市圣诞老人宫举行了全俄儿童给圣诞老人写信的比赛，主题是"分享自己的梦想"。圣诞节前，俄罗斯航天署从普列谢茨克航天发射场成功发射了运载火箭，火箭携带着所有的获奖信件，顺道还将一颗通信卫星和一颗军用卫星带入太空。

这些严肃的机构在圣诞期间做出这些看上去不那么正经的举动，究竟是为了什么？为了真正的孩子们，也为了尚未失去的一颗童心。也许成年人已不再相信世间真的存在着圣诞老人这个可爱的白胡子爷爷，但他们仍然会将礼物装在长筒袜里，告诉自己的孩子那是圣诞老人半夜里偷偷从烟囱丢下来的。纽约斯泰弗森特中学的物理老师斯坦利·泰特尔协助美国广播公司统计得出，圣诞老人每年圣诞节送礼的行程长达2.82亿公里，为大约3.3亿个孩子运送重达2.97亿公斤的圣诞礼物。圣诞老人乘坐的雪橇载重量约是"英国女王伊丽莎白二世"号客轮的4倍。虽然听起来有些不可能，但因为他是圣诞老人，所以他无所不能。尽管从客观世界获取的知识和逻辑促使人们从梦境去往现实，认为圣诞老人只是个幻想或美好的愿望，但在人们心中，圣诞老人却一直是个无比真实的存在。

圣诞老人不属于客观世界，但他是一个有意义的存在，从哲学到宗教，从历史到现实，年复一年，为人们填补着真实和虚幻之间的那道鸿沟。历史学家们考证出，圣诞老人原名尼古拉斯，是土耳其米拉（Myra）地区（现名德姆雷 Demre）一位乐善好施的主教；诗人莫尔（Moore）完善了他的形象，在给自己的小女儿写的圣诞诗《圣尼古拉斯造访记》（*An Account of a Visit from St. Nicholas*）中，圣诞老人有着"玫瑰红的面孔，樱桃圆的鼻子，雪白雪白的长胡子，架着雪橇，把礼物送给乖孩子"；漫画家托马斯画出了一个身穿白边红衫、住在北极边的矮胖子形象；而后可口可乐公司雇佣的职业漫画家桑布拉姆（Haddon Sundblom）创作出了如今的圣诞老人原型。这些时间点分别是 280 年、1822 年、1881 年和 1930 年。教徒、诗人、漫画家和商人数百年的集体成果，建构了圣诞老人永恒的意义。美国的运输部长煞有介事地与工作人员扮演的"圣诞老人"签署正式协议，这个时间点是 2005 年，虽然不太明白这个事件的政治意图，但它显然给圣诞老人的意义又增添了一点什么。

人们既生活在物质世界中，又生存在意义的空间。圣诞老人是孩子们的快乐源和守护神，但他又不仅仅属于孩子。路透社记者分别在冰岛、丹麦、挪威、瑞典、芬兰、俄罗斯、加拿大、美国等 8 个国家发出写有"圣诞老人收"的信件，结果只在冰岛收到回信，回信内容很简单："让我们相亲相爱！"看到报道后，芬兰的圣诞老人助手也给记者打来电话，诉苦说他每天都要收到 3 万多封类似的来信，没有回信是因为还没来得及分拣。当圣诞老人成为一种稀缺的旅游资源时，每年去往芬兰耳朵山圣诞老人故乡的 50 万人次旅客中，没有人会怀疑自己"是否找对了地方"。人们在物质世界创造意义空间，又给意义附加上精致的物质包装，"儿戏"不儿戏，玩笑也并非玩笑，参与的人越多，意义空间与物质世界的交通便越来越便利，也许有一天，断裂的两极会重新圆满地融合到一起，人们再也不为了物质而物质，也不会苦苦追寻意义却找不到意义。

2006
中产之痒

巴哈拉那

语言中存在着"有标记"和"无标记"两种形态。比如我们通常只问"有多高",如果问"有多矮",则一定表达一些询问高度之外的特别的含义,因此,"高"是个无标记的形容词,而"矮"则是"有标记"的。有标记的词往往可以用无标记的词来定义,反之却不然,长得不高就是矮,而长得不矮却不一定是高。"幸福"之于"不幸"是个无标记的词,而"幸福"究竟是什么,恐怕谁也说不清。根据"世界价值民调机构"(World Value Survey)对全球50个国家进行的调查发现,菲律宾人是亚洲各国人民中最乐观的,也是全世界最快乐的人群之一。40%的菲律宾人"对其生活方式感到非常快乐",排名第六,超过了澳大利亚、美国和瑞士。排名第一的是委内瑞拉人,第二至第五分别是尼日利亚人、爱尔兰人、冰岛人和荷兰人。据旅行家们描述,菲律宾是穷人的天堂,也是个懒散的国度,"菲律宾是典型的热带雨林气候,没有春夏秋冬,只有旱雨两季。地里的庄稼,只要撒下种子,就有收获;树上的热带水果,摘了又长,长了又摘,终年不绝。所以,菲律宾人是饿不着的。到马尼拉打工或旅游的穷人也不用住宾馆,拿张塑料布往公园草地上一铺,便能酣然入睡。所以,菲律宾人也是冻不着的。"

认知语言学的创始人雷柯夫(Lakoff)在其代表作《女人、火与危险事物》中谈到原型的概念,在他看来,"母亲"的原型包括:遗传模式、生殖模式、养育模式、谱系模式和婚姻模式,但"母亲"的概念并非完全吻合这五种模式,现实生活中,继母、养母、借腹怀胎等等特别的情况都有可能出现,人们总是在与原型模式进行比较后将之归入母亲的语义范畴,这种与原型比较的过程正是人们获得认知的过程。"幸福"是一种对自身生活方式的认知,而"幸福"的原型也许包含了:衣食无忧、有地位、有归属感、有认同感等物质和精神层面的内容，一个民族重视原型中哪方面的内容其实各有不同。所以，人们一般认为菲律宾人的幸福感来源于优越的自然条件，其实是有些偏颇的。环境也许是个基础，但菲律宾同样有台风、海啸和火山，如果菲律宾人看重后者，幸福的感觉肯定会打上大大的折扣。也有人认为，多数菲律宾人信仰天主教，是信仰让他们更加满足和平和。这种说法也不无片面之处，菲律宾不缺少内乱、政局动荡、绑架和毒品，任何人面对这些种群的困扰，很难做到视若无睹。因此，菲律宾人的幸福感也许并非那种符合所有原型特征的标准幸福。

　　幸福的原型也可以理解为个体的满足。如果个体满足于社会物质文化生活中已拥有的一切，那么幸福则更倾向于一种已经实现的可能；如果个体不能满足于已有的东西，而是试图追求稀缺的元素，那么幸福往往会遥不可及。套用语言学的概念，问题的关键在于某一种群标记了什么，他们是用幸福来定义不幸，还是用不幸来定义幸福。菲律宾有句口头禅叫"巴哈拉那"（Bahala na），台风来了，他们巴哈拉那；家里没钱了，也说巴哈拉那；孩子生病了，还是巴哈拉那……。据说10个菲律宾人对此会有10种不同的解释，它可能是一句祷告，也可能是一句诅咒，也可能类似"爱谁谁"，也有人说是"上帝的意志"，总之，菲律宾人用"巴哈拉那"来对应一切的无可奈何。在积极的追求者看来，这完全是种消极的人生态度。确实，一般种群中无标记的语言现象都是积极的，这种标记让人们无意识地追求物质上的更多更好，技术上的更高更强，文化上的更美更善，而这种积极的生活态度往往离幸福很遥远，总是会令人陷入一种无法达到的挫败感和剑拔弩张的紧迫感之中。菲律宾人在知足常乐之外，模糊了幸福与不幸的界限，幸福原型本身就包含了不幸的因素，幸福就成为一种身在福中不知福的态度。正如有标记的"女总裁"一词绝非男女平等的产物，那么，只有无视那些构成幸福原型的要素，才能让幸福不那么特殊。让幸福成为一个虚幻标准的种群往往是不幸的，而不痛苦就意味着幸福的种群却很容易得到满足。

视角与事件

新华社以惯常的简洁方式配图报道了如下简讯:"1月11日,加拿大自由党领导人、现任总理保罗·马丁在多伦多就加拿大大选问题接受CTV电视网8岁的小记者丹尼尔·库克的采访。丹尼尔·库克被CTV电视网聘为报道加拿大大选的记者。加拿大大选将于1月23日举行。"整段报道中只有"8岁"两个字称得上新闻,却也许是足以载入传媒史册的一件大事,加拿大电视台聘请了一位"童工"进行严肃的新闻采访。

在2003年把小丹尼尔捧成加拿大最火主持人的,是三个理工大学毕业的年轻人,"我们都有自己的全职工作,同时我们也希望能开家自己的公司,再干些自己真正关注真正感兴趣的事。这是我们的能量、激情所在。"他们是非专业人士,这档节目的制作在一开始可以算是完全的业余游戏,借来的电脑、摄像机和编辑机,试播录像带被大多数电视台拒绝。在接近放弃的时候,专做儿童节目的TreeHouse电视台抱着试试看的心态接受了他们的节目,意想不到的高收视率让这档节目立刻红遍了加拿大。

这是一档电视访谈节目,被定义为"孩子的历险记"。丹尼尔的采访对象从蛋糕师到天文学家,从军事专家到小狗训练师无所不有。在节目中,丹尼尔时而像个小大人般提出严肃的问题,时而又恢复儿童本性与嘉宾玩个不亦乐乎。"丹尼尔的好奇天性达到了惊人的地步。他的天真无邪与冒险精神和我们小时候一样,不过现在世界对他们开放了,孩子们可发挥的世界很大。我们和丹尼尔一起用孩子的思维方式来看待问题、来工作,这非常快乐。"丹尼尔不是一般意义上的童星,童星是成年人眼中的儿童明星,而陪自己的孩子一起看电视的家长们却很难理解自己的孩子为什么会对节目着迷。他们只能承认,"说实话,丹尼尔的节目在我看来,有时候很烦甚至让人恼怒。但是我想这是站在我们大人的立场,也许孩子们就是这么思考的,丹尼尔的观察角度就代表着我的孩子,所以应该说这个节目非常棒。"

在信息时代,多元化的论调逐渐成为主流。对媒体而言,多元化有很多种实现方式,而内容的多元化是目前普遍的趋势,对世界各地发生的各类事件进行追踪报道,是有实力的媒体证明自身的方式。人们从媒体中了解到的世界越来越丰富多彩,越来越光怪陆离,信息的海量增长体现了媒体存在的价值。然而,传媒工作者的视角却是单一的,因为他们的生存环境和职业风格决定了他们几乎是同一风格的人。因此,呈现在我们面前的传媒内容可以说是多元化的事件经过单一视角过滤后的产物。正如一篇介绍博客的文字中指出的那样:以美联社为例,有近4000人专业记者,每天"制造并出厂"2000万字的内容,发布在8500多种报纸、杂志和广播中,就像把读者当作"信息动物"一样。该文把传统媒体喻为"大教堂模式",认为其内容严重受制于利益驱动、意识形态以及传统的审查制度。

其实,媒体工作者近乎一致的年龄层次、知识结构和文化背景,决定了他们的视角非常狭隘,甚至可以说是"门缝里的眼光",这种非制度的无意识的门槛和界限尤其难以逾越。"丹尼尔现象"并非偶然,个人博客是多元化媒体发起的第一轮冲击,要想了解驻伊拉克美军的生活,第一信息源来自博客。据最新统计,大约258名驻伊美军士兵开通了自己的博客,这意味着至少258种视角和258种生活细节,他们并不能提供美联社的官方视角,而且内容质量良莠不齐,但博客上记录的应该是私人化的细微体验。博客中甚至包含了很多无法证实其来源却在后来被证明为事实的小道消息,譬如率先捅出"克林顿莱温斯基绯闻案"之类。韩国 OhmyNews 新闻网被誉为"世界范围内对本国事务影响最大的新闻网站",原因也仅仅在于它"聘用"了数万名市民记者,每天报道身边大大小小的事件。

确实,"热点"无须媒体去挖掘,关注的人越多的事件,自然而然就成为了热点。让受众决定传播内容,让顾客同时成为雇员,专业视角也就成为多元视角中特殊的一类。传统媒体的功能将更多地体现在深入追踪热点,利用专业素质提供更值得信赖的宏观视角上。增加视角,而不是增加事件,也许会成为未来新闻评论的发展趋势。

和爱人一起沐浴

德国《明星》画刊 2 月初编辑了一个专题,"简单地让世界变得更好",宣扬"50 个小观念起到大作用",并在它的网站上进行了好习惯的征求和投票活动。这么多的好习惯无法一一列举,但明显可以看到未来社会两大发展方向以另一种形式摆上了欧洲主流媒体案头。不妨再看看美国地球政策研究所所长莱斯特·布朗的观点:"以矿物燃料为基础、以汽车为中心、充斥着一次性物品的西方经济模式,在工业国家已不再行得通,在中国、印度等发展中国家也不会行得通。保持 21 世纪初的全球文明,取决于向以可再生能源为动力、实行交通运输多样化的可循环经济转变。想保持经济增长,就要建立新型经济。"所谓的新型经济,被布朗称为 B 计划。55 个好习惯中,吻合 B 计划的比比皆是——使用菜篮子或是布口袋;使用节能灯;使用环保电;下次短途旅行时放弃坐飞机(仅从汉堡到柏林往返一次,每位乘客所带来的二氧化碳排放量就高于一台冰箱一整年的排放量);等洗碗机满了后再使用(一周少用一次洗碗机,一年则可节省 1000 升水)……

注重生态,利用可再生能源,保持可持续发展,成为了后工业化国家的一种时髦。B 计划的诱惑力也正在于此。德国、瑞典、英国等欧洲国家都着手通过税收手段来调整经济结构,大趋势是"降低所得税,增加对环境造成破坏性活动的征税",同时,把资金投向风能、太阳能等新型能源领域,试图从过去消耗性的单线条发展转变为可循环的发展模式。政府的作为需要民众的配合,B 计划的实施看上去并没有干扰正常的生活秩序,但至少在目前,在好习惯中被提倡的"再生手纸"、"生态棉"、"生态肉"、"生态牛奶"等消费品的价格高于传统产品的价格,而被反对的"越野车"、"电视"、"洗碗机"等又似乎是舒适生活的必需品。民众在贪婪与节俭之间摇摆,没有财富的人因节俭而选择价格低廉的传统工业品，而拥有财富的人则因贪婪而选择高能耗的消费。想使这种情况达成平衡，除了依靠政策倾斜和科技的发展之外，人与人之间的和谐和相互体谅也不得不成为一种时尚。

于是，55个好习惯中，一半在谈节约、环保和可再生的消费选择，可以说是人与自然的和谐；而另外一半则关注家庭、邻里、社区和地球村，强调的是人与人之间的和谐。前一半决定于政策取向与科技进步，带有一定的强制性；而后一半却决定于人心所思，似乎有些难以捉摸。花时间聆听；更多地与全家人一起吃饭；花点时间与岁数比你大的人在一起；告诉邻居你的电话号码以备他有不时之需；光顾卖报的流浪汉，并给他买杯热咖啡；光顾那些住所附近的小商贩，是他们让我们的城市更加多姿多彩；在度假时学几句当地语言……总之，关心公益，照顾弱小，帮助贫困，从一点一滴的小事做起，这个解决方案看上去很完美。当然，过多的细节会流于烦琐，《明星》的文章也特意指出："不要因以下建议的数量而气馁。你无需遵循所有的建议。只要记住你喜欢的那个并努力做到就可以了。这就已经有所帮助了！"

两大方向似乎很难用两个词来概括，不过这样一个提议却颇具象征意义："和你的爱人一起沐浴，既可增进情趣，又可节省水资源。"借助这个提议也许可以喊出一个口号：分享快乐，降低消耗。的确，用塑料袋和一次性筷子可以做到在某一天更省钱，但用菜篮子和传统的筷子却能长久地节省。把感情、价格、发展、政策等等麻烦的东西都除以时间这个永恒的参数，会得到各种不同的答案。工业化方向上，时间参数也许是1年，也许是10年；而B计划中，时间参数也许是100年，也许是永远。而对每个个体，时间参数却一向摇摆不定。学会分享，可以让时间变得相对确定。在分享的原则下，不再有单纯的付出和粗暴的掠夺。人们还没能实现分享物质财富之前，至少应该学会分享精神财富，如"和爱人一起沐浴"。遗憾的是，在剑拔弩张的竞争环境中，更多的是对手与同事，而爱人，只能"众里寻他千百度"而已。

普伦起诉哈佛校长

英国"奥尼克斯环境集团"的部门主管伊丽莎白·普伦2005年初起诉公司"男女同工不同酬",最终获得7.2万英镑的赔偿。这起诉讼成为一个导火索,专门调查职场性别歧视问题的"女性与职业委员会"发布了一份名为《创造一个更公平未来》的重磅调查报告,揭开了掩盖在"工资保密制度"下的薪酬黑幕——在金融业界,女性平均薪水比男性少41%,在制造加工业这个数字是19%,干兼职工作的女性平均每小时比男性少赚41%,而全职工作的女性则比男性少赚13%。一石激起千层浪,恰好,哈佛校长、经济学家劳伦斯·H·萨默斯因在2005年2月举行的"全国经济研究局会议"上发表"重男轻女"言论而被迫辞职,这番被称为"知识界印度洋海啸"的讲话简单地概括起来就是:在数学和科学领域,女子天生不如男。那次会议的议题是,为什么妇女和少数民族族裔在美国大学的科学和工科院系内人数偏低。据说这次会议本该是个没有录音没有讲话稿的恳谈会,《巴尔的摩太阳报》的苏珊·雷默为此揶揄道:"他怎么能够以为自己在发表了一个30年来无论是在政治上还是在社会观念方面,都根本无法令人接受的观点而不招致非议?而且希望所有与会的人都能够保守秘密,不向外界透露他们的校长发表了一个如此惊世骇俗的观点?"

有多少事实湮没在了习以为常之中,逐渐成为不可言说的禁忌?萨默斯委屈地发表声明:"我勉强做出以下结论:我与文理学院部分教员的矛盾,让我无法继续我认为对哈佛发展至关重要的复兴议程。因此,我认为哈佛最好的出路是选择新领袖。"经济学家天生漠视道德和情感,由于他在哈佛推行了一系列从制度和效率出发的改革措施,他早就被不少教员怀恨在心,性别论只不过是他不小心被抓住的那只马脚而已。这一幕在古今中外都似曾相识,对于不讲道德的纯粹"经济学式改革"来说,流产是难以避免的命运，但经济学家仍然不讲道德，仍然满心委屈地认为自己得不到大众的理解和认可，或者孤傲地认为真理只掌握在少数人手中，无须投票，这究竟是经济学本质的问题，还是部分经济学家自身修养的问题，跟本文主旨无关，姑且存而不论。

回到"普伦诉讼"，要搞清楚潜规则的来源，我们不妨来一番经济学的假说。在付出自身最大努力的情况下，男性搬运工搬了一口100公斤的箱子，获得报酬100元，女性搬运工搬了一口50公斤的箱子，获得报酬60元，这会被认为是一个很体贴的薪酬体系。在这个体系下，搬动了100公斤箱子的女性却同样只得到60元的报酬。另外一种可能是，女性在生育和哺乳期需要特别的照顾，这是社会性的要求，而公司在计算薪酬水平时扣除了这个时间成本，分摊到每个女性身上，没有生育的女性则承担了这个不公。体力原则与生理原则的支配下，产生了男性薪水高于女性的潜规则，于是，以男女性别作为计算薪酬的基数，这已经严重影响到在工作能力上日益男性化的女性的利益。完美的经济学上同工同酬的方案应该是量化的结果决定薪水，这跟性别无关；而基于道德的同工同酬的方案则是很美好的"各尽所能，各取所需"，短时间内恐怕同样很难实现。

进入知识经济时代，男女的生理差异不再成为潜规则的理由，而"萨默斯性别论"却可以延伸为"在管理层，女性天生不如男"。这样，我们这个无厘头的标题就可以成立了，这也正是阴阳两气相争又相辅相成的乐趣所在。与种族歧视、物种歧视相比，性别歧视是不同性质的矛盾，人类因拓展自己的生存空间有意无意地消灭别的种族和物种，但人类绝无可能消灭自己的另一半。因此，不用担心阴阳会水火不容，普伦也好，萨默斯也好，作为人类的精英人物，他们更多代表着某种地位和某种教育背景，而不能完全代表某个性别，即使他们在大张旗鼓地谈论性别的问题。解决女性在社会分工中相对弱势的问题，在理论上并不存在什么分歧，但解决方案，却不仅仅是同工同酬那么简单，打破一个潜规则，需要的是把所有问题都摆到台面上来，而不是每个人对这个规则噤若寒蝉。

老欧洲的新问题

经济合作与发展组织最近发布题为《知识经济：教育为什么是欧洲成功关键》的研究报告，国内很多媒体以《欧洲教育正被亚洲赶超》或《中国和印度教育超越欧洲》等题目转引了其中一些内容。可能这种观点主要来自英国《每日电讯报》的摘要："欧洲与提供低薪低技能劳动力的国家竞争的时代已一去不返，今天，像中国和印度这样的国家正以越来越快的速度制造着低成本高素质的人才。这彻底改变了以往的游戏规则。"报告的主要作者斯莱歇尔也许只是借此警醒一下欧洲国家，让政府把注意力放到教育产业上去，因为在他看来，"对教育的投资，永远是赢利的。"既然"欧洲无法阻止那些高速发展的国家一浪又一浪地生产高技能的劳动力"，既然"进入的门槛"已轰然倒塌，既然全球化语境下公司和个人都在全球范围内合作与竞争，那么，欧洲面临的挑战非常清楚。要想继续处于价值链的顶端并保持竞争优势，解决途径只有一条，加大教育投入并且革新教育制度。

这其实是一份很欧洲中心的报告书，所引用的数据在其他经合组织的报告中也屡屡被提及，得出的建议或结论其实并没有太大的建设性。也许那不是作者主要关心的问题，作者的目的是提出一个观念：教育需要投入，不管是来自政府的，还是来自民间的；教育更需要产出，产出的结果才是衡量教育成功与否的标准。换句话说，不管白猫黑猫，抓着耗子的就是好猫。报告中专门赞扬了芬兰和韩国，一个是政府大力投入，"政策制定者的卓越能力推动着教育改革造就了芬兰的成功"；一个是老百姓舍得花钱，"家长不惜血本地弥补公共投入的不足"。而被批评的德国和法国在"发展教育和技能上已不再处于领袖地位"，尤其是德国政府，因为担忧大学收取学费造成教育不平等而首鼠两端，结果反而造成了更大的不平等。

这些论断看起来很矛盾很混乱，实际上是有所指的。前些年欧洲担心高等教育的普及会造成文凭膨胀，从而影响到大学生的就业与收入。而这份研究报告则试图证明，无论采用什么方式，不断提升教育的平均水平永远利大于弊。报告的另一个重要观点就是，与美国相比，欧洲教育体系中存在两极分化现象，学生的表现更大程度上取决于他的社会背景。由经济地位造成的教育机会不平等从孩童时代一直持续到工作以后的终身学习，富人反而能够分享到更多的教育资助。德国在中学阶段就过早地区分职业教育与研究性教育的做法又成为了靶子，报告虽然承认这种根深蒂固的历史传统很难改变，但同时也指出，从结果来看确实是富人和白领阶层占了便宜。

报告质疑的其实是老欧洲的精英思想，教育的大众化、平民化是提升人口素质的必要途径，在全球竞争的氛围中，教育的规模化更是重中之重。而如何解决规模化可能面临的种种难题，报告引入了"变通"的概念，"同一个挑战，不同的路径"。只要从死板的行政规定转向灵活的专家决策，只要让老师从"课程工具"转向"知识工人"，就能在知识和富裕之间建立起牢靠的纽带。"迅速地适应，少点抱怨，开始转变"，目标很清楚，道路有多条，政府所应做的事情就是带领自己的国家迎接挑战。

问题变得很简单，如果教育是一个庞大的产业，那么产品就是高素质的人才。老欧洲的教育真的落后了吗？也许从绝对数量上看，亚洲的教育成果确实有了长足的进步，但亚洲很快就会面临欧洲同样的问题，唯一的优势也许只是人口的基数比较大而已。老欧洲遇到新问题，亚洲的经验值得借鉴吗？文化和传统在教育体制中有着多大的影响力？对任何一个国家来说，教育恐怕都不仅仅是个经济问题，很难靠百分比来鉴定产品的数量和质量。整份报告的亮点却偏偏在此：无论对于国家还是个人，投资教育的回报都远远超出普遍的投资回报率。教育产业是生产创造富有者的产业，这是一个没有硝烟的战场，欧洲只是感到了威胁，亚洲的超越，希望只是个哗众取宠的标题而已。

中产之痒

飙升的房地产价格让美国的中产者从近郊逃往远郊。《新闻晚报》的"国际周刊"栏目描述了如下一幅典型场景:"莫尼卡·伯顿本来不想离开旧金山。她在这里出生和长大,在电车公司当了16年司机,她热爱故乡,常常去本地女性监狱当志愿者,而且每周都去教堂做礼拜。她家里现在有一个22岁的女儿和两个外孙女,由于房价如天高,作为家中的顶梁柱的她正面临着一些艰难的选择:要么放弃自行拥有一处住宅的梦想,继续留在旧金山,要么就离开。2004年,伯顿和外孙女们离开了,在萨克拉门托的一个偏僻社区里购买了一处三居室的住宅,这儿离她在旧金山上班的地方有250多公里。"凌晨3点半就得出门,驱车100多公里去上班,伯顿发现自己差不多一星期七天每天都得开车前往旧金山,就连星期天也仍去以前的教堂做礼拜。"我上那儿的洗衣店,"她说,"银行也在那儿,我购物也在旧金山。"

城市管理者采取了一系列措施试图挽留中产阶层,美国东西海岸各大城市群的中产家庭都在大量出走,城市中的儿童数量锐减,旧金山因此关闭了14所公立学校。市长加文·纽索姆用很特别的方式表达了担忧:"对于维护旧金山的灵魂来说,保住想象力这一特质是很重要的,这种想象力就是孩子们带来的。一个没有孩子的城市没有未来。"我曾经在《逃离城市》一文中写道:"逃离城市,如同逃离自己的影子一样困难。"因为每个人都渴望成功,憧憬未来是一个年轻而新鲜社会的原则。而在遭遇"中产之痒"的社会,成功不再是一种值得肯定的追求,工作、住房、教育,都成为一套刻板的程序,只要遵循游戏规则,人们自然而然就能进入庞大的橄榄形中部,这种麻木不仁的感觉破坏了大多数人的幸福观。城市管理者要解决的也许并不是房地产问题,而是人心的问题,因为在一个采取自由市场原则的国家里，房地产价格的飙升并非政府刻意引导的结果，中产者作为最大的消费群体，投资和套现的冲动在其中起到了重要的推动作用。换句话说，中产者在试图放逐自我。

当中产与中年逐渐划上等号的时候，一个社会便开始进行布朗运动，外表非常平静，个体的运动却非常激烈动荡，看不出任何的规则和轨迹。布朗运动发生的原因是周围环境分子自身的热运动，由于颗粒微小，就可能从某个方向上出现分子撞击的不均衡。实际上，房地产价格不过是各种合力中的一个，中产者已成为了不能受力均匀的微小颗粒，迷失生活目标，失去自我，却连痛苦的资格都不具备，《绝望主妇》在美国的热播，说明那种阴霾正笼罩着整个中产家庭。经济现象可以进行理性分析，情感却是非理性的，理性的解决方案能否化解这场危机，实在值得怀疑。或许这并不是一场危机，只是社会发展的正常轨迹。强大的国家机器稳定有序地运转着，每个零件都有着明确的分工与地位，向上和向下的通道都过于狭窄，看似自由宽松的环境却意外地压力重重。各种力量撞击着悬浮在社会环境中的中产微粒，急速而无序的运动让他们身心俱疲。

该是寻找另外一种生活的时候了。距离洛杉矶45分钟车程的瑟普赖斯在短短10来年里人口迅速增长到1.5万，而且还有越来越多的人来此定居，远郊县城的中产社区化成为新的格局。然而，正如《绝望主妇》中的"紫藤里"社区一样，内心的安宁不是环境能够赐予的，即使隐居到深山，只要那颗心还是属于喧嚣的城市，那么，每个人仍然无可避免地承受着城市生活所带来的一切好与不好。中产之痒属于整个社会，似乎每个发达国家都正在或是曾经遭遇。社会发展也有生命周期，取决于一个社会大多数人生活方式的选择，年轻的生活方式造就年轻的社会，遗憾的是，人们往往很难完全从内心的需求出发去选择自己的生活。个人无法对抗整个社会复杂的力量，也许美国的中产之痒便是身不由己的困惑。

行为艺术直面消费文化

消费主义作为一个关键词，甚至被认为是现代发达资本主义国家的立国之本，只有狂热的消费需求，才能推动生产和科技，才能有效地让市场运转起来，创造越来越多的社会财富。当然，也有学者指出，高速创造财富的同时挥霍财富，从根本上意味着对环境和资源的掠夺式开发。所以，消费主义和生产主义表面上和谐统一，骨子里却貌合神离。美国学者韦尔斯曾据此把社会划分成四类——高生产—高消费社会，低生产—高消费社会，低生产—低消费社会，高生产—低消费社会。不管在现实世界中是否有这些社会形态的代表，但至少可以看出，消费主义肯定能促进生产，但起到的是类似兴奋剂的作用。因此，对消费主义的一种定义是，"消费主义是一种价值观念和生活方式，它煽动人们的消费激情，刺激人们的购买欲望，消费主义不在于仅仅满足'需要'，而在于不断追求难于彻底满足的'欲望'。换句话说，人们所消费的，不是商品和服务的使用价值，而是它们的符号象征意义。'消费主义'代表了某种意义上的空虚状态以及不断膨胀的欲望和消费激情。"

而行为艺术与消费文化在20世纪60年代左右几乎同时产生，在90年代同时达到鼎盛，如今被一统于"后现代"门下，各放异彩，二者井水不犯河水，相安无事数十年。美国自由职业女性莱恩（Judith Levine）用她的新书《别买它：我的一年不购物经历》（*Not buying it: My year without shopping*）将之结合起来，掀起了不大不小的一股媒体热潮。有评论者很幽默地把这本书和其他的"心灵鸡汤"区分开：这不是一本告诉我们怎么去做，怎么不做，或者为什么去做的书，它是一本告诉我们为什么不得不去做了然后再去看看究竟会发生什么的书。如果莱恩女士在刷爆信用卡后下决心一年不购物的同时开始写博客的话，那么这本书也许可以称作博客文集，因为它基本上就是按日历来编排章节的，记下不购物的一年中她和男友的所为所思所遇所叹。

她的困惑在于，自己不可能完全自给自足，也无法回避人际交往。那么，为了完成这次行为艺术，就得分清楚生活必需品与消费品，譬如肥皂之于化妆品，面包之于糕点，咖啡豆之于咖啡，等等。其次，自己的原则无法强加到别人身上，不购物意味着人际交往链条的短暂断裂，不得不回绝很多朋友聚会，也会有很多麻烦接踵而至。她常常觉得自己很愚蠢，甚至"像个乞丐"。实际上，抵制购物在美国逐渐成为时尚，旧金山一些人组织的不购物团体"契约"，会员迅速发展到数百人。这与美国政府"消费就是爱国"的策略背道而驰，所以，也有人批评莱恩这本书最多只有 30% 的内容与购物相关，而 70% 的内容都在展现她的自由主义政治观和生活观，换句话说，她装得像是一个家庭妇女，实际上却是一个危险的斗士。也有低收入者大为愤怒，觉得这完全是白领人士的矫揉造作。"这本书令我非常愤怒。我不认为她知道什么真的值得担忧。设想你只拿着一点可怜的薪水却有两个孩子要养活，你将不得不天天泡在超市去寻觅那些过期食品……"

前些日子德国《图片报》报道了一个生活在森林中的"野人家庭"，41 岁的父亲，21 岁的母亲和 8 个月的小宝宝，小木屋，羊皮袄，完全原始的生活方式，为了"寻找生命中最简单的真实"。相对于一年不购物来说，也许这是更加彻底的行为艺术，但却与消费主义无关。从反消费的行为艺术变为畅销书，如果不是刻意的炒作，只能认为，莱恩并没有搞明白那些被从不身体力行的理论家们翻来炒去的主义、艺术与文化。确实，这有点像法兰克福学派对文化工业的批判一样，在道义和逻辑上完成了对一个社会现象的彻底否定后，却不可避免地看着这种思潮和行为实践势不可当地泛滥起来。不由得令人产生怀疑，是不是哲学家和社会学家们过于精英，以致他们的思想无论通过什么途径，传达到草根阶层后总是变了一个样子，很轻易地就被另一批走实用路线的人操作成大众喜闻乐见的模式。但显而易见的是，无论消费主义如何泛滥，纯粹的思想总是被排斥于商品名单之外的。

莎翁 PK 比基尼

据英国 BBC 电视台报道，作为庆祝莎士比亚生日活动的一部分，2006 年 4 月 23 日上午在伦敦泰晤士河畔上演了莎翁悲剧《安东尼与克莉奥佩特拉》（*Anthony And Cleopatra*）中最为富丽堂皇的一幕——古罗马三执政之一安东尼在昔特纳斯河首遇埃及艳后克莉奥佩特拉并坠入爱河。据说莎翁借安东尼手下将领爱诺巴勃斯之口描绘此景的诗行，为后人争相传诵。"画舫如水面燃烧的光芒宝座；辉映着黄金打造的舵楼；异香熏染紫色帆，逗引风儿害相思；笛声悠扬白银桨，拨弄水波痴心随。任何言语都形容不了她，斜卧金色锦缎天帐下，艳夺画图中美神维纳斯；两旁小童脸浮可爱酒涡，如一群微笑的丘比特，手奉五彩羽扇，那羽扇的风，本为凉爽她柔嫩的面颊，却让她的脸色变得格外绯红。"粗糙的翻译传达不了莎翁那细致缠绵的笔触，但也大体能令人感受到古典时代那金碧辉煌的风情万种。

在莎翁家乡埃文河畔的斯特拉福，莎翁一生的所有作品，包括他的戏剧、十四行诗、长诗等都将被搬上舞台。这个英国戏剧史上史无前例的壮举在 4 月 23 日拉开序幕，一直持续至第二年 4 月。英国皇家莎士比亚剧团（Royal Shakespeare Company）负责大部分演出项目，许多外国剧团也将参与此盛会。与此同时，法国则正在筹备比基尼诞生 60 周年的庆典，4 月 13 日出版的《费加罗报》用"比基尼 60 岁了"作为大号标题，并配上各种身着比基尼的美女照片，进行了热闹的宣传。1946 年 7 月 1 日，美国在太平洋上的比基尼小岛进行了第一次核试验，5 天后法国人路易斯·雷亚尔推出了两件式泳衣——取名叫"比基尼"，引发了时装界的核爆炸。说起比基尼，在从一开始被视为伤风败俗的洪水猛兽到今天占据泳装半壁江山的过程中，一首歌起到了很大的推动作用，那就是 1960 年布赖恩·海兰的《黄色圆点花纹小小小小的比基尼》（*Itsy Bitsy Teenie Weenie Yellow Polka Dot Bikini*）。

itsy、bitsy、teenie、weenie 都是小的俚语，为这首摇滚风格的歌曲增添了明快的节奏和一些饶舌的感觉。歌词很长，大意却很简单，写一个女孩第一次穿上比基尼时的害羞表现。第一段，"她怕走出更衣间，要多腼腆有多腼腆；她怕走出更衣间，她怕谁会一头撞见。（二，三，四，告诉人们她穿的啥）"；最后一段，"（走出更衣间，裹进小毛毯）（解开小毛毯，踏上细沙滩）（逃过细沙滩，潜到水里面）猜猜她还能去到哪儿？"这首歌一举登上当年单曲排行榜首位，据说发行公司曾觉得有些过于轻浮，但词作者保罗·万斯解释说穿比基尼的只是她两岁的小女儿，于是皆大欢喜。第一个穿比基尼亮相的模特是红磨坊跳脱衣舞的米歇琳娜·贝纳蒂尼，因为没有专业模特愿意如此暴露。幸运的是，贝纳蒂尼收到了5万多封男士的求爱信；不幸的是，几乎当时所有的欧洲国家都立法禁止比基尼出现在海滩上。将近10年的时光流逝，禁令才慢慢失效。从古典到现代的时间，说长也长，说短也短。

莎翁PK比基尼，既是时间上的一个巧合，也是如今社会对整个传统的回顾。同一种风情，古典用包装来包装，现代用暴露来暴露，包装可以极尽美丽之能事，而暴露也可以极尽美丽之能事。在今天的舞台上，没有不可能，莎翁迷可以鄙视比基尼崇拜者的低俗和下流，而比基尼崇拜者也同样可以无视莎翁的陈旧和腐朽，不过遗憾的是，无论捍卫谁的权益，多元的文化观倘使失去了自我，也就演化为解构与无厘头。莎翁和比基尼都已成为经典，演绎经典是否是一种创造，很难说得清。总之，在纪念活动上出现的莎士比亚与比基尼，隐约都有着当代文化强烈的烙印，人们会用所有曾经流行过的元素装饰传统，所以，如果看到莎翁戏剧中出现比基尼少女，或是沙滩上徜徉着一位如埃及艳后般纷繁复杂装饰的环球小姐，也不足为怪，她们继承或破坏着永恒的风情。

虚作实时实亦虚

"虚拟现实"技术已经越来越接近实现。按照中国科普城网站的定义，虚拟现实是"人与计算机生成的虚拟环境进行交互作用的技术手段"。从20世纪80年代末以来，虚拟技术迅猛发展，已经在航天、旅游、娱乐、设计等等领域进入应用阶段。人们可以通过计算机创造的虚拟环境，去体会与真实环境完全一样的感受，听觉、视觉就不用说了，三维影像和高清晰度的环绕立体声足以满足需求，而触觉、嗅觉以及更深层次的复合感觉——譬如速度感、快感、痛感等等，似乎也正在逐渐解决中。人类的梦境全是大脑的活动，但能有各种复杂的感觉存在，而纯粹的"虚拟现实"技术，就是试图用造梦的方式，通过刺激神经来达成媲美现实的效果。

这种设想也许应该溯源到50年前著名的"图灵测试"，通俗的描述就是，在一个封闭的房间里有一个人和一台机器，外边的提问者提出各种问题，假使提问者无法确定回答问题的究竟是真人还是机器，那么，就可以认为机器具备了人的智能。对于图灵测试，人们有过无数的争论，至今仍无定论，但技术确实发展着，用同样的思路来定义，人们如果在虚拟环境中得到了所有现实环境中同样的体验，那么，虚拟环境也就等同于现实环境了。人工智能领域还没有开发出能真正通过"图灵测试"的机器，该领域最高奖项"洛伯纳奖"基本采用图灵测试来评判，虽然年年有得主，但谁也不敢说自己的作品已经能够以假乱真。随着认知科学的发展，海耶斯等人在倡导进行根本性的人类认知研究的同时曾提出质疑："从实际的观点看，为什么每个人想要建造能通过图灵测验的机器呢？人类认知，甚至高水平人类认知，并不缺乏。这样一台机器能提供什么额外的功能呢？"

然而，智能与思想的机械化努力并没有被放弃，也远未到放弃的时候，人，始终以创造和复制自身作为一种终极的创造冲动。据路透社报道，美国顶尖的性研究人员聚集在一起，讨论未来十年他们的研究领域的发展前景，一些专家认为，到那个时候，人造性伴侣可以满足你的一切性幻想。在成人商店遍地开花的时候，为那些古老的性用品添加上虚拟现实技术的做法已悄然商品化，卡奈基·梅隆大学的博士后卡尔·迪萨尔沃甚至已经研制出了能够模拟拥抱的温度和感觉的遥控装置。研究人员甚至谈及"能够刺激人的大脑在不动用性器官的情况下产生一种性体验"的设想，实现这种真正意义上的虚拟性爱，似乎也指日可待。的确，虚拟现实技术可以让普通人到火星上散步、在深海里潜水、在血管里穿梭，进行过去不可能的体验和学习，从这个角度来看，我们甚至可以回应海耶斯，并不是每个人都拥有某种知识和技能，所以，如果哪怕最简单的"智能"机器能够实现工业化生产，都会有巨大的市场需求。至少，用性研究人员的话来说，可以提供给人们更多的选择机会，也许，有人会爱得发狂，有人会不屑一顾。

　　当然，也有非技术领域的"虚拟现实"。据《泰晤士报》报道：莫斯科珀修斯旅行社的"虚拟旅游"办得火热，只要支付300到500美元，"游客"就能从这家旅行社得到全套能证明其出国旅游的材料，包括机票、登机卡、纪念品以及用电脑制作的留念照片。不仅如此，旅行社还会为顾客写好"旅行路线"，编好"旅行故事"，包括他们曾在哪里停留、遇到过什么人等，可谓体贴入微。据旅行社负责人透露，这项服务主要有两类顾客，一类是为了面子和炫耀的白丁一族，一类则是有目的地寻找不在场证据的问题顾客，通常是卷入婚外恋丑闻的人，"虚拟旅游"可以给他们一个冠冕堂皇的理由，为他们赢得一个星期以上的逍遥时光。

　　其实只要叫做虚拟，无论以技术手段还是非技术手段来实现，其本质都是一样，都可以归结为人从试图拓展肉身到试图拓展自我精神的欲望，遥想"不知周之梦为蝴蝶欤，蝴蝶之梦为周欤"，令人顿生"虚作实时实亦虚"的感慨，人们会不会逐渐因为这些替代性的体验而丧失判断能力，这实在是说不好的事情，毕竟，自欺欺人的活剧随时都在上演，而且技术和手段越来越高超。

世界小贩与小贩世界

《环球时报》5月31日组织了一个专版，由驻外记者发回一组报道各国小贩的文章，大有可观。纽约的小贩不慌不忙做生意，可以砍价；法国种苹果的果农就是卖苹果的小贩，明码标价；巴西的小贩趁塞车做生意，身手敏捷；埃及的小贩不会算术，却口若悬河；印度的小贩宰人没商量，从不找零……旅游景点、街道、社区，都是小贩们活跃的场所，而不同区域活动的小贩往往会有着不同的经营方式。在记者的描述中，有些细节很值得回味。在印度的著名景点泰姬陵，"前面明明有印度人用20卢比买走了一件小工艺品，但记者随后想用同样的价格购买时，他却不愿意出售，非要把价格抬高到30卢比。"这并不奇怪，奇怪的是一位印度朋友的解释："这些小贩大多没有卖完再补货的概念，总觉得商品是卖一件少一件，而没从外国人那里赚到应赚的钱，自然就是亏了。"相映成趣的是，在埃及的金字塔，"不少小贩不懂薄利多销的道理，比如一件6镑，你问两件10镑卖吗，他们会软钉截铁地说No，必须12镑。他们心中根深蒂固的理念是，你买东西多了，你就占便宜了，吃亏的是他们。"在美国的自由女神像下，"一般经过讨价还价，女手包售价可从5美元降到2美元，印有纽约字样的T恤衫，花10美元可以买到四五件。"而在法国的农贸市场，"比如苹果标价1.01欧元/公斤，你想跟商家商量，卖1欧元/公斤，肯定行不通，他不会跟你这么划，但你买完苹果后，问他多要一个，或者他主动送你一个，倒是很有可能。"

讨价还价可能是种交易的乐趣，但讨价还价的背后往往意味着顾客认为小贩的定价应该而且必然超出某个标准。但实际上，出售的货品对小贩而言，存在着两种极端的可能。一种可能是，货品只是赚钱的手段，在这种状态下，只要能够赢利，就存在着出手的可能；另一种可能是，小贩或是参与了货品的生产或是参与了货品的挑选,在这种状态下,货品与小贩已融为一体,所谓货卖识家,便是这个道理。单从这个角度来看,似乎不愿意讨价还价的小贩对待自己的货品更为认真。所以,法国小贩们说:"你连自己的货都不懂,谁敢买你的东西。"这种对货的态度让人感动,他们出售的不仅仅是货物,更是一种职业习惯。如果"漫天要价,就地还钱"式的交易能够成功,依赖的则是另外一种思维方式。两种商业模式都有其生存的土壤,倒也无可厚非。真正令人感慨的是,当买卖被购物所替代之后,人与人的交易关系悄悄地发生了巨大的改变。

最底层的商业文化本应是买卖双方的零距离接触,从原始的物物交换,到现代以货币作为中介,买卖双方都是为了满足自身的直接需求。小贩为了谋生,而顾客获得吃的、穿的、用的、玩的,人与人的交流成为交易的主题。而在升级版的商业文明中,购物不再是人与人的交流,它成为了人与商品的对话;小贩升级为商人,开始把利润看作目标,而不再把利润当作生活来源。商品成为一种赚取利润的工具,失去了过去那种休戚相关难以言说的感情。在商业文明的调教下,买者眼中已经没有了卖者,而只存在所卖者;卖者则只关心买者,而忘记了自己的所卖者。当交易中不再包含人与人和人与物之间正常的情商交互时,购物过程就成为一种不完整的紧张的交流方式。交易关系也不再是一种人际关系,而正式确立为一种商业关系。

与组织严密的大超市或大商场里的螺丝钉式售货员相比,小贩集采购、销售、财务、管理、客服于一体,他自己就是一个微型的商业机器,但这个机器并非由制度来约束,而是由整个社会文化与个人性格来协调。小贩固然存在,而顾客却不再是小贩时代的顾客,如果每个顾客都津津乐道于成本、质量和服务这些不再新颖的名词,那么,小贩的未来其实很值得担忧。不过,虽然商业机器已呈遍地开花之势,看上去小贩却依旧有他们生存的空间,而且依旧代表着最底层的商业文化,生生不息,世界都有小贩,小贩也各有世界。没有必要美化小贩的个体素质,但必须美化小贩身上那种纯正的商业与人情紧密结合的感觉。

彼可取而代之

英国对1000名上班族进行了抽样调查,有43%的人承认,与确保重要工作任务的完成相比,他们花费了更多的时间在"网络社交"上。同时,还有42%的人承认,他们在上班时会优先解决个人问题而不是去完成工作任务。这种"网络社交"的风行,每年都会造成成千上万起工作失误,为英国带来年均7.6亿英镑的商业损失。对此现象,心理学家大卫·刘易斯认为,工作时间的"网络社交"在一定程度上是对人们长时间面对面工作的一种补充。他说:"上班族们不愿意因为公务而妨碍友谊,所以他们会使用电子邮件和即时通讯来保持联系以及规划他们的社交活动。"与此同时,美国的研究人员随机调查了近1500名美国人,发现与20年前相比,美国人与人之间的关系日渐疏远,越来越多的人说,他们没有可以信赖的挚友。从总体上看,每名美国人的知心朋友的平均数量从3个减少至2个。社会学家史密斯·洛万对此的看法与英国人恰好相悖,"我们并不是说,人们完全处于孤立状态。他们可能在交友网站上有600个朋友,每天给25个人发电子邮件,但他们谈论的都是无关痛痒的事。"

曾经有科幻小说描写过这样的场景,人类会演变成脑袋巨大的爬虫,依靠各种高科技线路保持与外界的联系,在不断的思考中蠕动。不知道这种描述会否让人寒毛直竖,人类本就是地球上大脑与身体比例最大的物种之一,精神占用肉身的比例也最高,当这个比例逐渐失去控制,也许真的会出现类似的进化也未可知。不过生物学上的演变不是以个体生命周期作为计量单位的,所以即使真有那么一天,我们大可以"在我死后,哪管洪水滔天"的态度来拒绝联想。迫在眉睫的变化已经悄然改变着人们的生活方式,毕竟生活方式对心理的冲击令人难以掩耳盗铃,然而乐观偏偏存在于矛盾之中,所有抱怨都只是基于与传统的比较,新经济所渲染的新生活终将取代古典。

在这种情况下，人们可以尝试用新的方式去达成平衡。心里话找不到倾诉对象，独自跳舞便成为时尚；100个朋友比不上一个挚友，那么1000个朋友支离破碎地拼贴起来大致可以承担相应的职能。在《明天醒来你会在哪只鞋子里》一文中，我曾经谈到，"人与人之间的关系随着联系手段的多样化和便捷化反而越来越疏远，这是一个奇怪的方程式。"在那篇文章的结尾，我试图说服自己，"也许，在大家习惯之后，一切会以另外的游戏规则重新开始。"显然，从英国和美国的调查中，我们隐约看到了这种新规则的萌芽。个人展示逐渐取代了同气相投，挚友和真情不再那么重要，人们开始习惯于维持一种自我设计出的状态，在多变的沟通环境中得到情感的寄托。利用先进的技术手段不断扩大交际圈的同时，倾向于更主动地把自己展示出去，如同一件精心包装过的商品一般来让更多人进行多向度的选择。

无论是从主动到被动，还是从被动到主动，与我们过不去的无非是一些关键词而已。"Nothing is impossible."遵循这个广告词的思路，我们也可以说，没有不可以。似乎青年项羽豪气万丈的"彼可取而代之"可以作为前述调查的一个注脚，变化与工作无关，与电视无关，与网络无关，甚至与人也无关。变化只在人心中，而不变也在人心中，联络的广泛取代了关系的亲疏，新规则下成长起来的一代，根本不会有同样的失落，当他们能通过自我的充分展示从最遥远的地方找到心灵共鸣者时，何必去关心邻居家养的是猫还是狗呢？专家们非常煽情地说："卡特里娜风灾中人们站在房顶上的图景触动了我，因为他们连一个有车的朋友都不认识。"可这跟新的生活方式毫不相干，无论旧的规则还是新的规则，人们似乎都尝试着把现实利益与友谊划清界限，虽然那总是剪不断、理还乱的纠缠。如果一定要引入现实利益作为参数，也许倒是一个俗气到底的目标，细细想来，却无可替代。

故事新闻

1932年清华大学入学考试有一道对对子题,上联为"孙行者",唯有一个考生对出下联为"胡适之"。此事本不足以成为公案,但出题人是陈寅恪,而那个考生是周祖谟,有名人陪衬,自然一时风流,坊间有"祖冲之"、"王引之"诸多版本,当时便议论不休。倘使以"故事"作为上联,细细想来,"新闻"无疑是其最合适的下联,意义音韵皆可相对,不过缺少了"猢狲"那一份狡猾和灵动而已。陈寅恪出此题,无疑是颇为高明的选拔人才的方式,大师的小题目尤见功底,其中也不乏几分对胡适的戏谑,正如夫子自道其灵感来源是苏东坡的诗句:"前生恐是卢行者,后学过呼韩退之","韩卢"为犬名,"行"与"退"皆步履进退之动词,"者"与"之"俱为虚字,东坡此联可称极中国对仗文学之能事。1932年的一则新闻到今天演绎为一段涵义丰富的故事,也可以看作新闻与故事间血脉相连的纽带。

新闻的第一要义是真,而故事却可真可假,凡能称得上故事的,总得有那么点一波三折的传奇色彩和扣人心弦的曲折情节。俄罗斯一起连环杀人案的罪犯皮丘什金曾在电视上侃侃而谈,他是个狂热的国际象棋爱好者,计划要杀死64个人,填满国际象棋的棋盘。警方得到了一本罪犯的笔记本,里边画着一个国际象棋棋盘,每一格都填上了杀人的日期和具体细节,只有三格还空着,意味着他已经在著名的比茨维斯基公园谋杀了61人。看完这则新闻,猛然看到一句评论,"幸好他不是围棋爱好者",不禁涔涔汗下。美国的摄影师谋杀案也几乎同样曲折离奇,1988年已被判处死刑的布拉德福德当年在法庭上对陪审员说:"想想你们还有多少事不知道",距今已快20年,此人因为法律规定还未被执行死刑。加利福尼亚警方在翻阅旧档案时,发现了他收藏的50多名妇女的照片,警方已经将这些照片在网站上公布,请公众协助调查她们的身份。

为新闻而故事或为故事而新闻？这个问题成为了这个时代有趣的试金石，检验着所有说者与听者。"为新闻而故事"可以视为新闻从业者的一个污点，为采用这种思路必然会通过剪裁取舍甚至编造来歪曲客观事实；"为故事而新闻"看起来问题并不大，毕竟还遵从了新闻最基本的原则，但隐隐地令人感到不安，因为这会误导记者对新闻事件的判断，甚至会改变记者描述新闻事件的传统方式。两种完全不同的表述实际上都服务于同一目的，增强新闻的故事性。新闻改由这个目的支配，而不是由其原则支配。维特根斯坦在《哲学研究》中对语言有一个形象的比喻，"可以把我们的语言看作是古代的城市：它有错综复杂的狭小街道和广场；在不同时期增建的新新旧旧的房屋组成了一个大迷宫；而包围着这一切的则是街道笔直严整，房屋整齐划一的许多新市区。"语言的内核或许如古老的行动论者奥古斯丁及现代的工具论者布龙菲尔德认为的那样，是指令与行动的偶然结合，带有很大的不确定性。但迷宫之外，规则越来越清晰。麻烦在于，迷宫外的材料虽然庞大，而我们大部分的时间和精力却消耗在迷宫之中。

再讲述一段故事，一个被誉为慈善女王的 104 岁的老妇人，被儿子霸占了上千万美元的家产，目前流落街头。"每天早上，年迈的阿丝特拄着拐杖，穿着破旧不堪的睡衣和同住的一帮难民一起争抢水龙头洗脸。"而在另一个故事新闻的版本里，慈善女王因病失去生活自理能力，"基本上已经处于植物人状态"。假作真时真亦假，故事新闻成为一种潮流，意味着报道者有意无意地把自身湮没于纷繁复杂的细节与情节之后。畅销至今的漫画《丁丁历险记》里，主角丁丁是一个记者，在漫长的冒险过程之后，他给报社发回的只是一则简短的新闻，人们在期待着他周游世界的报道，并充分想像细节缺失背后记者的经历。原本隐藏在新闻背后的故事，如今走向前台，一点点蚕食着人们本就可怜的想象力，记者由参与转向旁观，由经历者转向记录者，危险度与正义感在逐步工具化的地位中流失。新闻报道是一种凸显真实的历险，而关注故事则成为隐藏真相的旅游。人们在为自己的生活日益娱乐化而欢呼的同时，却悲哀地看到我们深陷迷宫之中，而世界，无所谓真实与意义。

数字新闻与点批判

最近有几条新闻可以被提出来并列一下，一个是美国部分大学宿舍刮起的"奢侈风"，一个是从美国纽约向欧洲发出的一份外卖订单，另一个则是日本富豪小姐在伦敦的一周生活日记。之所以会关注到这些事，或许是因为"有钱人如何花钱"的主题在媒体上正炙手可热，而且在这些主题里，无一例外地采用了"数字说话"的方式，如"宿舍服务公司做2小时房间清洁收费60美元"、"外卖及护送它的两名工作人员的越洋旅行将花去8000英镑"、"值500英镑的鞋，订房花掉1000英镑，4290英镑的礼服"等等。

始发于英国《每日邮报》的《亿万富翁女继承人日记》以大岛雪子亲笔日记的形式，记录她和丈夫在伦敦一周的生活片断，是类似真人秀的采访模式。有趣的是，这篇文章在被转载的过程中，分别被缩写为两个不同版本。某个在国内转载率较高的版本里充满了如上段所述的数字，如此小家子气地标榜价钱的行为让人不禁怀疑这位女富豪的真实身份，仔细读过未缩写版的日记后，才知道她父亲在她10岁左右才赚了大钱，不禁感叹西方俗语"三代才培养一个贵族"与中国俗话"富过三代方知穿衣吃饭"的正确。至于另一个缩写版日记，则刻意抹去了几乎所有数字。无论哪个版本，都只有原文的大约1/5，大岛雪子在日记中体现出的完整的真实性格，轻飘飘的幸福、轻飘飘的思考，全都不见了踪影。不久前我在《故事新闻》一文中描述过的"故事化倾向"，与这一类新闻中的"数字化倾向"正可互相补充。联想到常见的新闻字句"某某斥资若干打造（建设、推行）某某某"，"若干"的钱数被如何地用于做事，做了哪些事，反正难以说清，索性不要说，读者只需知道，"若干"的数目越大，则代表被重视度越高，项目越发重要。结果，真正的故事被缩写成干巴巴的数字，信息贫乏的细节却被过度渲染。

数字化本是寻求标准的努力，有助于我们对事物进行更简单清晰的定义、描述、评价、比较。长短、高低、轻重、先后，数字在某个统一的体系内排序，有一目了然、毋庸置疑的说服力。在数字化的过程中，存在两种有代表性的数字与人的关系：玩弄数字与被数字玩弄。时间与空间是不同的维度，1分钟与1厘米可以通过怎样的关系换算，目前尚不得而知。对于朝生暮死的蜉蝣来说，1个小时有着与人类完全不同的意义。忽视体系间的换算关系随便跳跃，就很容易产生"大观园里的一顿螃蟹＝二十多两银子＝庄稼人过一年"这种刘姥姥风格的等式，进而上升至难以辩驳却收效甚微的道德谴责。物质乐于接纳数字，而精神习惯性地排斥它们，当前并非所有的领域都能做到数字化，于是常常出现一个人不满于被以偏概全的数字划分至某一群体，被决定待遇或升迁。

　　以数字来衡量，被衡量的对象也在日益细化和明确之中。我们曾买过同一本书，喜欢听同一首歌，于是我们拥有了某种程度的共性，在社交网络上得以关联起来。人的个性被拆分到点，点与点之间的联系扩展成人群的碎片与小众。传播学在适应大众向小众的转变，我们则恐慌着整体的丧失。对比较和评判的重视成为推动的力量，"整体无法比对"的普遍认识使完整的社会、人群和个性被迫暂时退居幕后，等待拆分工作完成后，再被拼装起来。需拆分的点实在太多，被完成的点实在太少，于是在这个过程中，很容易看到失真的拼装模型在浑然一体的完整面前黯然失色。点通过怎样的秩序回归完整，在艺术上已被修拉的"点彩法"构造出雏形，而在哲学上仍是未来的命题。精神领域和物质领域本来有着各自不同的逻辑与规则，在我们还没能站在更高的层次俯瞰精神与物质之前，就试图依靠单一而不完善的标准为二者的综合体打分，最终，只能落得两面不讨好的结果。

　　精神领域的高扬压抑了日常的衣食住行，物质的过度繁殖也必将带来精神的反攻。阳极则阴生，阴极则阳生是道家传统消解问题的方式，《豳风·七月》中冬天藏冰夏天用冰的仪式性习俗，被儒家解读为"以节阳气之盛"，使得"冬无潜阳，夏无伏阴"。在物质的极盛时期，选择并储存精华的物质之"冰"，不光能败亡得好看一些，也留给遥远的新物质时代一个更高的起点。

人，诗意地穴居

10月12日，52岁意大利的社会学家蒙塔尔比尼，住进了意大利东部皮森诺镇附近一个地下80米深处的洞穴，又一次开始了穴居生活，这一次，他打算在地下洞穴里居住三年。过去，此类新闻一般以挑战吉尼斯世界纪录的名义出现，诸如住进鸟巢、与蛇虫虎豹同居等等，引来世人关注的目光，功成名就后被冠以"鸟人"、"蚂蚁人"、"蛇人"等称号。这位社会学家也因其从33岁时开始的断断续续的穴居行为被冠以"鼹鼠人"的称号，他还一次又一次地打破世界纪录。不知道他是因为穴居而成为社会学家，还是因为研究社会学而选择穴居。从感情上，我宁可相信后者，即蒙氏的穴居带有很强的人类学与社会学实验目的，取得了杰出的不可替代的人类学与社会学实验成果。用官样些的学术评价话语来说，就是"填补了学术空白，拓宽了研究空间，具有方法论与实践论的双重意义"。

社会学上曾经有过一个难题——为什么离群索居的人会发生时间错乱，生活周期会延长到35个小时左右为一天。新闻并没有给出这个难题的答案，只是一次又一次地用例子证明，穴居确实会导致生活周期延长。纯粹的精神体验或许会被认为是一种幻觉。你认为自己是超人，拥有改变宇宙的能量，我们的社会恐怕早已把你送入精神病医院；你认为"洞中方一日，世上已千年"，生生不息的世人却早已把你看作魂飞魄散的一堆枯骨。人们倾向于关注肉身，因为生老病死、悲欢聚散作用于我们的感官，刻下难以磨灭的印记，而精神，虽然也带来诸多的困扰，却变化多端，既难以沟通，又不可控制，始终落后于主流的科技发展。从这个意义上来看，穴居既是勇敢的尝试，又是荒谬的闹剧。超越常人的生存体验，要么被崇拜，要么被嘲笑，却很难被认可和复制。

社会是一套极为复杂的系统组织，常常会出现一些令人啼笑皆非的事件。英国有一位社区志愿医疗急救员，有一天胸口剧痛，他的妻子拨打了急救中心电话，应声响起来的竟然是急救员自己的 BP 机。所幸的是，他被后来赶到的一辆救护车送去了医院。这位名叫罗杰的急救员事后说："我的 BP 机突然响了起来。我一看地址，竟是我的家。生死攸关之际，这事一点也不好笑，但我当时仍然感到几分幽默。如果不是胸口真的很痛，我真想笑出来。不过这件事至少显示，我们的急救系统运转正常。"现代社会就是这样一个周密运转的机器，但也会不时开些小玩笑。美国法学家弗里德曼描述道：当我们走在大街上，陌生人保护我们，如警察；或陌生人威胁我们，如罪犯；陌生人扑灭我们的火灾；陌生人教育我们的孩子、建筑我们的房子、用我们的钱投资；陌生人在收音机、电视或报纸上告诉我们世界上的新闻……如果我们得病住进医院，陌生人切开我们的身体、清洗我们、护理我们、杀死我们或治愈我们；如果我们死了，陌生人将埋葬我们……

听起来似乎有些悲哀，随着工业化与城市化的发展，人的活动范围大大扩张，流动性远远超过了任何一个时代。乡土不再是一个温馨而可依赖的概念，人情只存在某些特定的时空，人与人的关系完全契约化，法治无可替代地成为衡量行为的唯一尺度。没有约定就无法执行，一旦约定，无论如何荒谬，都必须执行。生活在我们周围的陌生人，用约定的货币来交换商品与服务，用约定的关系来评判争执与分歧，用约定的价值来衡量高低与贵贱，甚至用约定的哭笑来面对痛苦与欢乐。尽可能地高效与公平，是法治社会的准则，也是经济社会的诉求。每个人孤独的存在虽没有穴居那么极端，细细想来，物质的洞穴却无处不在。生活方式千变万化，一旦纳入庞大的体系，都呈现出意想不到的结果。从朝夕相处的陌生人，到离群索居的穴居人，精神的避难所始终难以寻觅。也许，"人，诗意地穴居"，才是海德格尔想说的话。

维特根斯坦的痛

在《哲学研究》中，维特根斯坦用了上百个条目（bemerkung）论述"痛"这一代表人类个体感觉的神奇词语，以至于他的支持者和论敌都将之命名为"维特根斯坦的痛"。选择"痛"而不是"痒"、"酸"、"麻"也许并非偶然，商务印书馆的译文中有一段颇似鲁迅风格的话："尽管本书是如此贫乏，这个时代又是如此黑暗，给这个或那个人的头脑中带来光明也未尝就不可能是本书的命运——但当然，多半是没有可能的。"有着这样的心态，自然，痛，无论肉体上的，还是灵魂上的，都足以成为一个首选的哲学名词。

"维特根斯坦的痛"，反反复复地从每一个我们可能想像得到的细节处追问这种感觉的真实、虚幻与理解上的困扰，将我们带入一个深邃的语言游戏和哲学、心理学的世界。最近，英国《每日邮报》提出了一个耐人寻味的问题：药物真的能够解决性问题吗？旨在提高性能力的药物已经支撑起一个庞大的产业，与此同时，不断有新药和新的治疗方法推出，要在这个不断扩张的市场上分一杯羹。配合这个活动的自然少不了媒体的宣传：据称，45％的妇女存在性功能障碍，而30％的男子则有着早泄问题。由医药公司主导的研究试图让人们相信，正常人的每一次性交都应该是"欲仙欲死"的，凡是达不到这个标准的，就需要求助于药物或某种特定的治疗方案。

于是，一个心理问题和社会问题就巧妙地转化为了一个医学问题，转化为了性器官的绝对长度与持久能力。持怀疑态度的专家也无法否认"这些让人重新焕发活力的东西有用"，他们只是担心把行为问题定义为医学问题的潮流是在鼓励一种"疾病交易"，这些药物"能够让人迅速容易地性交，但却不是一种情感营养"。在医药公司借此牟取暴利的同时，人们也可以回避情感问题而用最简单的方法来达到最直接的效果。事实上，依赖药物达成的性行为最终可能会严重地影响到夫妻关系，即使这些药物都安全有效。"维特根斯坦的痛"不是轻易就能消解的哲学问题，更何况是比"痛"复杂得多的性欲。但这有什么关系呢，并不是每个人都像维特根斯坦那样有耐心去迫近本质。我们只能相信医学和药物都是善意地在帮助大家解决问题，尽管解决的只是"今天晚上的问题"。

饮鸩止渴解决的是这一秒的问题，下一秒的问题已经转化，或者可以叫做外化。医学界也开始担心这些药物的安全性，伟哥在长达 8 年的销售中逐渐发现了一些副作用，人们还发现仅有 40% 的使用者能有长期的效用，但未知效果的新药已在新一轮宣传中推出。"维特根斯坦的痛"就这样一步步被推向不必预测的未来，我们始终相信，只要出现了外化的问题，解决方案必然是会出现的，我们没有能力去思考这些问题的外化是否由过去的解决方案所导致。两个分别研究屎壳郎和蝙蝠的小组得到一些有趣的结论，屎壳郎的角与蝙蝠的大脑在大小上与睾丸存在着反比关系。在雌性与众多雄性进行交配的种群中，角大或脑大更能吸引雌性，而睾丸大更容易在精子竞争中繁殖后代，似乎有些两难的选择，科学家们用比较通俗的话解释说："因为精力有限，如果你全面发展就会一事无成。"人类的肉体与精神，以及作为肉体与精神延伸物的技术与感性，是否全面发展也会一事无成呢？"维特根斯坦的痛"，足以深深地刺痛某种固执的模型，一旦陷进去，那是一个庞大的涉及整个人类历史与未来的迷宫。跳出迷宫就不在迷宫之中，身在迷宫就很难奢望能够指引道路，因为这个迷宫的难点恰好在于，它仅仅是由路标构建而成。

每天决定少一点

康奈尔大学营销学教授布赖恩·万辛克在《盲目进食，为什么我们吃的比意识到的要多》一书中谈到："人们每天要为与进食相关的事情做200个决定，而大多数人并未察觉这一点。"席卷欧美的"肥胖瘟疫"让政府把推进减肥计划视为一项国家大事，肥胖产业赚入的钱与医疗保险亏损的钱都大幅度上涨。社会学家、心理学家、营养专家开始把解决肥胖问题当作前沿的研究课题，各种奇谈妙论纷纷出炉。万辛克无疑是其中剑走偏锋的成功者，"在解释进食行为的新兴研究领域里，他是先驱。"虽然主持着专业的"食物及品牌实验室"，但万辛克并没有心理学背景，因此他常常把研究成果直接交给记者，借以避开学术困境，在杂志和出版领域里如鱼得水。

人们盲目的决定决定着饮食习惯，垃圾食品、缺乏运动和超级市场的合力让决定变得更加的隐晦，而不良的饮食习惯正是肥胖的罪魁祸首。肥胖的蔓延是一种社会信号，代表着正常的需求屈从于生活方式所提供的可能性。为什么人们吃的总是比意识到的要多？"答案并不在于计算卡路里，也不在于立法禁用反式脂肪，而在于人们在多大程度上愿意改变自己的饮食习惯。"事实上，个人可能改变习惯，而整个社会的习惯却几乎无法改变，肥胖跟个人无关，问题在于社会提供给人们的生活方式越来越难以抗拒。做出200个决定并不是很容易的事情，但这200个决定中只有几个是真正的自我选择，当人们只能简单地痛苦于吃还是不吃，吃这个还是吃那个的时候，面临的最大困境在于，当默认了198种可能导致肥胖的因素之后，剩下的抉择只能起到一点点安慰作用。

围绕着决定的多寡，担子似乎更多地被扔到每个人肩膀上。饮食习惯看起来是非常私人的事情，而改变习惯的艰难却足以证明个人的无能为力。

心理学家、营养学家以及各类专家们已经完成了他们的工作,不能否认这些工作的价值,但人们很难从中得到帮助,唯一能够知道的是,正确的决定才能带来好的效果。几乎每个软件都有一个按钮叫做"默认值",一般情况下,选择默认值总能差强人意。而在现实的生活中,一点下默认值按钮,就意味着犯下大错。那些被默认的决定,如同危险的特洛伊木马,暗含杀机。万辛克告诉人们,你每天为饮食做了 200 个决定,但你并未察觉,但他却并不能同时告诉人们,这些决定都是什么。肥胖并不可怕,可怕的是肥胖被当作一种因决定错误而导致的后果;要改变的不是决定本身,而是决定背后的那股令人绝望的隐藏力量。

在我们这个时代,变化压倒一切,人们如夸父般疲惫地追逐未来。《时代周刊》的封面故事曾经说,追逐 the next big things 对于现代经济的重要性不亚于联邦货币政策。当美国的猎酷人与反酷族同时并存的时候,到底是谁在影响谁呢?"一旦抓住潮流,我们只有 4 秒钟的时间去告知客户。"猎酷公司已经用秒来计量效率和未来,但仍然把握不住瞬息万变的格局。时尚只是一种让人不能喘息的策略,每个人每分钟都在进行无数的决定,而社会的决定只有一个,把个体的决定纳入既定的轨道。我们的确在向着某个方向发展,肥胖、疾病、环境污染等等只是不小心带来的副产品。我们从来不愿意承认,我们所追求的富足、高效、利益至上的发展模式本身就培养着不良的生活习惯,于是,我们希望每个人的生活习惯能够跟社会环境无关。面对一桌丰盛的大餐,我们既希望每个人能尽情享用不至浪费,又希望大家控制自己的食欲改变自己的习惯以保持健康。

症结也就在此,当所谓健康的生活方式逐渐演变为非正常的生活方式,每个人都会无所适从,我们需要做出的决定越来越多,导致每个决定都可能糟糕透顶。倘使正常的生活方式就等于健康的生活方式,不要跟时间赛跑,不要跟环境赛跑,不要跟技术赛跑,每天少一点决定,多一分随意,那么,为什么要改变自己的生活习惯而不是保持自己的生活习惯呢?是保持简单,还是改变容易,这,又是一个难以决定的决定。

阿巴卡利基王子

2006年11月福布斯又推出了它的虚构人物富豪排行榜。有两件事值得说一说，圣诞老人落榜与阿巴卡利基王子上榜。圣诞老人高居该排行榜榜首多年，理由是它有送不完的圣诞礼物，对全世界儿童都慷慨无比，所以，他的财富是无穷大，资产构成主要是"玩具和糖果"。对阿巴卡利基王子的介绍则是，财富28亿美元，资产来源于电讯。我们切不可认为福布斯对其主营的世界富豪排行榜采用了认真而严肃的科学态度和方法，而对待虚构人物排行榜这一块则是随随便便。如果我们做不到用同样的心态来看待真实世界与虚构世界的话，那么，我们暂时不适合接受这样的娱乐。是的，富豪排行榜是一个娱乐项目，是福布斯全体工作人员倾力奉献的大众娱乐产品，最好不要发掘它的其他功能，如同一把玩具枪，最好不要试图拿着它去抢银行。

虚构的世界会通过各种方式与现实世界发生联系。圣诞节收到的"玩具和糖果"虽然是亲朋好友从商店里买来的，但如果送礼物和收礼物的人都认为那是圣诞老人的馈赠，那么，不妨认为那确实是圣诞老人借用了现实之手实现的一个传统。圣诞老人落榜的理由有两条，一是无数愤怒的孩子写信给福布斯，坚持圣诞老人是"真的"，二是福布斯考虑到经过一千多年无节制地消耗玩具和糖果，圣诞老人的财务状况确实堪忧。尽管能够不停地给予表明他有无穷的财富，然而再多的财富也经不起坐吃山空。从感性地景仰馈赠行为到理性地评估馈赠后果，巨大落差自然让圣诞老人从NO.1变成一无所有，取而代之的是音乐剧《安妮》中的"老爸"——军火商、美国国防部合伙人奥立弗·沃巴克斯，战火纷飞的年头，军火商自然利润丰厚。

阿巴卡利基王子，尼日利亚已故国王的长子，并非任何一部作品，不管是神话传说、小说戏剧还是游戏中的角色。而作为一个虚构人物,他是一个网络世界中的神秘存在。尽管他正在政治避难,人身自由受到限制,但他通过电子邮件向成千上万的陌生人传达了一个合作的信息,他可以继承一笔庞大的遗产,某个基金会保管着这笔财富,任何值得信赖的陌生人都可以得到一份王子的授权书去办理手续,之后王子就能够自由地支配这笔资金,而这位幸运的陌生人,则可以得到这笔财富的30%作为酬劳。无论对欧美还是东方国家来说,这则故事是种种此类故事中颇有异国风情的一个,如果我们收到这样一封电子邮件,试图去求证故事的真假是很无趣的行为。福布斯郑重地将阿巴卡利基王子列入了虚构人物排行榜,显然是代替我们做了一个判断,既肯定了始作俑者的创意,又打破了没有财力和精力的贪婪者的妄想。

在很多励志书中都出现过一个故事——1美元买到一辆豪华轿车。故事是这样的:一个穷小子看到报上的一则广告,1美元出售一辆价值数百万美元的豪华轿车,于是他去到了一个豪华的别墅,见到了一个高贵的夫人,买到了这辆豪华的轿车。理由呢?原来,她的丈夫去世前在遗嘱中把这辆车留给了自己的情妇,但夫人拥有拍卖权,就这么简单。特意把这则广告拿给穷小子看的朋友追悔莫及。用伊索寓言的老套路来加个尾巴,这个故事告诉我们,要相信机遇,不管它看起来是多么地难以置信。某欧洲著名珠宝店曾经举办了一场店庆活动,通过邮件给自己的老客户赠送钻石,本以为能迅速地收到反馈,但大多数信件如泥牛入海,市场部人员调查后发现,4000多封信和里边随机附上的200多颗钻石,基本上都进入了垃圾箱。阿巴卡利基王子通过电子邮件与现实世界发生了联系,作为著名的垃圾邮件制造者,显然他不是一个人在战斗,但我们能够观察和表述的也就是这个事实本身。尼日利亚是存在的,老国王是存在的,财富呢?在形形色色的人们心中,也许有,也许没有。福布斯排行榜是虚构世界与真实世界发生神秘联系的又一种方式,我们可以设想出1000种让阿巴卡利基王子成为真实的可能性,也可以再花1000年的时间来争论圣诞老人到底是否确有其人,对于大多数喜欢结论的人来说,这样,确实是无聊或者折磨,可惜喜欢结论的人往往也渴望着奇迹,而奇迹却始终不会成为一个结论。

言语魔方

一个语音研究小组对英国女王伊丽莎白二世自1952年即位以来的每个圣诞致辞进行了技术分析，发现了一些典型的元音变化，例如 thet men in the bleck het 逐渐变为 that man in the black hat，而发音变化最大的阶段是20世纪80至90年代。本来语言学可以只发现并描写这种变化，不去解释其背后的意味。但事实上，女王的口音是从贵族化的牛津腔逐渐向更接近平民化的伦敦腔转变。历史学家兼王室传记作家罗斯提供了一些相关证据，两三年前他与女王一起喝茶时，女王提到自己的孙辈有了伦敦口音。"当时我以为她是说菲利普亲王家的孩子"，但后来她说安妮公主与爱德华王子也是如此。2005年，女王在一次私人聚会上也曾对来宾说，"我所有的孙辈都说伦敦英语了"。语言学完成了他的任务，剩余的阐释与猜想可以交给社会学。常规的解释是，在20世纪50年代以前，不同口音是英国不同社会阶层的标志，而70年代以后，这种差异已随着社会改革而变得不那么明显。社会语言学家拉波夫经典的论文《纽约城英语的社会分层》经过语言变异调查论证出，是否在类似 fourth 这样的单词中发出 r 音是上层与下层的区别，而下层为了向上中层靠拢，往往会过度地发这个音。更重要的是，这些区别并非刻意模仿，人们的发音习惯看起来非常地趋炎附势。依据拉波夫的观点，女王下意识的口音变化似乎也可以看作庶民的胜利。

除了应用于炙手可热的 IT 领域，语言分析技术也被詹姆斯·菲茨杰拉德等美国联邦调查局的刑侦专家也视为利器。经过多年来对无数份匿名文字材料的分析和辨认后，他认为没有哪两个人使用语言的方式会完全相同。曾与菲茨杰拉德合作侦破过"大学炸弹客案"的语言学家唐·福斯特形象地表述道，"人类是自己语言的俘虏，因此对一段文字进行科学分析后，能够得到的信息也许跟指纹或 DNA 鉴定得到的信息一样清晰明了。"人们都相信，语言中隐藏着很多秘密，到今天，语言学可以与几乎所有学科交叉，然而，无论如何交叉，语言观都是绕不开的原点。究竟把语言看作自在之物，还是内省之物，是两种截然不同的研究取向。在人们试图把语言研究导入各种应用领域的同时，源自本体的困惑同样也进入到了这些地方。女王的口音为什么会变？每个人的言语表达方式为什么会不同？我们似乎得到了满意的回答，似乎又远远不够。

我们很容易理解语言是人们的一种约定，通过约定把音与义建立起联系，然后进行交际与表达，此即索绪尔所谓语言符号的任意性，国内任何一本普通语言学教程中也都能找到《荀子·正名》"名无固宜，约之以命，约定俗成谓之宜，异于约谓之不宜"这段话。但语言起源问题自19世纪中叶由巴黎语言学会明文规定不接受该方向论文以来，已潜移默化地成为了语言学研究的一个"禁区"，这使得诸多的猜想成为一些虚无缥缈的传说。我们还不如直接把语言看作是上天赋予现代人类的最珍贵的财富，毕竟在每个人出生之前，语言便已存在，甚至在人之为人之前，语言的可能性便已存在。然而不管从什么意义上讲，语言始终处于变动之中，而这种变动折射出个体与社会的变动，语言在完成交际的同时，还承担着保存种种附丽于私人言语的丰富信息。语言所能给予的远远比我们能够想像的还要多得多。面对语言，我们究竟需要做些什么？应该做些什么？描写还是解释，观察还是干预，似乎都大有可为。但种种迹象表明，语言学的发展提供了越来越丰富的言语分析技术，在凸显语言工具性的同时，却让我们在其犀利的运用过程中逐渐迷失方向。语言学家们似乎始终在约定俗成与先验的语言观中徘徊，语言存在于人之中，又独立于人之外。语言与人互为工具，女王改变了口音，口音也改变了女王的社会意识，这并非绕口令，每一个人说出的每一句话并不永恒存在，但创造语言的力量却贯穿始终。我们只是习惯于把语言看作自己的工具，也许还不习惯把自己当作语言的工具。

2007
理性的豌豆

顽童之玩

英国著名理论物理学家霍金教授在接受《每日电讯报》记者采访时透露，自己准备开始接受失重训练，并于2009年参加"维珍银河"组织的太空旅行。维珍集团总裁理查德·布兰森也表示，从2008年开始，"维珍银河"的太空旅行计划将把8名游客送入低地球轨道，每位游客的费用大概是20万美元。这里边有两个关键词，一个是霍金，一个是维珍集团，而维珍集团几乎可与布兰森等同，因为据英国市场调查公司的报告，维珍的品牌认知率达到了96%，而其中有95%的人能正确地说出维珍的创办人就是布兰森。

维珍是英文Virgin（处女）的音译，布兰森曾在其自传《失去处子之身》中解释其品牌定位："处女"性感，过目不忘，令人联想翩翩，她意味着自由自在的生活方式、冒险、叛逆、开放以及极度珍贵的浪漫。维珍集团可以说是世界上涉足领域最多的公司，大大小小200多个子公司，从娱乐到软饮料，从旅游到航空，从制造业、金融业到网络业，都有布兰森忙碌的身影。布兰森一向是商学院的特别案例，属于不可复制的类型。1986年，他驾驶"维珍航空挑战者二号"汽艇，以打破蓝带奖纪录的成绩穿越了大西洋；1990年，他带领维珍航空的工作人员乘坐一架波音747飞机前往战火纷飞的巴格达，运回了陷身那里的英国人质；1998年，他首次乘坐热气球环绕了地球。以上如果算是他的冒险记录的话，那么，他频频上镜的原因更多在于他代言维珍品牌时那些惊世骇俗的疯狂行为——率领20个模特在伦敦街头裸奔，宣传维珍手机"所见即所得"；驾驶坦克冲入纽约时报广场宣告维珍唱片进军美国；披上婚纱为维珍新娘作秀；骑着白象到印度国会演讲……在媒体眼中，他更像一个喜剧演员而非商人。

同是著名的英国人，霍金与布兰森在太空旅游中产生了交集。这一次，霍金成为布兰森的顾客。很难想像霍金会收听维珍电台，穿维珍牛仔裤，去维珍大卖场，喝维珍可乐，坐维珍航空，接受维珍理财的服务，一个在自己头脑中用数学公式构建宇宙终极模型的学者给人的形象总会与叛逆、冒险无关。22岁患上卢伽雷氏症只能依赖轮椅行动，连说话都必须通过特制的语音合成器，却担任着牛顿曾经担任过的剑桥大学卢卡逊数学教授的职位，思索着时空的奥秘，这本身就是个超越极限的奇迹。加之其科普作品《时间简史》全球1000多万册的发行量，在媒体眼中，他更像一个悲剧演员而非学者。

　　霍金在接受记者采访时表示："我接受失重训练并打算搭乘维珍银河的太空船前往太空，就是为了向我的人生提出更大的挑战。此次前往太空，将有助于自己更好地认识太空和整个宇宙。"而布兰森描述这次太空旅游计划时说道："整个太空之旅的航程大约是三个半小时，其中有半个小时在太空中。游客搭乘飞船上升到离地面约120公里处，可以感受约5分钟的失重状态，可以看到地球表面，此后它将滑翔回地面。"与美国和俄罗斯宇航员在太空中的逗留相比，这半小时的象征意义大过实际功用。霍金以65岁的残疾之躯都可以借助民间商业机构实现梦想中的太空之旅，那么，理论上每个人都可以。这是否有着什么划时代的意味，其实无关紧要，而一个喜剧性的顽童与一个悲剧性的顽童玩到一起，足以构成一种启示。

　　追求自由和挑战自我，是珍贵的品质。而自由即是以自我的方式立足于世，挑战则是寻找自由终极的尺度。霍金曾感慨，"哲学家如此地缩小他们质疑的范围，以至于连维特根斯坦——这位本世纪最著名的哲学家都说，'哲学仅余下的任务是语言分析。'这是从亚里士多德到康德以来哲学伟大传统的堕落！"套用霍金的批判，可以说哲学丧失了自由的冲动与挑战的勇气，而这二者之和恰好是创造力最好的体现。尽管人们在此时空中只能以物质化的方式表达自我的存在，然而，潜隐在语言、行动、技术诸要素背后的精神，却始终鞭笞着人们。两个老顽童的合谋，在个人游戏中蕴涵着一场集体意志的暴动，技术利用最美好的前景，是帮助人们重新认识自己。

谁站在桥上看风景

尽管现在的天才和人才并不比过去多，国际头条也未必比从前的大事更激动人心，但无可否认的是，如今是一个名人辈出的时代。一件事，一句话，甚至一张脸都足以令人一夕成名，有人主动博出位，有人什么都没做就已家喻户晓。这些名声有时持久，有时短暂，身后总跟着一大票虎视眈眈的新"名人"，大有长江后浪推前浪，前浪死在沙滩上的架势。

纽约人应该还没有忘记"地铁超人"，不久前这位50岁的建筑工人奥特里勇敢地迎着飞驰而来的地铁列车，成功地营救了因癫痫病发作跌下站台的陌生人。奥特里成了纽约人心目中的英雄，被称作"冷漠纽约的奇迹"。最近，一位曾在1996年因见义勇为而出名的"前名人"圣托斯出面警告他：小心，名人不好当！据圣托斯自述道，老板因为自己成名耽误了工作而威胁要炒他鱿鱼，他一怒之下辞了职，在随后的几年中陷入失业、酗酒等困境，久久未能从低谷中走出。圣托斯无奈地说："我的生活被彻底撕裂了，各种公众的关注改变了我，其实我并不希望发生这样的事儿。我也就名声大噪了15分钟，然后就迅速变成了昨天的新闻，虽然我并不在乎这些，但却花了四五年时间重新找回属于自己的生活。"最后，他语重心长地告诫后来者："尽量不要改变，不管花多长时间、多大气力，都要尽量让生活保持和从前一样。""和从前一样"，或许就是宠辱不惊的境界。从前，名气砸在头上，烦恼大不过就是被闪光灯晃花了眼；现在，出名容易，被挤出公众视野更容易，更大的难题是如何应付降温后的加倍清冷。

我们曾经过度地关注"被看"。怎么才能"被看"？怎么能"被看"得更多、更久？或者，怎样才能不"被看"？怎样才能不再"被看"？销量、收视率、出镜率、点击量，无数的数字帮我们统计着"被看"。人们每时每刻都在用目光投票，却很少留意到看与被看也许不过是作用力与反作用力之间的关系。心理学家很可能已经研究过为什么有人格外喜欢出风头，医生和生物学家也可能研究过当人们被关注和重视时，大脑的哪部分区域会出现超常的波动，这也许有助于治愈社交恐惧症和目光依赖癖。

漫长的时间内，人们习惯了名人和非名人之间清晰截然的分野，却不知不觉被丢入一个演员与观众混淆不分的时代。层出不穷的传奇更像主角与拥趸者合谋的表演，闹不清是谁在看，又是谁在被看，这正应了那句话，没有演出的观众和没有观众的演出都是不存在的。一个人有时戴着巨大的兔头面具，有时戴着熊猫面具，正在暴走纵穿日本的途中。以往这句话已经是合格的新闻缩写，如今却最多只讲出了 1/10 的内容。真正的重头戏是，在路上看到"兔头男"的人惊讶之余，拍照并写入自家的博客，沿路发现者的博客们如何彼此取得联系并进而形成"冒险者同盟"，一次新的集体暴走正在酝酿成型中……摄影师们已习惯将镜头越推越远，因为庞大的"看客"群体早已不再是单纯的背景。

德国一家电台举办有奖问答："如果给你 10 万块钱，你会怎么花？"来自美因兹市的卡车司机莫尔科·海格因特的回答最为新颖独特，因此获得了 10 万欧元的奖励。他的回答是"我将把其中 75000 欧元撒向莱茵兰—巴拉丁州"。他真的这么做了，撒钱活动在凯泽斯劳滕市的施缔夫特广场进行，被命名为"莫尔科之雨"。不妨想像一下，在撒钱即将开始的瞬间，远处的摄影机镜头对准场地，场地上人们的视线对准莫尔科；照片凝结了时间，我们的眼睛看到记者手中的镜头，看到场地上的人群，看到此次活动的中心莫尔科。而莫尔科正看着这所有的一切。究竟是谁娱乐了谁？

"你正在桥上看风景，看风景的人在楼上看你。明月装饰了你的窗子，你装饰了别人的梦。"没必要再关心究竟是看的多，还是被看的多，这或许从来就是一个不存在的问题。许多人依然做着传统的选择，沾沾自喜于成为圈子的中心，争抢着瓜分早已供不应求的荣耀与关注，而高处不胜寒的危险却依然不逊往昔。忆起背诵卞之琳的《断章》时，总是记不清诗人写的究竟是"你"还是"我"。不想也罢，看风景的人本无所谓你抑或我。

舒马赫开的不是奔驰车

德国女总理默克尔在一次电视讲话中号召大家为改变国家形象而努力，她说："外国人喜欢我们的古老传统和历史古迹，却认为我们没什么幽默感。"在这种号召下，德国开办了连锁幽默学院和幽默俱乐部等机构，培训学员讲笑话的技巧，并且颁发结业证书。《环球时报》的记者采访了德国幽默研究中心主任哈理曼，得到一个比较学术化的回答："从语言史来看，德文语法比较特殊，光是名词就有阴性、中性与阳性3种性质，系词与动词的组合更是严谨精密，因而不容易像英语那样形成一语双关的幽默效果。"同时，德国人奉行的一些为人处事原则，譬如不背后说人坏话、不当面损人什么的，也妨碍了大多数以"损"为源的幽默效果。外国人一般认为德国人死板，这种文化上的偏见并非一朝一夕形成的，那么，是否可能一朝一夕就得到改变呢？

德国人可以有两种选择，一种是靠拢国际化的美式幽默和法式浪漫，另一种是打造德式幽默。德国人一向自负，即使默克尔发了话，估计她骨子里也并不希望自己的国民猛然间变得美国化。这在整个欧洲也是个很严肃的问题，即使比较亲美，默克尔和欧洲的主流政治家也并不会有太多不同的政见。1月21日，默克尔访问俄罗斯，会谈期间，普京的爱犬科尼闯进了会议厅，在她身边蹭来蹭去，这时两人之间发生了这么一段对话。普京："别怕，它很乖的，不会咬人。"默克尔看到科尼离开她走向记者，便用俄语说道："哦，现在它咬记者去了。"大多数媒体并没有报道这一"不咬人只咬记者"的幽默，在他们的报道中，普京的话是："这条狗不会吓到你吧，它很乖的，只是喜欢记者。"随后是几句闲聊，"多大了？""5岁了。""哦，那它还不老。"作为俄德会谈的一个花絮，我们很难证实默克尔是否真的说了那么句很损的话，但可以判断的是，这样说话显然不是德国式的幽默，而是很标准的美式幽默。

德国人并不缺乏幽默。德国拍了部电影，并出版了同名的书，叫《嗨，希特勒，那头猪死了！》，其中辑录了很多二战时期德国的政治笑话。作者试图用这些笑话证明，即使是最黑暗的那段日子，人们仍然能够看透纳粹的宣传，认识到纳粹政权的荒唐可笑。德国人是很沉重的民族，不断在进行反思，虽然一些禁忌已经成为历史，但作者表示，"这事情还没有结束，也永远不会结束，但我们必须以自己的方式去认识它。回首那段历史并不容易，即便是以幽默的形式也不例外。"恰好，英国用"自动唇语阅读"技术解密了希特勒"家庭电影"的秘密，希特勒最喜欢的电影之一是美国动画片《米老鼠》，他还曾幽了空军元帅戈林一默："看着坐在餐桌对面的他，我终于知道人们说的话是对的，猪会吃自己的肉。"这倒是与书中搜集的讽刺人种论的"身材跟戈林一样苗条、头发跟希特勒一样金光灿烂、身量跟戈培尔一样高大"一脉相承。

2006年德国世界杯的主题歌《我们生活的时代》，听的时候没注意，后来仔细看了看歌词，才发现它幽默得可怕。歌词很长很长，充满了自相矛盾和反讽，"我们谦虚，我们有钱，每项运动我们都创造第一，税赋也保持世界记录"，"只要你高兴，每个人都能在此居住，我们是世界上最友好的民族，只有一件小事做得不对，舒马赫他开的不是奔驰车"，"我们爱汽车胜过爱我们的女人，因为德国车完全值得信任"。德国人恶搞了一下自己，也表达了很多美好的愿望，却没几个外国人能听明白他们的骄傲与梦想。德国的幽默并不能让人发笑，却能让人放松。在博客中看到一个德国人妙解莎士比亚，他把帽子戴在自己小狗头上，严肃地说道："Sein oder nicht sein, das hier ist die Frage！" sein在德语里是be的直译，又有第三人称物主代词的意思，"它的或不是它的，这是个问题！"所以，不懂德语，不懂德国，基本上就不要指望懂得德国人的幽默，也许正是在这一点上，德国人既自豪，又担心。其实，一个民族有自己鲜明的优点足矣，完全不必邯郸学步。不过我倒是相信，在德国人开的幽默学院，说不定比在美国人开的更能学到标准的美式幽默。

创新与利益的博弈

这样的事情虽然不是司空见惯，也可说是层出不穷了。《纽约时报》称，美国著名牛仔服制造商利维斯公司已从"服装先锋"摇身变为"维权专家"。事情要从2001年始，利维斯频频提起服装设计上的侵权诉讼，将上百家同行告上法庭，有趣的是，这些被告大多息事宁人，把被控侵权的品种撤出卖场，甚至承认某些设计灵感确实来自利维斯。作为一个诞生于1873年的老品牌，利维斯在官方网站上把自己的牛仔裤形容为"被模仿得最多的服装产品"，这本是一种引领潮流的自信，但由于近年来销售业绩大幅度下滑，他们开始认为，"如果市场上充满与我们的设计和剪裁样式雷同的产品，我们的品牌价值就会下降。"事实上，利维斯公司已经成为服装市场的经典反面案例，因为他们没有抓住牛仔服市场高端化的潮流与时尚，没有享受到"天价牛仔"带来的好处，就连坐在被告席上的牛仔商们都冷嘲热讽地说，"我的牛仔裤每条可以卖到200美元，我又何必去效仿利维斯40美元一条的裤子？"

利维斯并没有提出过分的诉讼要求，赔偿金额大多是象征性的，唯一有些让人难以接受的要求是停止销售侵权产品，但大多数被诉公司的心态是，"那些只是我们公司产品的众多款式之一，而且也未必成功，所以不再争辩。"侵权诉讼同样发生在IT业，微软就接到了一个不得不争辩的赔偿大单，由于被判决侵犯了两项MP3专利，微软须向阿尔卡特—朗讯公司赔偿15.2亿美元。阿尔卡特与朗讯于2006年4月份完成合并，分析家们还在争论这次合并是否能够帮助两家电信巨头走出危机，这次维权诉讼显然是一大利好。因为微软辩解道，他们早已向德国弗劳恩霍弗研究所支付了1600万美元购买了MP3编码、解码功能的使用权并获得了相关的知识产权许可和源代码。该研究所还向包括苹果、RealNetworks在内的数百家公司许可了该项技术，唇亡齿寒，相信这些公司也不会袖手旁观，所以分析家们认为，虽然微软的现金流完全可以支持这项赔偿，但微软一定不会俯首听命，一旦上诉，可以预见，官司将会无休无止。

从 2001 年起，每年的 4 月 26 日成为"世界知识产权日"，知识产权保护日益成为一个热门的国际性话题。知识产权保护往往通过法律来保障与实施，一般会细化为著作权法、专利法、商标法、反不正当竞争法和各项国际公约，譬如著名的《伯尔尼公约》。在条分缕析的规定背后，蕴涵着一个大的原则，保护知识产权的目的是鼓励创新精神与保障创新能力，而目前看来恰当的利益分配机制最能起到促进作用。现代社会，人逐渐被法人所取代，知识产权逐渐演变成为利益集团之间的博弈。2002 年，由英国政府资助的独立机构"知识产权委员会"（CIPR）完成了一份名叫《整合知识产权与发展政策》的报告，从国家的角度得出一个结论，知识产权应该成为每个国家发展的工具，而不是阻碍发展的因素。

利维斯案例的要点在于市场要素的变化，而非它标志性的后兜设计，即使从此它独揽了此项后兜设计的专利权，也无助于它对高端市场的拓展。而微软案例的要点则在于国际化市场中同类专利的竞争，德国研究所的许可费用也许远远低于朗讯的价格，这带来了一些有趣的商机，倘使著名跨国公司购买某不知名小国的专利许可，以便降低成本，是纠纷还是欺诈，真是很难鉴定。在创新与利益之间存在着某种微妙的关系，也许就是知识产权保护所应追求的导向。利益未必一定是促进创新的最好催化剂，但创新往往会成为实现利益的最好途径，保护创新，而不单纯保护利益，才是知识产权法应当追求的境界。至于如何实现，对于看热闹的外行来说，既然如此之多的法律法规和公约，都避免不了高级的扯皮，只能慨叹追求利益的动力，已经远远超出了本自人类天性的创造力了。人尤如此，法人何以堪。

图书馆、夏令时和奴隶制

年轻时在图书馆写过诗,喜欢那些宽宽大大的桌子和高高低低的书架;而夏令时是一个留在记忆深处的痕迹,既不记得是什么时候开始的,也忘记了什么时候戛然而止;奴隶制则属于小说、电影和历史书,不仅离现实太远,甚至离自己的思考都很遥远。其实,这无非是三个名词,带上了很多的知识和记忆的碎片,在个人生活体验中于是有了特别的意义。如果把活生生的个体抽象为社会与人,那么,这些碎片也就不复存在,而存在的,还剩下什么呢?

20多年前,美国的图书馆学专家兰开斯特提出"图书馆消亡论",与媒体运营者们的"报纸消亡论"一起大行其道,他们共同的论点是电子信息将取代纸介质信息。随着信息产业的市民化,美国的图书馆确实陷入了困境,年轻人懒得去图书馆查阅资料,宁可自己买书看。马里兰州新落成的一所图书馆为了吸引孩子,想方设法丰富馆内活动项目,如举办故事会、放映电影、发冰淇淋等。结果,来访人数倒是上升了,可是,这些孩子去图书馆大都是为了看电影、听故事或上网,借书者寥寥无几。

2007年,美国开始实施新夏令时,在3月11日凌晨2时将时钟拨到3时,而以往的夏令时都是从4月的第一个星期天开始。很多报纸都刊登了一则"弟弟变哥哥"的旧闻来进行调侃,说的是夏令时结束时出生的双胞胎,因为时钟回拨,弟弟的登记出生时间变到哥哥之前。农民的抱怨最为直接,夏令时之前是鸡叫醒人,夏令时之后则成为人叫醒鸡,甚至有养鸡场要求国家赔偿,认为鸡的作息时间被人为打乱,造成鸡蛋产量大幅减少。夏令时在英文中叫 Daylight Saving Time(日光节约时制),据说可以帮助人们通过早睡早起来节约能源。这一次的夏令时提前,也给很多软件公司带来了一些忙乱,如同当年应对所谓的"千年虫"一般,需要提供补丁供用户下载。

3月25日，英国在反对奴隶贸易的先驱威伯福斯议员的家乡，举行了通过《废除贩奴贸易法》200周年纪念仪式。英国政府一直拒绝为当年贩卖奴隶的行为道歉，于是布莱尔首相在演说词中只能这样表示："奴隶贸易为个人和群体造成了无法忍受的痛苦，英国曾在其中起了作用，这个日子为英国深表悲哀和遗憾提供了一个机会。"而此前不久，英国赫尔大学和国际反奴隶组织公布了一份长达79页的《英国当代奴隶制》的报告，揭示出今天的英国依然存在大量"隐性奴隶"，包括童工、性奴等，现有的司法和政治框架并未持续有效地打击这种跨国人口贩卖的行为。

人类一直面临诸多社会问题，也持续不断地以各种方式来解决。图书馆只是一个名词，意味着汇集知识和信息的一处场所，人们始终需要这样的场所，却未必会在乎它是一个建筑还是网络中虚拟的一个环境。但空间的变化带给新人类生活方式的变化，却让某些预言引人注目，似乎世界真的发生了翻天覆地的变化。即使传统的图书馆真的消失了，消失的也只是某种对于人而言并没有太大意义的物质形式，而真正作用于人内心的那些需求依旧永恒。人很难摆脱某些外在因素的控制，我们无法想像时间和空间其实可以跟我们的生活分离。夏令时也是如此，早睡早起只是一种生活习惯，未必需要调整物理时钟才能实现，譬如修改上班时间也可以达到同样的效果，但令人惊讶的是，人们做出了共同的选择，人们喜欢不变的时钟，而反对变动的制度，夏令时似乎要让人们以为自己仍然生活在稳定的秩序之中，一切都没有改变。

人类真的只是受时间和空间控制的机器吗？或者说时间和空间彻底地融入了人类的物质形式。奴隶制本是一个几乎已经绝迹的历史名词，而丧失自由被强迫劳动的现象却时刻存在，当这种事实因为某个历史事件重新与触目惊心的奴隶制达成意义的合一，受众是否会感到被抽象之后的时空错位。当这样毫无关联的新闻碰撞在一起，似乎透露出一个信息，永恒的不是物，而是人与物的关系。如果我们愿意更深入地剖析其中人的要素，我们会很失望地看到，至少，在今天，人仍然生活在表象与蒙昧之中，真正属于人的一切，我们还没有找到。

辛德海德裸女与希亚斯尔

英国《每日邮报》报道,萨里郡辛德海德地区正在兴建一条耗资3.71亿英镑的公路隧道,工程A3段有一大片树林,其中一棵树龄400年以上的古树上被刻了一幅大约61厘米高的简陋裸女画,画的下方还刻着"G·威德汉姆"、"43年3月5日"以及"索撒尔"的字样,其中每一个字母都足有2.54厘米高。经过一番调查取证后,记者找到了5年前已去世的杰拉尔德·威德汉姆的女儿,她说:"它非常引人注目,我认为这很有可能就是他的杰作。1943年3月,他当时大约16岁,有可能是在一次短途旅行中刻下了这幅画。当年他很热爱户外生活,经常搭四轮马车出门旅行。"当地林业部门和施工部门达成协定,略微改变了原定施工路线,这棵高大的山毛榉得以保全。

《每日邮报》网站上有不少评论说得很有意思,譬如"赶紧出发吧,等把英国所有的树都刻完,我再回家","如果这就是人类想像力的极限,那其他美丽的古树被放倒了是多么地遗憾。"人们为这棵古树的命运感到庆幸,却同时质疑其理由。事实上,人们对理由的关注往往胜过对结果的关注,据英国《卫报》报道,1981年出生于塞拉利昂的黑猩猩希亚斯尔于1982年被走私到奥地利,准备送往维也纳市东部的巴克斯特动物活体解剖实验室,幸运的是,海关截获了这批私货,希亚斯尔被一家动物庇护所收养,幸福地生活了25年。2007年,动物庇护所宣告破产,动物们的命运仍然是被送往活体解剖实验室。人们捐出很多善款希望挽救希亚斯尔的命运,却遇到了法律难题,因为希亚斯尔没有合法身份,不能被个人收养。于是,为希亚斯尔争取"人权"的官司正式启动,估计最好的结果是能够为它争取到一个"难民"身份,然后由英国的动物保护主义者保拉·斯蒂比充当它的"法定监护人"。

据悉，世界著名的灵长类动物保护者简·戈达尔、英国伦敦大学著名野生黑猩猩专家沃克·索默教授都将为此案提供证据，证明黑猩猩希亚斯尔应该享有"人权"。当然，也有专家针锋相对，譬如伦敦大学遗传学教授斯蒂夫·琼斯就认为"人权"不能赋予到动物身上。如果这是一场伦理学或遗传学上的学术论争，支持琼斯的应该不在少数，但这偏偏是一场宏大理由与微小结果之间的博弈，每个人都很难站稳自身的立场。蝴蝶翅膀的扇动可以引发飓风，而飓风只会让蝴蝶翅膀折断。猩猩"人权"似乎很荒唐，但我们又非常关切希亚斯尔的命运，这种感觉正如我们觉得那幅裸女画很粗陋，但又非常庆幸古树得以保全一般。

价值观是很微妙的东西。舍生取义是在两个宏大叙事中抉择，鱼与熊掌则是在两种欲望中得失，人们喜欢站在同一高度上权衡人生。而伟大常常遭遇琐碎，欲望往往碰上无聊，其实这才是真实的社会。辛德海德裸女并不独特，没法跟毕加索的裸女相比，旅游景点处处可见的"到此一游"中也许还有很多涂鸦杰作；希亚斯尔也并非唯一，惨死在解剖台上的动物不计其数，善良的人把它们看作为人类谋福祉的烈士，而普通人也许会觉得理所当然，作为黑猩猩，幻想中的金刚更加赚取眼球。恰好这些事情发生了，恰好我们又成为耳闻目睹的在场者，我们的喜怒哀乐应该交给我们的理性，还是我们的情感呢？做每一件事都需要理由，结果有时并不重要；而看每一件事需要的却是结果，理由也许是可以忽略的。

理由无非是某种价值观下合乎常规的逻辑推导，却过度地主宰了人类的理性。周星驰曾经演绎了一句无厘头的话：爱一个人，需要理由吗？需要吗？不需要吗？不要过度依赖理性，也不要放纵自己的情感，在这个世界上，有太多的事情值得拈花微笑，仅仅因为辛德海德裸女遇到了这样的林业部门和施工单位，而希亚斯尔遇到了这样的商人、学者和法官。倘使这件裸女艺术品和这个黑猩猩再能遇到拈花微笑而非气急败坏的观众，那整个秩序就变得异常完美。当然，一切都是奢望，投入的人需要争个你死我活，而漠不关心的人也只是一脸呆滞而已，拈花微笑的，当然也不是左右逢源的骑墙派，拈花微笑的，已然成佛。

搬城如搬家

俗话说，搬一次家，就像着一场火。那么，搬一座城呢？作为人类终极的聚居地，城市无疑是构建于农业文明和工业文明时代庞大的符号群。游牧民逐水草而居，搬迁是家常便饭，当城市出现，财富逐渐转化为繁华的市集、辉煌的宫殿和璀璨的艺术，一代又一代的市民便成为被巨大的磁铁吸得牢牢的碎铁屑，朝作暮息，生死于兹，更甚于农民依恋土地。

据斯德哥尔摩媒体报道，瑞典能看到北极光的著名旅游城市基律纳将举城搬迁，当地政府已选定新址。由于此地是铁矿石产区，经过近百年的开采，矿区裂缝开始向市区蔓延，这是搬迁的主要原因。规划人员透露，整座城市的搬迁将耗资数十亿美元，持续数十年之久，新城的地下管网已开始铺设，一座曾获选为瑞典最美建筑的木结构教堂将被一块块拆下，搬到新址按原样重建。市议会还希望能够修建一条隧道来连接新城和旧城，但矿山公司称，为了开采基律纳地表下的80亿吨铁矿石，"要么搬走城市，要么关闭铁矿，这就是我们面临的选择。"似乎在经济利益的推动下，旧城的保留只不过为了保留一个顽固的记忆。

意大利的"濒死之城"千年古镇奇维塔也正面临着与世隔绝的窘境，据英国《独立报》报道，镇长埃里诺·蓬佩伊在前些日子召开的全镇大会上宣布："我已经在网络上向全球所有知名建筑师发出呼吁，希望他们可以提出奇思妙想，在不对环境造成威胁的同时把奇维塔从与世隔绝的危境中拯救出来。"因为古镇修建在山顶，表层覆盖着火山喷发带来的新生石灰石，底层泥土不断向山下滑落使古镇一直处于下陷状态，镇子的常住居民已经逐渐由接近2000人减少到现在的15个人左右。目前，唯一连接外界的桥梁面临倒塌，连避暑的旅游人士也即将不得其门而入。奇维塔古镇完整保留了2000多年前伊特普里亚时期的建筑，这里的每一条小路、每一栋建筑都是一道风景，每年夏天都能吸引成千上万的游客。当然，居民们在求援的同时，也提出了自己的解决方案，譬如，可以让游客们骑驴入山，也许更有曲径通幽之妙。

城将不城，基律纳选择了搬迁，奇维塔选择了固守。基律纳新址离旧城仅4公里，奇维塔桥那边便有一座现代化的姐妹城。当一切不再，重回旧地的故人会有什么样的感觉呢？事实上有很多城市消失在了历史的烟尘中，譬如殷墟，譬如庞贝，但仍很难想像那曾经四通八达的道路指向的会是一个空白的原点。盘庚迁往的新都，最终还是因商亡而废弃，这种命运对早期的城市来说颇为常见，那时候，人主宰着城，没有人便无所谓城。歌德对庞贝曾有一个暧昧的题咏："尘世多灾难，未有如庞贝，留欢于后人。"这似乎与他人文圣者的身份不太相符，仔细想想也很正常，当城市成为人的主宰，被火山灰湮没而得以保存的鲜活，既可以被当作神迹来唏嘘感慨，也可以被当作玩物来观赏游览。

诺贝尔奖得主艾·巴·辛格有一篇宗教意味很浓厚的童话故事《邪恶之城》，似乎故事的灵感有一部分便来自庞贝的毁灭。主旨无关紧要，他所渲染出的灭城之祸倒是惊心动魄。"现在太阳不见了，满天是黄黄的云，空气变得越来越沉重，灰烬和硫磺的气味越来越浓。一群群乌鸦啊啊地叫着飞来飞去，秃鹫出现了，骆驼和驴子呜呜叫，牛哞哞叫，狗汪汪叫，猫喵喵叫。大地烧灼人们的脚掌。动物从城里逃窜出来，连老鼠也成批成批地离开所多玛。""才一会儿工夫，刚刚还是一座热闹城市的地方，就成了一座用闷燃的灰堆成的山。"

城市可以毁于水、毁于火、毁于刀兵与雷电，如今许多滨海的城市都担心着气候变暖，细想一下庞贝遗址那幅壁画上的铭词："无物可以永恒"，其实并非一句谶语，而是在昭示城市兴于人力，盛于人心，而毁于人欲。辛格故事中的所多玛是一个不敬上帝的邪恶之城，他们贪图享乐，崇尚暴力，放纵谋杀、抢劫和欺诈，人与人在尔虞我诈中"其乐融融"，在大难临头之际，他们"赶紧去叩拜他们庙里那些泥塑的、石雕的、银子金子铸造的偶像。他们许诺奉献牛和人，去平息众神的怒气。"而对于基律纳、奇维塔这样可爱的小城来说，是否可以说"天地有寿，万物齐平"呢？

甜葡萄心理

由两位哈佛毕业生创办于 2006 年 9 月的独立杂志《02138》不断刊登一些跟哈佛相关的榜单，譬如"制造公众麻烦的哈佛校友名单"、"失职的哈佛校友名单"等。近来，他们准备刊登"被哈佛拒收的名人榜单"，其中包括"股神"巴菲特、参议员克里、太阳微系统公司总裁麦克尼里等人。创刊人金表示，每一位上榜人都经过杂志工作人员通过"公共档案、新闻报道或者上榜人本身"核实，而他们很多人对于曾经被哈佛拒收的经历都并不讳言。榜单上的人大多对此保持缄默，只有参议员克里通过自己的发言人评价道："'被拒绝'是一个很严重的词，我宁愿将它看作是一次没有成功的挑战，何况，我应该也无法融入这所充满运动员的大学。"哈佛大学发言人罗伯特·米切尔对记者的采访拒绝回答，但是一名哈佛大学的官员透露道，每年被哈佛拒绝的高中毕业生大约有 20000 人，很显然，谁也没法保证这两万人中不会涌现更多出色的人才。

美国大学奉行的是一种双向选择，名牌大学的教育资源有限，哈佛每年招收大约 2000 名新生，被拒绝的人远远多于被录取的人，炒作这件事在逻辑上其实是站不住脚的。而且，巴菲特毕业于哥伦比亚大学商学院，麦克尼里在很多资料上都被认为是从哈佛毕业的，比中途辍学的盖茨早两年入学，甚至还曾率领哈佛高尔夫校队参加过 1976 年的 NCAA 联赛并打入决赛。后来，麦克里尼又读了斯坦福大学商学院的 MBA，这好像没什么疑问。例举这些人的简历，无非是说，似乎这些名人依然跟名校休戚相关，那么，是不是哈佛又有什么关系。证明榜单的无聊或漏洞并没有太大的意义，在大学教育日渐普及的现代社会，学校与学生之间存在着一种微妙的关系。一个名不见经传的小学校如果名人辈出，那么很快就会引人注目，而一个有着深厚历史积淀的学校，如果再也不出人才，那同样会陷入泥潭。

不过在传播至上的社会中，人们还是会为这类榜单的创意而激动。简单地看这件事情，仿佛是一本庸俗的励志书，让同样已经被哈佛拒绝或可能被拒绝的人获得勇气，而正统哈佛生会有些隐隐的不快，哈佛走出过6位美国总统，30多位诺奖得主，本应该有唐太宗"天下英雄尽入我彀中"的得意，偏偏却有漏网大鱼，难免会让人扫兴。2006年，哈佛校刊《深红》曾专门发文批判《02138》，认为其报道方向有问题，不了解哈佛的伟大之处，只是"像一个正在经历中年危机的男人在发牢骚"。所以，这份榜单的推出恐怕也没有那么简单和强词夺理。酸葡萄心理众所周知，狐狸吃不到葡萄，说葡萄是酸的，是通过自我暗示的方式来实现自我安慰，而甜葡萄心理呢，可以有两种表现——狐狸吃不到葡萄，说葡萄是甜的；狐狸吃到了葡萄，说葡萄是甜的。甜葡萄心理大概是试图借助外界的价值评判来实现一种平衡，当现实低于期望值，我们会想像那些没吃到的葡萄是甜的，而当我们品尝到了甜美的葡萄，我们便会拒绝与他人共享。

据《斯坦福大学校报》报道，18岁少女艾齐亚·金冒充斯坦福新生，在学生宿舍混了8个月，校方认为事态严重，正考虑将有关证据提交当局，以决定是否起诉涉案少女。因为弗吉尼亚州大学校园枪击案余波未了，安全漏洞是这则新闻中谈得最多的话题。副教务长博德曼为此事的定性是，"斯坦福是一个充满爱心和友善的社区，很不幸有人利用了这份信任。"抛开安全问题不谈，有不少学生半开玩笑半当真地认为校方应当让她入读斯坦福，成为正式学生。这似乎也算是另类的拒绝，每个学校都有自己的准则，按规矩办事可以理解。如果几十年之后一份"被斯坦福拒绝的名人榜单"上出现艾齐亚·金的名字，也不用觉得奇怪。有的人，为学校添了光彩；而有的人，需要学校的光彩。这份榜单昭示的是一种价值与信任的危机，遗憾的是，大学本该是最睿智与宽容的机构，却偏偏用世俗的标准来打击自己最忠心耿耿的信徒。"02138"究竟是什么意思呢？也许是创刊人在哈佛读书时的学号吧。

人与机器何异

近来,关于机器人的话题猛然增多,法新社、路透社等大社在3月份相继报道,韩国政府正在草拟一份《机器人道德宪章》,负责起草的5人专家小组包括未来学家和科幻作家。"机器人学之父"阿西莫夫早已提出过简明扼要的"机器人三原则","机器人不允许伤害人类,或通过不作为允许人类受到伤害;机器人必须服从人类的指令,除非该指令违背第一原则;在不违背第一原则和第二原则的情况下,机器人必须保护自己的存在。"据说,韩国政府准备起草的宪章便是对此三原则的细化。随着生物工程、信息科技和人工智能的迅猛发展,真正的机器人而非活动机械的存在已逐渐逼近我们的现实生活,英国赫特福德郡大学计算机学院的专家已开始致力于解决人与机器人的共处问题,研究小组的负责人描述了机器人融入人类社会的困难所在:"机器人会为主人尽量把问题考虑周到,却无法把握什么时候该做什么最合适。它们根本不会想到,主人正忙着其他的事情,不希望被打扰。"

很显然,人类在科技上为机器人时代的来临做足了准备,但在人文上所进行的工作却只停留在常识层面,顶级的人文学者也许正在为政治、战争、环境、文化冲突等宏大命题头痛,来不及或不屑考虑这些琐碎的小事。韩国信息通讯部机器人研发小组的负责人看似可笑的话其实很值得深思,"试想一下,如果一些人把机器人当作他们的老婆,那该怎么办啊?"如果把机器人当作战争武器去执行杀戮任务,如果把机器人培养成商业间谍去窃取公司机密,面临这种重大的利益冲突,人类社会会通过签署各种条约和协议来避免损失。但最为触及日常生活的事实最容易改变人们的基本伦理观念,在这方面,我们往往非常被动。正如工业文明对人类的异化,信息时代正在出现的所谓陌生人社会,毫无征兆,经久不衰,令人束手无策。

乐观主义者可以说人们都挺得过来,也许,人类最为强大的功能就是适应环境,只要活着,总会有希望。

很久以前写过一篇《人与禽兽何异》,谈到这样一个观点:"人的自我意识一直是哲学界热门的话题,在宇宙中,人在物质上是渺小的,这一点用不着科学来证明,而无论进化论还是神创论,都把人放在一个独一无二的最高环节,这与其说是科学和宗教,还不如说是人的自我意识的体现。"萨特在阐释"他人即地狱"时,强调了人类只有通过自我选择才能决定自我存在,才能最终通向自由之路,而自我选择的关键则在于有清醒的自我意识,这似乎陷入了一个悖论。当一切未然,自由之门对所有人敞开;而当一切已然,自由之门将对绝大多数人关闭。自我意识的价值就存在于,人类也是宇宙中的一种创造物,拥有了自我意识,便能够成为创造者和决定者;同样,机器人是人类的创造物,只要机器人不具备自我意识,它们便永远无法摆脱被控制的命运。机器人三原则、机器人宪章和未来可能出现的机器人条约,试图规范机器人和人类的关系,但人类对人的定义和意义尚且处于混沌状态,所有的规范都可能出现无法逆料的结果。如何让机器人具备判断它所面对的对象是人或非人的能力,不是目前的人类知识能够提供的内容。

自我意识究竟是什么?对于这一问题,一直存在两个极端的认识,一是我执,一是齐物。海德格尔认为"人的存在"是人与世界的首要关系,这是种孤独的无可替代的存在,倘使存在本身能够认识到自己的存在是无可替代的,那么,存在便拥有了最基本的自我意识;然而,所有的存在似乎都有着相同的物质结构和相似的认知模式,于是可以用同一的方法论去对待万事万物,在这一点上,众生平等。人类在两个极端上的追求都是无止境的,所以,即使拥有超强知识和超强能力的机器人违背了阿西莫夫的三原则,只要这不是它的"自我选择",那么,隐藏在它背后的属于人类的某种"自我意识"才是罪魁祸首;但,一旦拥有了自我意识,机器人和人类并无二致,我们曾经面临过的困境和抉择它们同样会面对,而人类相对于它们,无非是值得关注的一个客体罢了,在这个意义上,人与机器何异,有了机器人作为很好的参照,我们反而能够更为清楚地认识我们在宇宙中的位置。

城市进行时

6月27日,联合国人口基金会公布的2007年《世界人口状况报告》表示,2008年全球城市人口将首次超过农村人口,并把这一年视为人类历史上的一个分水岭。而此前,美国北卡罗来纳州立大学和佐治亚大学的专家小组已把2007年的5月23日定为城市化的标志日,因为根据他们的统计,这一天,全球城市人口为3303992253人,农村人口为3303866404人。城市化虽然很难确切地定义,但自工业革命以来,城市化已成为一个不争的事实。早期资本主义时代的城市化往往伴随着类似《资本论》里描述的"羊吃人"式的圈地运动,而今天的城市化显然是一种主动追求新生活的不可逆转的潮流。

《中华人民共和国国家标准城市规划术语》对城市化有一个基本定义:"人类生产与生活方式由农村型向城市型转化的历史过程,主要表现为农村人口转化为城市人口及城市不断发展完善的过程。"这是一个建立在社会学和经济学基础上的定义,而从环境形态来考虑,生活在非人工环境中的属于原始社会或游牧社会,生活在半人工环境中的属于农业社会,而所谓城市,则基本上是人工环境,人的聚居程度越来越高,离自然与天籁则越来越远。如果只观察人之外自然物的变化,我们可以看到,城市化所展现的直接后果便是城市这种庞大的系统中人工环境越来越多地取代自然环境。人口聚居到城市,城市的数量与规模不断扩大,每个个体的边际生存空间不断缩小,但事实上我们却感觉自己的空间无比广阔,因为有更好的基础设施,有充足的就业机会,有人与人之间更为复杂也更为冷漠的关系。

这就像一个骗局,人把自己放到自己所创造的庞大存在之中,去享受权力、金钱及其带来的满足与娱乐。城市是个聚宝盆,城市化便是让人口转化为更多财富的聚人效应。据世界观察研究所说,目前全球约10亿城市人口居住在城市"贫民窟"中，相当于城市总人口的 1/3。30 年后，全球城市人口将占总人口的 60% 以上，亚洲、非洲和拉美的大量发展中国家的城市化进程将不断加快。城市是一个庞大的能源消耗器和资源转化器，城市化更重要的功能只是转化财富，而非创造财富。在强调人口迁徙方向和工作方式变化的同时，美国的《世界城市》一书还认为，乡村生活方式向城市生活方式的转变，包括价值观、态度和行为等方面，同样是城市化不可忽视的一面。

城市化意味着生存环境与生活方式的显著变化，随着城市人口数量突破总人口的一半，城市化生存将进入一个崭新的阶段。城市本身是复杂的系统结构，在某种程度上，城市存在的目的就是通过各种方式吸引足够的人来聚居，似乎并不存在容纳的上限。而如今全球的城市化进程正在逐步地走向这个上限。究竟什么样的比例是合适的比例，这个宏观的问题虽然跟个人无关，但无论原住民、边缘人还是新生代，在巨大的变动中面对的都是一种跟过去完全不同的新秩序。环境的陌生化与人际的陌生化让人感到危险，既有的生存经验只会带给人麻烦，人们的生活圈子逐渐缩小，而后又不得不突然膨胀。旧有的价值观正在退位，而新的价值观还是一片混沌。绝大多数人都不知道自己将面临什么样的未来，城市的管理者也未必清醒地了解自己的辖区。城市，像是一头随心所欲的怪兽，玩弄它的居民于股掌之间。

城市的核心究竟是人，还是物质化的环境，是城市化生存中一个重要的问题。但每个人更经常询问的，则是城市与自己是否融洽无间。原住民总希望城市按照某种自己熟悉的模式固定下来，边缘人则在寻觅使自己融入城市的方法。城市化的动态与城市的静态是惯常的理解方式，实际却已恰恰相反。《世界人口状况报告》中指出的分水岭也许是一个征兆，预示着未来的城市将不再可能成为一种理想的生活状态或是一幅理想中的图景，例如现代化、财富、人际关系或是繁华、自由、宜居。占了上风的城市将继续处于进行时，由所有身在其中的人共同推进，而他们也公平地分到了每人一份的困惑、烦恼和痛苦。

谎念、谎言与说谎

美国热播科幻电视连续剧《超能英雄》中有个主要配角警察帕克曼，他的超能力是"读心术"，能够听到别人脑子里的话。据英国《每日快报》报道，美国心理学教授马克·萨勒姆在其新书《大脑游戏》中，揭示了他"读脑术"的奥秘。萨勒姆被纽约市警察局视为"测谎机"，曾参与类似"辛普森杀妻案"等大案的审讯工作，他能像变魔术一样地说出别人脑子里想说的话，画出别人背着他画的素描，猜到别人默记的一长串数字。但他声称，这里边没有任何超自然因素。他只是靠观察肢体语言和他人最微小的声音变化来判断这一切，实际上，每个人都具有"读脑"潜能，因为人们的任何动作，都会泄漏大脑深处"隐藏的秘密"。

避免眼神接触、保持微笑、打哈欠、摩挲双手、拖长声音等等，都有可能是撒谎者的标志，但最主要的判断是要与正常状态不同。萨勒姆认为，这些信号都是因为心虚内疚而下意识产生的，一个精神病患者就不可能出现这些信号，因为他们从来不会感到心虚与内疚。似乎可以这么来解读，如果有只蚊子在眼前飞，那么，用手赶蚊子的动作是正常的，但如果没有什么理由而做出这个动作，这个动作伴随的可能就是谎言。回答 1+1=3 只是一个错误，假命题未必是谎言，谎言也未必是假命题。如果将之上升为一个逻辑哲学的问题，即命题的真伪与是否说谎无关，说谎是一种行为而非对世界的描述，谎言并不排除成为真理的可能。

于是，谎念、谎言与说谎终于可以区分开来，谎念是试图否认自己内心对世界的描述的冲动，谎言则是由谎念支配下的一种言语表达，因谎念而产生谎言的动作便可以称之为说谎。但似乎只有警察才有必要关注犯罪嫌疑人内心真实的想法，其他情况下，过多地探求别人内心真实的想法其实是一种警察式的作风。人们常常感慨这个世界充满谎言，但事实上却是我们自身充满恐惧，即使拥有"读心术"，那些转瞬即逝的内心语言同样不值得作为凭据。真实源于信仰之路上人们不断增强的信心，或者科学之路上人们不断丰富的知识。无论采用哪种判断方式，自信是面对谎言最佳的姿态。

客观世界既独立于人类存在，又存在于人类的描述之中。对于同样的事实，可以有太多的描写版本。心理学能够解析说谎的秘密，但这只能作用于对说谎者和"测谎仪"的训练，真诚地做着傻事造成的破坏性也许更大。人们的各种行为都是趋利避害的，说谎只是形形色色的选择中的一类，说谎者内心必然存在着另外一种描述，这对他进一步的选择会造成很大的制约。从这个角度上来讲，说谎者如同关在牢笼中的小白鼠，徒劳地挣扎，但始终摆脱不了真理之神的安排。关于说谎的讨论曾经有过很多，医生向重危病人隐瞒病情就是所谓"白色谎言"的经典例子，现在看来，谎言本无所谓真假，同样也无所谓善恶。医生的谎念基于他对病人的理解，而罪犯的谎念基于他对法官的理解。人们日常的伦理与规则造就了谎念，当欺骗能够获取更大利益，说谎就成为纯技术性的手段。

不得不佩服中国古文字的精妙，谎与慌在发音上的近似与心理学家的解释异曲同工，心之慌伴随着言之谎。"君子坦荡荡，小人长戚戚。"君子不说谎，但并不意味着君子的话语就值得信赖，小人常说谎，但根本没必要重视小人的言语。是否重视或信任一句表达出来的话，跟说谎无关，跟人关系密切。"所有克里特人都说谎，他们中间的一个先知如是说。"著名的"说谎者悖论"可以有合理的解释，只要先知没有谎念，那么他的判断便不是谎言，这跟他是否是克里特人无关，甚至跟他是否说谎无关。而面对这个描述的人，他们是否有足够的信仰，他们是否有足够的知识，是相信或不相信这个判断的关键。

将学术进行到游戏

把网络游戏作为学术研究对象一般局限于传播学和互联网技术研究领域，当然，新近的社会学家、心理学家、法律专家也常常发表一些网络游戏中的社会学、心理学或虚拟财产等方面的调研。新则新矣，尚未登大雅之堂。而8月21日英国《泰晤士报》的一则报道引发了很多人的兴趣，报道题为《电脑游戏中的一次意外如何帮助抵御全球性流行病》。医学领域的权威杂志《柳叶刀·传染病》2007年第7卷第9期，刊登了美国波士顿塔夫茨大学教授尼娜·费弗曼和她的学生埃里克·勒夫格伦合作的报告《论虚拟游戏对现实世界流行病研究的潜力》，《泰晤士报》在报道中引用作者的话说道，"借用这些游戏作为虚拟的实验空间，我们可能得到对传染性流行病学更深入的难以置信的洞见。"

两位科学家所关注的游戏是暴雪公司开发的大型多人在线角色扮演游戏《魔兽世界》，号称全球有700万玩家，足以构成一个庞大的虚拟社会。据说年轻的勒夫格伦也是玩家之一，他成功地吸引了曾设计出计算机传染病防治模型的费弗曼教授参与这个研究项目。事件的起因是2005年9月，魔兽世界开放的一个新副本祖尔格拉布出现设计疏忽，造成个别玩家将本该只出现在副本里的致命瘟疫带回了主城，导致大批玩家感染并死亡，一时之间，铁炉堡和奥格瑞玛（游戏中两座最重要的人群聚集的大都市）"尸横遍野"、"白骨累累"。其后，出现了一系列既类似又有别于现实社会瘟疫流行的世态，譬如玩家突破游戏管理者设置的"隔离区"，带着病毒去攻打敌对城市，或者好奇地偷窥隔离区以至感染瘟疫，等等。费弗曼认为，在现实生活中，科学家不可能制造一种传染性病毒并让它在人群中扩散以获得流行病防治经验，而网络游戏无疑是一个提供标本和经验的绝佳场所。他们甚至试图与暴雪公司合作，在游戏中主动设计类似瘟疫传播之类的剧情以便进一步搜集传染病控制的数据和材料,来改进其流行性传染病防治模型。

网络游戏对科学家的吸引力在于网络游戏中的大量参与者,这在模拟现实世界时有极高的准确性。当然,游戏中人物死亡后总是可以复活,这也许会造成玩家在面对这些生死关头时的行为和情绪反应与现实世界有很大差异。英国的《经济学人》在评论此事时肯定了这种研究行为,但也借长期从事在线行为研究的斯坦福大学专家之口表示了适度的质疑。本以为这是国际上主流学术刊物对网络游戏的第一次接纳,但不查不知道,一查吓一跳,原来《科学》(Science)和《自然》(Nature)中竟也有《魔兽世界》的身影。《科学》2007年5月的一篇文章提出了与费弗曼论文类似的设想,也详细讨论了《魔兽世界》在2005年发生的那起事件;吉姆·吉勒斯甚至在《自然》2007年1月3日的文章中号召道,既然有操纵社会的理想,那么,社会学家和经济学家们就应该进入到网络游戏中去,成为一个成功的玩家。而《科学》7月27日发表了贝恩布里奇的论文《虚拟世界中的科学研究潜力》,论文以《第二人生》和《魔兽世界》作为两个窗口,全面总结了虚拟世界中的研究规范与实验方法。

也许很多曾被视为无所事事者的游戏玩家会感到鼓舞,但实际上一切并未改变。学术研究没有平台与对象上的禁区,但学术研究自有其规范与逻辑,研究方法与研究思路是第一位的,而风起云涌的新事物自然而然地会成为各种学术手段的新殖民地,这是源于好奇心与历史积累的驱动。学术进入到游戏领域,不是对游戏的肯定,当然更不是对游戏的否定,游戏既不会因为学术研究而更有身价,也不会因学术研究而丧失魅力。学者和玩家,在游戏中也许是完全不同的两种心态。而学者兼玩家,能否既享受游戏的快乐又获得研究的成果呢?我们尚不得而知,毕竟,我们现在面对的学术环境和游戏环境,需要更坚强的心理去承受。不过,这扇门已然敞开,无论追求快乐,还是追求思想和学术。

伦敦桥上菩提树下

英国第四频道电视台拍摄了一部纪录片《和土著人面对面》，计划于9月27日播放。他们邀请南太平洋岛国瓦努阿图坦拿岛上卡斯塔姆部落的5位土著到英国生活了一个月，并将他们安排到工人阶层、中产阶层和上流阶层各自体验一段时间，试图展示原始部落居民在文明社会里遭遇的文化震撼。对于这件事的报道国内有很多媒体转载，内容大同小异，标题却各异其趣，平实的如"五名原始部落土著人到英国生活一个月"、"五名土著居民英国体验生活"之类，花哨的如"五土著人英国'历险'一月，并不羡慕'现代人'"，"岛国土著英国一月游，批爱和幸福被忽视"，"五名土著居民英国体验生活，被人工授精惊呆"等等，大体可看出一些价值取向。据说岛上的土著们生活在泥棚屋中，几乎不穿衣服，除了种植庄稼和养猪之外，就是坐在菩提树下休息，从未接触过现代文明。

从爱德华·泰勒的万物有灵观到弗雷泽对交感巫术与原始宗教的诠释，原始思维与原始文化一直是人类学家关注的对象。现代人还能从始祖那里寻找到很多隐藏在生活中的小秘密，譬如我们的担忧、禁忌和一些不由自主的习惯，都能在原始仪式中找到根源。纯粹审美地看，《金枝》记录马来半岛巫师诱捉灵魂的那些仪式和祷辞可谓震撼人心，"巫师想要叫哪位女郎发狂，就摄住她的灵魂，他的做法如下：……在月圆之夜和月圆后的两天夜里，每晚走到外面，坐在蚁丘之上，面向明月，焚香礼拜，口念咒文：在朝阳升起和夕阳西下的时候，愿你爱我爱得发狂。愿你像思念双亲一样，思念我。愿你像想念家中的住宅和阶梯一样，想念我。雷声隆隆时，想着我。疾风呼啸时，想着我。天雨时，想着我。鸡鸣时，想着我。能说话的鸟儿述说故事时，想着我……"剥离原始咒语巫术的外衣，我们仿佛欣赏到一首绝美的情歌。但我们也就只能从情歌的角度去欣赏而已，再难还原其呼唤自然之神的现象学意义。

坦拿岛的 5 位土著在新闻报道和纪录片中，显然也已被描绘成现代文明可以理解与解释的人群。无论他们在农场里把猎兔子看作"在陆地上钓鱼"，还是在乡村酒馆中把啤酒视为让人狂躁的"白人的火水"；无论他们面对刀叉盆盘手足无措，还是流连商场茫然四顾；无论他们震惊于曼彻斯特街头居然有人无家可归，还是站在伦敦桥上试图拦下行色匆匆的路人进行交流，他们本性中体现出的生活态度与生活方式完全被摄制组编译成为现代生活的参照物。譬如他们认为"爱、幸福、平静和尊重"这些最重要的事情在英国受到了忽视，譬如他们认为政治活动是对家庭生活的破坏，譬如他们不苟同英国人将大多数时间花在工作之上，譬如他们看起来并不欣赏英国物质丰富的生活，反而更愿意在菩提树下轻松休闲。

来自悉尼的纪录片顾问科克·胡夫曼曾作为人类学家与这些土著一起生活了 18 年。他认为："他们的思想更加开明，他们对大问题更加关心，而在西方，我们只关心鸡毛蒜皮的小事情。我们的文化总是关于如何以更快的速度旅行、如何活得更长、如何赚更多的钱等。"这番话比猎奇的媒体更能把握本质，但也高明不了多少。尽管承认原始思维存在着某种优越之处，我们却始终不可能放弃物质文明的诱惑。总的来看，似乎土著并没有遭遇文化震撼，被震撼的反而是物质文明中的现代人。今天的文明来源于原始文明，今天的思维自然也有着原始思维的基因。漫长的社会发展带来了文明与生活方式的嬗变，我们很难指望精神的回归。然而，人类学家所提到的现代文明的弱点，并非丛生于现代文明下的每个人心中。只有当我们被科学理性驱使着把更高更快更强视为终极目标，习惯性地忽视那些淡漠物质而追求精神的生活方式或哲学呼吁时，我们才放弃了与自然之神的和谐相处。剥离原始土著的生存环境去抽象那些远离我们的精神实质，我们最多能把咒语看作情歌，把仪式看作舞蹈，把祖先看作外星人罢了。伦敦桥上还有菩提树的空间吗？也许有，也许没有，只是菩提树下修建出一座伦敦桥来倒是丝毫也不奇怪。

新象形时代

如果你试图在 Word 里敲出 :-)，微软会自动送给你一个小彩蛋。:-)，9 月 19 日，过了它的 25 岁生日。在这个传播至上的时代，:-) 理所当然地拥有了一个祝贺自己生日的网页，http://www.cs.cmu.edu/smiley/。据美联社报道，在微软技术人员帮助下，确认 :-) 诞生于 1982 年 9 月 19 日 11 时 44 分。当时，卡内基—梅隆大学的法尔曼教授在校内 BBS 上发布了一篇帖子，倡议大家用这个符号来标记开玩笑的帖子，同时用 :-(来标记严肃的帖子，以解决 BBS 里因为不被理解的幽默而引发误会与口水仗的问题。这两个符号迅速在网络世界里传播开，在词典中被称为 emoticon，即表情图标，不过其意义有了变化，不再标志某类文本，而是表达网络文字交流的即时情绪。

:-)，作为文字符号，由冒号加短横加右括号组成，后来简化为 :)，似乎很难发出一个音，也很难给出一个准确的定义，我们可以描述性地将之称呼为"侧躺的笑脸"。法尔曼感慨道："看到这个符号从我花 10 分钟敲出来的一段发言变成一个全球性的现象，真让人感叹……我有时会想，25 年来，有多少人曾在键盘上敲出这个符号，又有多少人侧起头看这个符号。"而在传播中，从 :-) 到 :)，到论坛、QQ、MSN 最初简单的表情，再到越来越夸张复杂但始终未摆脱 :-) 的各种动画，笑脸从侧面变到正面，眼睛从两个点变成睁大的圆圈，我们逐渐告别了歪着头观察电脑屏幕的原始电子社会，堂堂正正地进入了一个新象形时代。在语言学经典书籍中，我们常常能看到原始氏族用各种图画来传情达意，这些图画逐渐独立为文字的雏形，开始成为记录语言的工具，漫长的象形时代孕育了人类的早期文明史。然后，随着字母文字逐渐出现，大多数人已经忘却了 A 像一个牛头，C 像一只骆驼，而 E 像一把钥匙，虽然拉丁字母来源于各种古老的象形文字，但到今天它们只表示语言里被拆分开的细小音位。汉字还保留了一些象形的痕迹，譬如人、牛、羊，不过这些文字早已对应了复杂的语言运用，离原始的图画远隔着 5000 余年的光阴。

"我们的语言就是我们的历史"，格林童话的搜集者在历史语言学领域里提出这个响亮的口号；"每一个词都有它自己的历史"，方言地理学的开创者舒哈特和齐列龙如是说。每个词都是一个鲜活的生命，庆贺微笑符号的生日可以让我们联想到襁褓中的婴儿逐渐长大，"像健壮的青年，有铁一般的胳膊和腰脚，领着我们向前去"，我们能观察到身边很多具体的事实，但我们却把握不住这些事实所指引的方向。有媒体在讨论"90 后"的"火星文"时，把 ORZ（像跪着的人）、囧（像耷拉着眉毛的脸）等新象形文字也归入了"火星文"或曰"脑残体"的范畴。我们只能感慨，没有任何事物是刹那间从天上掉下来的，:-) 的 25 岁生日其实意味着某种新的表达方式或审美取向固执地沿着一条路不断前行，既不会因赞美而泛滥，也不会因抨击而枯萎，它们自有其生命周期。

语言自被人类创造以来就一直以其强大的存在对人类施加着全方位的影响，哲学家追求洞明、澄澈的那个意义自我呈现的瞬间，但总囿于难以找寻到合适的表达方式。普通人不会有太多形而上的困扰，但即使是在随波逐流的表象中，或多或少也能固化一些时代的符号意义进入自己的灵魂，无论叛逆还是创造，人们其实都遵循着一种已然的内在模式。新象形时代只是一种临时的说法，人们面对的对象往往介于审美与工具之间，花如此，语言亦如此。对象的工具性一般会在人们接触、认知和运用它的同时不断加强，纯粹工具性的对象可以控制人，使人在不知不觉中工具化，这也是当代语言学家慨叹不是人在说话，而是话在说人的原因。新象形文字偏于审美性的特点让人获得了一种主体感，但仅仅 25 年，我们很快便发现其审美性的减弱。诗意的栖居只能体现于审美之中，但人之为人，也许恰好正在审美之外，这往往是伟大的学者与学问的盲点。

反美容之冲击与进化

美学在西方有两条线索,一条是学科创始人鲍姆嘉通所提倡的"感性学",另一条是西方哲学集大成者黑格尔所强调的"艺术哲学"。二者都以"Aesthetic"命名自己的皇皇巨著,这也是那些有名的汉语音译词中埃斯特惕卡一词的来历。美容似乎是一种生活方式与化学、医疗技术的结合,在美学经典著作中见不到美容这个主题倒是颇为遗憾。精神分析美学、人类学美学、形式主义美学、分析美学、结构主义美学、解构主义美学、现象学美学、存在主义美学、阐释学美学、接受美学等等五花八门的流派从现代直达后现代,但在试图对美容进行学理分析的时候,我们却难以在各种理论中找到可凭之据。

也许只能这样认为,美容既非感性,又非艺术,因此可以排斥在美学对象之外。但美容早已成为一个社会现象,在现代社会中形成护肤、化妆、瘦身、整容一条产业链,几乎是很多人尤其是女性日常生活中不可或缺的环节。2007年初,英国文化部长和米兰市长都呼吁禁止超瘦模特登台,他们的理由是,"时装界鼓吹瘦就是美,对少女的自我形象和健康构成伤害。"于是,法国、意大利、美国和英国的时装工业联合会正式宣布将考虑模特过瘦带来的问题。最近,韩国媒体报道十余年前整过容的明星纷纷遭遇"整容副作用",这让接受整容手术的新艺人不寒而栗。在韩国艺人中,几乎90%以上都有过整容的经历,但"不管医学再怎么发达,脸上各个部位反复接受手术,总是会有后遗症留下来。"

视觉冲击力最强的反美容广告出自多芬公司,他们先是跟《十七岁》杂志联手对英、美两国2000名年龄于10岁至14岁之间的女孩进行调查,以研究媒体广告对女孩心理的影响。英国《独立报》援引调查数据报道,77%的受访女童认为自己体型偏胖、相貌丑陋,并且看到模特或娱乐圈名流的照片时感到沮丧。超过半数的女童用"令人反感"、"丑陋"等消极的形容词描述自己。甚至有女孩绝望地表示："杂志里的照片让我感到悲伤，因为我知道自己永远无法那么漂亮。"多芬公司为了缓解全球女孩子的"美丽压力"，推出了一系列"反美容"广告，其中名为《进化》和《冲击》的两个广告在视频网站上发布，迅速获得了数十万点击。

《进化》记录了一个女性化妆造型并拍摄广告画面的全过程，展现化妆术、摄影术与电脑修饰在制造美女图片中点石成金般的手段；《冲击》中首先浮现出一个满脸雀斑的金发女孩，她直视着观众，迷离的眼神天真而淳朴。这时候，无处不在的美女图片铺天盖地地闪现，冲击着人们的视觉神经，然后是一连串震撼的整容片段，最后打出字幕："在美容产业影响您的女儿前，请和她谈谈。"多芬是美容产业龙头之一联合利华的下属企业，推出这组广告的动机颇为可疑。联想到前年多芬的重头市场活动是"真人"女模特，招募了从22岁到96岁各年龄段的六位普通人做形象代言人，在巨大的争议中，多芬的发言人表示："通过这项活动，我们要向全世界的人表明，美丽是多元化的。我们希望能够抛砖引玉，让社会接受更加现实、更加宽容的美女概念。"这的确是个狡黠的市场营销方案，多芬因此创下了700%的年销售量历史最高增长率。"反美容"广告也许能带来同样的奇迹，因为，它真的迎合了什么。

黑格尔将古希腊艺术认为是美的典范，大师们总憧憬着某个黄金时代作为其绝对理念的"绝对的最高表现"，那个时代是不可企及甚至不可想像的。那么，可以类比的是，那些模特和美女的图片很好地成为了一种不可企及的标准。从医学、传播学、经济学、市场营销学来到美学本身，"反美容"潮流并非回归"清水出芙蓉"的原始信仰，而是黑格尔式的绝对理念的世俗化，它仅仅是试图让美变得触手可及。当典范不再是理想，美的世俗化便胜过了美的神话，当美成为可以认同的邻家女孩时，"反美容"正带我们远离绝对理念。

电动肥皂剧

9月28日这一天,巴西国家电网公司加大了供电量,因为热门电视剧《热带天堂》播出大结局。据说这已成为惯例,国家电网发言人表示,"电视剧播完之后,数以百万计的观众将会从扶手椅或沙发中站起来,然后点亮客厅内的灯,打开冰箱取出一瓶冰镇啤酒,或者是在微波炉内加热一些食品。"突然出现的用电高峰可能会导致全国性大停电,因此,在有重大足球比赛直播或是其他吸引大量观众的节目出现时,供电量都必须加大。这则新闻让人想起古老的墨西哥电视剧《女奴》,动辄一百来集的电视剧似乎是美洲的传统,而这种电视剧已经很久没有在国内的电视台看到过了。巴西环球电视台统计,有90%的人收看了《热带天堂》的大结局,人们都迫切地想知道恶棍Taís的下场和女主角Bebel的最终命运。

南美一般被描述成悠闲而慵懒的世界,这种心态使得平均200集左右的电视剧成为人们追捧的对象,也许只有追了200集以上才能培养出对大结局如此急迫的心情吧。曾经跟一位研究大众传播的专家讨论过直播的诱惑,一个万众瞩目的事件,在媒体的推动下,第一时间把现场展现在受众眼前,强烈的在场感和融入感所带来的刺激作用于人们的神经,造成参与大于结果的效果。如果已经知道了结果,事件便成为历史而非此在,对事件的关注与回顾更多在于了解事件的过程与欣赏事件的艺术性了。直播与录播的区别便在于由现代传播技术与营销手段共同打造的重此在而轻存在,与其说是与自我关注的人物或事件同呼吸同命运,不如说是共同关注这些人物或事件的个体迫切地希望以一个群体的姿态介入其中,成为布景而非观众。

"我在"比"我要"更加重要,这使得各个相关的部门必须配合"我在"的需求,容不得半点闪失。在网络电视盛行而又达不到电视转播效果的今天，某场体育比赛直播时，穿梭于各个直播媒体之间，去比较几分钟的延迟，寻找最快的那一个，可以成为一种很独特的体验，有点类似拿着遥控器不断换台，看同一个电视剧里的人物在前后剧情中跳跃。剧情可以成为陪衬，进度更为关键。巴西国家电网公司对《热带天堂》的重视并非杞人忧天，因为大结局播出的前一天，里约州18个城市和圣灵州部分城市就出现了大停电，虽然原因是输电电缆故障，但防患于未然也体现了电力部门的人文关怀。试想如果那天真的出现停电，有部分城市观众因此未能如期看到大结局，即使电视台第二天补放一次，恐怕依然难以平息观众的不满。观众也许可以接受大结局整体延迟一天，但根本不能接受自己在报纸上看到剧情之后，再去观赏那个届时将变得索然无味的最后审判。

美国存在主义哲学家蒂利希在《存在的勇气》里"勇气和参与"一章中认为，大多数人只有将自己作为一个更大的团体的一部分，而不是作为独特的自我加以肯定，才能具备存在的勇气。不同社会形态中，这种"作为部分而存在的勇气"具有不同的表现。当然，蒂利希关注的是诸多重要的社会运动，而没有考虑类似赛事直播或肥皂剧之类八卦的社会事实。但其实正是在这些看似可有可无的社会活动中，人们才真正下意识地从群体感中获得了乐趣。哲学往往过于关注历史而忽视日常活动，这有它的道理，通过重大场合和极端情境可以将人性看得更清楚，而千百年来日常生活方式只有细微的变化，人性在其中是一种混沌的存在，很难展开纯逻辑的理性分析。幸运的是，哲学家们所分析出来的结晶体放回日常生活，如同盐溶入水中，从表面上看同是无色透明的液体，咸味却清晰可辨。

无论多么长的肥皂剧，演完后便成为了历史，人们开始寻找和关注下一个可以消磨时间的热点，试图让自我一直跟上时代。媒体总会倾向于把事情分为严肃与轻松、重要与不重要，而严肃的决定与重要的决策的背景无一不是基于此在的日常与混沌，我们在生活中一向默认这样的事实，但从来不会将之放入历史。

语言之死

正如保护动植物多样性成为环保主义者的重要课题一样，拯救濒危语言也成为了语言学界的热点。美国公布的一份报告指出，目前世界上仍在使用的大约7000种语言中，有一半将会在21世纪消亡。事实上，有83种语言被大约83%的人使用着，却有3500多种语言的使用人数只占全球总人口的0.2%。某些语言注定无可挽回，尽管记载于其中的忧虑、敬畏等源初的哲理和丰富的历史文化信息是那么诱人。语言学家试图用数码技术留存住这些濒危语言，在有着描写主义语言学传统的美国，鲍阿斯、萨丕尔、布龙菲尔德等人早在20世纪初就建立了完整的语言描写机制，再辅以高科技，看起来濒危语言的问题并不严重，毕竟历史上湮灭的语言不可胜数，今天的濒危语言能以数字信息保存下来，已经令人顿生感恩之心。

然而，死亡无非是一种定义，活的语言存在于人群之中，必得有人使用才有生命力。在此意义之上，丧失了生存环境的语言，留存下来的只不过是枯干的尸体。随着使用人群的日渐稀少，意义和传统也日渐消亡，音位规则、句法规则便成为枯燥的聚合与组合的游戏，所以，语言学家在报告中慨叹，很多语言即使被保存下来，也将没有人能够懂得它的意义了。在巴拉圭偏远地区的冷古阿（Lengua）土语中，"11"的意义是"到脚上，数一"，而"20"则意味着"数完脚趾"。而现代社会的认知体系已不再追问数的源头，任何一个小孩虽然还会掰着指头数数，但很快就被要求把数从经验中抽离出来，变成知识而非体悟。谁能描述出在这种转换中失去的是什么，得到的又是什么呢？

最近，德国对外关系研究所（IFA）《文化交流》杂志发起的"世界最美单词"评选大赛中，汉语"呼噜"成为亚军。获得冠军的词是土耳其语"Yakamoz"，意为水中倒映的月亮。评选标准是"为别的语言提供一种与众不同的感觉",又一次让人感到德国人还在思考。"呼噜"不仅仅是个拟声词,在音韵学历史上,"呼噜"族有其重要的象征意义,骨碌、咕噜、轱辘、辘轳、碌碌、葫芦……圆形且转动的物与象都统一于这个声音,丰富了汉语的词族,比"哗啦"、"喀嚓"、"劈啪"有着更强大的衍生能力,甚至还可能印证了汉语原始的复辅音声母的存在。

　　语言究竟是什么?语言的生命何在?这不是个可以简单回答的问题。语言固化了人类的观念与意义,却间离了人类与环境的亲密接触,历史和文化成为可分离的知识,而存在本身却需要再度找寻。如同那些同在地球上生存的动植物一样,从野外到圈养,再成为标本进入实验室,再成为DNA数据记录在机器之中。也许有一天,我们可以从数字的排列组合中恢复所有已记录的生物体,但到了意义可以被简化为数字信息的那一天,一切存在将成为数字的附庸,数字信息成为至高无上的统治者,意义便不复存在。很久以前就设想过,假如人类不复存在,留下的语言文字能否被偶然来到地球的另一种文明所理解。这份报告提醒我们,即使技术上可以完成翻译和转化,但每一种语言,只有使用它的人才能与它融为一体。一旦语言死去,即便可以复活,那复活的也将不再是这一种语言。人存在的标志是我思、我为,语言存在的标志也是人思、人用。美国人一如既往地用技术来挽救濒危的语言,而德国人似乎给出了另一种可能性。其实语言学家最能体会到技术社会的痛苦,因为他们在直面意义的同时,还需直面与意义密不可分的存在本身。回到语言的感官性,寻求语言所昭示的人与自然的关系,也许可以绕开技术的陷阱,真正留住语言生命的种子。

无家庭不婚姻

日本有两个名称上对立的协会，一个是"大男子主义丈夫协会"，一个是"全国爱心丈夫协会"。日本政府 2003 年颁布了一项新法令，使妇女在离婚时可分得丈夫的一半退休金，该法令于 2007 年 4 月开始生效，法令生效后，申请离婚的个案突增 6%，其中 95% 是由女方提出的。"大男子主义丈夫协会"抗议道，"离婚就等于是被判处死刑，因为我们无法照顾自己。"而"全国爱心丈夫协会"则在公共场合"苦练"对妻子大声表白，并为好丈夫划出十个等级，入门级是内心相信自己深爱妻子，第五级是愿意手牵手和妻子一起走路，而最高境界是能在任何场合轻松说出"我爱你"。

各大媒体颇为关注婚姻问题，除了传统的女权主义、同性恋、独身主义等热点问题外，一些看似荒诞不经的设想也浮出水面。《泰晤士报》所报道的，德国巴伐利亚州菲特尔市女市长保利关于"结婚证有效期 7 年"的议案，便是一例。保利认为，"在第一个七年结束后，每对夫妻都需要再说一次'我愿意'，婚姻才能继续。这样做的好处是省去了离婚造成的经济和情感成本，而且这也不妨碍婚姻走向天长地久。"这似乎是婚前协议的改进版，但蕴涵更为丰富，保利把保持婚姻看成是出于不愿意独居或仅仅是经济成本的考虑，日本新法令导致离婚大增的现象倒是为她的提议做了个生动的注脚。

在世界各国离婚率不断上扬的同时，挽救婚姻的运动也花样翻新。然而，婚姻的本质究竟是什么？现代婚姻危机究竟意味着什么？成为了不得不问的问题。自摩尔根的《古代社会》为人类的婚姻作出了血婚制、伙婚制、偶婚制与专偶制的分类以来，专偶制作为父系社会的婚姻模板已存在了数千年，几乎成为判断文明与野蛮的标准之一。专偶制是组建家庭的要素，因此，恩格斯建立在摩尔根人类学研究基础之上的研究著作《家庭、私有制和国家的起源》只把婚姻看成家庭的附属,并断言迄今为止从来就没有过真正的自由的婚姻。经典哲学家喜欢剥离人的感情探讨制度,譬如康德就认为婚姻无非是"两个人按照法则结合后相互使用对方的性器官和财产",不谈爱情的话,婚姻似乎只涉及性、财产及其后果——子女与政治经济。在这个意义上,婚姻便成为爱情的坟墓。缪勒利尔在《婚姻进化史》中把感情加进了婚姻动机,他认为到了现代社会,婚姻动机的排序一下子变成了"爱情、子女、经济"。这与恩格斯心目中理想的婚姻模式倒比较一致,"这一代男子一生中将永远不会用金钱或其他社会权力去买得妇女的献身,而妇女除了真正的爱情以外,也永远不会再出于其他某种考虑而委身于男子,或者由于担心经济后果而拒绝委身于她所爱的男子。"在这个意义上,爱情是婚姻的源动力。

没有太多的新论可供参考,却有大量的社会事实不断涌现。婚姻的本质是家庭,但现代的婚姻危机却是感情危机。经过漫长的社会发展,人们已经形成了无家庭不婚姻的习惯,婚姻危机的爆发意味着家庭这个社会基本单位的弱化。家庭本是从无到有的,是父系私有制的基本要求,而婚姻的意义则完全由家庭赋予,保障着这种社会体制的顺利运转。如果社会的基本单元由家庭转向个体,婚姻将需要重新定义。大家族在现代社会中已经名存实亡,小家庭会从有到无吗?感情危机导致婚姻危机,挽救婚姻必先挽救感情,无论男女,爱情不再婚姻亦将不再。如此看来,"全国爱心丈夫协会"的倡导倒是颇中肯綮。当现代社会的人类数落着古代不幸婚姻的同时,却面临着多变的情感的挑战。结婚证的有效期象征着爱情的有效期,海枯石烂、天长地久,是美丽的神话。感情一直只是披在家庭身上的"皇帝的新衣",但当经济、子女不再足以维持一个家的存在之时,感情却成为一根救命的稻草。离婚率高涨的时代,反倒是爱情的黄金时代,这看似悖论的结论,让人哭笑不得。

今年之汉字

日本汉字能力评定协会自 1995 年起开始举办年度世相汉字募集活动，在每年 12 月 12 日的"汉字日"公布。1995 年至 2006 年排名第一的汉字分别是：震、食、倒、毒、末、金、战、归、虎、灾、爱、命。这 12 年中，1996 年的"食"跟疯牛病有关，1999 年乃世纪"末"，2000 年的"金"因日本发行新货币，2005 年的"爱"因明仁天皇的女儿纪宫公主成婚，而 2006 年的"命"则因悠仁亲王的诞生。当然，由于汉字意义的复杂性，即便是"爱"这样的字也跟青少年的残忍犯罪扯上了关系，而"命"同时也代表着日本人关注自杀、虐待和交通事故频发的灾难。

每年 11 月 1 日到 12 月 5 日为该评选活动的募集期，选票发放与回收主要通过三种方式：全国性媒体，书店、寺院和百货店，各类学校和民间团体等合作单位。此项活动往往能吸引到 10 万人左右参与，具备一定的规模与影响力。每年的当选汉字在揭晓典礼上都由京都清水寺住持题写 1 米多见方的匾额，并悬挂于寺内供游人参观，平添几分庄严的仪式色彩。"汉字日"的主旨虽然是"创造机会学习作为日文核心的汉字的深奥意味，同时加深对日本文化的认识"，但这个世相汉字评选似乎"浮世绘"风格更浓厚一些。不过细想一下，正因为选择了汉字这个载体，把世态万象浓缩到一个表意丰富的文字之上，更能带来触目惊心的视觉效果和发人深省的心理触动，世相百态便从普通的街谈巷议升级为普世的哲学关怀，倒也颇为吻合设立"汉字日"的初衷。

语言和文字不存在鸡和蛋的问题，文字虽是后起，却似乎更能体现人类的创造性。汉语只是千百种语言中普通的一种，但汉字却是现存唯一的表意文字系统，所以有人说它落后，有人说它先进，进入现代社会以来，在整个东亚文化圈，对于汉字一直争议不断。日本明治维新时，知识界废除汉字的风潮绵延了将近半个世纪；朝鲜半岛也曾经有过大规模废除汉字的举措；越南成为曾经使用汉字的地区废除汉字最为彻底的国家。即使在中国，汉字拉丁化运动照样轰轰烈烈，"汉字不灭，中国必亡"的论调在百年前应该是振聋发聩的革命观，拼音方案多达数千的种类可以与信息时代汉字编码方案的数量相媲美。西方语言学体系中，表意文字体系是文字发展的初级阶段，各种表意文字最终都应该发展到记录音位的表音文字。从理论上，我们最多能说汉字是为汉语量身定制的意音文字，还很难认清汉字的纯语言学意义。汉字负载了太多的历史和信息，自然会影响到人们对现实社会的认知。一个"鲸"字，会让很多人在动物学考试中败北；而贝壳与金钱的显性存在似乎浓缩了包括纸币时代在内的整个货币史；硅是石头，而钠是金属？形声字要求每个事物都得有个归宿，而自然科学的发展却日新月异。汉字里有着太多似是而非的观念，多与少，不变与变，浓缩与扩散，对于表音文字来说，正字法只是语音和语法在文字中的延伸，而汉语的传统小学却必得把文字独立一部。

2007年排名第一的汉字是"伪"，其后紧随的是"食"、"嘘"、"疑"、"谢"。2007年日本民生焦点是著名品牌食品造假、养老金腐败等问题，从票选感言中可以看出，排名靠前的汉字针对的几乎都是这些现象。"伪"是描写兼评价，可以联想到"伪装"、"伪造"、"伪君子"等等；"食"是对其领域的清晰界定；"嘘"是一种动作性的态度；"疑"是一种心理性的表现；而"谢"则是特指政治家的作为。"伪"能以18.22%的绝对领先地位当选，也许得益于其形容性的否定色彩、对人性的直接指斥，同时又隐含着动作和心理的发泄。因"食"之"伪"而可以"嘘"可以"疑"可以"谢"，每一个汉字都可以成为一个象征性的符号，这正是汉字独特的魅力所在。表音文字和语言密不可分，而汉字却具有布莱希特所谓的"陌生化"效果，和语言的间离使汉字更接近历史。关于汉字的争议还将继续下去，而汉字作为历史的宠儿，总是让使用它的人既从中获益，又不自觉地背负上历史的重担。

理性的豌豆

如果说"种瓜得瓜,种豆得豆"是最素朴的遗传学道理,那么,"播下龙种,收获跳蚤"则是一句看似非科学的俗话。幸好,一切都在科学掌控之中,继2005年《自然》发表了运用孟德尔遗传理论来分析《哈利·波特》小说中的魔法遗传案例后,最新一期的《英国医学杂志》更为详尽地解析了这些遗传因子是如何通过基因起作用的。来自牛津大学维艾康人类遗传学中心的研究小组成员讨论了"蛇语"、"预言术"、"变形术"等具体性状的遗传变异状况,国内媒体称之为"戏说科学",并特意表明"这是《英国医学杂志》每年年末的一个传统项目——幽默。"

科学家并不拒绝幽默,使用筷子的数学公式,剪刀石头布的获胜规律,男女爱情中身体的引力原则,这些研究成果源源不断地涌现出来。似乎完全没有戏说的成分,只是表明科学的触角已经深入到了社会生活的方方面面。真正的幽默应该是炊壶烧出蒸汽机、苹果砸出万有引力、火炉烤出相对论,人们喜欢为传奇人物虚构传奇故事,人文精神对科学的渗透和技术理性对人文的解剖只是抛在空中的一枚硬币,落地后的正反面纯由概率决定。事实上,在同一期《英国医学杂志》上有另一篇文章,专门颠覆七大医学误区,美国雷根斯特赖夫研究院助理教授阿伦·卡罗尔说:"我们非常忧虑,因为大部分的外科大夫接受了这些理念,并将这些信息传递给了病人。更严重的是,这些理念还通过大众媒体广为传播。"头一条就是"人类只使用了大脑的10%","根据核磁共振、正电子发射断层显像仪的扫描显示,人的大脑中并没有沉默或完全不活动的区域。研究人体新陈代谢的研究者也没有发现大脑中有不活动的地方。"与魔法基因的研究相比,哪个更幽默一些呢?

种了十多年豌豆的孟德尔似乎比"种豆南山下,草盛豆苗稀"的陶渊明跟豌豆更有缘分，孟德尔的豌豆是理性的豌豆，陶渊明的豌豆是感性的豌豆，而安徒生没种过豌豆，他笔下的豌豆公主只能是一种幻想的豌豆。豌豆对自然科学、人文科学和幻想都做出了不可磨灭的贡献，不过当孟德尔第一次公开发表其论文时，如果有媒体报道，似乎也可以定义为幽默，因为大家都不知所云。也许没有理性的豌豆，便不会有"幽默"的魔法基因研究，在这个意义上，豌豆与魔法并无二致，只不过人们最常见到的是幻想的魔法，感性的魔法和理性的魔法不常出现在人们的日常生活当中。

对孩子们来说，魔法比豌豆更可爱，所以科学家们选择了魔法世界来进行儿童科普教育，这是非常理性的选择，正如《自然》杂志那篇文章的作者在前言里所说："我们每天都被各种基因发现消息所轰炸，但对于那些没有遗传学专业知识的人们来说，要接受并运用这些理论很难。针对各个年龄段的教育当然都很必要，但是我们怎样教育孩子们去理解这些概念呢？"作为没有遗传学专业知识的人，我们从这两篇论文中学到了很多基因学科的常识，譬如显性基因、隐性基因和基因开关的原理，甚至能够得知一些最新研究成果，譬如FOXP2跟语言相关，而MC1R则跟色素形成相关等等。最近以色列学者的一项研究发现AVPR1a跟大方与否密切相关，人们试图了解每个基因的特定功能，但毕竟这是个庞大的工程，在人体内20000到25000个蛋白质编码基因中，魔法基因说不定真的存在，像美国科幻连续剧《英雄》干脆就把基因科学家塑造成为可以造物的上帝，他们筛选并强化了那些神奇的特异功能，就像孟德尔种豌豆一样。

对罗琳而言，也许暗合遗传规律的描写只是她的科学常识在幻想中的自然流露。要设计魔法家族与种种神奇的生物，并不一定需要读懂百年前孟德尔的豌豆论文，但这百年来，科学逐渐成为一种社会的基因，或隐或显，而感性的豌豆和幻想的豌豆在不断杂交的过程中逐渐丧失活力。不过，基因是可以长时期携带的，就像我们随时可以用幽默来评价学术研究一样，幽默基因和科学基因完美地融合在了一起。

2008
从柏林到纽伦堡

从柏林到纽伦堡

放在某个特定历史时期,这个标题可以意味着战争的开始与结束。而在今天,虽然也存在着一些人与另一些人的交锋,但他们所争的不再是权力与土地,而是很微妙的观念变化。小北极熊克努特出生在柏林动物园,是当今动物界最红的"明星",好莱坞制片人沙阿与动物园谈判,欲出资数百万美元,邀请克努特加盟他的新片。克努特的身世其实很简单,引用《自然》杂志对2007年科技新闻的盘点可以得知:由于出生后遭"母亲"遗弃,小北极熊克努特一直由人工喂养。然而,它的生存状况受到了一些极端动物保护主义者的质疑,他们认为,人工饲养侵犯了动物权利,所以应对克努特实施安乐死。此言一出,立刻引发了广泛争议,克努特也成为媒体报道的焦点。

成为传媒焦点之后,克努特的一言一行、一颦一笑便随处可见,加上它娇憨幼稚的淘气相,这只小北极熊立刻红遍全世界。克努特有自己的网站、主题曲、电视专题和直播,克努特让柏林动物园游人如潮、股票飙升;克努特有望促使北极熊尽快列入受美国《濒危物种法》保护的"被威胁"物种名单;克努特当选为柏林市荣誉市民,甚至被媒体评为"欧盟的象征",在欧盟成立50周年的庆祝活动上一度抢了各国领导人的风头。一年多以后,克努特逐渐长成了一头庞然大物,虽然没了幼时的可爱,但也英武神勇,从骨子里透出一股蓬勃向上的生命力。总而言之,所有关注的目光不断把意义赋予这头北极熊,克努特正在符号化。

无独有偶,纽伦堡动物园的两头母熊薇拉与威尔玛分别产下小熊。动物园不顾各方批评,坚持让母熊自然哺育幼崽,而不采用任何人工饲养和护理措施。园方的观点是,"这是自然的法则。如果母熊让它们饿死,那就得让它们饿死。要是你不让母熊去亲身练习,它们就永远不知道该怎么哺育子女。我们保持谨慎乐观的态度。如果我们走进熊窝里检查，就会打扰它们，则可能会适得其反，使结果更加糟糕。"1月7日，威尔玛吃掉了自己生病的小熊；1月8日，薇拉也有弃养的趋势。园方再也顶不住压力，被迫将薇拉的幼崽与母亲隔离，开始了如克努特般的人工饲养。从纯逻辑角度来看，动物园本来就是非自然环境，一味强调自然法有五十步笑百步之嫌。今天的地球属于人类，华纳兄弟根据艾伦·威斯曼的新著《无人世界》的创意推出的科幻电影《我是传奇》幻想地球上只剩下最后一个人类，科学家们很遗憾地发现，当地球不再为人类服务，土地会变得日益干净，生物进化会缓慢继续，只有老鼠、蟑螂会因缺乏食物而感到不爽。

人类已然是地球的主宰，存在的意义便很功利地成为人的意义。有点幽默的是，眼下人类所担心的一切，物种灭绝、环境污染、气候变暖等等，其实在人类灭绝之后都将不复存在。当然，即使再发生什么，也不再会有人去担心。所以，活着的克努特和死去的威尔玛宝宝都已成为人类的一员，他们的命运牵动的是人类的神经。无论柏林还是纽伦堡，生命的保全都是最终的底线。如果地球上没有人，自然法则也许优于人类所建立的干预系统，但除非人类愿意选择最终的孤独，否则就不得不进行越来越强烈的干预，因为自然法则已经在淘汰所有没被打上人类印记的存在。

幸运的并非是克努特，如果它追问"to be or not to be"，我们无法给它答案。但柏林动物园无疑是幸运的，因为他们获得了人类社会认可的荣誉和收益。纽伦堡最初的坚持也并非没有道理，只是这个坚持并没有为他们带来舆论和经济的双赢。也许，对于柏林动物园来说，这是个轻松的主流选择，极端动物保护主义者之所以极端，因为他们试图用复杂的思维战胜简单的思维，他们给予柏林的压力与舆论给予纽伦堡的压力不可同日而语。当我们试图为熟悉的人类规则引入一些含混的自然规则的同时，我们恰好忘记了，只有无人世界，才能有真正的"自然规则"。

无聊礼赞

国际 IE 组织"内裤地铁 2008"、"星巴克台式机 win95"等活动近来越发惹眼。IE 不是浏览器,而是 Improv Everywhere,通俗一点可以翻译成"无处不搞怪"组织。IE 创办人查理·托德曾梦想做一名喜剧演员,当他发现舞台其实可以无限宽广的时候,IE 就诞生了。"我们只是想让纽约人摘下耳机,这在繁忙的曼哈顿区可不是件容易的事情。"这话让人想起苹果公司掌门人乔布斯的话:"我在麦迪逊的每个街区都会看到一些头戴白色耳机的人,我对自己说,它终于发生了。"让人戴上耳机和摘下耳机,都不是件容易的事情。IE 的原则是"不获利、不违法、不羞辱他人",虽然很多人认为闪客、IE 之类的行为艺术纯属无聊,远不如改变人们的生活方式的 Ipod 来得正经。但无聊自有无聊的乐趣,通过网络互联,在全球各地公共场所群体性地"制造景观",这样一种五湖四海融为一体的无聊,留下了津津乐道的故事,缓解了都市生活的紧张,甚至帮助人们找到了自信。

有两种无聊引人注目:有创意的无聊、有历史的无聊。IE 的活动显然很有创意,他们还拥有专业的摄像师、录音师和影片剪辑师,吸取 2006 年"内裤地铁"活动人员被警察带走的教训,他们开始指派负责人维护现场秩序。而美国小镇耶拿,每个周末晚上,总会有车队开着震天的音响,在街道上兜圈。车队抵达小镇一头的 Mitch 餐厅停车场后掉头往回开,直到另一头的 Untamed 户外用品店,然后再掉头。据说兜圈有着一套复杂的程序和礼节,只有年轻人才明白,但这项活动已经有着数十年的历史,当初参与的年轻人早已成为了爷爷辈的人物,汽车的型号变了,音箱里放的内容也变了,但程序和礼节似乎并没有大的变化,不变中的变与变中的不变,应该是这个传统的精髓。美国没有机会发展成为大都市的小镇人口都不多,这种传统或许会一直保留下去,引用被采访者的话说,"可以转上一个世纪,或者把油烧光为止"。无聊的道具日新月异，如果要挖掘其哲学含义，那就是人与时间的对抗。

保加利亚一个偏僻的乡村有一对亲兄弟，他们从二战以来一直吵架，并且找寻各种理由将对方告上法庭，相互起诉的次数高达 200 次。根据记者报道："哈吉夫兄弟的争吵史成了马尔卡·阿达村剧情最长的肥皂剧。这个村庄只有一家商店和一个只在晚上才会开业的酒馆，无事可做的村民们在哈吉夫兄弟的家门口放了一张长椅，以便坐着观看兄弟俩争吵。"兄弟俩都已 70 多岁，仍然充满了战斗精神。弟弟说，"任何和我哥哥讲过话的人，都甭想再和我说话。他让我的生活彻底陷入了痛苦之中。"而哥哥说，"我讨厌这种生活，但我永远不会认输。我将继续起诉他，直到正义站到我这一边。"看来，无聊必须有旗鼓相当的对手，而且必须有充满好奇的观众。面对同一件事，当局者与旁观者不同的价值判断最终会趋同，无聊于是获得了永恒的意义。

无聊在汉语里是个否定形式，单调重复、无意义、令人厌烦等都可以称作无聊。彻底丧失意义并非无聊，而是绝望。很多人都从无聊中获得乐趣，哪怕可能会降低智商，如同国内心理专家认为长时间看韩剧所面临的风险一样。每天重复单调的生活是一种无聊，而日复一日的习惯和传统突然被恶作剧般地打破更是一种无聊。生活的丰富多彩也许正是建立在无聊之上，因为无聊，人们才有了好奇心，才会有惊喜、刺激与冲动。认真去做一件事并持之以恒地坚持下来，既是无聊的最高境界，也是严肃和有趣的最高境界。生活只是一段或长或短的时间，而社会只是一个或大或小的环境，IE 的搞怪、耶拿的兜圈与哈吉夫的争吵，当然，还有很多类似的无聊，值得我们放一张长椅，以便坐着观看。

一个水手的历史生活

英国皇家天文协会的一项调查表明，近三分之一的英国小学生认为前首相温斯顿·丘吉尔是登月第一人。这并不奇怪，大人们对常识的了解度也好不到哪里去。前不久，UKTV 黄金电视台公布了一项关于历史名人的调查，23% 左右的观众认为丘吉尔是虚构人物，还有南丁格尔护士、圣雄甘地等也被不少观众认为是虚构人物，不过大侦探福尔摩斯却被多达 58% 的观众认为确有其人。对历史教育的担忧由来已久，2006 年底，英保守党就曾面向全社会征集合理的中小学历史教学方法以及影响英国历史的名人名单，并希望借此推进历史教学。英国家长教师游说组织"真正教育运动"的成员尼克·锡顿认为，"学校不重视史实学习，把许多时间花在无用的教学内容上，例如让学生想像特拉法加战役中一个水手的生活。"

然而，锡顿所嘲笑的一个水手的生活，恰好是史学发展中的一个重要象征。中国社会科学出版社出版的《八十年代的西方史学》中，有一篇杨豫对美国著名历史学家劳伦斯·斯通的访谈录，记录了这么一段描述："第一篇（论文）是关于 1588 年英国与西班牙无敌舰队的战争中政府对水兵的不公正待遇。那是在战争中写的。整个二战期间，我在皇家海军的一艘驱逐舰上服役了五年。参加过那次战争的人都有体会，对战争的恐惧只有 0.1%，而 99.9% 则是单调、枯燥、无聊和不舒适的生活。当我们的舰队正驶向南太平洋时，舰只上水兵的经历突然让我产生了一个念头，促使我想去了解过去的水兵生活是什么样子。"斯通以"叙事史的复兴"引领了西方的史学革命。历史研究对象从群体转向个体，水兵无疑是个肇始，从前述新闻来看，经过几十年的潜移默化，这种思路似乎已体系化地融入了西方中小学的历史教学，却开始遭致不知道算是形而上还是形而下的批判。

微观之于宏观，究竟是个补充和附庸，还是个颠覆。历史究竟是纲要年鉴与宏大事件的组合还是生活琐碎的细节，是个严肃的方法论问题，争论不休能够满足纯学术的追求。2005年，英国纪念特拉法加战役200周年庆典，来自35个国家的160多艘舰船聚集在英格兰南部海域，重演当年海战。这场壮观的典礼足以让孩子们记住英国皇家海军击败法西联合舰队的丰功伟绩，在当年这场海战之后，英国取得了一个世纪的海上霸权。那个虚拟或现实中的水兵，在历史上肯定不如当时的指挥官纳尔逊上将重要，而海军上将纳尔逊跟他的对手拿破仑相比，又只能算是个小人物了。滑铁卢战役的英雄威灵顿将军也不幸被排在了前边的虚构人物榜上，这些战役和这些大人物的真实性与重要性显而易见，但在历史书与故事书中反复出现的结果则是知名度不断提升，历史感却在不断下降。

  人们很少去质疑历史有什么用，如果非要问这个问题，以史为鉴应该是个掷地有声的回答。谈到以史为鉴，一个小学生成为普通水兵的可能性远远大于成为海军上将，那么，与想像将军的运筹帷幄相比，去想像一个水手的历史生活也许更为现实。对老百姓而言，历史也许只是一种娱乐，所以，《三国演义》远比《三国志》受欢迎。而三国游戏取代《三国演义》之后，历史成为一种可以参与互动的虚构，历史学家便陷入了目的性的困惑之中。历史是知识，历史是文化，历史是生活，任何一个命题背后都有陷阱。人类社会并不担心历史的湮灭，荣格的群体无意识理论已把历史经验植根于人类基因，无数的原型会以各种各样的方式重现于文化、艺术和生活之中，无论我们是否有清晰的认知。

  所以，历史完全可以成为一种兴趣，一种对于时空中曾在的尊敬。还原到兴趣，我们理解斯通对于水兵的偏好，这也是所有历史研究者和学习者的权利。当然，历史同时又体现着现世的效用，家长与政治家有权要求孩子们学习历史以增长见闻和培养民族自豪感。不过，效用和兴趣该如何结合，已远远脱离了史学的范畴，成为个人选择和社会选择的难题。新史学方法论在学校教育中遭遇的滑铁卢，多半只是个误会，但历史和现实的相似度，除了那些名人之外，也许真的是99.9%。

交通、女性和就业

美国进行了一项调研，发现纽约市一半以上的高中以上学历已婚白人女性选择退出职场，留在家里做家庭主妇。这是女权运动后妇女纷纷进入职场以来的一个新趋势。当然，做家庭主妇的女性可以自豪地认为自己一身兼任了清洁工、厨师、管家、教师、园艺工、会计、出纳、心理咨询员等十数个职业，也有机构将这些职业的平均薪水按照工作时间折算出家庭主妇应该领取的平均年薪，大概是将近20万美元，这似乎已经远远超出美国普通中产阶层的收入了。如果要保证高质量的家庭生活，聘请这么多的服务人员可不是一个普通双职工家庭能够承担的，从这个侧面也许可以看出妇女留在家中至少在经济上是合算的。然而前述调研的结果却令人意外，在各种可选项中，交通拥堵成为女性们不愿意上班的最主要因素，大大超过就业市场不景气、工资体系不公平、育儿和住房费用过高等等。

研究者认为，"那些交通时间急剧增长的城市，往往在女性就业方面出现增长缓慢的情况"。社会学的相关结论是，交通情况愈糟糕，女性就愈有可能退出职场。此项研究覆盖了美国大多数城市，夏威夷、洛杉矶、迈阿密、休斯敦和旧金山的情况都与纽约差不多，出现相反情况的是明尼亚波利，那里80%的已婚白人女性都有工作，甚至超过美国25岁以上男子的就业率。明尼亚波利是明尼苏达州最大的一个城市，气候寒冷，风景秀美，作为大城市，交通想必也好不到哪里去，所以算得上是个例外。明尼苏达州人传统地将自己看作是斯堪的纳维亚人的后裔，但实际上他们更多地是德国人的后裔。北欧国家女性就业率平均为70%，而德国为62%，从中也许可以看出一些端倪。

就业是一个复杂的社会问题，科技发展、经济体制、政治模式与现实考虑都会造成影响。交通促进了就业空间的扩张，而就业空间的扩大反过来又会导致交通状况的恶化，导致交通拥挤的原因除了人口众多外，工作地和居住地之间距离过远显然也是个问题。从某个角度来看，交通的出现使交通拥挤成为必然，因为交通造就一个繁华的环境，造就相对集中的工业区、商业区和居住区，而格局一定，人们就会越来越依赖交通在各个区域间穿行，在工作、生活和享受间拥挤。道路资源是有限的，由于工业区、商业区的财富集群效应，在经济因素和生活质量的双重考虑下人们的居住环境日益去中心化，工作地点离居住地点越来越远，于是，只能由人来适应城市而非城市来适应人，忍受交通拥挤就成为都市人的常态。但对于交通拥堵，女性为什么会更为敏感呢？我们可以猜想，女性在生理上更情绪化一些，很容易将交通拥挤带来的坏心情带入工作中；而更重要的是在生活方式上，女性需要转换的环境比男性更多，商场、幼儿园、美容院等等，每个环境都对应着不同的情绪，交通拥挤让情绪无法顺利转换。换句话说，调研中的交通要素其实是基于心理、经济、社会种种复杂原因的一个表象，所以它就成为了一个扎眼而意外的选择。

巴西圣保罗市或许是全世界交通最糟糕的城市，市民们发展出一套"车上生活"，化妆、刮胡子、看书、学外语、看DVD、和邻车司机聊天约会，凡是能想到的事情都可以在车上完成，交通迫使他们把生命中的大部分时间浪费在路上，于是，他们必须让这部分时间获得意义。"车上生活"是一种无奈的解决之道，而如果经济上没有压力或者不去上班效益更佳，那么，做一个家庭主妇，少转换一些环境，也不妨是一种次优选择。生活和工作在有的人看来是一体的，而有的人觉得应该分开，交通作为生活和工作的枢纽，是尽量避开它，还是干脆把它纳入或是生活或是工作的范畴，成为一个文化选择。于是，文化传统往往在这些说不清道不明的社会问题上扮演极为重要的角色，很有趣，也很无奈。

伦敦眺望纽约

如果地球是平的，利用一个超级望远镜，在没有阻碍的情况下，完全可以从伦敦眺望纽约。遗憾的是，地球是圆的。不过，伦敦艺术家保罗·乔治还是设计了这么一个巨型望远镜，它位于伦敦塔桥附近，只要花费1英镑，站到望远镜前，就可以清晰地眺望大西洋对岸的景色。原理是这样的，在纽约布鲁克林桥，也有一台同样的望远镜，这两台望远镜都装备了高清摄像机，通过互联网传输实时视频，这样，两个城市的游客就可以在望远镜里相互招手寒暄。很多人对此发明不解，因为网络视频会议早就可以让人跨越重洋面对面对话了，加上个望远镜画蛇添足不说，甚至还有欺诈的嫌疑。

一个发明的过程大概可以分解为意愿、手段与结果三个阶段。该发明的意愿是让人们能够从伦敦眺望纽约，实用与否且不论，这个想法无疑非常新颖。而实现这个意愿的手段很多，卫星、太空折射、遥感等等也许都能达到目的，发明家选择了古老的望远镜加上实时图像传输技术，也不失为一种可行方案。结果有的人觉得很好玩，有的人却觉得被骗了，似乎产生了分歧。感觉被骗的人当然都具备基本物理常识，知道望远镜只是个挂羊头卖狗肉的摆设。那么，发明家为什么要选择望远镜，而不是一个大屏幕来完成这项工作呢？其实，精髓恰好在望远镜上，与其说这是一个发明，不如说这是一个艺术品。借用胡塞尔的现象学理论来说，即对望远镜进行了本质还原，剥离了望远镜诸多的功用色彩和光学原理，只保留了望远镜在认识论上的观念直观。事实上，射电望远镜之类的天文观察工具，早已远离了传统望远镜的运作方法，却仍被冠以望远之名。伦敦—纽约之间的"视频望远镜"，自然也是名副其实的。

功利和艺术，只有一小步距离，却在人类历史上连绵不断地拉锯。譬如闹钟，叫醒是它最基本的功能，而人们在昏昏沉沉的状态下很容易下意识地关掉它继续倒头大睡。于是，发明家们给出各种古怪精灵的设计，让人看到就见猎心喜又不免叶公好龙，这些新奇发明里有带着两个大轮子会躲藏到卧室各个角落的，有头顶螺旋桨飞来飞去的，有模仿特种兵教官不断训斥人的，有形状像手雷爆炸声惊人的，等等，似乎一个闹钟可以结合所有的高科技成果。而细细想来，衣服、食物、建筑、汽车，又有哪一样不是随着社会的发展而求新求变呢？功利化的生活只有一种，艺术化的生活却千姿百态，然而，不论如何艺术化，人们在不经意间又会回到功利的原点。最功利的也是最艺术的，同样，最艺术的也是最功利的，所有一切，都昭示着存在的纯粹和走向存在之路的艰辛。

另一个有趣的例子，就是键盘的字母布局。据说，当初打字机的发明者为了避免打字速度过快带来的机械故障，特意设计了QWERTY这样分散的字母布局，以降低使用者的打字速度。这在当时只是权宜之计，却从19世纪一直流传到电脑时代，看上去竟已固化为传统。最不合理的方式以最功利的姿态保留下来，本可以成为今天讨论标准、教育以及投入产出的一个活化石般的案例，却几乎无人关注。蜈蚣千足，当它思考自己走路时先迈出的是哪条腿的时候，突然不会走路了。人类显然比蜈蚣聪明得多，一部分聪明人认为难得糊涂，而另一部分聪明人则渴望着全知全能。人们的追求总在两个极端，而现实的生活却往往是中庸之道。也许，这正是存在的真谛，所谓发明，无非就是创造世界上不曾有过的存在。发明依靠理性，更依赖人对自身渴望与追求的直观和洞察。嘲笑从伦敦眺望纽约的人与享受从伦敦眺望纽约的人，都是艺术家乔治的实验品。从这个意义上看，艺术的本质更倾向于实验，而功利的本质反而更倾向于人的本能，这是个悖论，与存在无关。

讲故事 2.0

同一个故事，不一样的讲法，就变成了不同的故事，具有了不同的娱乐效果和价值意义。企鹅图书公司最近开展了一系列"我们讲故事"的新书推广，每周用不同的方式对一部经典名著重新编排。英国侦探小说作家查尔斯·卡明在这个项目中出版了《21级台阶》，重新编写了一战前约翰·巴肯的经典惊悚小说《39级台阶》。小说依然保留了可供阅读的文字，同时用超链接形式将故事布置到了谷歌地图上，点击文本中五颜六色的小圆圈，就能看到主人公从伦敦圣潘克勒斯火车站迅速前往希思罗机场，然后转道去爱丁堡的过程。立体而动态地讲故事，无疑让读者有了别样的体验。故事的情节、线索、冲突和高潮都保持不变，而地图中本来没有故事的场所成为凶杀与侦探的发生地，究竟是扩展了想像，还是限制了想像，谁也说不清。而当我们甚至改变了讲故事的对象时，一切和往常更会有所不同。

美国宇航局资助了怀俄明大学杰弗里·洛克伍德教授开设的一个创意写作班，据说这是世界上第一个征集创造性写手为潜在的宇宙对话进行写作的研讨班，成员来自各个专业。非营利性机构搜寻地外文明研究所《星际信息》编辑部主任维克奇说："或许明天就有可能发生，我们必须做好准备，决定如何回复。"他认为只由专门研究人员来决定是否以及如何与外星人对话是不合适的，应该让尽可能多的人参与其中，而且应该"先由作家牵头。因为他们的本职工作就是如何表达人类的状况。"多年来，人们往太空中发送了大量信息，期待着有一天能够被地外文明接收到，音乐、图画以及一些规律性的电波，无一不石沉大海。洛克伍德给学员布置作业，要求他们用 250 个单词，然后是 50 个，最后是 10 个单词概括人类状况，学员们的作品有隐语式的诗歌，"我们是青春期的生灵，找寻着我们的同类"，也有直白的生理描写，"两只手臂，双腿，头，躯干，对称"。

遗憾的是能讲的内容其实都已经被浩如烟海的典籍讲得差不多了，虽然名为"星际信息作文"，就学员们的能力而言，似乎也不太可能超越那些巨人般的哲学家与文学巨匠。不过学员们依然乐此不疲，因为他们肩负起了一般言说者所不具备的神圣使命。教授本人倒是很幽默，他的总结陈辞是，"在某种意义上，所有的作品都是为地外生命而创作的"。这样，他们所做的思考与尝试自然就等同于历史上伟大的人类所曾经进行过的思考与尝试了。

所有的作品只是一种存在，而观察存在的视角却可以多种多样。英国摄影师尼克·威斯的作品集《X光：看穿你周围的世界》很有趣，据说，他曾经为了找出10万英镑的可乐拉环大奖而迷上了X光下的世界，而今，他组建的非常规摄影公司有很多的客户，足以弥补他没有找到大奖拉环的遗憾。尼克的摄影很艺术也很另类，它不再是医院里那些阴森森的骨科底片，充满了想像力和奇异的色彩，很多人认为这些作品是后期制作的成果，但尼克每次都全副武装地穿上防化服，很职业地开展着这个很有前途的工作。想像力和坚持，是讲故事不变的法则。故事永恒，而技巧常新，只要喋喋不休地讲下去，总不会缺少听众与读者。当凤凰号降落在火星之上，很多人看到幻灯片惊呼，这不就是飞碟吗？是的，故事里的飞碟正是凤凰号的模板，我们想像着为外星人讲故事的同时，我们也许正在倾听外星人为我们讲述的故事。进入2.0版的讲故事，讲不再重要，故事也无所谓，说者与听者，还有故事中的角色，逐渐掩盖了故事的实质，讲故事变成一种现实或虚拟的互动游戏，可以一直变化多端地玩下去。

无面人与无名氏

刚结束的温网公开赛上，神秘的无面人衣冠楚楚"面无表情"地羼杂在激动的人群中观看比赛。据《每日邮报》报道，无面人高调出席众多社交场合，用高科技的面膜遮挡住五官，而眼部有细微的小孔供他们观察环境。这些人是行为艺术家、广告策划人、抗议者，还是躲避狗仔队的明星？民众对此猜疑纷纭。有人信誓旦旦地宣称这帮神秘人是即将举办的英国国际车展的推销员，也有人不屑地认为无非是群哗众取宠的英国病人，甚至有人认为他们是外星人，还有支持者与追随者在博客上表示："可以肯定的是，他们绝对不是行走在大街上的普通人。如果他们这样做的目的仅仅是为了躲避狗仔队的镜头，并以这种方式表示对记者们的抗议，那么我发誓，我绝对会支持他们所参加的每项活动。其实，不管他们出于什么目的，我都希望自己能够加入进来，因为这样在今年的万圣节上我就有新的道具了。"

这套行头造价不菲，放到武侠小说里，也可以比拟黄药师的人皮面具，而非蒙面小贼的套头丝袜。文学史与艺术史上隐姓埋名改头换面的形象不少，细细琢磨，这些无面人颇有几分符号学与类型学意义。大仲马的铁面人、雨果的笑面人，可谓经典。无论铁面人的真实身份是谁，是法皇路易的生父或双胞胎，是流亡的英皇查理，还是干脆如电影里假设的，是宫廷政变中被暗算的法皇本人，一旦露面必将引发惊天政变的猜测始终可以满足人们膨胀的好奇心。睿智如伏尔泰也仅仅存有理性之质疑，宁愿相信民间传闻，"这个囚犯毫无疑问是个非常重要的人物，但他被送往圣玛格丽特岛时，欧洲并无重要人物失踪。"雨果之笑面人则是被命运奴役的小丑，永远只能展示一张变形的笑脸，去取悦观众，笑面人"格温普兰是神灵赐给人类的一件消除烦闷的礼物。是什么神灵呢？是魔鬼还是天主？我们对这问题不必加以答复。"无面人既非铁面人，亦非笑面人，既没有权力高压下那种窒息般的绝望，也没有利欲社会任人摆布的挣扎，那么，无面人究竟象征着什么，具有什么样的符号学意义呢？

原始部族的巫舞应是面具的最初来源，汉字中的"鬼"便是一个头戴面具的象形，人们以此来扮演神灵或祖先进行祈祷，而且中外均有容貌俊美的将军头戴狰狞的青铜面具上阵杀敌的传说。在那个时候，面具是人们获取自然力量的一种方式，着眼点在于威严。此类标记的象征意义逐渐被服饰所取代，面孔恢复为身份识别而非地位识别的外在标志，蒙面人系列粉墨登场。从罗宾汉到佐罗，身份转换的脉络开始成为艺术创造的动力。罗宾汉还可以说是一个单纯劫富济贫的侠盗，佐罗则已成为随时转换身份除暴安良的守护神化身。超人、蜘蛛侠的创意都可以说来自佐罗，只不过英雄的源初身份从贵族变成了平民百姓而已。蒙面人系列所昭示的是突破现世困境的一种努力，面具是人们改变现实身份的一种方式，着眼点在于化身，几种不同的身份都是明晰而确定的，这有点类似佛之化身万千。无面人究竟是如"鬼"般的仪式，还是佐罗般的身份穿越？各有几分相似，又各有几分不同。

倘使无面人是汽车推销员，他们的意义类似于笑面人；倘使无面人是艺术家与抗议者，他们的功效类似于铁面人；倘使无面人是躲避狗仔队的明星，那么就是名利场上的佐罗；而倘使无面人是外星人，那么就是外星人。寻求无面人的意义，似乎与这群人原始的身份密切相关。不过，与其追根溯源，不如看作一场假面舞会，当代社会对哲学最大的贡献是消解意义，无面人只是一个偶然的存在，没有原因，也没有目的，恰好，有这么一种面具，恰好，有这么一种心情，恰好，有这么一块场地，恰好，有这么一群观众，恰好，有这么多无聊的媒体。于是，无面人成为我们的玩具，腻味以后便一脚踢开。

醋溜三国

新浪著名博主萨苏介绍了东京千代田区的一份报纸《三国志新闻》，颇有意思。这份报纸的创意在于另类的穿越，派出战地记者奔赴三国时代，以现代新闻手段报道三国历史。譬如第47期"赤壁之战"特刊有《长镜头——东吴老将黄盖意欲降曹？》一文，"208年12月赤壁电，据可靠情报，吴国老将、丹阳都尉黄盖目前已经与曹营取得联系，有投诚意向……"紧接着便有一期号外，主题是《20万曹军在赤壁全军覆没》，内容包括《联军火攻计成功，曹操平定江南计划中止》、《丞相曹操九死一生脱出险地》、《间谍黄盖回归本阵》等等，甚至还包括一大串"未经证实的谣传"，如"在野党军师庞统据传引诱曹军连舟"，"黄盖被打是苦肉计"，"诸葛亮祭天取得东风"，等等。号外上还有一篇编辑部的道歉启事："《三国志新闻》上一期刊登了《长镜头——东吴老将黄盖意欲降曹？》一文，经核实纯属谣言，特此更正。这篇报道给曹操丞相阁下的官兵带来若干不良影响，本报特此郑重致歉……"

除了紧锣密鼓、热闹非凡的火线速报外，关于大乔、小乔和蔡文姬的八卦亦有不少，军事评论家也粉墨登场，化名马修和申示龙的两位评论家便发表了针锋相对的文章，一挺曹军一挺联军，各自振振有辞。对三国稔熟于胸的历史迷和军事迷们，甚至还能在报纸上发现古朴的两军态势图和火烧战船的照片，一段历史以当代的方式鲜活地呈现出来。这份报纸一共发行了100多期，最后装订成册，成为了一本畅销书，不少日本人表示，他们因此对三国有了真正的了解，可见该报在史实考据上还是颇下了一番功夫，并非流行的大话、戏说，而是采用了一种有趣的新形式，可谓新瓶装老酒。与此类似，中国的大片《赤壁》在历史考据上也颇下了一番功夫，外行看热闹，内行看门道，引用《赤壁》小说作者史杰鹏博客上的一段话可见一斑,"曹操给孙权的信,写在竹简上的字体,和出土汉简很相似;小乔和张飞的字如同东汉碑刻,这些都是不错的细节。"当然,他也指出了电影中更多被人诟病的细节,人们认知中的历史的真实其实是一种真实感,它建立在知识、教育和时代氛围上,也许诸葛亮摇着羽毛扇追求"冷静"比汉隶更容易虚构,但竹简上出现楷书的荒谬却更难被人识别。

四大名著流传至今,生命力绵延不绝,如果将之比作母体,那么,续书、戏曲、评书、连环画、漫画、游戏、电视剧、电影便是隐含其基因的子孙。形式可以多到不可胜数,忠于原著并非还原原著,更体现在基于原著的创新。《三国志新闻》让人觉得颇有创意,可能跟三国游戏风靡有关,而三国游戏的兴旺程度远远超过基于其他几部著作改编的游戏,这似乎跟三国属于历史战争类小说有关,各种类型游戏所需要的人物、背景、策略以及任务,三国中应有尽有。红楼的语言则充分展现了文人小说的风采,新近引发争议的新红楼定妆照被一些网友利用红楼原著进行了充分娱乐,倒是洋溢着红楼语言的风雅。从几十则中略举一例,第四十九回"琉璃世界白雪红梅,脂粉香娃割腥啖膻"中,"晴雯等早去瞧了一遍回来,嵝嵝笑向袭人道:你快瞧瞧去!大太太的一个侄女儿,宝姑娘的一个妹妹,大奶奶两个妹妹,倒像一把子四根水葱儿。"被网友恶搞成了,"晴雯等早去瞧了一遍回来,嘻嘻笑向袭人道:你快瞧瞧去!一个小青版寡妇黛玉,一个白素贞版寡妇宝钗,加上一个马道婆版幽灵妙玉,一个西门庆版阳光宝玉,倒像一把子四根葱。"

注重史实,注重语言,注重心理,注重大旨,注重审美,抑或注重当下情趣,一部文学作品的基因究竟包含哪些部分,它自身有着什么样的生命逻辑,是基于这部文学作品的其他创作应该探究的深层因素。水煮三国已有,编排出醋溜三国未尝不可,只是过桥红楼,红焖水浒,白斩西游,食料固然是好,烹调不得法,乱炖一通,只怕也入不得口。诚然,众口难调,但厨子只可以此自省,不可以此自许。

财富避难所

　　养身、理财和育儿常出现很多畅销书，在这些方面，似乎没有什么永恒的东西，随着时代的变化，总是具有最大的不确定性。彭祖延年有术，卓王孙生财有道，孟母教子有方，可惜不能照方抓药，即使他们现身说法，由于其生存环境、经济基础与人际关系都与每个人面临的状况迥然不同，靠着名气拿到演讲酬金后会不会被骂成骗子，真不好说。知识和财富随着积累和分工的爆炸式增长，令人望洋兴叹，倘使竞争对手是所有那些青史留名的人，每个活在当下的幸运儿恐怕需要付出更多的努力。所幸的是，人的生命有限，斯人已逝，大多数竞争对手往往是碌碌之辈，所以每个时代的领先者都可以游刃有余，这也是时空局限肉体的同时给予活着的人的最大福利。

　　人的学习能力是有限的，人的创造能力却是无限的。所学所思到一定程度，会逐步陷入虚无，会去直面那些近乎公理的最简单的问题，或置疑，或无计可施。为了避免这种情况，有很多现实的琐碎需要去面对，一个个解决起来也大有成就感。而思考建立在学习基础之上，每个学科浩如烟海的知识积累给人的无力感却足以让人消磨斗志。所以解决问题最大限度地激发了人的创造力，越到现代，人们对"用"的关注度就越高，学是永恒，学以致用比全知全能更适合作为一个有限的人的自尊。本来试图梳理一下经济学史再来讨论关于财富的问题，随手翻看了几份书单，高山仰止之余，暗想，无论亚当·斯密、马克思，还是凯恩斯、李嘉图，他们都是在解决各自面对的问题，虽然给出了答案，但知识性的答案和现成的操作手册显然不是一回事。吃快餐、看指南、听讲坛是现代人的生活方式，面对生活和知识的压力，与其相信智慧，不如相信来之能战的创造力。

　　据报道，有超过300个资产在1亿英镑以上的超级富豪在伦敦开设了理财机构，对家族的财产进行保值增值。家族机构不仅负责投资和事务，还包揽了家族成员的教育、安全和房产购置等事务，甚至还要为家族管理游艇和聘请法律顾问。过去，这些拥有财富的家族通过私人银行、对冲基金和资产管理公司来保证财富的增值，现在，他们亲自上阵了。另据日本《产经新闻》报道，日本内阁近日公布的"国民生活舆论调查"结果显示，36%的日本人认为今后的生活将会变得糟糕。财富的积累和知识的积累似乎不一样，尽管很多专家都解释过美国的次贷危机和日本的经济衰退是怎么回事，但不管富翁还是穷人都很难明白财富怎么会突然消失，除非他把经济学史研究得一清二楚。

金融和福利是"高端"经济。有资料显示，美国金融服务部门在 GDP 中的占比早在 1990 年代中期就已超过制造业，到 2007 年，金融服务部门所创造的利润甚至已占到全美公司利润的 40%。因此，曾经流行的一个段子是，一位国际投行的职员在领取了 50 万英镑的年终奖金之后，不屑地说，"这哪里是奖金，这简直是小费！"当然，随着华尔街的失业率上升，金融作为一个整体行业的无力感也在上升，不过猎头们正好可以将那些踌躇满志的精英们推荐给伦敦的家族机构，这倒是回归了经济意为"管家"的希腊词源。福利则带有几分经世济民的中译色彩，分工和交换带来生产效率的极大提高，保障分工和交换的顺畅进行自然而然就可以保证福利之基础，时下流行的效率和公平的博弈无非是探讨福利的最低限度而已。富翁们开设家族金融机构，老百姓担心今后的生活会变得糟糕，财富的目的决定了财富的存在方式。

金融是财富积累目前看起来最有效的工具，而福利则是财富积累的最终目的。财富积累得越多，人们就可以工作得越少，休息得越多。这个看起来比较合理的解释唯一不太合理之处在于规定了人生的追求。不过好逸恶劳、趋利避害难道不是人的理性追求吗？财富暂时躲入了它的避难所，那就是时间容器，这个巧妙的设计可以让我们理解时间就是金钱非同寻常的学术意义。但时间不是知识，"知识就是财富"中的财富如果等值于前述财富的话，那只是意味着知识可以缩短财富积累的时间而已。换个公理，也许一切会大不相同。

真相止于智者

"如果你付了金枪鱼的钱却吃到罗非鱼，我认为你会想知道这一情况。"纽约圣三一学校女中学生施特克尔如是说。据路透社报道，施特克尔的父亲马克博士从事DNA条形码技术研究，一天晚上她在寿司店就餐时问父亲，"能用DNA条形码技术鉴别生鱼片吗？"马克鼓励她，"我认为可以试一下，如果做成这件事，我认为你将加入先行者行列。"于是施特克尔和她的同伴斯特劳斯开始了这项工作。题外话，美国中学生的这种社会实践成绩可以与中国学生的高考分数相媲美，想上好大学，参加各种各样的课外活动也快成为一种沉重的负担了。通过简单的取样和检测，在专业人员的帮助下，实验顺利完成，而结果却颇让人吃惊，总共56种样品，竟有14种贴错标签，大多是以次充好，但也有把濒危鱼种当作普通鱼来卖的。这大大小小也算是个丑闻吧，那些餐馆和商店做梦都没想到会被中学生的一个小游戏戳穿了生财之道。

依稀记得前些日子见过一则类似的新闻，肉铺老板和家庭主妇争执不下，要用DNA技术鉴定卖的是牛肉还是猪肉。网友评论说，下锅，煮熟，一吃便知。但对数十种生鱼片较起真来，一吃便知恐怕有难度。DNA技术终于从刑事鉴定到亲子鉴定再走向寻常百姓家了。立刻想到，以后家庭主妇出门，在弹簧秤之外，大可装备一个DNA条码扫描仪，跟验钞机类似。广告可以这么来打，弹簧秤、验钞机、条码仪——珍爱生命，远离假货。也许，杜绝鱼目混珠、以假乱真、偷梁换柱是人们简单的期望。另一则路透社新闻报道，英国伯明翰市城市宣传册上赫然刊登着美国亚拉巴马州伯明翰市政府办公大楼的照片，相关官员不打算收回成品，并解释道，"我们承认用错了照片，但宣传册中的文字内容是完全正确无误的。推广我们的绿色理念才是最重要的。"这种李代桃僵、指鹿为马、张冠李戴的错误，自然也是贻笑大方的。

似乎一切都跟真相有关。假作真时真亦假，是《红楼梦》中一句脍炙人口的箴言；狸猫换太子，真金不怕火炼，真人不露相，等等，是民间形形色色的关于真相的描述；而三段论，真值表，蕴涵，预设，等等，则是逻辑学和语义学对"真"的常规理论阐释。不过，最值得咂摸品味的，却是日常生活信以为真的状态。英国研究人员通过实验发现"啤酒眼"的存在，即人们喝酒后会感觉身边的人更有吸引力。采用的是常规的双盲法，布里斯托尔大学实验心理学家马库斯·穆奈弗说，喝酒后，实验对象给其他人外表的打分增加了百分之十。随着现代医学、心理学等学科把目光关注到日常经验，很多习以为常的事实开始有了科学解释。而真相，依旧扑朔迷离。有"眼见为实，耳听为虚"，也有"事实背后的真相"，事实是一种观察结果，而真相源于观察，又高于观察，是建立在观察结果之上的采信。能够描述观察结果的无非图片、数据和语言等符号化的工具，人们倾向于相信图片和数据，而怀疑语言，至于人心，那更是靠不住之至。

"有图有真相"一度是互联网上掷地有声的话语，但 PS 的盛行很快打击了图片派，"翠花，上视频"，也许很快将不再具备说服力。为什么会相信，什么情况下会相信；为什么会怀疑，什么情况下会怀疑。这是个有趣的研究课题。对于真相的追求，常人依靠说不清道不明的经验，学者依靠缜密的逻辑与推理，一旦继续追问下去，都会以某种程度的"信"作为基石。"真"是一种事实与逻辑的综合判断，"信"则涉及价值判断。而事实、逻辑与价值，却又纠缠甚紧，难解难分。于是，不辨别真假，只判断利弊，便成为简单生活的不二法门，毕竟利弊是相对多元而且辨证统一的。用 DNA 技术鉴别生鱼片既可以广见闻、添娱乐，亦可以引以为戒。对于料理爱好者，价格、口感、营养以及色香味形，哪一项也许都比真相更为重要。真相止于智者，因为真相无利无弊。真相面前，难得糊涂，可以避免很多的痛苦和麻烦。你真的想知道吗？当人心不足之际，让事实说话，足矣。

时间死了

"我们将进入物理学的全新领域。9月10日是一个非常重要的里程碑。"欧洲核子研究中心将首批质子导入瑞士和法国边境地下100米深处长达20多公里的环形隧道，正式启动了举世瞩目的粒子对撞机。实验目的是寻找"上帝粒子"、暗物质等理论物理学关注的最终拼图，并模拟宇宙大爆炸，揭开创世之谜。针对一些担忧"黑洞"、"奇异粒子"等不可知危险而提出诉讼的反对人士，英国《卫报》发表评论文章称，"如果将零风险作为一切科学研究的前提条件，英雄将很难诞生，而我们也不可能取得任何成就。"所有期待的目光和杞人忧天其实都是这个大型实验的组成部分，学者们的笔墨官司不可能阻止这个耗资数十亿美元的工程的进展，来自80多个国家和地区的数千名科学家和工程师保证着这项工程的顺利进行，不可知在历史上从来阻挡不了人类的好奇心，几十年未能有所进步的粒子物理学正在翘首以盼最新的实验成果。

与此同时，华尔街的金融危机一步步升级，雷曼兄弟申请破产保护的最新消息造就了又一个黑色星期一。拥有158年历史的金融巨头轰然倒下，没有人愿意相信这一切的发生，美国实体经济仍然保持良好，但金融隐隐然大厦将倾。很多人把虚拟经济归因于信心，诸多经济理论验证历史数据的同时给予人们预测未来的能力。整个经济系统庞大无绪，但仍不失可控性，政府如同大脑，参与经济活动的诸单元如同四肢百骸五脏六腑，信心存在于每个人心中，因为人类无法放弃自我。最坚实的基础来自历史与记忆，资本与市场中存在着上帝之手，也看得到每个人为了生存或贪婪而伸出的无力或有力的手。正是这些有形无形的力量给予我们信心。现在，怀疑的幽灵游荡在资本市场上，绝望，离我们还很遥远。

100多年前，尼采"一声断喝——上帝死了"震撼了欧洲。重估一切价值的同时，尼采的大铁锤砸碎了一切价值，这个思想史上最大的对撞机造成的影响延续至今，似乎还没能观察到价值重建的开始。粒子对撞机与金融危机的出现，从自然与社会两个方向上暗含了一种可能性，时间死了！作为束缚肉身的重要因素之一，时间在粒子撞击中可能成为一个观察对象而不再是观察标准，而在社会发展中拒绝为向未来索取财富的金融工具提供担保。时间死了，如果时间真的死了，那么，意义可以等同于上帝死了。人类一直信任历史、享受当下而憧憬未来，组成历史、当下与未来的物质性要素便束缚着每个人的肉体，这个矢量箭头标记着信心和希望，给予存在以价值和意义，不可死也不能死。这并非某些宇宙理论所预言的坍塌，正如上帝死了仍继续存在，时间死了同样在继续。唯一的区别在于，上帝和时间不再是人类可以依托的坚实的基础，是因此而自由还是因此而堕落，考验着每个人自我的选择。

时间死了，意味着历史和未来都不是避风港。信心和希望凝固成化石，末日也不再存在，具有时间感的词汇多到无法避免，每个词都需要重新定义。关于时间机器的传说与努力，曾经被物理学家用逻辑方式进行了归谬：假如时间机器可能存在，那么，未来的人类一定已经拜访过我们。上帝死了，我们依旧维系着世界的平衡；时间死了，价值体系同样不会湮灭。这不是信心或信仰的作用，而是精神和肉身固有核心的显现。观照、洞明、控制、释放、创造等等，这些词变得更加重要。时间不再是绝对控制者，人们可以尝试着和时间隔离。正如将上帝对象化部分地解放了人类的精神世界，把时间对象化意味着部分地解放了肉身，问题直接砸到我们自己头上，不可能留给子孙后代，也不可能从历史中找到安慰。时间死了，未来并未消亡，只不过历史不再能向未来索取什么，存在于此，限制欲望而又解放欲望。人类在矛盾中接近了存在的核心，那些不变的永恒之思，在物理碰撞和金融震荡中一点点显现出来。

行动不如心动

近来焦点和热点新闻很多,也许我们已经忘掉了一份红极一时的招聘启事。英国南极科考站在其网站上招聘水暖工一名,年薪22000英镑。广告写道:"身体健康,适应工作环境,有管道通风系统、集中供暖散热器和低压燃油锅炉维护及保养经验者可优先考虑。除此之外,如果你厨艺也不错,被录取的可能性会更大。"为了吸引人报名,招聘启事中还附加了一些说明,受聘者食宿全免,无处花钱,可享受南极美景,不受垃圾邮件困扰,将很快成为滑雪高手等等。科考站人力资源官员对《卫报》记者讲,"这是个令人感兴趣的机会。你能在别处找到周围是企鹅、海豹和冰山的工作吗?"

年薪22000英镑,换算成人民币还算诱人,不过却低于英国居民平均收入水平。这是一则很不起眼的信息,却一度占据了各大新闻媒体的版面,BBC和《卫报》进行了专访,国内大多数报纸和网站都有转载,更重要的是,但凡看到的人心中总会激起几分涟漪。绝对不是钱的诱惑,谷歌十周年庆的网站上推出了一个主题活动,据说是悬赏1000万美元征集全世界的创意。从媒体报道上看到它设计了一个专门用于提交创意的平台,并打算邀请专家评选入围作品,最后由网友投票产生优胜者,提交截止日期是10月20日,到2009年1月27日揭晓最终结果。谷歌产品推广经理在CNN宣布这一计划时说:"我们一点限制都不想设,我们希望得到各个领域的奇思妙想,任何地方都可能产生好点子。"一个名为"河马水滚筒"的小发明被当作了例子,这是一个能装90升水的桶状塑料容器,两头装有把手,可以放倒在地上推着走,用来运水十分省力,在非洲一些缺水的边远地区十分有用。

很多人认为谷歌这个活动的创意本身就应该获大奖,理由是1000万美元对其能吸引到的创意来说物超所值,而且奖金似乎还不是发给个人,而是作为投资，发言人甚至说，优胜者会因为了解到自己的想法能够真正帮助很多人而获得巨大的满足。这看起来像是个骗局，其实还真有些冤枉，谷歌确实想帮助那些"能够成就大事业的好点子"，但它自己也很清楚，除了品牌推广的效果外，这无非就是一个摸彩活动而已。从理论上讲，任何一只猴子只要不停地敲键盘，就可以创造出所有的文学作品与科学创意，但想要鉴定这里边什么是有价值的，才是最有价值的部分。"Those who help the most win."这句广告语，在谷歌十年庆的中文网站上的翻译略输文采，"希望那些能给最多数人带来帮助的想法将胜出"，不得不让人感慨翻译之难。1000万美元换来了很好的娱乐效果，也吸引了足够的眼球；在欧洲各国政府警惕性排行榜上一路飘红的谷歌，却用小小的文字游戏，指出了未来庞大的帝国舰队行驶的方向。

联想到最近《大西洋》杂志上一篇文章"谷歌在让我们变傻吗"，《纽约时报》很认真地反驳道："在人类发展史上，文字、印刷、计算机和谷歌搜索只会让我们的思考和沟通变得更加方便。"的确，技术不会让我们变傻，正如媒体也从不试图欺骗与控制人类一样。触动和行动只隔一小步，却是人类的一大步，冲动也许是二者之间最好的粘合剂，还有激动、感动、震动、悸动等可以作为调料。最关键的问题在于，除了"动"，我们已经丧失了很多前端的思考。

虽然只有2008年的南极科考站水暖工招聘惊动了全世界，但在BBC网站的某个角落里还保留着2003年南极科考站招聘水暖工的消息，2005年英国南极科考站更是公开招聘水暖工、电工和木匠，而且特别要求是女性。澳大利亚南极科考网站上还有着Patrick Brennan和Josen Ahrens二人分别于2003和2007年赴南极担任水暖工的生活自述。公开的招聘总会有人入选，公开的悬赏也总会有人中奖，吸引眼球的是南极和谷歌，不是应聘者与参与者。踏上南极的水暖工Brennan，会因为"感觉陷入催眠和失语状态"而期待着返回悉尼的那天，而对于谷歌还未评选出的点子大王，等待他的必将是正常而无趣的商业流程。唯一能够得出的结论是：南极确实需要水暖工，谷歌并不是真的缺少点子，而平凡人只能靠着一点点的心动，维持梦想与现实之间脆弱的距离。

套中套

英国教育体系中有"儿童活动组织者"一类志愿者，近年来出现了严重的人才短缺。与此同时，英国"儿童协会"进行的调查显示，一个9岁女孩被允许的家庭外活动范围由1970年的840米降低到1997年的280米，到今天，则基本以自家花园的栅栏为界。种种迹象可以用一个新词来表达，即cotton-wool kids（棉花套儿童），《泰晤士报》曾以此为题发表过一篇专栏文章，从专家的视角表达了适度的忧虑。文中数据表明，三十多年来，因交通事故不幸身亡的儿童减少了很多，而因恶性犯罪死去的小孩并未增加，但现在的父母明显要比过去更加担心自己的孩子。

"担心孩子在交通事故中受伤；担心他们在游泳池里溺水；担心他们在街上闲逛时被人抢劫或者有人兜售毒品；担心他们成为恋童癖者的目标。"心理学家认为并非过去的家长缺少爱，其实他们已经作好与风险共存的准备，而今天的家长则希望尽可能减少风险。于是，过度保护便成为流行，这严重影响了成人和儿童的关系，因为成人担心即使靠近孩子都可能惹来麻烦，更不用说组织活动这样一些隐含着不可预知风险的亲密接触了。这令人想起100多年前契诃夫的《套中人》，"的确，我们埋葬了别利科夫，可是还有多少这类套中人留在世上，而且将来还会有多少套中人啊！"契诃夫似乎做出了一个准确的预言。

可千万别出什么乱子！别利科夫的口头禅无疑是政府、家长和教育者共同的心愿。但这个世界总免不了乱子，所谓保护弱小的措施往往是逃避责任的权宜之计。食物、安全与人际交往是肉体发育与精神成熟的必要条件，这也是马斯洛所描述的人类需求金字塔。原始人为了猎食，可以冒生命危险；现代人自然可以为了安全，而损害正常的社交。一切看起来无比合理，却带来大众的焦虑与担忧。当需求转化为欲望的时候，无限膨胀引发的极端化会导致敏感与多疑，诸多现代病正是由此而生。任何一种选择都有代价，但任何社会选择的代价放到个体身上都会过于残酷。民主暴政和群体盲目往往相生相伴，当一切以利益和欲望作为参照物的时候，谁也逃不掉被装进套子的命运。

每个人都受到了惩罚，这倒隐隐然契合了原罪理论。政府被指摘，家长在担忧，教育者抱怨不断，但为了孩子，所有的付出都是值得的，因为儿童是未来。而换个角度来看，政府恪尽职守，家长小心呵护，教育者兢兢业业，却给不了孩子们一个天真自然的童年。在一个成熟的社会中，做大家都在做的事情也许便是安全的最佳定义，所以抱怨归抱怨，该采取的措施一条也少不得。显然，安全的数据并没有恶化，只是安全感的要求大幅度提升了而已。但如果只是希望孩子们没有生命危险，这难道不是最低程度的要求吗？其实未必，绝对没有生命危险的环境本不存在，而正常环境下，生命基本上还是有保障的。安全感如同幸福感，微妙而难以琢磨。小概率事件中，当用买彩票的心理去对待灾难的时候，面临的恰好是一场灾难。

大众都是沙丁鱼，在鲶鱼的刺激下四处游动，反而得以存活。问题是，沙丁鱼被渔夫装上闷罐车之前，虽然性喜安静，追求平稳，却并没有集体生命之忧。然而，30年前的沙丁鱼们真的生活在大海中吗？今天的鲶鱼又是谁？缺少鲶鱼便会集体窒息的环境，一定不是真正的生存环境。不过，棉花套里的孩子倒用不着去担心他们的未来，需要担心的是政府、家长和教育者，真正存在心理问题的是他们。物极必反，社会学家眼中脆弱的零零后，他们长大之后的勇敢和坚强会远远超过今天的臆测。套中人对成为"堕入情网的安特罗波斯"充满了恐惧与排斥，而被套中人束缚的年轻人则充满了自由的想像。当教育成为规定生活方式和行为规范的工具的时候，越琐碎，越无聊，培养出来的下一代反而越会充满了活力。当然，这只意味着这一代人的失败，并不一定意味着下一代人的成功。因为，过多关注肉身安全的教育模式，自然会忽视启蒙灵魂的根本任务，下一代的反叛，依旧是沙丁鱼似的反叛。套中还有套，要解开所有的束缚，首先还是得解开自我的束缚。

老鼠与高科技

纽约的老鼠早已是个传说或现象。虽然迪斯尼、好莱坞一贯将老鼠卡哇伊化，创造出米老鼠和杰瑞这类经典童星，但老鼠依旧肆虐在漆黑的下水道网络中，偶尔招摇过世，2007年便曾在一家肯德基店扮演过恐怖片主角。当然，传说多半是以讹传讹，纽约市政府对此进行了必要的澄清——误解：纽约市的老鼠有猫那么大；事实：本市大多数老鼠体重不超过一磅。老鼠受惊时，身上的毛会耸立，借此吓走敌人，这时比平时看上去大。误解："老鼠巢穴"位于下水道和地下信道系统；事实：纽约市下水道和地下信道只有少量老鼠生存。大多数老鼠住在地面或地下室的鼠穴中。误解：城市中的老鼠对毒药有"免疫"能力；事实：如今鼠药的效果非常好，当然前提是老鼠必须吃下毒药。如果很容易找到垃圾堆，老鼠就不会吃饵药。误解：纽约市的老鼠不止一种；事实：本市只有挪威鼠，其颜色和大小各异，因为年龄和生活地点不同，市民对这些老鼠冠以不同名称（都市鼠、棕鼠、阴沟鼠、码头鼠、河鼠、巷鼠、家鼠），但其实只有一种鼠类。误解：猫、狗、鹰及其他动物有助于防治城市鼠害；事实：它们偶尔会杀死老鼠，但跟不上老鼠的迅速繁衍速度。只有人类才能消灭老鼠！

这是又一次大规模"家庭灭鼠行动"中下发手册的封底文字，为此，纽约市专门开发了一个"老鼠信息门户"，挂在政府网站下，试图对老鼠展开信息战。门户中包括灭鼠政策、技术措施以及专门结构等，最有趣的一个应用是鼠患地图，市民可以在电子地图上标注老鼠活动信息，看起来像个不错的游戏。其实老鼠是人类研究得最透彻的动物，不过仅限于实验室。2008年8月，英国里丁大学自称"赛伯格"（Cyborg）的科学狂人沃维克教授甚至研制出了鼠脑机器人，由鼠脑切片组成的"多电极矩阵"（MEA）控制机器人的活动，展示神经元的"刺激—反馈"工作原理，观察最原始的生物脑对环境的适应和学习过程。这种志在摆脱肉身局限性的努力迈出了关键的一步，Cyborg 也许可以理解为"人机器"，只有思想属于人，其他都是由思想指挥的机器。但这类技术可能存在一个荒谬的推理，那就是最终发现人体才是终极的适合人脑的完美机器，不仅能实现自我，而且能组织社会，完成文明的进程。

苏格兰坎纳岛历经三年的灭鼠运动于 2008 年 6 月由英国环境大臣宣告成功，不过坎纳岛只有 10 来个居民，本是海鸟的天堂，自从老鼠入侵之后，海鸟数量急剧减少。为了帮助鸟类夺回领地，从 2005 年开始，人们在岛上布下天罗地网，设置 4388 处灭鼠陷阱，使用约 25 吨灭鼠剂，最终取得了胜利。俗话说，投鼠忌器，纽约肯定经不起坎纳岛似的折腾，有研究表明，老鼠是可能在核战争中生存下来的有限的几种生物之一，又何惧一场又一场的灭鼠运动呢？当然，估计纽约老鼠的数量是纽约居民数量的 6 倍之多，倘使用后现代去中心化的手法来追问，还真不好说谁是纽约市的主人。"只有人类才能消灭老鼠"已经蕴涵了所谓鼠患的最大危机，因为并非只有人类才能消灭老鼠，而是只有人类才需要消灭老鼠。

消灭老鼠的理由充足到无庸列举的程度，做个调查的话，可能"面目可憎，令人作呕"会成为最重要的原因，而破坏家居、影响环境卫生、传播疾病之类反而可以忽略。人们会幻想出可爱得一塌糊涂的老鼠，牺牲在实验室的老鼠也有资格获得人类贡献勋章，唯独纽约老鼠不可饶恕？这不仅仅是个有功有过的文字游戏，没有了老鼠的纽约或地球，未必是一片乐土。也有乐观的纽约人说，有老鼠和臭虫——这才是生活。群体的厌恶感来自长久以来的心理积淀，老鼠撩拨着人类肉体与精神的矛盾，面对老鼠如同面对着永恒或未知。然而，正如无须看三国流眼泪一样，即使是泛动物保护主义者也无须为老鼠担忧，老鼠客观上将与人类社会共存，除非灭鼠成为全世界人唯一的工作。灭鼠也许是取得环境与心理平衡的一种手段，纽约市的手册上图文并茂地描绘了专业灭鼠流程，不过要将鼠药喂到老鼠嘴里的话还是让人莞尔，想起古老的卖臭虫药的和尚。

镜与诗

"魔镜魔镜告诉我,谁是世界上最美的女人?"白雪公主中王后的魔镜已消失,但这句话也许会永垂不朽。工具化的镜子层出不穷,物理学的镜子花样翻新,文学批评和美学的镜子也有扛鼎之作《镜与灯》,镜子这一古老的物与意象,始终在生活与艺术中扮演重要的角色。在实证科学蓬勃发展的启蒙时代,济慈曾经悲哀地认为,"哲学会剪断天使的双翼,以其条条框框征服所有的神秘,拂去闹鬼的空气和土地神的矿藏——拆散了彩虹,因为它曾使性情温柔的莱米亚融化成阴影。"爱伦·坡也诅咒科学,"难道不是你从车上拖下月亮神?难道不是你把树精逐出森林,到一个更快乐的星星上藏身?难道不是你从湖水中揪出水精,从碧绿的草丛中驱走小精灵,并扯破我的夏梦,在罗望子树荫?"《镜与灯》曾在"牛顿的彩虹和诗人的彩虹"一章中引用这些诗,不过其总体是倾向于调和科学和诗歌之间的冲突的。诗人们在论争之后放弃了和科学争夺真实的领域,转而求助于当时科学尚未触及的情感。

如今,科学的触角已无处不在,成为生活中的习以为常,诗人也退得越来越远,完全丧失了浪漫主义的敏感与冲动,只能躲藏在一些阴暗的角落里编织语词的蜘蛛网。镜子,是个很好的隐喻,其两大功能,观察的延伸和审美的外化,济慈所谓的"牛顿谋杀彩虹",正是观察的深入埋葬了审美的感觉。审美是一种恰到好处的观察与共鸣,曾有人患了"显微眼"病症,看到的报纸全是纤维,以这样的观察方式,一幅油画显然会成为大量的色斑,但同样存在必须用放大镜才能享受的微雕艺术,说明借助感官的审美只是需要一个适合的尺寸或其他度量形式的转化。语言或许是另外一种镜像,依赖于人们的想像力来达成共识,而按照科学的思路,想像力无非是多种感官能力的合成,因而诗歌同样可以在科学的尺度下获得足够的生存空间。科学确实未曾破坏审美的核心结构，诗人的退缩，看起来只是舞台聚光灯焦点的变化。

然而，不知不觉中，转折点出现了，自我的认知和群体的认同逐渐变得比启蒙更为重要。三年前接受了世界首例"换脸术"的法国妇女伊莎贝尔·迪诺尔在面对镜子时出现身份认同障碍，她说，"让自己习惯一张陌生的面孔需要花费相当长的时间。这确实是一次特殊的移植手术。"而美国密歇根州46岁的艺术家詹姆斯·库恩则从2008年3月开始计划每天为自己换一张脸，持续365天，他把自己变成猴子、斑马、老鼠、可乐、汉堡、西瓜和冰激凌等，也许是借鉴了京剧的脸谱，那惟妙惟肖的油彩装饰令人叹为观止。也许可以把化妆整容等技术理解为艺术的现实，也可以把行为艺术理解为现实的艺术，镜子在这里边不再是单纯的观察和审美工具，而成为一个与记忆和经验进行比对的参照系。"不知明镜里，何处得秋霜"，浪漫主义的震惊被替换为换脸之痛或换脸之趣。实验证实，能认同镜中幻象为自我的除了人类，只有灵长类以及海豚、大象和喜鹊等少数动物，但有谁能做到天天换脸而自我不昧呢？

经验在沉积，时代在变动，无论把白光折射为彩虹，还是把脸映照其中，人与镜子的关系却始终如一。视觉、情感乃至整个宇宙，都是物质之间的相互作用，甚至灵魂都快要被实验呼之欲出，不仅浪漫主义诗歌无法对抗科学，而后，面对着心灵的贫瘠和野蛮，荷尔德林和阿多诺都曾发出"诗人何为"的慨叹。其实，诗人只是一面镜子，科学也是一面镜子，生活还是一面镜子，自我，既在镜子中，又在镜子外。在任一方向上，人们都可以无限接近自我，却一次又一次陷入目的性悖论，自我总是为了一个目的的同时背离这个目的。目的成为自我的镜像，无论是诗歌、科学，还是生活，都是镜中的自我，而镜子外，人们被欲望、功利等目的性牵引着，慢慢变成舞台上的木偶。并非时代不再需要诗人，如果曾经有过诗人的话，一定是诗人抛弃了这个时代。"魔镜魔镜告诉我，我是谁？"提出这个问题，回答这个问题，证明这个问题，想像这个问题，或是投身于问题之中，都是自我的某种存在方式。直接去做镜中的诗人，便不再会有镜外的迷惘。

问题转换机

记得小时候看科幻小说,常常出现一种会飞的恐龙——翼手龙,后来查看资料,才发现其生存在侏罗纪晚期到白垩纪,而且似乎只是恐龙的近亲,倒很有可能是蝙蝠和鸟类的先祖。不过,在自然课本上,还学到过一种古生物,叫始祖鸟,课本很肯定地写着在达尔文的进化树上始祖鸟就是最原始的鸟类,因为它不仅有翅膀,而且有羽毛。近些年来随着化石的新发现以及先进技术手段的运用,恐龙和鸟类之间的关系变得更加扑朔迷离。《科学》杂志4月份刊登的一项哈佛大学的报告表明,鸟类从霸王龙进化而来获得了分子级的证明;6月份播出的一个纪录片《恐龙复活》则报道了美国蒙大拿州立大学的古生物研究小组,正在通过"基因逆向工程"开启现代鸟类胚胎中沉寂了的遗传密码,从而实现复活恐龙的尝试。

骨骼、羽毛等形态上的相似不再是孤证,肌肉胶原蛋白分子的"研究结果和之前基于骨架相似性的推测不谋而合",而通过病毒制造的基因突变竟能让小鸡长出恐龙的尾巴。看来翼手龙和始祖鸟只是一种命名,并未真正描绘出恐龙与鸟类复杂的关系。非专业人士不仅完全搞不清史前的秘密,甚至对已有的事实都难以用言语解说明了。恐龙是鸟类的祖先大概是学术界的共识,然而不谈这个也罢。近来出现的一则新闻让"先有鸡还是先有蛋"的哲学命题发生了有趣的转化。据美国生活科学网报道,两名加拿大古生物学家表示,他们通过对一个罕见的恐龙巢穴化石的研究,揭开了谜底,因为在恐龙进化成鸟类之前,就开始筑巢产蛋,所以"蛋比鸡更早出现,食肉恐龙产下这些蛋后,鸡才进化出来。"

《泰晤士报》也曾组织过关于这个问题的讨论。基因学专家认为,"动物个体在出生之后,其体内的遗传物质是不会发生变化的。一定是先有蛋中遗传物质的基因突变,才有鸡这个物种出现的可能。"哲学家的回答是,"种瓜得瓜,种豆得豆。说是袋鼠生下的蛋,结果蛋里孵出的却是鸵鸟,那么这枚蛋一定是鸵鸟产的,而不是袋鼠产的。"农场主则说,"第一只鸡出生前,肯定是先有鸡蛋。当然,那些鸡蛋的样子可能和现在的蛋不一样。"人确实是一台问题转换机,各种各样的问题始终存在,人类一直忙着做的事情就是把一个问题转换为另一个问题。对于某个特定的自我,在他的认知世界中,既可能先出现鸡,也可能先出现蛋,倘使我们把这个自我扩大为整体的自我,在人类的认知世界中,问题便可以转换为第一个人视角中的世界秩序。

看来语言哲学问题一点不比史前进化史简单。时间湮灭了的证据,得靠逻辑找寻回来。从能指角度看,鸡蛋乃至鸭蛋,都是在鸡被命名之后出现。以人为观察者,究竟是先命名了鸡还是先命名了蛋,也许是个偶然的现象。而无论鸡还是蛋的所指,都先于人类而存在,实际上人们关心的是一个先天的时间秩序,可以称之为上帝的逻辑。如此,鸡与蛋孰先孰后的问题便可以转换为宇宙的起源或是创世纪。我是谁,从哪里来,到哪里去,这些被视为永恒的问题,确实可以成为各种转换的终点。问题转换机一旦运行到系统崩溃之际,立刻可以开启新程序,把永恒的问题重新转换为当下面对的现实。

制造问题,转换问题,在转换中混乱世界又迷失自我。"本来无一物"是否一定比"时时勤拂拭"高明,历史告诉我们,先有人再有佛,但先有上帝还是先有人呢?我是我,从来处来,到去处去。我是妈妈的孩子,从父母来,向死亡去。世界是否完美并不取决于将多少未知变为已知,而是解决掉多少问题,至少对于普通人来说。现实问题关乎人的欲望与能力,终极问题则关乎人的思想与信念。无论问题转换成什么形态,只要牢牢记住,所有问题都源自人本身。先有人才会有先有鸡还是先有蛋的问题及其解释,追溯不可知是人的特权也是人的悲哀,因为只有人才有未知。未知不是事实,而是唯一的针对人的存在。

同一棵圣诞树

凭借人类学和民俗学的基本常识，我们可以猜测圣诞树一定具有特别的意义。可以确定的只有两点，常青树象征着生命的复苏，而圣诞星则象征着指引三博士的那颗明星。第一棵圣诞树诞生在何时何地？一般认为圣诞树是异教习俗的基督教化，用常青树装饰冬天的庆典的传统甚至可以追溯到史前的北欧和希腊神话。拉托维亚首都里加声称自己是圣诞树的故乡，1510年第一棵圣诞树诞生在里加。历史上一共出现过多少棵圣诞树？答案只能是不计其数。有没有让人刻骨铭心的圣诞树？对每个个体来说，在于自身的感受；对历史和传统而言，市政广场、商业中心、纪念场所的圣诞树自然可以成为当地的一道风景。

跟其他仪式性标志一样，随着宗教意义的淡化，圣诞树成为不可或缺的生活元素，营造喜庆和欢快的氛围。人们不再去追根溯源，只是程序化地生产、购买、装备，从灵魂层面转入感觉和物质层面进行文化消费。从属于人的局限性也带入到这种世俗化的消费模式之中，在盲从、攀比和浪费的侵蚀下，圣诞树如节日的一件衣服或首饰，成为另外一种功利化的器具，表达出拥有者的富足、炫耀、无奈抑或特定时期的特定目的。于是，分布于世界各地的成千上万的圣诞树成为同一标题下的不同文本，可以进行文本细读和解析。当然，大多千篇一律、平淡乏味，但偶尔的变异往往会落入媒体视野，成为填补圣诞新闻的好素材。

2008年，日本推出了一棵价值百万英镑的黄金圣诞树，据说重达20多公斤，珠翠环饰，富丽堂皇，在大阪斋桥银座对外展示。《每日邮报》为了与之比照，将英国达勒姆郡彼得利市府广场绕了几颗彩灯的雪松称之为最丑陋的圣诞树。日本的黄金圣诞树已经挂好了希望之星，高约1.5米，仿杉树造型，精致而纤巧，银座中心官员表示，"现在经济十分萧条，但是至少在这里，我们想让人们感受到一种华丽的圣诞气氛。"而英国的雪松圣诞树尚缺星星，不过按照传统，一家之主才有资格挂圣诞星，时间未到，自然还可期待，不过市民们已在抱怨其寒酸，甚至认为是对城市的侮辱。中立的观察者看法不一，美丽、丑陋、低廉、昂贵、自然、人工、活力、僵死，人们在这些价值判断词之间取舍，依照自己的感情倾向进行组合，给出的意见都是当下的直观感受。

2006年新华社曾有一条并不引人注目的报道，全文如下，"日本大阪一家珠宝商店的职员在向人们介绍该店最新推出的黄金圣诞树。这棵圣诞树重达21公斤，售价为1亿日元。"从配图来看，两棵树造型一致，装饰有别，而2008年的这棵黄金圣诞树价值1.5亿日元，也许跟经济波动和汇率变化有关。最经典的"丑陋的圣诞树"是"查理·布朗圣诞树"，40年前的圣诞夜，全美半数以上的电视观众都被漫画大师舒尔茨的《查理·布朗的圣诞节》所感动，片中查理·布朗说："莱纳斯说得对，我们不会让这些利润第一的商业习惯毁了我的圣诞节。我要把这棵小树拿回家去，装饰起来……"彼得利市的雪松显然比那棵小树要高大挺拔得多，却远没有那棵小树自信与幸运。

生命和目标，是同一棵圣诞树的意义所在，这个意义本可自然而然地涵盖宗教、哲学和生活。环绕圣诞树的小礼物和装饰品，可以理解为人们向生命和目标的奉献，这种奉献让大人满足，让孩子们快乐。推而广之，所有象征物本都直指人心，试图保持对源初的记忆，却无一例外地被人遗忘。第一棵圣诞树诞生在人们心中，历史上只出现过一棵圣诞树，那才是真正的唯一的圣诞树。这种表述下，圣诞树可以替换为任意名物，只要我们愿意去追问其意义和本质。不同的圣诞树样本也是一种有限的存在，昭示着某种我们熟悉的琐碎与困扰，在现实世界里无从逃避的具体。同一棵圣诞树，具化为不同的文本散落于不同的时空，分散了历史和记忆，记录着人类的当下局限性，这不是诗，而是物，当生命不再，目标迷惘，昂贵或丑陋的价值判断，便是烙印在每个人心中的疤痕。

2009
幻想中的常识

变可变非常变

人们做任何一件事，都得找到个理由，因果律因而成为哲学中至高无上的一条准则。"世界上最令人放松的房间"是英国心理学家怀斯曼的杰作，柔软的垫子，绿蓝萦绕的光线，空灵的音乐，薰衣草的芬芳，也许，再加上一杯咖啡或是清茶，让人全方位地放松。自然，这些元素都是有科学根据的，"柔和的绿光能够促进大脑多巴胺分泌，让人感觉平静，人造蓝天帮助人们将注意力从日常压力转移到自己的内心"，"音乐是连贯的，中间没有明显的起伏变化——变化与危险相关"。体验"放松屋"的人都给予了极高的评价，身体柔软，心率降低，杂念澄清，"仿佛天使在空中飞翔"。放松效果是否足以支撑人们面对第二天的纷乱情绪和繁杂事务，目前尚未有定论。

放松屋产生的背景据说是给全世界带来巨大压力的金融海啸。导致人们紧张的要素始终存在，而压力的表象却可以通过肉体化和形式化的手段予以消除，这无疑是心理学借助科技手段的重要尝试。当然，传统的行为方式也会因某种研究成果而改变，澳大利亚昆士兰州的研究人员发现，教师用红笔批改作业有损学生心理健康，红色充满攻击性，而且会让学生把注意力集中到自己的弱点或错误之上，影响孩子正常的心理发展。于是，英国数百所中小学校的作业本上出现越来越多用绿色、蓝色、粉色、黄色、黑色笔或是铅笔标注的勾勾叉叉。反对者认为这种行为很愚蠢，因为红笔最为醒目，能更好地提醒小学生的错误。"直面错误的不安能教会他们勇敢"，而不敢面对挫折只能培养出娇生惯养的性格。

行为改变着结果，接受缤纷批阅的新一代儿童确实会养成和上一代略微不同的心理习惯，这些心理习惯倘使名之为健康，也许另一种不健康便会相生相伴，譬如胆怯和畏惧。教育永远是如履薄冰的活动，把育人的目标锁定在健康、成功等词语上,我们却给不出一个放诸四海皆准的阐释。谁也无法让价值恒定不变,即使决定价值的逻辑和因果常在,各要素偶然的组合便让下一代如野草或盆花般成长。传统的辩证法把所有事物都进行了一分为二的对待,而信仰则要求人们灵魂和肉体合一。本能和观念决定着人们的行为方式,本能上升为观念,而观念固化为本能。教育很难接近本质,一直都在外围通过传播知识和行为方式来试图避免上一代的缺陷。懂得越多,未知就越多,同样,看起来越完美,越会面对不可知的致命危险。

  世界是家,也是牢笼,一个庞大系统的本质由所有参与者的本质规定。世界上哪怕只存在着一桩罪恶,其本质也就包含着罪恶。试图消除疾病、饥饿以及痛苦的努力是健康、温饱而快乐的,仅此而已,本能上的趋利避害上升为作为目的的观念,可以演化为各种版本,再拆分成结构主义的诸要素去进行构建,其实正是人类丧失源初目的的证据。这些就是活动和变化的真谛,是变永恒,还是不变永恒?不妨用帕慕克在《我的名字叫红》里讲的一段话来影射答案,"世间的一切都在不断重复,因此如果没有老死一说,人们就无法察觉到还有时间这种东西的存在,而人们也总是以同样的故事与绘画来描绘我们的世界,仿佛时间根本就不存在似的。"同样的故事与绘画可以置换为同样的语言、科技、人文等一切可名之物,世界是描绘出来的,所有的变与不变都体现在描绘这种活动之中。

  变化受限于时间,种种复杂的变化正是介于变与不变之间,变可变,非常变。无论言传身教还是流水线般的培训,本质上来源于对未来的恐惧。即使并不刻意通过教育去触碰人类未来的变革,上一代营造的环境也早已渗透到下一代的存在之中。教育于是成为一种避免自身缺陷的推力,自信而又盲目地规划着明天。放松是一种"仿佛时间根本就不存在似的"感觉,暂时忘却时间的冲击本身就是一个悖论。回到教育的角度,如果人们能够以同样的故事与绘画来描绘世界,是一种放松的重复;而改变带来的不同,则是一种紧张的重复。

小白鼠宝贝

孙悟空从石头缝里蹦出，哪吒从肉蛋中劈出，伏羲是华胥"履巨人迹"而孕，孔子也有"龙生虎养鹰打扇"的传说，西方类似的故事也不少，最著名的自然是圣母玛利亚。神、圣、王都有不同于人的身世，这些有悖于经验的描述可以断言为荒谬，也可以从历史、哲学和宗教中还原出一些合乎情理的阐释。如今同样有很多传奇，有的孩子还没出生就注定背负了某种神圣的使命。譬如美国"英雄妈妈"奇迹般的八胞胎，是由一个单身妈妈通过体外受精生下的宝宝；再譬如英国的"无癌宝宝"，利用胚胎筛选技术从10多个受精卵中，选择没有基因缺陷的一个植入体内并生育成功。如果我们回到神话时代来看这些事实，那么，联想到的也许会是某个英雄身上背负的诅咒，还有，就是不可捉摸的命运。

从观察和实验中获取信息，经过理性思维提取规律，再应用到经验世界进行验证，换取指导操作或解释的工具和知识。这个流程创造了很多科技奇迹，也给予了人们看得到的新时代奇迹。但是，当观察和实验的对象是人的时候，科学家们就会面临很多麻烦。《纽约时报》日前报道了一组"疯狂"的科学家。麻省理工学院神经科学教授帕万·辛哈给儿子头上戴了一个摄像头，随时记录孩子眼里所见的东西。他的同事德布·罗伊则在家中各处布下11个摄像头、14个麦克风，积累了25万小时的音像资料，以研究儿童语言学习的过程。加利福尼亚大学医学院神经病学教授阿瑟·托加定期对他的3个孩子进行脑部核磁共振扫描，试图研究大脑的发育变化。宾夕法尼亚大学儿童媒体实验室负责人德博拉·林巴克把自己的4名子女作为免费试验品纳入了"媒体对儿童影响"的课题组。范德比尔特医学院的斯蒂芬·卡马拉塔的全部7名子女则都参与到他的学习与语言障碍研究之中。

这些事并不奇怪,小儿麻痹症的第一针疫苗正是注入了发明家的儿子体内,心理学教父皮亚杰的重要著作《儿童智力的起源》则来源于他对自家 3 个孩子长期的观察与实验。科学家的理由也很充足,"你需要试验对象,但这很难找到。"他们同样会按照自己的逻辑来保护自己的孩子,"核磁共振只是照张相而已。没人比我更爱我的孩子。我怎么会做伤害他们的事情?"他们也会有自己的底线,"如果他们是你孩子,你想问他们问题就可以问他们问题。但如果要让孩子参加药物试验,那就是另一回事。"这方面,生物学家温斯罗普·凯罗格斯在 20 个世纪 30 年代设计了最有趣的一个实验,他让当时都只有 10 天大的儿子唐纳德和一只小母黑猩猩"瓜"生活在一起并记录他们的行为,这一计划持续了 9 个月。首次出版于 1933 年的《黑猩猩和儿童》一书详细地描述了这一实验过程。最初,瓜显示出了明显强于唐纳德的能力:服从、玩游戏并且最先发现新鲜事物。而唐纳德在发声模仿和发出吼叫声方面都远远优于瓜,但是他使用词语的时间要比瓜晚一些。当凯罗格斯发现人和黑猩猩存在着相互影响的趋势时,他将两个小家伙分开了,毕竟他只是希望能够像抚养一个孩子一样来抚养一只黑猩猩,但并非要把自己的儿子变成一只猴子。

科学家的子女跟着父母做一些奇怪的事,被置于某个实验环境下并试图达成某种目的,也许会受益,也许会受害,按照同样的逻辑,普通家庭中的子女也处于某个朦胧的期待之中,面对着更多的不可预测因素,看起来更像小白鼠。作用于万物的参数林林总总,我们认识到的无非九牛一毛。排除了诸多未知参数的结果被认为是可靠的经验,即使我们可以在知识体系中无视这些参数的存在,在现实生活中却仍免不了被这些参数左右。走路、说话、交流,这些普普通通的行为蕴涵了太多的秘密。自然是个庞大的系统,每个客体看起来只分享了其中极小一部分,却同样沐浴着所有的阳光雨露。也许,整个系统的力量都向每个人敞开着,选择顺从,还是尝试着去控制,从这个意义上讲,神话传说与科学家的实验无非是一种不同的选择而已。

青菜头的容忍度

近日看到新闻,说日本一家机构引种木耳成功,并培植出"连叶子也非常好吃的日本榨菜",并开始推广,委实呆了一呆。榨菜到底是什么?印象中似乎是由某种青菜的块茎腌制而成,从未听说过农家种植榨菜。类似的腌制或泡制的菜蔬有酱菜、咸菜、盐菜、泡菜,还有类似芥末味道的叫冲菜,按说都应该是某种烹调方法的指称。于是忍不住查了查词典,榨菜在日语里叫マスタード,英语里叫 mustard,都是芥菜的意思。芥菜世界各地都有,而涪陵榨菜的原料是通过选种栽培出的,俗名青菜头,1936年园艺家毛宗良给出的拉丁名是:Brassica juncea Coss. var. Tsatsai Mao,1942年农学家曾勉和李曙轩给出的拉丁名为:Brassica juncea Coss. var. tumida Tsen et lee。拉丁名前半段描述其种属,芸苔属芥菜种,结尾处为命名者毛、曾、李,Tsatsai 应该就是榨菜的音译。继续探究 tumida 含义的时候,发现一些很有趣的材料。

一则是网文"500 种螃蟹的拉丁名",其中有"Calvactaea tumida,肥胖秃头蟹;Pinnixa tumida,肥壮毛刺蟹";另一则是钱锺书在《中国固有的文学批评的一个特点》中转引昆铁灵(Quintilian)的一段话:"文章矫揉做作之弊(mala offectatio),曰肿胀(tumida),曰水蛊(pusilla),曰肉感(praedulcia)";最后发现芥末分两种,西洋芥末和日本芥末,西洋芥末居然原产中国,周代就开始食用,原料俗名辣油菜,学名 Brassica juncea Coss. var. gracilis Tsen et Lee,gracilis(纤细)恰好是 tumida(肥胖)的反义词。一直以为芥末是舶来品,没想到跟榨菜还有如此亲密的血缘关系,不过这条材料也许并不可靠,因为也有讲芥末原产于法国第戎的,原料学名为 Brassica nigra [L.] Koch(黑甘蓝),或许两种菜籽都能研磨成芥末吧。直到 20 世纪 80 年代中期,榨菜的植物学中文名才确定为"茎瘤芥",

看起来挺吓人的，不如 tumida（胖胖芥）卡通，也不如青菜脑壳那般通俗。学者的总结是芥菜"种"以下的分类和定名迄今仍比较混乱，看来远不如500种螃蟹来得洋洋大观。

　　大航海时代，博物学盛极一时，凡尔纳的三部曲中，各种动植物名称俯拾皆是，随手从《海底两万里》中摘两段吧——环纹贝壳、槌贝、水叶甲、真会蹦跳的贝壳、马蹄螺、红冠螺、形似天使翅膀的风螺、叶纹贝；我们的双脚踩在由管形珊瑚、脑珊瑚、星形贝、菌贝和石竹珊瑚等织成的金光闪烁的花彩地毯上。新大陆、新物种令人们充满了如混沌之初探索和命名的喜悦，那些金光闪烁的命名成为一种占有方式，如同财富一样，可以成为无上的荣誉和奖赏。随着发现时代的终结，物种和语言都在以惊人的速度消亡，有的甚至来不及命名与言说，人们逐步进入分析化和专业化之路，术语依旧纷至沓来，隔行如隔山的困窘使人们远离了命名的快乐，复杂而含混的术语成为烦琐和交流障碍的源头。熟悉的词被赋予了陌生化的意义，譬如现象与还原，肩负起整个学科的重担，令阐释学大有可为，非同行不能沟通，即便是同行，也不得不反复再三地阐释与定义，让某些学术争论如同瞎子摸象和两小儿辩日。而陌生的词则彻底陌生化，譬如药盒上印刷的"氨酚伪麻美芬片"。博大与精深对立了起来，精深到极致，博大却难以为继。

　　美国《心理学》杂志上一篇关于人际关系的调查中设置了这样一个问题："假设你有一个十分可靠的朋友，但是有一天，这个朋友答应你做一件事情后来却没有做，你会如何评价？"结果显示，男性的容忍度高出女性甚多。不过，研究人员在分析中指出，由于对"容忍度"的定义还不够确切，此问题尚需进一步研究。分析科学正尝试着将情绪和性格转化成可测量的化学物质或物理刻度，联想到曾有的对热情度的命名，当我们最终完成温柔的分子式之后，青菜头对茎瘤芥的容忍度或许会降到零，人们最终会难以忍受看似精确的命名和分析，而更多地关注内心里进行复杂生化反应的感受。从语言之源近乎神迹的命名，到博物学时代圣贤的命名，再到分析还原时代专家的命名，语言本是工具，如今越发工具化了。

猫眼看世界

小时候听说鹅眼看人小,牛眼看人大,所以鹅比人小却凶恶,牛比人大却温顺,至今未知究竟,恰好看到两则跟动物眼中世界相关的新闻,可以议论议论。美国有一只名叫库珀的公猫不仅开设了博客"猫咪摄影家"(http://cooper-catphotographer.blogspot.com),而且成功举办了摄影展,其作品风格与人迥异,深得摄影三昧,俨然大师。据评论者称,其作品以印象派居多,光影斑驳陆离,框架纵横捭阖。这不是在讲童话,时常有天才动物,还记得画抽象画的日本猩猩 Asuka 和泰国大象们也曾举办过画展,大象帕亚甚至能惟妙惟肖地画出自己的肖像,以至于专家不得不出来解释,说大象可能记住了自己看到过的某些场景而机械地记录下来,并不知道自己在画什么。与动物画家们略有不同,猫咪库珀的一举成名应该感谢当代的高科技及其主人的创意。主人在猫脖子下挂了一个袖珍数码相机,并用程序设置每 2 分钟按一次快门,这样,库珀就能自由自在地在院子、花园以及附近的公园中拍到种种风景。

人类摄影师创造不出猫的视角,这还好说,更重要的是,那种自然的氛围,对于人,完全可遇不可求。也许这就是偷拍的极致吧。曾经有过科学家把摄像机挂在大象脖子上拍过一集精彩的动物世界纪录片,猫咪太小,可挂不了那么专业的装置。早在库珀出名的几年前,就有一家德国的宠物用品专卖店 Mr-Lee-Catcam 为推广其宠物用 GPS 和相机,在网站上发布了很多猫咪拍出的光怪陆离的照片,Mr Lee 是库珀的前辈,也是只美国短毛猫,可惜成了商人而非艺术家,库珀的主人说不定就购买了他们家的产品呢。究竟是做探险家、商人还是艺术家,看来只是人的选择,而非动物的自我意志。摄影只能代表动物的视角,而非动物眼中的世界,一家国外网站 webecoist.com 推出了一篇科普文章,用图文描述了最新的动物视觉机制研究成果。蛇能够用红外感知，猫狗等有夜视能力，昆虫有复眼，这些我们已经大概了解；而鸟可以看到更多的颜色，马视野正面有一道缺失，猫几乎是色盲，等等，这些却可以增广见闻。这些图景应该是综合考虑了动物眼睛的形状、位置和功能，并结合感光锥形细胞数量和分布，用计算机模拟出来的结果。

按说动物视觉机制研究尚未深入到神经和意识层面，因此，可以认为，这些图片只是在设想，倘使人类拥有这样的眼睛，那么，世界便是如此。不过，从动物的视角到动物眼睛的生物功能，已是一大进步了。而人是否有一天能真正感觉到动物的世界呢？文人墨客对此有着深深的憧憬。庄子以"子非我"驳"子非鱼"虽属诡辩之道，但此中有真意；稼轩词"我看青山多妩媚，料青山看我应如是"，依稀有天人同感之叹；王国维"无我之境"，强调以物观物，物我两忘，并举两例："采菊东篱下，悠然见南山"、"寒波澹澹起，白鸟悠悠下"。这样的思考可以列举出很多，有人在主观、客观之外，列出中观一词，以描述那种恍兮惚兮、化为蝴蝶的哲思。然而，先不论以物观物，连以他人观物，都已难如登天。以他人观物，需要极大的包容；而以物观物，除了更大的包容心之外，还需要超越平常心的自然心。

传说佛印和苏轼曾有过一次口舌交锋，苏轼说自己看佛印似乎看见一团狗屎，而佛印回应说自己看苏轼却是看见一尊佛，苏小妹告诉得意的哥哥，见心成性，心中有佛，眼中也有佛，可见苏轼心中只有狗屎。不过，按"每下愈况"至于"道在屎溺中"的说法，也许狗屎更亲近自然，所以苏轼未必输了这一仗。纯粹肉身性地去体验猫的视角与视觉，从科技上看有其可行性，我们甚至可以想像猫的味觉和触觉，回归茹毛饮血的野蛮时代，可惜连猫都只能嚼工业饼干的今天，人没能做到以物观物，很多动物倒都先做到了以人观人。在人的世界里，动物越发客体化，而在动物的世界里，人却逐渐介乎主客之间，他们不得不融入人的生活，不管用何种视角和视觉来判断，都随时做好了亲近或是逃避的准备。希望，动物界的哲学家比人更容易达到"人猫两忘"的境界。

视觉高玩

笔者曾经在《讲故事2.0》中谈到过英国摄影师尼克·威斯的作品集《X光：看穿你周围的世界》。也许受尼克·威斯创意的影响，美国曼哈顿的一名画家萨特·斯图尔克开始用CT扫描进行创作。扫描对象是充满美国意味的文化符号——巨无霸、麦乐鸡、iPhone等等。在黑或白的背景下，泛着荧光的内部结构图细致入微地呈现出来，没有X光的那种尖锐的戾气，效果柔和得多，细节感也更强，有几分艺术，也有几分病态。在三维立体画零星地成为欧洲的街头时尚后，德国画家在爱尔兰的一整条街上创作了名为《冰河世纪》的大型画幅，也成功地升级了这种艺术形式，使人战战兢兢、如履薄冰。孔子曾说，"质胜文则野，文胜质则史。文质彬彬，然后君子。"文章如此，艺术也大抵如此。

也许可以将"质"理解为内在的价值与追求，而将"文"理解为需要借助的技术与技巧。游戏中高级玩家被简称"高玩"，借用这个概念，可以称他们为视觉高玩。帕慕克的《我的名字叫红》中描写了很多细密画家，神往着一种失明之后的手感。当画家能够不再用眼睛去观察这个世界，反而能把世界描绘得更为神圣和美丽，这个悖论建立在当所有艺术形象都稔熟于胸之后，失明而臻于洞明。大多数搞艺术的人最高追求便是技艺的出类拔萃，这几乎也就是他们为自己的职业和人生所定义的价值所在，"进乎技矣"只能成为结果，而不是过程。有人对斯图尔克神乎其技的做法颇有微词，他的回应则是，"其中一些图像确实非常漂亮，我的意思是说，诸如鸡块这样的扫描对象本就是吸引人眼球的东西。"刺穿、诊断以及重构流行符号的本质，是另一些评论家赋予其作品的意义。虽然CT扫描提供了一种非常的视觉形象，但阐释并非易事，观众多半不会去思考类似"这些东西如何被制造出来"的哲学命题。

塞浦路斯王皮格马利翁爱上了他雕刻出来的少女，乃至感动爱神，赐予了少女生命，这是对艺术家最高的奖赏。萧伯纳的《皮格马利翁》（又名《卖花女》）对这个神话揶揄了一番，在这个剧本中，语音学教授希金斯花三个月时间训练一位发音丑陋、言语低俗的卖花女，并让她最终融入了上流社会。易卜生的最后一部剧作《当我们死而复苏时》也反向借用了这个传说，演绎一段对艺术、情欲与生活的思考，雕刻家鲁贝克压抑着自己对女模特的爱情，完成了不朽的杰作。在创作过程中，艺术家对技术的专注便是唯一的追求与价值所在，只有面对自己的作品，意义才可能逐步浮现。艺术不是思考，不忠实于心，只忠实于手。虽然哲人国的意义与价值，或世俗社会的功利和用处，始终如幽灵萦绕，试图左右作品的形态，却从未获得成功。完成一个作品，具有莫大的吸引力，甚至是艺术创作唯一的动力。

完成一个作品，无论体现为绘画、雕塑、音乐还是语言，技术是唯一的工具。灵巧的手、娴熟的文字以及敏锐的触觉，在技术至上的当代都期望被超越人体的工具来替代，于是，对工具深度的挖掘开始成为艺术的灵魂。庖丁用一把刀子解牛是古代的奇迹，而如今生物系的大一新生就能用显微镜为青蛙做心脏搭桥，只是欠缺喝彩的庄子。视觉高玩提供给我们的，不再有高山仰止的喟叹，我们不是庄子，而是文惠君，得出"吾闻庖丁之言，得养生焉"之类的体悟。也许我们只是流水线上的装配工，木然对着iPhone密如蛛网的印刷线路，面对着配料丰富的汉堡，早已失去了想像力。艺术一直是观察世界的方法之一，斯图尔克的创作究竟是在欺骗视觉，还是提供了跟过去不一样的体验，很难做出结论。技艺千变万化，而且等级分明，倘使都通向唯一的道，那有庄子一人喝彩也就足够，剩下的观众，自然能从中找到适合自己品味的乐趣。

格林、安徒生和金鱼公主

动漫早已成为庞大的产业，无论绘画与摄影的风格如何，想像力总是必要的。一些传统母题的反复演绎，便成为弥补想像力匮乏的无奈之举。当然，一旦经典披上精湛技术的外衣，总能给人更多期待。故事的心理原型本就不多，无非是爱恨情仇；故事的逻辑模型更少得可怜，逃不开矛盾因果；但故事符号化的过程却可以千变万化，不同的受众也有不同的观感。格林童话和安徒生童话时代差距不大，前者是搜集整理的民间传说集，后者则是典型的文人作品，经过将近200年，《小红帽》、《卖火柴的小女孩》、《白雪公主》、《海的女儿》，几乎已成为整个世界的集体记忆。善恶美丑真伪，虽然有着种种变化，在童话世界里，公主和王子从此过上了幸福的生活，已是喜闻乐见的大团圆梦想。

有人认为，格林童话存在很多恐怖场面，少儿不宜；而安徒生童话则有过于成熟的宗教思想以及悲伤忧郁的潜质，也不利于儿童乐观地认知世界。事实上，即使这些童话故事真的有不可知的伤害，也不可能禁得掉这样"流毒甚广"的书，遑论此论调争议甚大。不过有一点倒值得注意，大家耳熟能详的故事确实是筛选之后的产物，那些血腥、残酷与虚无，究竟是记忆淘汰，还是人为淘汰，有些不得而知。迪斯尼演绎过《白雪公主》和《海的女儿》，宫崎骏也以他的方式将人鱼公主变成了圆滚滚肚皮的波儿，《悬崖上的金鱼公主》赢得了足够的人气和票房，男主角由白马王子变成5岁的小男孩宗介，而波儿的经历则类似《海的女儿》。波儿的父亲，以前是人类，不过现在是住在海里的魔法使，姥鲨号的构想应该是来自《海底两万里》的鹦鹉螺号。

故事情节毋庸赘述。动漫大制作是个团队工作，在一年半内，大约70名工作人员画了17万张图，即使不算上后期的电脑渲染、摄影与剪辑，影片所耗费的精力与时间也已经远远超过了安徒生写童话时所耗费的。迪斯尼的《海的女儿》耗资更为巨大,美式"全动画"模式,一张画幅拍摄一格,不仅动作流畅、表情丰富,甚至要求人物口型与台词对应,对于效果的追求所带来的工作量可想而知。好玩的是,有心人搜集了一批迪斯尼重复利用的素材,散见于各个大片中,那些造型、舞蹈乃至一连串的动作流程,总是反复出现,这也可以算是种自我复制吧,有效地降低了劳动强度,似乎也没给普通观众带来太多困扰。宫崎骏也有类似问题,他的主题过于单一,着迷似的探讨人与自然的关系,而且在绘画风格上也难脱窠臼。不过这恰好构成了专属于他的单纯主题元素和视觉效果,也得到评论的肯定,与人们对迪斯尼或好莱坞的期待一般,重复不构成污点,也许恰好是风格所在,修辞学上可称之为复沓,一咏三叹,回味悠长。

　　认同是最为复杂的情感。身份认同、情感认同、细节认同,都可能令人产生亲近感,从而喜欢上某个对象,自动过滤一些不利判断。传说中的格林和安徒生,成为了童话的化身,不分彼此,以各种方式编织着孩子们的童年。2008年的迪斯尼影片《机器人瓦力》(Wall-E),不再是变形金刚,也不再是高达,而是用单纯的丑小鸭和公主间的爱来达成认同,爱指引着人类的返璞归真。尽管垃圾工瓦力和探测女伊娃的造型有不小的创新,但大多迪斯尼的经典桥段仍历历在目。可以说格林和安徒生已经穷尽了人类的想像力,但也可以说我们刚刚才开始。格林童话是一个民族的精彩,安徒生是一个人的精彩,而进入工业化社会后,我们迎接的是一个团队的精彩。稀奇古怪的故事,永远是孩子们的最爱,而稀奇古怪的背后,往往隐藏着简单得出奇的道理。纷繁复杂的造型和精益求精的技术,也会增强认同感,只要这背后的天真未被掩盖。返璞归真听起来是个可望不可即的目标,却时刻被实践着,因为人类本真,想像力有点像一场捉迷藏的游戏,即使找不到藏起来的小孩,我们却可以肯定,他一定藏在那个我们找不到的地方。

幻想中的常识

"活在21世纪,你不能不懂经济",似乎是凤凰卫视某栏目的一句广告语。除了数学模型令人头痛外,经济学是一门非常平易近人的学问,与很多其他学科相比,确乎是最适合普及的素朴的生活哲学。生活中不乏常识,也存在诸多幻想,一般说来,缺乏常识、耽于幻想的人离经济很远,但一草一木无不可经济,这类人的稀缺也决定了他们的可经济性。纽约有位阿丽亚娜女士,打小患上一种怪病,皮肤异常敏感,轻轻抓挠,便会出现红肿印记。于是她开始在自己皮肤上"作画",这些精美的图案只能存在半小时左右,成为她童年的乐趣。如今她已成为一名艺术家,独创的"皮肤挠画"则成为一种很抢手的商品。商机出现在这些图案与墙纸的结合上,阿丽亚娜的父亲是个贴墙纸的工人,阿丽亚娜将皮肤画通过摄影技术复制到墙纸上,近距离看时毛孔、雀斑历历在目,真实的怪异感让这些作品身价倍增。日本则有一个"怪异食品猎手",癖好是寻找并品味那些用稀奇古怪的食材烹制成的食物。汗味苏打水、巧克力鱿鱼丝、耳垢味百味豆,他寻找这些奇怪食物并非因为有异食癖,纯粹是好奇这些怪味食物味道究竟如何。他的故事被绘制成漫画,满足了很多人的好奇心,于是漫画热销,不过看漫画者虽众,具有同样勇气去尝试的人却罕见。

法国厨师皮埃尔·加涅尔和化学家塞斯合作提供分子美食,开胃菜包含了麦芽糖、维C、柠檬酸和葡萄糖等化学成分,而主食香烤龙虾则由酒石酸、葡萄糖和多酚组合而成。在纯天然成为招牌的时候,纯化学也成为一种风头正劲的厨艺概念。利用化学实验方法,将食物的分子进行重组,可以创造出泡沫马铃薯和鱼子酱荔枝这样的合成品。塞斯的理论是,"如果你用食物分子进行组合,那么你就有亿万次的创新机会,这有点像画师所用的原色,音乐家所用的音符一样。"当然,味道可能非常棒,也可能很一般,不过,有顶级餐厅的强力推荐,销路倒是不愁。和厨艺一样,牧羊也是个古老的职业,网络上流传着一个牧羊人创作的视频短片，一群羊穿上LED灯编制成的背心，在夜幕中像训练有素的团体操队员般描绘焰火、打乒乓等奇幻的动画，最后据说是某LED厂商创意的广告。另外还有一家德国洗衣粉厂商用衣服在泡沫中作画，这两则广告可以说是创意效果高于广告效果，因为人们可能记住了绚丽的羊群和有趣的衣物画，却未必记得住这两个品牌。

这样的事例很多，偶然的人，偶然的特长，偶然的爱好，偶然被发现，纳入正常的分工体系，成为一种商品或服务。鸡鸣狗盗之徒，行鸡鸣狗盗之事，孟尝君赋予其价值，使其名垂青史。价值存在于分工领域，传统的士农工商之外，名之曰娱乐，名之曰艺术，名之曰广告，诸如此类，现代社会更为精细的分工，极大地增强了吸引力，或主动或被动，终于无一遗漏地将奇人异事导入正轨，去获取商品交换中的价值。英国有个家庭经济拮据，要出售小马驹，幼女舍不得，恰好小马驹脖子下有个形似3字的图案，因此给一家名为"3"的手机公司发信求助，打动了老板，同意聘请马驹为公司做代言，此事轰动一时。这个故事具有象征意义，双方各取所需，改变了事情的发展轨迹，小马驹被赋予了额外的交换价值。世有伯乐，然后有千里马，诚哉斯言。

在信息爆炸的时代，伯乐似乎日益增多，而千里马却越来越少。2006年出现的"长尾理论"，论述在"丰饶时代"中文化和经济重心正在加速转移，从需求曲线头部的少数大热门转向需求曲线尾部的大量小众产品，这几乎成为互联网公司的圣经。然而两年后，面对着同样的数据进行分析，哈佛的埃尔贝斯教授却断言，核心利润依然来自需求曲线的顶部，信息时代甚至加剧了赢家通吃的状况。这两者之间的分歧也许在于他们对"热门"的定义有别，很多不为人知的产品相比过去有了更多的机会成为热门，而消费者的从众心态并未改变。分工基于人的局限性，而从众则基于人的相似性。供给中，分工让每个不同的环节提供不同的产品和服务；而在消费中，从众则让大家购买基本一致的商品。那些所谓的特立独行，只要进入交换体系，就失去了幻想，转化为常识，而未能转化的幻想，却湮灭无痕。在有用无用、有趣无趣之间，同样的人与事，获取收益的机会越来越多，而赢得价值的机会却越来越少。过于依赖分工的结果是，人们不断强化自身的局限性，去换取看似无穷无尽的可能，却不幸地陷入了一个逻辑悖论。

大事不烦小事烦

美国《新闻周刊》为奥巴马做了专访，也许国计民生的大事已关注得太多，这次专访特意把目光焦点投射到生活琐事上。奥家有女初长成，奥巴马开玩笑地说："关于约会，我想这是个大问题。我安排了很多持枪的特工，他们将始终围在她们身边。作为一个父亲，我对这一切很高兴。不过那些男孩子可不会这样想。"他也非常担心青春期叛逆的问题："你知道，十几岁的孩子已经到了让父母处处尴尬的年龄，特别是她们俩，还不得不因为家庭原因而频繁被媒体曝光。"尽管很忙，奥巴马表示自己尽量与女儿共进晚餐，在晚上多陪陪女儿，直到她们上床睡觉。与子女教育相比，此前还有更小的事困扰着美国总统，譬如为了信息安全必须停用他心爱的黑莓手机，譬如电子信箱被爆掉，譬如由于大女儿的过敏体质而不得不选择新的白宫第一狗，而这只新选出来的葡萄牙水猎犬的名字"波"竟然被人联想为"救市"（Bailout）的缩写，此刻，大事小事融为一体。

"楚王好细腰"众所周知，初见于《墨子·兼爱》："昔者楚灵王好士细腰，故灵王之臣皆以一饭为节，胁息然后带，扶墙然后起。比期年，朝有黧黑之色。"同代及后世典籍辗转引用，尚不失其本，到《后汉书》，出现"楚王好细腰，宫中多饿死"，进而嬗变出诸如"楚腰纤细掌中轻"之类香艳的句子，则一举扭转了这个典故的语义指向。《墨子》中跟楚灵王好细腰相提并论的是"晋文公好士之恶衣、越王句践好士之勇"，讲的都是君王好恶对治国之道的影响，隐隐然有发挥《老子》"不贵难得之货，使民不为盗"的思想。楚灵王是个有故事的君主，太史公曰，"楚灵王方会诸侯于申，诛齐庆封，作章华台，求周九鼎之时，志小天下；及饿死于申亥之家，为天下笑。操行之不得，悲夫！势之於人也，可不慎与？"其好细腰的因缘已不可考，男风女色的揣测之外，也不妨认为灵王厌恶脑满肠肥之辈罢。

史书上记载了无数的大事，攻城略地，裂土封侯，大可以"天下大事，分久必合，合久必分"一言蔽之。那些散见的有趣小事，倒仿佛是大事的根源，一饮一啄之间，不期然已决定了兴亡盛衰。2009年初，奥巴马给女儿写了封公开信，就自觉把儿女情长纳入到自己的政治版图之中，"这些是我想要让你们得到的东西：在一个梦想不受限制、无事不能成就的世界中长大，长成具慈悲心、坚持理想，并且能帮忙打造这样一个世界的女性。我要每个孩子都有和你们一样的机会，去学习、梦想、成长、发展。这就是我带领我们一家展开这趟大冒险的原因。"微言大义正是特地给权力人物和公众人物准备的成语。曹操崇俭，于是"吏有着新衣、乘好车者，谓之不清；形容不饰、衣裘敝坏者，谓之廉洁"。掾和洽劝他说："天下之人，材德各殊，不可以一节取也。俭素过中，自以处身则可，以此格物，所失或多。"这段话或许是史书上交相称赞的"唯才是举"的人才策略的发端。成就大事，需要深厚的积累，这种积累包括个人的和历史的，有水到渠成的感觉，而衣食住行这些小事，反而无从判断，祸起萧墙，能明察秋毫、有洞见的人少之又少。

都是老道理，却能品出一番新滋味。大事不烦小事烦，俗人向来如此，鸡零狗碎本就是烦恼之源。宏观地看，俗人无大事；微观地看，那些自认为大事的，也许只需要做一个选择就好，大多数时候甚至是不容选择的。可以这样来描写性地定义大事与小事：大事者，非是即否；小事者，朝三暮四。当我们把哲人、伟人、名人等视同俗人，历史和现实突然变得非常简单。白宫养什么狗是小事，但保持政治传统则是大事；女儿上什么学校是小事，但国民教育则是大事；用不用手机电邮是小事，但信息安全和法律法规则是大事。大事依稀成为小事折射出的历史意义，大人物也成为小人物华丽的外衣。历史意义从来不打扰身处历史之中的人，而可能具备历史意义的那些不可预测的衣食住行和言谈举止，却时刻需要我们去经历和痛苦抉择。

尿遁时刻

俗话说：人有三急。不雅训的会讲，屎急、尿急、屁急；雅训些则是内急、性急、心急，内急不用说，据说性急对应入洞房，而心急则对应老婆生孩子；再溯古追源，《论语·阳货》里有，"古者民有三疾，今也或是之亡也。古之狂也肆，今之狂也荡；古之矜也廉，今之矜也忿戾；古之愚也直，今之愚也诈而已矣。"诗无达诂，语亦无达诂。开门七件事，柴米油盐酱醋茶，管的都是吃喝，拉撒睡向来乏人问津，用人类学的术语讲叫"塔布"（taboo），直译为不可触碰之物，意译应当是禁忌吧。但庄子明言道在屎溺，谷崎润一郎《阴翳礼赞》也曾大谈日本的厕所美学，大师们自然可以将排泄及其关联产物哲化、美化，不过对俗众而言，这却只是必须面对的日常事务。

在旅游手册中添加"如厕须知"已成为一项看似微小而不可或缺的便民措施，救急一词的意义在此体现得淋漓尽致。方便的多义性，酣畅淋漓的快感，很多词汇隐藏着人们的深层认知，形而上还是形而下也许并不重要，重要的是寻找到发泄的方式。洛杉矶新建了一个小网站叫 runpee.com（跑去尿尿网），创建了一套"电影最佳尿尿时间表"，宣称其主旨为，让膀胱减负的同时不影响观影体验。据说网站的参与人数与日俱增，并得到了风险投资者的青睐。Web2.0所奉行的"长尾理论"催生了很多稀奇古怪的网站，从意想不到的方面满足需求乃至创造需求。Runpee 非常吻合此类网站的特点，看电影的时候内急，是每个人都可能碰到的尴尬，想去上厕所，又怕错过了精彩场景，那种内心的纠结不足为外人道，自然算得一种隐秘而强烈的需求。

也许只有精彩的电影才需要费心去寻找 peetime，从这个意义上讲，网站为观众提供了一种电影评论的新视角。3分钟的时间里可以容纳很多镜头，有的大片甚至为某个3分钟投入成百上千万美元,而至少3分钟才能保证正常如厕的效果。尽管很多哪怕是经典电影都有不少类似NBA垃圾时间的镜头,然而完整的3分钟peetime确实是需要去发现的。既不影响剧情又不吸引眼球的3分钟,在电影语言里叫闲笔还是败笔,确实是个有趣的话题。零星的无聊镜头眨眨眼嘀咕几句就过去了,究竟什么样的时间可以称之为peetime呢,这又涉及到影评标准了。譬如在网站上,《泰坦尼克》的3分钟peetime是第56分钟开始,杰克挽救轻生的罗斯那一段;《哈利波特和魔法石》的3分钟peetime是第46分钟开始,邓布利多宣布"盛宴开始"那一段。当然,如果憋不住了,任何精彩的镜头都可以放弃,而处于憋得住与憋不住之间,为什么选择这一段而非那一段,则近乎哈姆雷特式的疑问了。所以,runpee只是种情绪化和动作化的影评模式,也许真的可以通过统计学模型给出一部影片的"尿尿时刻表",但参数实在太多,饮料、心情、气氛、身体状况等等,电影内容的权重也许低到可以忽略不计。

近年来天气预报推出了许多指数:洗车、美容、化妆、晾晒、钓鱼、约会、逛街、夜生活,不一而足,而且日渐增加之中。这与runpee有异曲同工之妙,提供方便只是借口,提供观察和表达的新维度才是目的。任何切身的体验或行动都可以成为一种符号,在抽象的理性思考和情感倾向外,提供一种肉体化或物体化的视角,用来说话。桃李不言,下自成蹊,这句俗话倒是迎合了这样一种潮流,拒绝冷冰冰的数字,乃至拒绝语言和画面,用行动展现表达的自由,runpee的火爆,应该不是偶然。每个细小的动作,每个微弱的声音,每个黯淡的颜色,都要顽强地表达意义。全新的视角,独特的行动,如同行为艺术家试图符号化自己一样,猛然间带给我们看似无穷的可能性,但一切都是在放弃理性思考的前提下完成的。在理性剥夺了思维乐趣之后,人们见缝插针地制造惊喜,至于方便与否,如人饮水,冷暖自知。但是,结论是个可怕的东西,经验下的定论越多,就越需要打破其垄断。相对于干瘪的规律而言,恒河沙数的鲜活细节,才是真理的藏身之所。

百万词翁

GLM，全球语言监察（The Global Language Monitor）机构从4月份开始预热第100万个英语单词的诞生，到6月10日正式宣布该词为"Web2.0"。犹如选秀一般，Web2.0挤掉了Jai Ho（胜利的欢呼声）、Noob（菜鸟）、Slumdog（slum意为贫民窟）和Cloud Computing（云计算）等胜出，Jai Ho和Slumdog都源自第81届奥斯卡奖获奖影片《贫民窟的百万富翁》（*Slumdog Millionaire*），Noob源自游戏社区，而Web2.0和Cloud Computing则都是正经的网络领域的科技术语。候选词表中值得注意的词还有：Carbon Neutral（碳中立）、Greenwashing（洗绿），来自环保领域；Shovel Ready（shovel意为铲子，有人将此短语译为万事俱备只欠东风）、Recessionista（整词仿fashionista，意为时尚达人，recession，意为衰退，似乎可译为衰退达人）和Zombie Banks（僵尸银行）来自Financial Tsunami（金融风暴）；来自新的生活方式的词有：Defriend（网络断交）、Sexting（短"性"骚扰）、Slow Food（慢餐）。还有两个词不好分类，Octomom（八胞胎妈妈）和Chengguan（城管）。不管怎么说，每个词背后都跟着一长串故事，据GLM申明，他们监察着5000多家传统媒体和网络媒体，只有复现率和引用率达到一定程度才可能被统计为新词，大量的复现和引用自然意味着不同语境下的多重阐释。

词化（lexicalization）是一种经典的语言学理论，是人们对事物命名的过程，经过命名，词便凝固成为语言系统中的稳定单位，完整而不可分割地记录下人类所注重的某段历史或记忆。譬如"五四运动"这个词，代表着一个宏大的历史场景，假设没有这个词，这个场景只能是零散的孤立的片段；而有了这个词，它就成为了一种得以延续的精神。词化既是一种标注，同时也是一种发现，用一个简单清晰的形式来凝固一个复杂含混的概念，体现了一种人类的智慧。GLM并非官方机构，其CEO和首席词汇分析师帕亚克亦非语言学家,而由于这次活动炒作得非常成功,引起了很多语言学家的不满与杯葛。有位教授讽刺道,"这就像一个人站在路边数过往的车辆,数到第 100 万辆时,就宣布这是世界上第 100 万辆车。这简直是胡说八道!"其他语言学家的观点大概是,什么是词本身就存在争议,不可能对不确定的对象进行计数。这些批评还算中肯,帕亚克也承认,地球上已命名的真菌就有 60 多万种,算上专业词汇的话,英语早已突破百万词汇。但他同时指出,策划这次活动的目的主要是为了庆祝英语的全球化与多元化,百万级的词汇量意味着英语是唯一的开放的全球语言。

在 GLM 的数学模型中,每 98 分钟便产生一个新词,这可以称之为信息时代的命名狂欢。类似 Octomom 的词可能会昙花一现,记录着一个不可复制的生育奇迹,可惜不是一胞九胎,否则汉语里倒是可借用"龙生九子"的成语称呼其为"龙母"。新版牛津词典收词 60 多万;莎士比亚剧作词汇量是 3 万;《圣经》的词汇量大概是 1.5 万;而只需要基本交际的话,人们可以用不到 1000 个词安度一生。数字能说明一切,数字也毫无意义。据说 Slumdog 一词引发了印度人的抗议,也被词典学家们列入政治不正确的词汇范畴,这次的事故不知道属于文化冲突,还是文化渗透,因为在西方文化里,dog 含有褒义,如按 topdog(优胜者)、luckydog(幸运儿)的惯例来理解,Slumdog 大有贫贱不能移之意。每个词都值得推敲一番,Financial Tsunami 为什么要选个日语词,内中一定大有玄机。对个体而言,跟我们有缘的词其实少得可怜,即使在某个交际过程中我们领会了一个新词的含义,它也绝非我们的朋友,顶多是个陌路人而已。

这次活动还产生了两个新词,Million Word March 和 Million Word Word。英语的国际地位跟词汇量没有关系,我们从不担心词汇的膨胀,我们唯一悲哀的是人心的狭隘,哪里寻得到如许庞大的存储空间。词典或统计数字中的词是死的,活着的词又常常跟我们擦肩而过。

最后一译

"法国语言是世界上最美的语言——最明白,最精确"以及"Vive La France",是很多小学生都记得的两句格言,来自都德的《最后一课》。自然语言都蕴含着超越人类文字史的丰富文化,总是能找到自己的方法来传情达意,所以语言学从不比较两种语言的优劣,更不会去评选最美的语言。带有一点搞笑性质的论断也有:譬如德语的元音 i 部位特别高,意味着发音最为紧张,因此说德语的人容易出皱纹;汉语和日语开口音多,因此乐感很好;英语的美式发音部位普遍低一些,连音更多,较为松懈,意味着美国人更随便等等。这些说法都不足为凭,对母语的感情与对母亲的感情一样,大多数人都深爱自己的母亲,但也不排除有奶便是娘的一族。儿童心理学发现,母语选择更多情况下是基于环境的强迫,并不代表情感倾向。

不过,法国人可能是世界上最爱自己母语的人群。法国文化部三番五次地发布净化法语的通告,甚至曾经单独为 E-mail 一词下发文件,要求所有政府部门和公共媒体禁用 E-mail 一词,改称 Courriel(courrier+electronique 的缩略形式)。法国街道禁用英语标识,在广告中运用外语元素甚至有违法入监的危险,2008 年,一个在全球 4000 多家酒店员工中的调查指出最不受欢迎的游客就是法国人,因为他们顽固地在任何地方说法语,不管别人能不能听懂,还有,给小费也过于吝啬。法语作为拉丁语的嫡长子,有很长时间在欧洲上流社会风光无限,属于日耳曼语系的英语引入了接近 30%的法语外来词,上至国计民生,下至鸡毛蒜皮,几乎每说一句话,总会蹦出个把法语词。语言是历史和现实的粘合剂,无论法语词汇在英语中如何荣耀,除了专业的语言学家,恐怕没人会认为如今的"世界语言"英语跟法语有什么关系。今昔对比,也许是法国政府成为语言学家研究语言政策最有效样本的原因,尽管招致诸多批评,仍矢志不渝。

法国并不是个封闭的国家，国际语言博览会年年在巴黎举办，虽然没有世博会的影响力，但各种语言以及语言背后的文化在凡尔赛展览中心济济一堂，也算得上海纳百川了。流行的观点是国家的实力带来该国语言的通行，而法语的国际语言地位将随着法国经济实力的衰退而式微，典型的证据便是加拿大这种英法双语国家的法语区范围的缩小。坚持自身纯洁性的法语于是陷入了矛盾之中，开放便会受强势语言的影响，而封闭则不可能引领潮流。其实这不仅仅是法语的困惑，已宣称成为"世界语言"的英语同样面临麻烦，语言接触与融合本身便会带来两难。成为世界语言，有两种可能，或是出现洋泾浜英语的泛滥，或是出现只能保留最简单的交际可能性，无论哪种情况都意味着语言的独特性和多样性的完美平衡荡然无存。从交际功能上讲，语言比单个的人更为势利；而从文化渊源上讲，语言却又比最保守的人还要传统。

法国老牌报纸《论坛报》（*La Tribune*）出了个奇招，用机器翻译构建了自己的多语种网站（latribune.fr），目前有英语、德语、西班牙语和意大利语版本，据说还要推出汉语和日语版本。其机器翻译技术解决方案由SYSTRAN提供，这是一家在机译界相当有名的公司，据说自1970年开始由美国空军出资研制，主要翻译俄国军事资料，后来在欧洲委员会发扬光大，覆盖了欧盟各语种之间的翻译需要。但几十年来，可能《论坛报》是第一家敢于将未经编辑的直接机译结果正式发布的大众媒体。新媒体负责人阿斯特丽面对如潮的批评表示，随着翻译软件的进步，几个月内，网站上的新闻稿将"趋近完美"。机器翻译不是笑话，有很广阔的应用市场，但机器翻译确实常闹笑话，只是人们可能并不在意闹出的这些笑话。技术人员的观点是，互联网上有海量的短命信息，如果人们并不介意看到文体拙劣、错误百出的翻译结果，只是想随便了解一下大概内容，机器翻译可以很好地满足这些需求。结合法国人对法语的溺爱，只能说《论坛报》对使用其他语言的读者开了个玩笑，要想了解我们，你们最好还是学法语吧。如果有一天，《论坛报》开始使用法语机器写作系统，那才算得上真正有趣的事。值得一提的是，SYSTRAN的网站虽然也有多语种版本，但都只是诸如产品、联系方式之类的栏目名称的变换，详尽内容却只有英、法语两个版本，他们很好地遵循了当前机译界的共识，永远将最后一译留给自己。

我满脑子都是垃圾

没有人也就没有垃圾，这个句式中"垃圾"不可以被其他名词随意替换，由此可见其重要性。在过去的时代，垃圾都是一些实物，到了今天，垃圾当然也可以进入虚拟世界，成为一个概念甚至一种文化。20世纪初，美国著名的八人画派就被称为垃圾箱画派（Ashcan School），他们的作品都是反学院派的写实主义风格，肮脏的城市角落，琐碎的烦恼人生，底层的挣扎生存，用灰暗色调表现得淋漓尽致。到90年代，以垃圾（Garbage）命名的乐队异军突起，后工业时代的另类摇滚风格，直面罪恶、诱惑和扭曲的情感需求，两张专辑都取得了数百万的销量。干净、美丽、纯洁、伟大、崇高等的反义词肮脏、丑陋、邪恶、渺小、卑劣似乎都可以成为垃圾的属性，当人们对真的追求超过了对美和善的渴望之时，垃圾便在真的光环下与美和善拉近了距离。

垃圾箱画派在文学和美学上的先驱应该算是波德莱尔，《恶之花》颠覆了既往的善恶美丑，建立了文学现代性的基础，所谓的善都是人的伪装，而恶是唯一真实的存在，恶中有真善，恶中有真美。究竟是工业化社会垃圾的蔓延带来了人类文明的垃圾化，还是垃圾化的人类文明带来了工业化社会，二者间的相关性不得而知。语言、美术、音乐是人类引以为傲的三大复杂的符号系统，不约而同地碾压过古典和浪漫，进入现代性扭曲的真实和后现代破碎的真相，加之生活垃圾、工业垃圾和信息垃圾的泛滥，称之为垃圾文明时代似乎是较为妥当的定义。这是一个由伟大的科学家、政治家、文学家、画家和音乐家们共同缔造的时代。对物的过度开发，对功用的过度依赖，使垃圾产生的速度远远超过无论自然还是人工能够清理的速度，人们开始在审丑和变态中寻求愉悦的体验，真理和真相赋予人们直面垃圾的勇气。

垃圾的象征意义早已深入现代艺术的核心，而垃圾的表征也逐渐成为当代艺术和文学的主题。德国人哈·舒尔特热衷于制作"垃圾人"并全球巡回展出，宣扬环保观念；英国组合提姆和苏则通过投影让垃圾构成绝妙的构图；还曾发生过一件好玩的误会，一名就职于英国伦敦塔特现代艺术馆的清洁工将德裔艺术家麦茨格创作的"自毁艺术品的第一次公开消遣展示"作品的一部分当作垃圾扔掉，麦茨格只好用另外一个装满了废品的塑料袋作为替代品。这类新闻日益增多，除了艺术家们，美国还曾出现过一位被称之为"行走的垃圾袋"的怪人，身上挂满了相当于一个美国人一年使用量的垃圾袋在大街上行走；而一种被称为 freegan 的生活方式正如当年的嬉皮士一样成为时尚，这其中最重要也最难履行的一个环节便是在垃圾堆里寻找食物。人们害怕物质垃圾的泛滥成灾，却无从甄别精神垃圾的潜移默化。这也许是现代社会的悲哀，人们不断论证垃圾食品、垃圾生活和垃圾文化的危害，一边无奈地选择顺从，因为垃圾与人形影不离，放弃垃圾，等于放弃自己熟悉的传统。

美国人罗特巴特创办了一本刊物叫《发现》（*Found*, www.foundmagazine.com），他从事着废品回收站式的工作，将人们扔掉的纸片、便条、账单等包含人生百态的废纸搜集起来，让垃圾讲述精彩的故事，颇为吸引眼球。这些垃圾真实而有趣，"我从未想到能和全世界这么多人分享我的爱好，"罗特巴特以一个成功人士的口吻说，"看着这些纸片，顺便'瞄一眼'其他人的生活。"垃圾无处不在，人们制造垃圾、清理垃圾或者变废为宝，对垃圾的认识逐步深入，垃圾从阴暗污秽的角落登上大雅之堂，避免了一如既往被厌恶和抛弃的命运，赢得了尊重乃至青睐，这既是一种生活风格，又是一种文化氛围。在垃圾文明中，我们能更深地体会到庄子所谓介于有用和无用之间的道理，存在的本质被替换为"用"，是否是垃圾其实只在一念之间。波德莱尔吟咏道："凡人啊！我像石头的梦一样美，我的胸脯生就令诗人们动情，那爱情像物质一样无言、永恒，诗人却一个个碰得伤痕累累。"美让人伤痕累累，当诗人不再追求永恒，短暂的人生与短暂的时代中，人们必然被垃圾包围，享受人本的愉悦与放纵的自由。

微博客的隐秘情绪

今天，我给最好的朋友打电话。因为收到些莫名其妙的骚扰短信和电话，所以开玩笑地跟他说："估计有谁把我号码写在厕所墙上了。"而他居然回答道："我从不认为真有人会打那些电话。"FML。今天，我去商场，找不到停车位。瞎转悠了快20分钟，终于在一棵树下发现了一个很隐蔽的车位。嗯，我停在了一棵椰子树下。我甚至可以说，椰子树长在了我的引擎盖上。FML。今天，我去看父母。老爸开始长篇大论地说教，老妈烦了，朝他脑袋上扔了个核桃。老爸失去了耐心，冲老妈吼道："去你房间祈祷吧！"我直到现在还后悔，为什么非要提出"家庭是第一位的"这个话题。FML。今天，我意识到我想跟的、想跟我的和我现在的老公完全是三个不同的男人。FML。今天，全家人都坐在厨房里。姐姐似乎是嗑药了在狗床上乱窜，老爸喝高了，敲着盘子狂喊："谁是你们的爹！"老妈呆坐着，一脸"这日子怎么过呀"的表情。FML。

今天，夜半三更，我从 fmylife.com 随手翻译这样一些不着边际的话语，却一点也笑不出来。FML，本来是英文缩写，拼音党给出的翻译叫"发霉啦"。也许社会学家会对涓涓细流汇成的生活百态感兴趣，微博客已然成为一股强大的网络力量，其核心的功能不再是提供信息，而是宣泄情绪。Fxxx my life 是新近火起来的一种细分模式，主旨是用一两句话把自己遇到的糟事和倒霉事写出来，掺杂一些冷笑话，发言的人并不奢求同情、理解或是安慰，倒是浏览网站的人也许能从中找到些许平衡，别人的日子过得也是一团糟嘛，我的那些破事又算得了什么呢。而从微博客延伸出来的 longestpoemintheworld.com，也称得上一个颇有创意的副产品。"世界上最长的诗歌"网站，由罗马尼亚的安德雷·吉奥格创建，按照字数和韵匹配的简单规则，从目前最盛行的微博客 twitter 中随机抽取句子组合成看起来像诗的篇章，大概以每天 4000 行的速度增长。"May the love be with you, Rain makes even the darkest street clean and new."大概就是这种感觉，无头无尾，无穷无尽，都是不同人在不同时间写下的不同句子，通过程序的筛选，碰巧合辙押韵。

　　如果解构主义和后现代理论过于抽象，这些案例倒算是活生生的教材。意义既杂乱无章，又井然有序。面对理性和机械的工业时代，人们习惯于只言片语下的隐秘情绪。完整而清晰的表达是对生活的威胁，叙事、抒情和议论融为一体。观点并不重要，因为所有的观点都已经存在，赞成、反对乃至中庸，观点中的我是唯一的表达指向。言说者无论是个体还是群体都只在喃喃自语，倾听者被排斥在言说之外，仍然自得其乐。法兰克福学派曾经很精准地预测过这样的状况，也许马尔库塞所提及的单向度比较形象。单向度的人丧失了自由和创造力，不再想像或追求与现实生活不同的另一种生活。马尔库塞将之归咎于发达的工业化社会，这一点今天看起来有些疑问，自由和创造力既不能从表象又不能从结果来考察，传承的知识、经验和财富越来越多，而人的接受能力却维持不变，这也许就是问题所在。关于生活，最核心的问题都有各种各样的答案，同一句话，他说和我说成为唯一的区别。

　　这是一个需要普遍言说的时代，网络为话语的汇集做好了技术铺垫。我们不能再用传统的自由和创造来衡量如今的自由和创造，肆无忌惮地诅咒自己的生活可以称之为自由，而新颖的拼贴手法也可称之为创造。走别人走过的路，留下不一样的脚印，同是追名逐利，却为着不一样的目的。传说中李白曾经写过一句诗："眼前有景道不得，崔颢题诗在上头。"每个人生活着，却发现无话可说，因为知识和经验剥夺了绝大多数人言说的权利。言语于是从各个意想不到的角落喷发出来，既不提供知识，也不提供经验，更不提供意义，而只提供传统一直忽略的隐秘情绪，让人们被机器异化之后残存的尊严找到宣泄的渠道。情绪从精神中剥离出来，成为新的社会符号，表达出改装之后的自由和创造力。语言及其载体的不断创新，也就意味着情绪表达方式的逐步成型，所谓现代性悖论，在这样的语境之下其实无处容身。

离退隐休

老龄化社会是如今的一个热点话题。一般认为，人类预期寿命进入现代社会后大幅度提升。确实，读史书，常常看到诸多名人壮年身亡，令人唏嘘，更有杜工部"人生七十古来稀"的感慨可作总结陈词。《太平广记》倒是描述了不少人历经数个朝代依旧鹤发童颜，不过这些人在书中都已被标明为神仙。见过一篇博文，引了"尹湾汉简"汉成帝元延一年到三年期间（公元前12年到公元前10年）东海郡的人口统计，摘录如下："男子七十万六千六十四人，女子六十八万八千一百卅二人，女子多前七千九百廿六。年八十以上三万三千八百七十一，六岁以下廿六万二千五百八十八，凡廿九万六千四百五十九。年九十以上万一千六百七十人。"似乎长寿者比例也不低。耄耋、期颐乃至眉寿无疆，既是一种祝福，又是一种描写。

世界卫生组织5月份发布的《2009年世界卫生统计》显示，2007年日本人平均寿命为83岁，继续位居世界第一。《后汉书·东夷传》便曾有记载，日本"人性嗜酒，多寿考，至百余岁者甚众。"看来遗传基因或生存环境的影响力还是很大的。按照克罗齐"所有历史都是当代史"的说法，古往今来的变化都只是表象，人类始终未能真正突破那些所谓的"肉身局限性"，尽管尝试了各种各样的方法，日子还是过得一如既往。长寿所引发的老龄化问题，理应是个可喜的问题，通俗一些可以类比为"钱多了怎么花"的烦恼，很难未雨绸缪。

2009年8月，美国101岁的律师杰克·波顿荣获了"最老杰出工作者"称号。尽管医生多次建议他退休，但波顿称，只要身体允许，他就是坐着轮椅也要上班。在波顿看来，辛勤工作正是他长寿的秘诀。至于为什么选择律师行业，是因为这份工作能够帮助许多需要帮助的人。英国"白厅花园中心"也有一位101岁的女老板，每周6天、每天6小时的工作习惯从

60多岁开始坚持了30多年。当然,最为传奇的是现年95岁的酒吧女招待多莉·塞维尔。英国白金汉郡温多弗市的红狮宾馆酒吧的老板换了好几茬,多莉一直在这里上班,现任老板斯蒂芬·亚瑟表示,"她现在仍然非常利索,工作时脚下生风,看起来比年轻人还更有活力。"现在,这家酒吧改了名叫"多莉酒吧",由于电视台和网络视频的广泛宣传,已成为当地的一个观光景点。这些特例在各国政府面对就业困境的当下有点不合时宜,也许盖茨的退休可以作为典范,他说:"我不能再挡道了,我离开后,会有人填补我留下的空白。""有时开车送孩子时,会忘了在干什么,突然想到工作,就会开车去微软了,孩子们问:爸爸,爸爸,我们去微软做什么?"盖茨的功成身退,看起来比起津巴布韦总统的戏言"我要干到100岁"要高明不少。

  撇开权力、金钱和社会责任,与上班、工作相对应的退休,究竟是享受还是无奈,每个人的心境不同,答案也会迥异。休息对应着劳作,劳作之后的放松和娱乐才是休息的本意,无所事事者自然也无所谓"休";而"退"意味着不再扮演某个社会角色,对应的则是在其位谋其事,尸位素餐者恐怕也无所谓退。有趣的是,19世纪80年代,德国才首先创建了现代意义上的退休制度,在此之前,retirement只有遁世和隐居之意,纯粹属于个人生活方式的选择,与社会制度无关。当人们习惯于制度安排之后,退休便逐步成为需要严肃对待的涉及社会公平与效率的大难题。退而不休或休而不退是种奇怪的状态,有违制度的不休不退或者成为传奇,或者成为笑柄。社会制度通常建立在人情常理之上,制度和人情之外的特例,其实也包含在制度和常理之中。制度规定下的退休本可以千姿百态,由于汉语里对退休、离休、退隐、离职、引退等等分得太清楚,退休反而成为一个含混的概念。回到老龄化问题,其实一切当下也都是历史,这些基于人情事理的全称判断,提示了一种观察世界的可能性,无所谓对错。古人云,仁者见仁,智者见智,诚不我欺,只是不同制度下的思想、话语和生活方式转换起来比较困难,让人有点迷糊而已。

法尔科内的大玩具

过家家、扔沙包、跳皮筋、躲猫猫、抓子儿、玩泥巴,以往小孩子玩的花样不少,说一个人童心未泯,大抵是认为他并不把一些简单的游戏看作幼稚和无聊,仍能兴味盎然地参与和欣赏。人类学家通常把这些小孩的乐子分成技能训练和社交训练两类,为个人和社会化生存打下基础,至少是潜移默化地熟悉自然界和人类社会的绝大多数规则。不同时代对小孩有不同的要求,似乎今天的小孩已经远离了那些未能登上体育竞技或是文艺演出的大雅之堂的玩意,由大人们挖空心思制造出来的各种各样的玩具开始陪伴着孩子们的成长,过去很多的儿童游戏也逐渐完成了玩具化和信息化的进程,成为熟悉而又陌生的工业化产品,而一些危险的、不卫生的以及不健康的游戏则退出了历史舞台。

最近,门萨顶级智商俱乐部吸纳了一位2岁的英国小孩奥斯卡·赖格利,《每日邮报》记者的描写很有趣:当其他2岁儿童都喜欢在游乐园中快乐地玩耍时,奥斯卡却更喜欢学习和了解野生动植物知识或古罗马的历史。他爸爸说:"奥斯卡最近还告诉了我妻子一些关于企鹅生殖周期的知识。"毕竟才2岁,奥斯卡除了神童的传奇外尚无建树,他父母的烦恼主要在于不知道该如何给予其最好的教育。而美国科罗拉多州的法尔科内无疑可以当选年度捣蛋鬼,警方接到报警电话,说一个小孩爬上热气球飞到了数千米的高空,于是出动了直升机和大量警力一路跟踪准备救援,而热气球坠落到离起飞地点数十公里的荒地后,警方并没有找到孩子。经过好一阵忙乱,人们才在他家车库的阁楼上找到了这个淘气的小孩,最终宣称这是一场虚惊。

因为法尔科内童言无忌地提到了"炒作"一词,他的作为气象专家、热气球爱好者的父亲于是被警方详细盘问,最后的结论比较吻合儿童心理学,他家院子里的热气球不知道因为什么原因起飞了,而当小孩子知道自己成为被找寻的焦点时，自然而然地玩起了"躲猫猫"的游戏。当地电视台一直在直播这场救援活动，媒体的长枪短炮聚焦于腼腆而顽皮的法尔科内的时候，人们也许会遗憾他并没有真的上演新版的《尼尔斯骑鹅旅行记》。这是一场特别的游戏，危险、刺激而且万众瞩目，是否经过精心策划不得而知，但游戏的主角显然没有享受到主角的特权和快乐。小男孩在接受采访时多次恶心呕吐，在这之后他会接受相应的心理辅导以便忘却这段未发生的梦魇。这有点像阅读《卡尔文与霍布斯》的感觉，一个可怕的调皮小孩会给父母惹出无穷无尽的麻烦，但仔细琢磨，这些麻烦其实本来就是完全属于父母的。法尔科内似乎也捅了个大马蜂窝，很多人从关注孩子的命运转而关注纳税人的损失，如果有什么麻烦，似乎这麻烦本来也就存在于这个社会。

整个社会都是孩子们的大玩具，因为他们不用为之承担责任。而一旦成年，曾经的小孩就开始变成这个社会的玩具，因为社会不再为他们承担责任。儿童的学习能力和适应能力远远超过成人，唯一的原因便是他们善于模仿和勇于行动。身边的一切都是他们游戏的元素，虽然这些元素在不断变化，而技能训练和社交训练的目的却始终得以贯穿。儿童的游戏世界偶尔会与成人的功利世界相交，人们把聪颖、勇敢、正直等称誉或狡诈、野蛮、残忍等批评赋予孩子的时候，只是渴望着从中攫取自己想要的东西。对真正的孩子来说，价值存在于寻求价值的过程之中，一旦找到或是认同了某种价值判断，他也就不再是小孩，开始可以理解如何通过自己的技能与社交来获取相应的利益，开始远离简单的快乐，去享受复杂的愉悦。成年人需要担忧的事情太多，与其感慨现在的小孩被玩具、游乐场或是沉重的学业包围，不如去羡慕他们一定比成年人更能适应将来的社会，玩具之类很容易对应上不断涌现的高科技产品、健身房和繁重的工作，童年的快乐并不在于手边所拥有的玩物和玩伴，而在于那种介于知和不知的朦胧。天才和普通人都有一双无邪的大眼睛，他们拥有看得到摸得到的一切，而唯一担心的，就是身边亲近的人的责骂。

愤怒的音乐

据《泰晤士报》报道，珍珠果酱乐队和 R.E.M 乐队的明星正式要求美国澄清关塔那摩监狱以及设在伊拉克的监狱是否曾利用他们的音乐虐囚。此前一直有流言，监狱使用可怕的音乐对囚犯进行长达数月的折磨。多名被释放的囚犯声称，牢房内的扩音器和走廊上的巨型音箱，让人望而生畏，在所有虐待手段中，音乐最难以忍受。《泰晤士报》采访了一名叫哈吉·阿里的获释囚犯，他表示，被强迫听震耳欲聋的音乐，让他觉得自己的脑袋要爆炸了。而用来虐囚的音乐则包括了从摇滚到儿童音乐在内的各种类型，美国国家安全档案馆负责人托马斯·布兰顿支持乐手们的抗议，"在关塔那摩监狱，美国政府将唱片机变成了虐囚的工具。音乐家和公众有权获知这些流行文化的表达方式是如何转变成审讯技巧的。"重金属乐队吉他手托姆·莫雷诺的愤怒也大概能反映出乐手们的情绪："事实上，那些我参与录制的音乐被用作反人性的手段，实在让我感到恶心。"

其实，《纽约时报》很多年前就曾发表过一份国际红十字会调查关塔那摩监狱的秘密报告，称一些行为"等同于严刑拷问"，其中就包括"用大声的噪音或音乐刺激囚犯"。毫无疑问，音乐是无辜的，究竟谁有错也无须探讨，甚至连原子弹之父奥本海默的反思都成为扑朔迷离的传说。当音乐被视为声波之时，也许与核能就有了可比性，唯一的区别在于，原子弹也许可以成为艺术的题材，但无法成为艺术的工具，更不用说成为艺术本身了。美国始终是实用主义哲学占据上风的地方，红十字会的报告还曾指出，有专业的行为科学分析师提供囚犯的隐秘资讯。音乐轰炸究竟是常规手段还是有针对性的攻心之策，基于人道的反感之外，人们恐怕也对这种"将流行文化的表达方式转变为审讯技巧"的技术表示无奈。倘若抽象地判断，技术将一种物转化为另一种物，科学将一种理转化为另一种理。

而艺术将一种情绪转化为另一种情绪，政治转化权力，经济转化利益，道德转化的则是价值，最为混沌不清。

不过，借这个新闻反思当代艺术也算是个角度。结构与解构之争尘埃落定，当代艺术的破坏性本就是其价值所在，自然不免在这个方面为人所诟病。听觉能力的进化滞后于时代情感的变化，健康专家们通常会建议，每天听音乐的时间不要超过1小时，最好不要使用耳机，否则会对听觉造成严重的损害。这道理老子讲得更透："五色令人目盲，五音令人耳聋，五味令人口爽，驰骋田猎令人心发狂。"所谓"大音希声，大象无形"，如果理解为一种艺术追求，涉及可操作性的问题，难度太高。已故美国著名作曲家约翰·凯奇曾经尝试过4分33秒完全静默的一首曲子，同时，他所创作的管风琴曲《ORGAN2/ASLSP》从2001年起在德国一座教堂中播放，还需要600多年的时间才能终章。而网络上流行的"蚊子铃声"，则是一种大多数人听力范围之外的乐曲，据说年轻人用它做手机铃声，可以保证在课堂上老师听不见而自己可以听见。

乐手们演奏的都是时代的心声，当各种元素和风格拼贴在一起营造出混沌的氛围，每个人都渴望着打破这个僵局，破坏冲动的根源便在于此。震撼、撕裂、毁灭、窒息，这些富于冲击力的词藻，其间掺杂着婉转悠扬的传统与经典。仿照"悲剧将人生的有价值的东西毁灭给人看，喜剧将那无价值的撕破给人看"，可以说"当代艺术将古典撕碎给人看"，价值本无所谓有，无所谓无，认可的人多了，也便流行了。其实问题的核心还是在这个所谓全球化与多元化的时代，人们没有海纳百川的胸怀，却因为发展的技术逻辑而被迫面对格格不入的价值冲突与对立。倘使音乐不幸沦为非人道的工具，当然令人愤怒和恶心，不过，音乐家们的抗议却是最为无力的抗议，毕竟事情跟音乐没有丝毫关系，除非他们打算向监狱收取版权费用。我们只能把它理解为捍卫某种原则和底线的博弈策略，以音乐为名，去挑开权力和利益掩盖下的黑幕。

末日制导

《2012》是典型的美国式灾难片，尽管它披上了玛雅文明的外衣。美国宇航局和所谓的玛雅文明研究所的辟谣一概成为了给影片宣传推波助澜的小插曲。"2012年不会发生什么坏事。我们的星球已经平安运转了40亿年。世界范围内的权威科学家都不认为2012年会出现任何威胁。"NASA网站上的这句话完美地融合了历史感和科学观，颇具匠心的导演早已在影片中预设了此类台词。人类从何处来，向何处去，本就是哲学上一个永恒的母题，其引发的关于存在与焦虑、意义与荒诞的思考，随着人类文明的加速发展越来越吸引人的关注。致力于给人带来视觉冲击的好莱坞风格不予置评，恰好曾经有过的一些思考，可以对文本进行别样的阐释。

西方文明是末日导向型，由于末日这个终止点的存在，整个社会的追求就是延缓末日的来临，当然，也不排除极端分子有加速末日来临的价值取向。而在末日之前所做的一切，会有一个假想的辉煌顶点，一旦达到这个顶点，一切戛然而止。向顶点的冲刺，是每个接受西方文明的人的一种潜在追求，而顶点究竟是什么，则不必细究。发展与进步便是这样一个过程，资本主义在百年时间内创造了过去几千年都未曾拥有的财富，便是这样一种冲刺过程中的加速。

东方文明则是子子孙孙无穷匮的绵延，起落与盛衰是这个过程中的常态。社会则追求在起落和盛衰中星星点点的感悟与大浪淘沙似的积累，因此，无论什么制度下，陈旧的习惯都会在新的传统中闪现。东方没有向顶点冲击的急迫感，只有对绵延不绝突然断裂的焦虑。科学与民主都是表层的观念与组织制度，只能作用于表层的物理与社会关系之中。而对命运与人的思考，对存在的判断，才是决定文明的深层次的因素。

总体而言是面对未知和庞大系统所体现出来的人的局限性。科学试图用已知推定未知，却对事实给不出一个清晰的定义；而民主则试图用大众影响大系统，却忽视了大众本身就身处大系统之中，本身就是大系统的组成部分与决定力量。所有的预设无非是价值观念之争，面对未知，行动决定结果；面对大系统，结果决定行动。在行动和结果之间，还存在着不期待结果的思考，这才是突破局限性的唯一之道。无论历史、科学还是民主，都过于相信经验、感觉与工具给予人们的象，本质何在，追求什么？每个人都面临着不同的选择。末日和断裂，其实只是同一个问题的不同表述。人们热衷于在全球化语境中讨论文明的冲突与融合，如同佛家言空色，道家谈有无，空无之境或有色之境其实都不是我们真正的历史和未来，而是存在于意义之外的对历史的评价和对未来的期待。

宇宙、环境和周围

大词之大莫过于宇宙，囊括时间和空间；与之对应的小词是周围，身之所处、目之所及的活动场所；环境介乎其中，可大可小。老子的小国寡民，鸡犬之声相闻，老死不相往来，颇为自娱自乐。但在全球化语境下，哥本哈根气候峰会与之前之后的大规模国际协调会议暗示大家，金融、气候、文化等等问题，所有地球人都必须共同面对。并非环境突然变成一个焦点问题，气候变暖只是个由头，冰川融化、海平面上升，乃至图瓦卢这样的岛国面临被海水吞没的生存危机，对于无法感同身受的他国居民而言，这些只能是茶余饭后的谈资，大大小小的利益集团聚集在一起，能讨论的唯有责任和权利。这个世界正变得越来越美好，算不得谎言，至少大家都有这种期待，而且，似乎只要搞定减排的比例，环境问题就迎刃而解。

有很多被认为是笑话的旧闻，趁着气候峰会又泛滥起来。譬如，澳大利亚环境顾问指出，牛羊等反刍动物放出的甲烷，占农业温室气体排放总量的60%以上，建议大家多吃袋鼠肉；再如，国际水稻研究所专家认为，水稻种植业也是温室气体排放大户，建议东方人少吃大米；还有，造成植物提早开花，制造更多花粉，导致过敏症大幅上升的罪魁祸首，也是气候变暖。作为占据优势地位的生物体，环境变化也部分地代表着人类活动的变动，当完成了整个地球的大探索之后，逐水草而居或是日出而作日落而息的寻找并安于适宜环境的社会组织方式已然失效，如今的环境问题几乎等同于工业化和现代化的后遗症，想找到一揽子解决方案，可不是那么容易的事情。全球化的好处在于，所有国家都可以提出自己的诉求，于是非洲国家就统一立场，寻求工业化国家交付650亿美元，作为对二氧化碳排放量最小、遭受影响最大的受害国的赔偿。

面对切身利益，文化差异就不复存在了。如果资源和环境是全人类的财富，大家想的都是如何多分一杯羹；倘使资源和环境成为全人类的责任，大家想的就变成如何少出一份力。人类社会组织的幼稚性往往无视谋其事的肉食者的聪明和愚蠢，它们自发形成，自作主张，本能地遵循最原始的趋利避害原则，去争取属于自己的最大的利益。一个人的无耻可能会受到良心的谴责，而一个组织的无赖却可以没有底线。岛国提出了生存权，非洲提出了索赔权，中国强调发展权，美国则强硬地宣称必须保持大国的消费习惯。每个国家的要求都非常合情合理，无辜受害的理应赔偿，奔小康的希望繁荣富强，锦衣玉食的怎能咽菜吃糠。当所有的诉求都无懈可击，而且该宏大话题又关涉人类整体的福祉，可以预期的本应是成功达成各种协议。然而，利益本身就是一个可疑的目标，问题一旦涉及人类整体，参与讨论和决策的群体从逻辑上讲就不应该只包括人类。所以，峰会所能取得的成果最多是有限的权责明确，解决气候问题掩饰下的资源分配和生活方式而已。

　　从宇宙到环境到国际到国家再到周围，人们的感触大概会从虚无到渺小到关心到关注再到关切，这些情绪也许还会随着智识和资讯的变化而反复无常。所谓的宇宙意识和个体意识，纠缠在一起，令人烦恼的同时又乐在其中。人们究竟朝生暮死，还是与天地同寿，只是选取的参照系不同而已。周围，我们认识的人，我们所做的事，我们的生活和习俗，一直都在向环境索取，根本无法回报。然而，如果将环境问题简化为生活方式问题，每个人的底线都将被触及。重新用老子给出的乌托邦来审视现实，当下的全球化只是利益的全球化，心情和文化的小国寡民，数千年来一直鸡犬之声相闻老死不相往来。只有当心情和文化也全球化之时，全球化才能真正达到巅峰。到那时候再举行类似的气候峰会，国家首脑们将不再讨论减排这样的琐碎问题，而是讨论究竟阳光还是冰雪更让人开心，这也许才是环境和气候的真谛。

2010～2011
十字路口的十字准星

前妻们

萨科齐宴请梅德韦杰夫，第一夫人布吕尼紧身长裙无文胸出境，抢足了风头。英国小报酸酸地评价其不合外交礼仪，而法国媒体则称"有这样自信和性感的夫人陪伴，萨科齐俨然是一个充满自豪感的丈夫。"不几天后，开始有媒体大肆渲染第一家庭的婚外恋，布吕尼竟是在泰国跟情人度假时被紧急召回参加国宴，乃至《星期日报》点睛道，看来总统的婚姻只剩一口气了！法国人对风流韵事极尽宽容之能事，成就了巴黎浪漫之都的声名，2006年出版的《性政治》一书对此有详尽的观察和描写，以上种种不过一碟小菜而已，反是早已淡出人们视线的萨科齐前妻塞西莉亚更有味道。

诸多传闻早已掩埋了事实。《每日邮报》报道塞西莉亚疑因家庭冷暴力离婚，而很多媒体最为津津乐道的则是她的特立独行，拒绝充当政治的装饰品，用离婚来逃避第一夫人的光环。颇似《列女传》中的老莱子妻，老莱子追随妻子的脚步，放弃楚王的"守国之政"，远避江南，得以享用神仙般的"人莫知其终"。也许希拉里的遭遇更可堪比拟，女人对爱情和权势的权衡取舍，类似埃及艳后绵延至今的诱惑，游走在权力巅峰的爱的毒蛇，可以夺走凯撒大帝雄霸世界的光环。萨科齐匆忙再婚，布吕尼的年轻貌美却掩饰不了他的挫败感。塞西莉亚对萨科齐的评价从"看起来就不像是当总统的料"到"能够为法国和法国人民做很多事"，看似矛盾，其实很一致，因为选举时她投的就是反对票。究竟是法国人还是塞西莉亚更了解萨科齐，这的确是个难解的谜。

有人说爱情和婚姻是男人和女人的战争，凯瑟琳·毕格罗以《拆弹部队》荣膺奥斯卡最佳导演，击败前夫卡梅隆如日中天的《阿凡达》。然而这对怨偶之间倒没有太多的八卦，两年的婚期中合作过一部警匪片《劲爆点》，不太成功，而且，很有可能正是在这次合作中，两个才华横溢的独立精神产生了不可弥补的冲突。之后卡梅隆的绯闻只是个可有可无的导火索，毕格罗很低调地离开了卡梅隆，离婚后二人还曾合作过一部《末世纪暴潮》，据说《拆弹部队》的剧本也有卡梅隆的一份功劳。卡梅隆表态说："如果别人赢了我，拿下奥斯卡的大奖，我可能会感觉不舒服，但毕格罗拿奖我会很高兴。"毕格罗当然也报之以李，极力称赞《阿凡达》的成就。当然，也可以把这个故事讲述成一部经典的情感励志剧。初出茅庐的美女导演堕入著名导演的情网，却发现他正是自己需要战胜和超越的对象，在婚姻的阴影中无所作为，只能默默地积累力量，直到获得这个正面对决的机会。

奥斯卡奖获胜证实了毕格罗"男人能做的事情，我能做得更好"之言。艺术手法和技巧的分歧给世界带来不一样的视觉和心理感受，而政治观念的分歧带来的或许是灾难，南非前总统曼德拉的前妻温妮指摘他没有资格获得诺贝尔和平奖，因为他背叛了南非黑人，让黑人至今还生活在社会的底层。要冲突还是要和解，要暂时还是要永远，不同的立场意味着不同的历史走向。这个世界上有太多的分分合合，前妻们偶然或必然地牵扯出一段失败的感情生活，这里边没有偶像，情感若隐若现在所有引人注目的东西背后，最是难以把握。每个成功的男人背后都有一个默默奉献的女人，当这些女人成为前妻并且站到聚光灯前，男人和女人所缺失的灵魂逐步被放大。用胡塞尔式的精神手术刀剥离笼罩在外围的合理性，竟然找不到任何纯粹的内核。爱存在过，关系存在过，矛盾存在过，一切都结束了，看似会有一个新的开始。但虚无穿上再多的衣服，都会被时空无情地脱掉，哪一件衣服更漂亮，不是一个值得关心的问题。人是可以被消解掉的符号，因为真正属于人的本质早已退缩到一个无法观察的原点，而男人和女人，丈夫和妻子，前妻和前夫，因其不再完美而获得的意义却无法解构。平静的理性之海，水面下充满了感情的涡流，既没有此岸，也没有彼岸，只有意识的地平线若隐若现。

炒炒更健康

白天路过房产中介，看到简陋的牌子上写着很多价格在 500 万以上的房屋出售信息。晚上看到《2010 胡润财富报告》，说中国有 87.5 万个千万富豪和 5.5 万个亿万富豪。而这些富豪的资产包括"可投资资产、未上市公司股权、自住房产和艺术收藏品等"，顿时感觉到愚人节的真实存在。曼哈顿一家"炒"菜的餐馆恰好也在 4 月 1 号开张，用电子价目表取代传统的菜单，游戏规则为菜价相当于股价，点得多就涨得快，没人点就降价。Bar & Grill 餐厅的老板希望用这个噱头吸引食客，更重要的是，让他们停留得更久，因为据统计，纽约餐厅顾客的停留率大幅下降。欺骗和炒作，似乎已成为孪生子，一些现实的状况和精彩的创意，在人们头脑里的数学和逻辑休假的时候，纷纷变形成愚人节的玩笑。

《纽约时报》网络版发表了一篇"网上天天都过愚人节"的文章，介绍了一些类似恶作剧博物馆（The Museum of Hoaxes）、假新闻网（The Onion）之类有趣的地方。当然，其主要目的是用心良苦地教导人们网络防骗的技巧，文章最后借一个谣言传播组织 Yes Men 的成员之口表示，防骗的唯一方法是以批判性思维看待你所接触到的所有信息，但是，你会发现，有一个庞大的公关队伍依靠欺骗来赚钱，被愚弄事实上无可逃避。面对欺骗和炒作，理性的人看起来应该拒绝相信和拒绝跟风。但独醒于众人皆醉中，不仅思想上容易成为异端，利益上也容易遭受损害。批判性眼光的获得，需要独立思考的自由灵魂，这要求本已不低，而在社会关系网络（SNS）主导的现代信息社会中，错综复杂的资讯强迫人们必须有极强的资料处理能力，才能拨开迷雾，找到方向，这一点已成为不可完成的任务。

所以，制度和专家便成为决定性的力量，前者代表着集体的规范和契约，后者代表着权威的分析和点拨，可以略微减缓人们的焦虑。但集体本身由个体构成，专家同时也是受影响的普通人，这种短暂的由群体约定和精英智慧带来的有序和平衡很快就被爆炸了的复杂性所吞噬。由契约而制度，再由制度而体制，体制已成为禁锢灵魂的铁屋子；由精英而专家，再由专家而导师，导师往往成为屁股决定脑袋的公关。炒成为愚人之间最有趣的游戏，人们乐此不疲。针对个体的时间具有先天的稀缺性，当把时间要素分配到任意资源上，炒的规则简单而清晰，在有限的时间里，无限提升获取资源的代价。在这个过程中，人们难得地放弃了占有的目的性，沉溺于得失循环的混沌状态，无限制地消耗时间和精力。

　　这似乎回归了婴儿期，只是前提有所变化。婴儿是纯粹的个人主义者，而参与游戏的人本质仍是社会人，只是做出了有别于他人的姿态。婴儿通过关注他人和经历世界进行学习，炒作中人们逐渐寻找到婴儿的习得方式，但伴随着很多患得患失的心态，这似乎成为可诟病的一点。不过，传统文论中讲忧愤出诗人，而哲学家基本倡导怀疑和否定。心理学家最新的实验表明，很多负面情绪能有效提升人的智力结构，而幸福感则是创造力的杀手，根源在于神经元细胞的被刺激程度。炒炒更健康，这种相互愚弄的游戏环境能有效刺激现代人贫瘠的灵魂，重新促发其创造力。人们通过技术理性完成了对世界的探索，进而通过行为主义开展针对人类自身的培育。一个时代的潮流，很难简单肯定或否定。在当下的潮流中，有的人成功有的人失败之时，创造力会被挫败感所笼罩，而所有人都失败之时，转机便蕴含其中。愚人者必自愚，而以善意的欺骗作为基础的炒作可以称之为群愚，自愚者不可救药，而群愚的制度却成为一把打开未来之门的钥匙，有点令人哭笑不得。虽说清者自清，但聪明与否，确实跟反复刺激相关，也许人们只需要警惕，过高强度的刺激也可能会毁掉先天容量有限的大脑，批量制造出白痴。风险与机遇并存，这不正好是各种炒作中的生存哲学吗？

万一火了呢

德国奥博豪森水族馆的章鱼保罗，世界杯八猜全中，风头隐隐盖过新科王者西班牙。李承鹏很委婉地调侃了一句：它要是跟哪只章鱼妞生了孩子，就叫保罗二世……哦，卖糕的，怪不得这么灵。而刘建宏则拿出了科学家和社会学家的派头，非常肯定地指出，保罗背后有一只强大的参谋团队进行着数据分析和情报分析。无独有偶，章鱼帝西学东渐，百度2012贴吧出现的"未来哥"则作为中国制造遍布全球。一个叫"X来自未来"的网友6月13日发布了一个神秘的帖子，自称来自不久的未来，为了证明这一点，他说决赛将在荷兰和西班牙之间进行，荷兰2∶1取胜，施内德和一个不知名的替补将进球。决赛前夕，此神帖点击量达到两千多万，回复数十万条，堪称有史以来第一火帖。在PK章鱼帝失败之后，未来哥道歉了，说这个预言来自一个梦，没想到引发了如此巨大的反响。当然，也有媒体煞有介事地指出，未来哥是个网络炒作团队，不排除有百度配合的可能性。

霍金警告人们最好别和外星人接触，最近他脑子里的外星生物有了3D图形，有以闪电为食的水母，有极端低温下的长毛动物，看上去却并不那么穷凶极恶。互联网上正在疯卖诺亚方舟的山寨版船票，《国家地理》杂志拍了个科普片解释超级火山、太阳风暴、磁极偏转以及NIBIRU行星这些电影《2012》中的重要元素，认为他们都是小概率事件。美国宇航局开始找寻可能存在的太阳伴星。诺查丹马斯的世纪末预言失败了，玛雅历法的终极点接踵而至。各种各样的末日版本，大灾变、史前文明和外星人以及人类的净化与提升构成核心，既是毁灭，又是重生，奇迹和阴谋充斥其中。技术理性一统天下之后，科技发展和神秘主义从未像今天这样并行不悖。神秘主义和怀疑论、不可知论完全不同。如果说理性关注客观，那么神秘主义则直指灵魂；科学借助观察、实验和逻辑推理来认知规律和发展技术，而神秘主义则借助修行、领悟来天人合一并找到灵魂的安宁。

面对未知和未来，全能的哲学完成精细化分工之后，隔行如隔山的困扰增加着每个人的焦虑。庞大的知识体系中，未知的领域总是远远超出自身可能的认知范围，哪怕最顶尖的专家也只是在瞎子摸象。神秘主义传统是一种很好的解决方案，无论奇迹还是秘密，它既存于天地之间，通过某种方式获取宇宙的能量和信息，就能够知晓一切从而消解内心的不安。其实神秘主义并没有一个权威的定义，巫术、宗教、哲学和人类自身，都包含着某种神秘主义的内涵，神秘主义究竟是方法，还是信仰，现在也很难说清。有人将苏格拉底列为神秘主义的代表，《对话录》对灵魂存在的雄辩以及那句名言"真正的追求哲学，无非是学习死以及学习处于死的状态"，似乎可以看作一种启示，神秘主义是来源于灵魂的思想，真正与之对立的不是科学，而是满足肉体的实用和功利。

先知、巧合、预测、通灵，似乎充满了神秘主义的色彩。"万一火了呢"是那个神帖里使用频率很高的一句话，期待奇迹并非坏事，放弃我执也是修行，人与人的区别只在于各种稀奇古怪的动机。至于末日，太阳的寿命大概还有50亿年，终有一天，人类会面对地球的"末日"。如同面对苏格拉底式的死亡，他觉得认知即记忆，认识世界无非是唤醒自我的灵魂。这才是神秘主义的精髓，时间和肉体都不是人的刻度，灵魂才是人的坐标。拥有灵魂的自我意识，就能够平静地面对未知和恐惧。科学的动机略有不同，柏拉图和亚里士多德把好奇看作哲学的原动力。追问因果，寻求解释，科学家通常是好奇者，如果丧失好奇心，人们往往会变得麻木、机械、随波逐流。然而，未知的领域始终存在，不可思议的事情不断发生，科学和神秘主义都有可能沦为阴谋的工具。在这样的背景下，章鱼帝是赌博集团的托儿，而未来哥则通过炒作获取收益。在这个充满危险的时代，灵魂和理性突然变得不那么重要，二者背后的动机也就是我们的心，成为未来的指针。

左手魔鬼右手天使

日前,在32摄氏度高温的纽约时报广场上,动物保护主义者模仿超市包装鲜肉的做法导演了一场"卖人肉"活动,志愿者被浇上红颜料,盖上保鲜膜,贴上标价签,一动不动地躺在巨型包装盒内。组织者希望通过这种活动鼓励人们少吃肉,多吃素食。很多素食人士受《地球公民》和《海豚湾》这两部长纪录片影响很深。《海豚湾》获得了2010年奥斯卡最佳纪录片奖,它讲述了日本和歌山县一个小渔村太地町捕杀海豚的事情,鲜血将海水染得通红,震撼的不仅仅是视觉,还有人类的恻隐之心。无独有偶,丹麦的地法罗群岛也有类似的习俗,评论家认为,作为文明国家的丹麦居然也怂恿如此血腥丑陋的行径,这令欧盟的动物保护组织情何以堪。而《地球公民》中所展现出的工业化背景下人工饲养动物的悲惨命运,足以使之成为少儿不宜的暴力片,"真相为人们所接受的三个阶段:1. 嘲笑;2. 强烈反对;3. 承认",这部电影让善良的普通人很难有勇气清醒地看完。

素食主义有很复杂的来源,原始信仰、宗教、环保、食物链和营养学等。人类学巨著《金枝》搜集了很多原始习俗,食物禁忌是很重要的巫术环节,而食物禁忌几乎都指向不同类别的肉食。经典的进化论把人类放到食物链的顶端,可以自由地选择食用地球上可以作为食物的一切。故人具鸡黍,邀我至田家;烹羊宰牛且为乐,会须一饮三百杯;莫笑农家腊酒浑,丰年留客足鸡豚。纯粹的农耕社会,肉食是奢侈品,"肉食者鄙,未能远谋"可以作证,普通人家丰年大节才有吃肉的机会,肉食者非富即贵。佛教戒杀生,而素食是避免杀生最有效的途径,又因六道轮回的理论,吃肉便免不了人吃人的悲剧,梁朝志公和尚有个偈子"猪羊炕上坐,六亲锅里煮",对此说得颇为真切。营养学上,有不少学者认为动物性蛋白是高血压、心脏病和癌症的主要诱因,当然,更主流的观点是提倡均衡饮食,以谷物蔬菜为主，肉类的摄入量最好控制在 10% 以内。

在《海豚湾》引起轰动后，太地町政府发布了一条简短的声明："在日本国内和世界各地都存在着不同的饮食传统，这些传统有着漫长的历史。尊重和理解地方饮食文化非常重要。"既然不可能禁止畜牧业和养殖业，就意味着屠宰是一个公开的社会隐私。为什么虎狼可以泰然自若，而人类却面对着诸多尴尬呢？一个岛国，粮食不足，自然要以渔业作为辅助；一个草原上的民族，游牧本就是最好的选择；而一个富饶的农耕社会，多余的粮食转化成禽肉也是不浪费的原则；所谓历史传统，本从环境中来，人类只需要感谢大自然的恩赐即可，不需要刻意去寻求正义和合理。

倘使一夜之间，所有人都开始素食，那些已经被圈养起来的"肉食"们，只怕会面临更残酷的灭绝。找不到一劳永逸的解决方案之前，总有一部分人不得不顶着残忍、贪婪的指责继续"为人民服务"。左手是魔鬼，右手是天使，左手和右手的战争往往体现着内心的挣扎，只要还有一个人的灵魂在深渊中沦陷，就没有人能够安然旁观。其实，真正的问题在于环境的异化，自然逻辑被工业逻辑打破，让人和动物都陷入不可逆的痛苦之中。屠夫并非残忍，肉食也并不贪婪，人类只是被安排在了工具理性严密的环节之中，成为流水线上无法思考的个体。"君子远庖厨"和小乘佛教的"三净肉"早已将血腥残忍和日常饮食界离开来，试图进一步从智慧或科学上去解决矛盾，只会带来更多的逻辑陷阱，这不再是简单的饮食习惯，而是哲学上需要追问的人之为人的种种细节。为了转嫁无奈，人类既不敢面对真相，更不敢面对自己的心。食物链顶端显然是个骗局，在某个顶端摇摇欲坠的，不过是一面谁也看不清字号的旗帜而已。

我在故我执

如果智利的矿难只是场我们曾经试图拍摄的电影，33名矿工在700多米地底被困69天的井下生活应该是影片的主要情节；救援队、家属、总统、军队、媒体乃至美国宇航局和中国重型机械厂，地面各机构之间紧张的对策和博弈，这些要素则是影片的华章；而高科技的凤凰号将矿工们成功升井按说应该是高潮，但导演未必会如此处理；获救后的爱恨情仇和各种揭秘，或许更值得一书。能让这部电影拿到奥斯卡奖的导演全世界不超过3个，而能写出剧本的人则一个都没有，所以，这就是生活。作为观众，千里之外的人道主义和存在主义的鲜活呈现，足以动人心弦，击节赞叹之余掩卷沉思。但这生活似乎跟我们无关，虽然它一度成为媒体报道的焦点，但媒体一直都有议程，即使没有也会编出来；这生活又似乎跟我们密切相关，细微地改变了我们观察世界的视角，倘使有一天我们自己困在了井下，它会让我们相信，希望就在地面之上，这种可能的信仰，会让我们避免虚弱和疯狂，沉着冷静地面对危机。

韩国的泡菜危机，2010年年初就已埋下伏笔，由于气候变化，白菜产量受到影响。进入秋天腌制泡菜的季节，价格飞涨4倍。于是韩国政府取消了进口限制，紧急从中国进口了大量的白菜萝卜，试图缓解民间的紧张情绪。有趣的是，中国天南地北的各个城市，白菜价格跟风上涨，幅度将近两成。由于媒体宣传很到位，群众都知道白菜成为了国际主义精神的象征，看到新闻里韩国70元人民币一棵的白菜，大家情绪稳定甚至有几分窃喜。一个普通的北京市民，餐桌上曾经有一道主菜拍黄瓜，最近几个月以来消失了，因为拍黄瓜需要大量的蒜末才地道。也许北京人不是都好这一口，所以中国没有大蒜危机，只有"蒜你狠"之类的调侃。餐桌上那些事儿日常而又琐碎，跟连续剧有得一比。这也是生活，似乎对我们的嘴巴和肚皮有一些影响,但我们从不去想像,大洋上的万吨巨轮和繁忙的海关,居然真的渗透到了每一个角落。一条法令,引发了一系列行为,各色人等奔走忙碌,最终结果被我们吃到肚子里。信息流成为当今社会的第一要素,所谓洞察先机、见微知著,描写的便是那些能够抢在信息流转之前就开始未雨绸缪的人。

被感动、被学习或是被受益,凡是被信息流沐浴的人,身心都会有所改变。同样的信息流对不同人的影响不一样,姚斯的接受美学强调了这一点,而他之前的波普尔也试图用证伪和试错的批判精神统一科学、艺术和人生。人们区分虚构与事实,区分先验与经验,在教条和真理之间摇摆不定。客观是统一的,而主观则是间离的,每个人只能经历世界的很小一部分,也只能了解极少的知识,而我却是我的全部。全部的我不等于全部的世界,却不得不容纳全部的世界。《本能》里那个女作家一边创作一边实施,借用文本和作品的区分,文本存在于头脑之中,而作品则依赖于行为,这个世界提供了无穷无尽的文本,而作品对每个人来说只有一个。原始人的人生、艺术和科学浑然一体,而现代人将之分离并逐步碎片化之后试图重新合一,却始终做不到像看小说一样看新闻,以及像看直播一样看录像。

像看新闻一样看小说,以及像看录像一样看直播,必须从理性里祛除真实感和在场感,而没有所谓真实和现场,绝大多数人都不再能保留纯粹的我执,进而丧失存在感。小月月事件的故事本身所引发的轰动来源于围观者接受了这些事居然都是真正发生了的,而当人们开始质疑事件的真实性之后,每个激动的人都松了口气,觉得这个世界还是一如既往地可靠。这个世界出现任何超越知识与经验的事情都有可能,因为知识与经验存在的价值只有两个,用来复制,或是用来打破;但在这个世界中消除我执的同时,却要面临最为可怕的我在的消失。明确了这一点,面对包含各种信息流的文本,真是无我的唯一,而我的存在意义,并非求真,而是在伪和幻中模仿、接受和选择。所有文本都经过了伪装,包括我们的所见所闻所述;而所有作品都是幻象,包括我们的所为所思所愿。在伪装和幻象背后,世界既是我们的原点,又是我们的终点。

思想的多元化

欧洲没有思想了，这是现代社会面临的一大威胁。自从大航海将世界连接起来，人们被革命已有数百年的历史，物质的统一和文明的冲突相生相伴，那些伟大的思想家们却离我们越来越遥远，他们带来了如漩涡和龙卷风般的大时代，当维持平衡的能量日渐微弱时，只剩政治家和经济学家在努力为我们指路。社会从来不缺政治家和经济学家，他们的位置让他们言说，他们的言说让他们失去或是保住位置，而思想家需要让头脑来决定方向。德国前总统科勒因为发表所谓为了对外贸易而军事部署的言论，招致了猛烈抨击并最终黯然辞职；默克尔最近在对基民盟下属青年团发表演讲时指出："文化多元化社会的尝试已经失败，并且是彻头彻尾地失败了。"这一言论继承了德国政治家们短歌行般的语调，也许会被解读为"排外暗潮"。尽管默克尔还说了"清真寺已成为德国风景的一部分"，但媒体只会去渲染和阐释他们言论中最刺激的部分，并结合时事添油加醋。

法国驱逐吉普赛人引发了骚乱，当然，更多的罢工来自于延长退休年龄的动议。多元文化与经济衰退本来风马牛不相及，劳动力短缺的事实和移民挤占工作机会的论调更是有悖逻辑，能够迎合民意和安抚大多数民众的讲话成为可以满足某种需求的表演。默克尔对移民门槛没有发表明确意见，只是说"德国欢迎外国移民，但他们必须学习德语、接受德国文化，以融入德国社会"，"不说德语，就不能融入德国社会"；新总统武尔夫在访问土耳其时也提到移民必须在"非常早的阶段"学习德语。德语在这种语境下成为德国文化的象征，而英语却从未成为英国文化或是美国文化的象征。能说一口纯正的不带口音的德语，对德国十分短缺的即插即用式外国移民技术工人来说很困难，而对成长在德语环境中的小孩却是自然而然的本能，倘若自己的母语是德语，仍然不能融入德国社会，这才是真正的问题。语言从来不是文化,而语言中所包含的内容才是文化,外来移民已占德国总人口的9%,对德国传统文化的冲击达到了"危险等级",所以,政治家的言外之意不是要学习德语,而是要学习如何恰当地使用德语。

德国试图培育的文化多元化社会本就是一个模糊的幻影,柏林、法兰克福这些国际化都市中,多元文化无须提倡;而星罗棋布的农庄和小城镇,文化也无从多元化。也许期待中的图景是一棵根深叶茂的大树,树干是德意志文化,而枝叶是异彩纷呈的多种文化;现状下的异文化却要么如槲寄生,要么如插在树干上的箭镞。对全球化的热衷已成为过去时,曾经的讨论中人们憧憬着分工合作多赢的世界图景,和而不同,一切都很美好。某种路径的胜利印证了曾经的思想家们的预言,而方向的迷失通常比危机来得更早,民众基于物质层面的愤怒通常有着更深的不自觉的思想根源,而精英们的解决方案往往只是隔靴挠痒。言论很容易将人们导向一个明确的目标,但目标不等于方向,目标带来盲目的行动,而方向才是混乱的内心的一个可靠出口。

一个社会可以容纳各种风格的艺术作品和生活方式,却只有一种风格的评论,文化是一套针对自身的评价体系,多元文化一直都存在,但多元的评价体系一直缺失。欧洲的排外并不可怕,可怕的是他们的作茧自缚,几百年来思想上的贸易顺差,却没有积攒下任何精神财富,用堤坝来抵挡文明的冲突,跟用口号来抵抗坚船利炮一样愚蠢。德国是思想家的摇篮,与其语焉不详地谈论多元文化的失败,还不如反思什么样的文化能重新激发欧洲的思想。成也萧何,败也萧何,一直都在接受欧洲思想沐浴的现代工业社会,其工业化的困境和全球化的困境正是多元化困境的源头。新的秩序必然不再是一个物质化的秩序,而是一个能够指明方向的评价体系,方向如果能够多元,那么,新的思想也就会多元;而思想能够多元,由思想而生发出来的文化自然也就多元。人们在政治家和经济学家的逻辑混乱中满怀期待的,不是经济的探底回升,而是思想的触底反弹。

十字路口的十字准星

虽然全球化只是一种对当今世界模糊的描述，但商人、学者和政治家都偏好这个词，因为它具有混沌所带来的魔力。唯一可以肯定的是，全球化的核心在于经济，而经济全球化的核心在于公平自由的国际贸易。资本隐藏在贸易背后，挖掘国与国的相对优势进行资源配置，构建新的国际秩序，给参与各国都带来好处。卡梅伦访华时强调全球化不是零和博弈，依据的正是这一类的经济理论，价值不菲的订单和投资协议似乎印证了双赢的结果。但与此同时，哈佛教授罗格夫却在预警一场两败俱伤的贸易大战。全球化走到了十字路口，在他的文章中，美国陷入了失业率居高不下的困境，亟需扩大出口来缓解选民的愤怒，由于财政和货币政策已经用到了极限，所以美国需要新兴市场的帮助，否则，贸易摩擦的逐渐升温可能突然令全球化急速倒车。

首尔的 G20 峰会和横滨的 APEG 峰会都在着力反对贸易保护主义，但对于如何实现公平自由的细则似乎还无暇顾及。尽管问题依旧存在，但领导人们都同意"在 2013 年之前不设置新的贸易及投资壁垒"，这个缓冲期，有助于各个国家去找到解决方案。十字路口是个很好的比喻，"全球经济失衡"作为结果呈现出来，根本原因恐怕还是个谜，众说纷纭之下，全球化理论的意义就在于，那一定不是某一个国家的责任。家家有本难念的经，质疑全球化的人指出的"没有世界政府，就不可能有真正的公平和自由"似乎正在危机中上演，即使争执和分歧可以无限期推延，最终仍然要面对。随着国内压力的日益增加，各大经济体的枪口总会找到一个十字准星。美国的失业问题，欧洲的债务危机，中国的增长速度，被全球化纠缠在一起，同舟共济当然是个美好的愿景，而各方的理解和对策的差异却很难消弭。

每个国家都有自己的生产任务和消费任务，美国提出了一个有趣的建议,叫做"贸易余额的量化限制",不是完全由市场来决定进出口,而是市场决定一部分,大家商量着决定另一部分。罗格夫认为这是美国在求助,为了坚持自由贸易,美国付出了惨重的代价,新兴市场不能对此视而不见。麻烦在于,全球资源配置的结果导致高端产品和服务只能开出天价,而新兴市场对这类产品的容纳能力却极为有限。以中国为例,奢侈品的消费已达到极致,但真正的大众消费能力却极为可怜。理论和实际上,中国市场在各方面都已接近饱和,罗格夫所提及的软件和娱乐,只存在统计学意义,无论好莱坞还是微软谷歌,对此都非常清楚。无论什么市场,其实最需要的都是类似美国市场上价廉物美的中国制造。美国只要提供不了这类产品,无论新兴市场的政府多么配合,都无济于事。

回到全球化的初始,工业革命带来了原料和产品的流通,信息革命则带来了资本和服务的流通,科技进步总是在危机出现时提供新的经济增长点,而全球化只是结果而非动力。如果不纠缠在贸易上,其实很容易就能发现,一旦失去了经济增长,被发展所掩饰的分配不公就会把问题搞得一团糟,一国如此,全球化也是如此。市场体制下的资本流动和资源配置总是倾向于将财富集中在少数人手中,而少数人的需求却永远替代不了大众的需求。最近,一件乾隆粉彩镂空瓷瓶拍出数千万英镑的天价,这恰好代表着新兴市场的典型消费形式,被英国媒体称为"瓷器爱国主义"的行动,也许可以略微缓解不平衡的国际贸易,却对失业和赤字毫无帮助。单纯从制度上考虑,全球化甚至加剧了国与国之间的差距,WTO、IMF等国际组织对分配问题无能为力。新兴市场的贸易盈余看上去有着庞大的购买力,可惜无论产品还是服务,都需要消费才能产生价值。努力消除购买力和消费能力之间的不对等状况,才是解决问题的十字准星。不过,期待着新能源或是生物技术革命带来新的经济增长,继续掩盖已经暴露出来的分配问题,也许比达成公平的概率更高。

加热冷科学

《猫头鹰王国》中每类猫头鹰的 3D 造型和生活习性都有其动物分类学上的来源，据说原著凯瑟琳·拉丝基跟猫头鹰一起生活了十年，而剧组中从导演、制片到动画设计组，都接受了系统的猫头鹰知识培训并去往澳洲和欧洲的保护区长期体验生活，片子拍完，几乎每个人都成为了业余猫头鹰专家。一位中国的鸟类研究者接受《新京报》采访时盛赞电影人的科学态度，并慨叹在中国，这些冷知识几乎没有用武之地。内行看门道，认可了影片中的细节；外行看热闹，其实比内行更为苛刻，不仅要求严谨不穿帮，还得要求过瘾有嚼头。科技时代的文化，意味着对文化的每个细节都或多或少进行过知识考古学式的梳理，转换到概念、话语和其他符号形式上，功夫下得深不深，只要不迷信权威，用不着明眼人，都能看得出来。谁也不会关心苹果公司应用了多少人体力学和心理学方面的冷知识，但这些积累无一不为苹果产品的魅力加分。

无论基于理论科学的世界观，还是基于实证科学的技术细节，在西方文化中的表达方式都极具逻辑性。略显死板，但一招一式都交代得清清楚楚，和国内颇为吃得开的大小忽悠们形成鲜明的对照。毕加索是个很好的比喻，《格尔尼卡》将变形发挥到了极致，而他的素描却浸泡在解剖学的血液之中，夸张和变形究竟是为了掩饰物理，还是张扬着深度的具体和现实对精神的冲击，没有这个传统，我们很难体会到其中的矛盾。文化和艺术吸收了足够的理性营养，逐步进入反哺的时代。"计算机书名曾经的关键词，21 天、从入门到精通、深入浅出、权威、宝典；现在的关键词，之美、之道、之禅、之魂、艺术。"科技从着眼于功用发展到直指人心，微博上这段小语录可管中窥豹。可笑还是可恶，实在不得而知。最近，美国国家航空航天局（NASA）的"表演"给了人们足够的谈资。

NASA用预报新闻发布会的形式，接连发布了两个震撼人类的消息。一个是位于地球附近的不寻常物体——距离地球5000万光年的30岁的黑洞；另一个是太空生物学的非凡发现——加州莫诺湖有一种新的细菌，用砷取代磷构成细胞的基本元素。两次都以为NASA要公布外星人消息的八卦爱好者们大失所望，除了用有限的物理学常识争论争论5000万光年外的黑洞是否可能才30岁之类的话题外，一无所获，各干各的去了，并有可能对NASA以后的媒体手段表现出适应性免疫。当然，也有嘉宾在发布会的红地毯上表示："科学始于你不相信专家之时。"这句话流传很广，群众纷纷表示中国人不仅敢于而且乐于怀疑专家，但不明白这跟科学进步能扯上什么关系。有幸从科学松鼠会那里得到了一些阐释，原来生物学界的定论是生命的六大基本元素是CHONPS（碳氢氧氮磷硫），DNA的分子结构中出现砷，使对生命的定义有了前所未有的视角。

自然科学在默默支撑着文化的同时，加速了人文化的走向。生命从何而来，向何而去，一向是人文科学的终极关怀，当听腻了一些玄之又玄的解释之后，猛然出现的新物种悄悄打破了一种局外人闻所未闻的常规。自然科学框架内视野的无限拓展，逐渐逼近了人类的想像力，并从逻辑上逼近生命的真谛。新的发现和新的方法可以激发出人文中久违的目的性，我们逐渐发现生物学和物理学的专门研究更能满足人们的好奇和审美之心。这个现象被描述为科学的人文转向，和多年前人文社科的语言学转向正好相反，那个时候，人文科学试图吸收自然科学的范式，而现在，自然科学渴望着似乎本属于人文和艺术的想像力。想像力让科学重新进入寻常百姓家，NASA发布会的意义似乎正在于此。一些人渴望的外星人，以及风传的巨变和末日，大场面背后，科学逐渐摆脱了肉体观察者的局限，开始加热着人们慢慢变冷的头脑。宇宙和生命，都有着无限的可能性，还有什么最基本的常识能禁锢我们的思维呢？失望而去的人，也许只配在一次又一次的忽悠中自得其乐。

时代虎妈

奥巴马力推的《美国竞争力法案》在国会通过，其目的是要保持美国永远处于领先地位。此前此后的舆论造势也不少，大都把中国当作参照物。奥巴马在一次演讲中甚至认为这就是当代的"人造卫星时刻"，中国的教育已经展现出了强大的实力，足以令美国教育界产生一场地震。第一个案例是"学生能力国际评估计划"，这是经济合作与发展组织组织的一种数学、阅读和科学考试，上海少年蟾宫折桂。美国教育部前助理部长、斯坦福大学胡佛研究所高级研究员切斯特·芬在《华尔街日报》撰文评论道："是的，我们知道他们在输出中文教师在我们的学校教授普通话，同时引进母语为英语的人士去教他们的孩子学我们的语言。但我们可以安慰自己说，他们的课程设置强调的是纪律约束和死记硬背，而不是分析与创造。今天这种安慰已经被一扫而光。我们必须直面事实，中国已经下定决心要在教育方面超过我们和其他所有人。"

如果上例还只是美国专家在曲高和寡的报纸上杞人忧天的话，那么，虎年快结束时，蔡美儿被选为《时代周刊》的封面人物，"虎妈真事"引发的争论就颇为轰轰烈烈了。蔡美儿，耶鲁大学法学院教授，写有《虎妈战歌》一书，自称"采用咒骂、威胁、贿赂、利诱等种种高压手段，要求孩子沿着父母为其选择的道路努力"。虎妈似乎想让自己的女儿成为艺术家，她所制定的十条家规中一大半都跟练琴相关，譬如"不准在某一天没有练习钢琴或小提琴"、"不准演奏其他乐器而不是钢琴或小提琴"、"不准在学校卖弄琴艺"之类；也有一些相对美国小孩来说太严厉的，譬如"不准在外边过夜"、"不准参加朋友聚会"、"不准经常看电视或玩游戏"等。总之，练好琴，而且"不准任何一门功课的成绩低于A"。《时代周刊》提出的问题是：在下一代的教育上，美国父母应该思考自己是否是个"失败者"。

教育实施者涉及父母、学校和社会,社会比较复杂,父母比较简单,但社会有时像父母,父母有时又像社会,学校却时而像社会时而像父母,不可一概而论。那个"数学、阅读和科学考试"以及英特尔所宣布的"10年2亿美元的对数学和科学教育的投资",虽然说明不了什么趋势,但至少给某些搞科普却缺乏科学常识的人普及了一下数学不是科学但仍然举足轻重的分类学思路。《美国竞争力法案》"旨在提高美国学生在科学、技术、工程和数学教育方面的投入",奥巴马们似乎并不担心形象片的大气精美、春晚的红火以及钢琴天才在白宫激昂人心的表演,但《时代周刊》为什么会担心虎妈严格要求女儿练琴呢?媒体往往比政府更敏感更善用譬喻而非政令,虎妈是常春藤大学教授,肯定或是否定虎妈的教育观,是个两难问题。肯定意味着美国学校同样值得肯定,而否定意味着怀疑美国学校的选聘标准,结果都是中式教育和美式教育一丘之貉,同进同退。除非虎妈在学校搞一套在家另搞一套,作为父母推崇所谓的中式教育,而作为教师则遵循所谓的美式教育,这个推论倒是符合了孔子因材施教的不二法门,但那又意味着中式孩子和美式孩子本身适合不同的教育方式,效果究竟会如何,只是个或然的概率问题。逻辑上虎妈现象还有很多值得推敲的地方,不过作为譬喻,却隐约可以看到一个父母形象的社会模型,以更高更快更强的强势姿态逼迫着自己的国民"沿着父母为其选择的道路而努力"。

作为隐喻,时代虎妈便不再是一个教育象征,而成为社会象征,这样便很好地跟美国国策有了呼应。一条未来的道路,究竟应该由谁来选择,本来非常清楚,现在却成为一锅糨糊。教育是个百年树人的漫长过程,跟竞争力也没有立竿见影的关系,不妨置换一下《时代周刊》提出的问题:在对国民的治理上,美国政府应该思考自己是否是个"失败者"。面对这个挑战,奥巴马有些答非所问,教育问题不是如何去教育的问题,而是教育什么的问题。练琴的小姑娘也是个隐喻,那漂亮的打扮是形式,那怯怯的眼光是内容,而虎妈为女儿选好的道路,既没有形式,也没有内容,有的只是面对着这个时代的无奈。

后洪荒时代

灾难多发周期

灾难在整个人类历史上并非稳定地均衡分布，随着2004年底印度洋大地震引发大海啸，火山喷发、森林大火、飓风、洪水、地震、海啸接踵而至，分布范围之广，密集度和毁伤力都不容忽视。曾经用现代传媒的发达和议程设置来安慰自己，地球一贯如此，灾难源自关注；但统计学意义上的掩耳盗铃逐步被更多的灾难惊醒，地球调成震动模式，不再是民间的戏谑，板块学说、太阳黑子周期、地磁异常和拉马德雷、厄尔尼诺、拉尼娜等环流现象，让专家们也不得不谨慎地指出，人类正面对着一个灾难多发周期的降临。

与洪荒时期相比，地球母亲已经非常温柔，摧山移岳和沧海桑田的自然变化如今并不常见。只是人们已把原生的大地改造成密密麻麻的城市、耕地和矿山，越来越少的自然景观，越来越多的人文风光，早就经受不住一丝丝惊扰。人类不再是以往藏来躲去的惊弓之鸟，无论生存还是死亡，我们注定无处可逃。灾难逐步褪去了人和自然抗争的色彩，远古的英雄已然逝去，女娲补天、后羿射日、大禹治水的传说渐成绝响。展现在我们面前的，是祈祷、偏见、争执、惶恐、侥幸纠缠在一起的躁动不安，还有政府、军队、救援人员、互联网、电力、食品、燃油、盐混杂出的工业化和信息化悲歌，一切琐碎到令人麻木，又井然有序。

后洪荒时代，灾难考量一切，唯独无法要求自然。任何人都不是那个开天辟地的英雄，而只是群聚的民众，依靠着科技、政府、素质、信仰、谣言和阴谋折射出的文明火光，拯救生命、祭奠亡灵、重建家园。当前的局势无论多么险恶，总会过去。怀疑还是信任，谣言还是真相，绝望还是希望，却必然成为我们每个人的选择和担当。而那些变幻莫测的情绪，化为言语和行动，在人们心中留下不可磨灭的痕迹，指示着未来的可能性。

狼真的来了

1973 版和 2006 年翻拍的《日本沉没》，不如《2012》那样轰动，如今看起来却五味杂陈。灾难片的类型已经囊括了人们所能想到的一切，但当新闻中真切的画面与电影如此相似之时，很多人失去了欣赏特技和获得勇气的艺术享受，感到一种近在咫尺的恐惧。

核泄漏危机尚未平息，13 座活火山又暗潮涌动，日本真的会沉没吗？灾难片终究不是预言，拍电影和看电影的心态决定了主角不死的假定，而在真正的灾难面前，却只有不死者才有可能充当主角。令人触景生情的还有《哥斯拉》，遭受核辐射而变异的蜥蜴巨怪口吐烈焰，摧毁城市；而《洛杉矶之战》则延续了人类战胜侵略地球的外星人的套路。邪恶的外星人和怪兽，是必须死去的角色，催生他们的，不仅仅是人类的幻想。

对环境、气候、科技以及神秘宇宙的担忧，转化成各种各样的文本。这些文本中，人类总是既有罪，又无辜，秩序、团结、善良、勇敢，是灾难中人性的光辉，有点像那个一直喊着狼来了的孩子，狼真的来了，似乎更可怕，但又似乎没那么可怕。一场巨大的灾难不允许局外人的存在，身临其境，唯一需要战胜的，是自己的恐惧和麻木。

理性和文明

天地的灾变通常就是一瞬间，人们只能凭着求生的欲望和平日的素质来应对，危机意识、历史经验以及教育和训练决定了结果。人们总是忍不住会按照自己的假设来褒贬政府效率和国民素质，并因此愤愤不平或沾沾自喜。

人们只有形成整体才能应对灾变，而整体化却天生忽略鲜活的人性。中国的媒体无一例外地赞赏日本政府和民众在应对前所未有灾难时的秩序，各种预案体现出制度化的精髓，似乎不需要参与这个制度的个体付出特别的努力，一切都在掌握中。与此同时，中国人担心核辐射污染而引发的抢盐潮达到了巅峰。绝大多数人都做着同一件事，既不是秩序，也不是混乱，只是一种不动脑子的顺从。顺从于理性和文明，还是顺从于谣言和阴谋，当然，前者无疑具有道德上的优越感。

基于假设或局部放大的事实，不是严格的实证态度。科技的发展可以最大程度地减少灾变带来的损失，这是科技能够自足的必要逻辑；优良的制度设计和防患于未然的忧患意识，是现有基础上最好的保障，这是社会得以自洽的充分条件。理性和文明本就朝着这个方向在发展，真正值得追求的，也许不是铜墙铁壁似的诺亚方舟，而是宽容和从容。强大的物质只能保护一小部分人，而健全的心灵却可以让大众避免恐慌和绝望。

谣言和阴谋

大众需要强大的物质基础来给予自己信心，然而灾难会一次又一次挑战人们精心准备的一切，否则就不成其为灾难。我们可以设想用空天武器去击毁冲向地球的小行星，也期待着能够预报地震火山以便提前躲到安全的地方，倘使这一切真的如约而至，往往会发现，我们准备得远远不够。

谣言和阴谋便不期而遇，信息不透明和没有信任感据说是它们的温床。日本大地震由海底核试验引发，是个著名的谣言。现在有着远比地动仪强大的全球监测系统，能够实时监测地震波和核爆炸的冲击波，而这两种波形其实有着明显的区别。2008+5+12 = 2011+3+11，所以汶川地震＝日本地震，是另一些人喜欢的数字游戏。英国数学家盖伊搜集整理了很多纯数学领域的巧合现象，推论出"小数定律"，大意是只要你愿意，正整数数量有限，总能通过各种运算方式来实现巧合。民众有必要将数学进行到底吗？很多机构，譬如科学松鼠会，努力进行着科普工作，愿意接受科普的人不太容易被谣言和阴谋所迷惑，但谣言和阴谋带来的氛围，即便是科学家也难逃其害。

消除谣言和阴谋背后的目的，也许更为重要，但这不属于科普工作，反倒是信仰和哲学命题。真相摆在那里，知也好，不知也好，无伤大雅。但一个目的摆在那里，如果不是自由意志的选择，我们往往被覆盖在目的表面的话语蒙蔽，这始终是最大的悲剧。民众最保守的希望是全身远祸，但任何谣言或阴谋都与这个目的背道而驰，它们总是试图争取更多的信徒成为工具。理性可以帮助我们进行判断，却不能帮助我们避免伤害，所有的天灾，其实都可以演绎为人祸。

人在灾变之中

大灾之后，生灵涂炭。老子早就说过天地不仁，视万物为刍狗。无论倡导人定胜天，还是期望天人合一，至少当代的人越来越与自然隔绝，形成一个个小的自循环体，进而组合成为地球村模式的大循环体。这其中，自然按照自身的规律运动着，有的活动对人有利，有的活动对人有害，本无所谓。大自然既是父母，也是暴君，天灾是无差别的不仁，不用过于豁达，人们都可以接受，人们不能接受的，是有目的的人祸。

核电便是这样一种人祸。原子能专家可以鼓吹自己第 N 代技术的安全性和高性价比，但面对极端情况的无力和核废料处理的无能始终是需要子孙去解决的技术难题。我们总是天真地相信自己的子孙后代比我们聪明，却从来不看我们这一代人是否能够超越自己的前辈。给后代留下危机重重的局面，势必让他们陷入不断解决问题的迷局，从而丧失创造未来的空间。

核电当然不是唯一的人祸模式，类似的技术、建筑、制度，还有很多很多——天灾中的幸灾乐祸、资源匮乏后的掠夺和战争、安定环境中的麻木不仁，几乎是随时都在发生的事实。也许这样更自然，但更自然并不意味着更人本，我们期待着子孙后代能够出现伟大的政治家，天才的科学家，震撼的哲学家，但我们却不打算给他们留下孕育这些翘楚的空间。所谓造福人类的口号，往往是利益集团挂羊头卖狗肉的幌子。

天灾不足惧，人祸最可畏。每个人都被囚禁在利益团体中，或者自己贫乏的思想囚笼里，被利益和欲望驱使，或是被无知和花言巧语蒙蔽，这就是灾难的根源。"刑天舞干戚，猛志固常在"，人本顶天立地，为了莫须有的安乐，囚禁了我们的心智和肉体。打破囚笼，我们便回到了洪荒时代，看似灾难更多更大，但身处其中的每个人都热血沸腾，用史诗般的华丽乐章书写出人类崭新的梦想。这也许是个梦想，但至少是个温暖的可以触摸的希望。

新人文丛书书目

NO.01	史仲文	文化无非你和我（已出版）
NO.02	夏可君	无余与感通——源自中国经验的世界哲学（已出版）
NO.03	单　纯	立命·究底·理政三道综论集（已出版）
NO.04	张　柠	感伤时代的文学（已出版）
NO.05	吴祚来	我们要往何处去——价值主义与人文关怀（已出版）
NO.06	敬文东	守夜人呓语（已出版）
NO.07	王向远	日本之文与日本之美（已出版）
NO.08	金惠敏	全球对话主义——21世纪的文化政治学（已出版）
NO.09	谢　泳	思想利器——当代中国研究的史料问题（已出版）
NO.10	陈晓明	守望剩余的文学性（已出版）
NO.11	赵　强	问题转换机（已出版）
NO.12	许志强	无边界阅读
NO.13	王清淮	新史记
NO.14	黑　马	文明荒原上爱的牧师——劳伦斯叙论集
NO.15	尤西林	人文科学与现代性
NO.16	江弱水	文本的肉身
NO.17	李雪涛	误解的对话——德国汉学与中国学术
NO.18	陆　扬	后现代文化新论
NO.19	汪民安	启蒙与现代家政

NO.20	张 闳	言词喧闹的时刻
NO.21	张 念	性的革命与反革命
NO.22	李 静	必须冒犯观众
NO.23	谢玺璋	站在先锋舞台的边上
NO.24	何光沪	秉烛隧中
NO.25	严 泉	制度崛起——比较政制发展与中国转型
NO.26	王鲁湘	幽光狂慧——王鲁湘文心雕艺集
NO.27	朱汉民	经典诠释与义理体认——中国哲学的建构历程
NO.28	彭永捷	汉语哲学如何可能——中国哲学学科范式研究
NO.29	晏 辉	走向生活世界的哲学
NO.30	金大幸	韩国的盘所哩文化

【注】新人文丛书将陆续出版；部分书名为暂定，出版时或有调整。

图书在版编目（CIP）数据

问题转换机／赵强著．—北京：新星出版社，2013.6
（新人文丛书）

ISBN 978-7-5133-1162-5

Ⅰ.①问… Ⅱ.①赵… Ⅲ.①时事评论－中国－文集　Ⅳ.①D5-53

中国版本中国版本图书馆CIP数据核字（2013）第060562号

问题转换机

赵强　著

策划统筹：陈　卓
责任编辑：陈　卓
责任印制：韦　舰
封面设计：@broussaille私制
版式设计：刘洁琼

出版发行：新星出版社
出 版 人：谢　刚
社　　址：北京市西城区车公庄大街丙3号楼　　100044
网　　址：www.newstarpress.com
电　　话：010-88310888
传　　真：010-65270449
法律顾问：北京市大成律师事务所

读者服务：010-88310811　　service@newstarpress.com
邮购地址：北京市西城区车公庄大街丙3号楼　　100044

印　　刷：三河兴达印务有限公司
开　　本：660mm×970mm　　1/16
印　　张：24
字　　数：270千字
版　　次：2013年6月第一版　2013年6月第一次印刷
书　　号：ISBN 978-7-5133-1162-5
定　　价：43.00元

版权专有，侵权必究。如有质量问题，请与印刷厂联系调换。